PUBLICATIONS DU *PROGRÈS MÉDICAL*

LA *7722*

PROSTITUTION

RÉGLEMENTÉE

ET

LES POUVOIRS PUBLICS

Dans les principaux États des Deux-Mondes

I

PAR

Louis FIAUX

Ancien membre du Conseil municipal de Paris.

PARIS

AUX BUREAUX DU
PROGRÈS MÉDICAL
14, rue des Carmes, 14

Félix ALCAN
ÉDITEUR
108, boulevard Saint-Germain, 108

1902

LA PROSTITUTION

RÉGLEMENTÉE

ET

LES POUVOIRS PUBLICS

Dans les principaux Etats des Deux-Mondes.

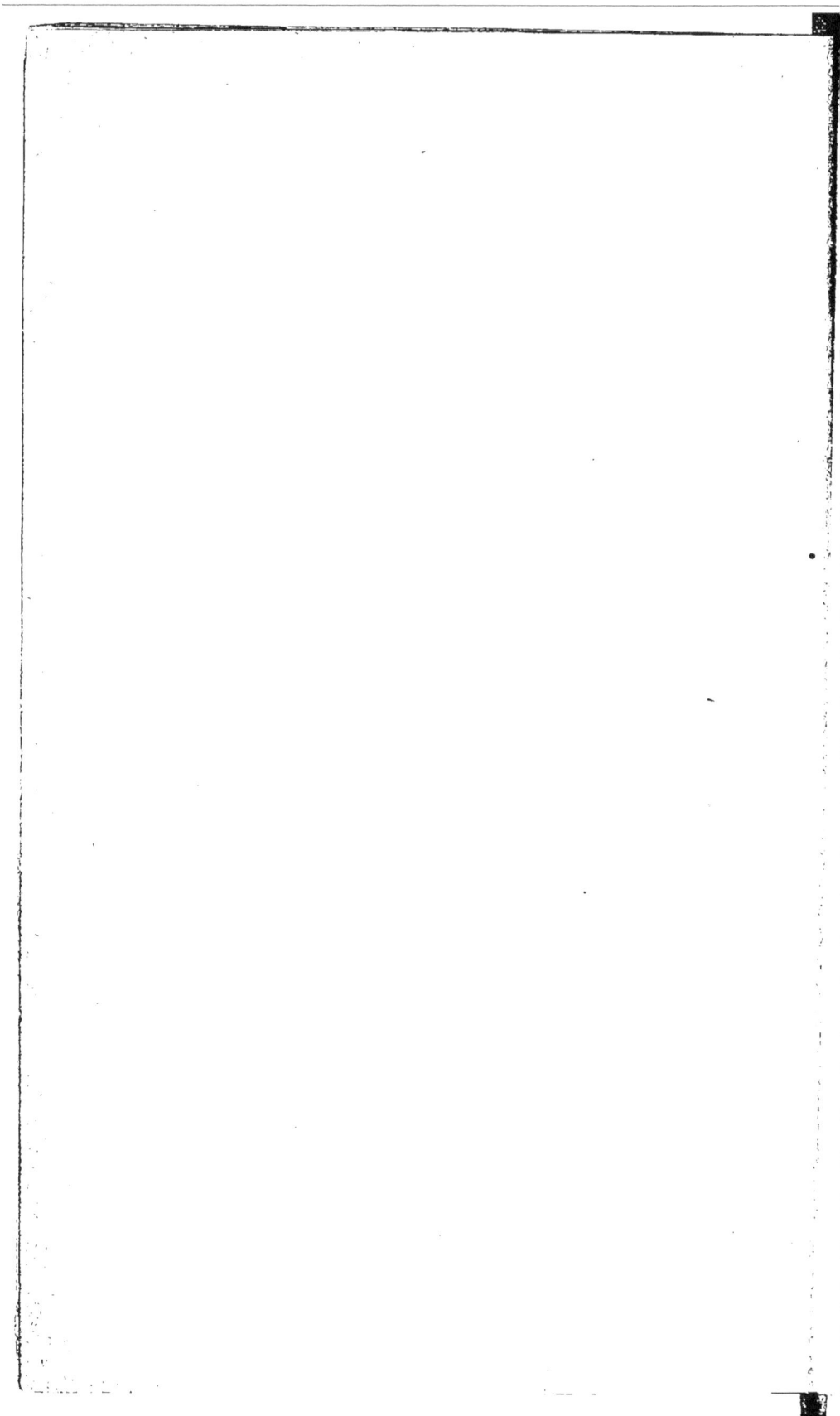

PUBLICATIONS DU *PROGRÈS MÉDICAL*

LA
PROSTITUTION
RÉGLEMENTÉE

ET

LES POUVOIRS PUBLICS

Dans les principaux Etats des Deux-Mondes

PAR

Louis FIAUX

Ancien membre du Conseil municipal de Paris.

—◆—

PARIS

AUX BUREAUX DU
PROGRÈS MÉDICAL
14, rue des Carmes, 14

Félix ALCAN
ÉDITEUR
108, boulevard Saint-Germain, 108

1902

OUVRAGES DE L. FIAUX

SUR LA POLICE DES MŒURS.

La police des mœurs en France et dans les principaux pays d'Europe. — 1 vol. in-8°, 2° édit. Dentu et Fayard, édit., 78, boulevard Saint-Germain, Paris, 1888.

Les maisons tolérées ; leur suppression. — 1 vol. in-18. Carré et Naud, édit., 3, rue Racine (2° tirage, 5° mille), Paris, 1892-93.

La prostitution cloitrée (*Étude de Biologie sociale*). — 1 vol. in-18. H. Lamertin, édit. (Bruxelles) ; Félix Alcan (Paris) ; H. Georg (Genève) : Max Rube (Leipzig), 1902.

La prostitution réglementée et les pouvoirs publics (*1re partie*). — 1 vol. in-8°. Bibliothèque du *Progrès médical* et Félix Alcan, édit., 108, boulevard Saint-Germain, Paris, 1902. (*La première partie se vend séparément.*)

Rapport présenté au Conseil municipal de Paris sur les résultats de la police des mœurs, sa suppression et une nouvelle organisation d'ordre et d'hygiène (*Commission spéciale de la police des mœurs*). — Grand in-8° de 150 p. Imp. munic., 1883.

Rapports présentés à la Conférence internationale de Bruxelles, sur

1° *L'Exposition du système d'abolition de la police des mœurs ;*

2° *Un projet de loi pour réprimer le délit de contamination des mineurs des deux sexes.*

Deux in-8° de 100 p. Lamertin, édit., Bruxelles, 1899 et 1902.

SOUS PRESSE :

La prostitution réglementée et les pouvoirs publics (*2° partie*).— Suite et fin des études sur les enquêtes officielles, congrès, conférences, lois et projets de loi concernant l'état actuel et les réformes de la réglementation de la prostitution dans les Deux-Mondes. de 1899 à 1902. — 1 vol. in-8°. Biblioth. du *Progrès médical* et Félix Alcan, édit., Paris, 1902. (*La 2° partie se vend séparément et est consacrée en particulier à l'étude de la* **Conférence de Bruxelles.**

La police des mœurs à l'Hôtel de Ville de Paris.— Historique des rapports et débats relatifs à la police des mœurs devant le Conseil municipal de Paris. — 1 vol. in-8°.

Abolition rationnelle de la police des mœurs. — Projets d'organisation juridique, médicale, hospitalière, éducative et économique, destinés à remplacer la police des mœurs. — 1 vol. in-8°.

DU MÊME :

L'enseignement de la médecine et des sciences en Allemagne. — 1 vol. in-8°. Félix Alcan, Paris.

Histoire de la guerre civile de 1871 (*La Commune de Paris et l'Assemblée nationale de Versailles*). — 1 vol. in-8°. Bibliothèque Charpentier, 13, rue de Grenelle-Saint-Germain, Paris.

Le mariage et le divorce (*Étude de biologie et de droit civil*). — 1 vol. in-18. Félix Alcan, édit., Paris.

De la responsabilité politique. — 1 broch. in-18 de 100 p., Paris.

Portraits contemporains. — 6 vol. in-12 et in-18, Paris.

A M. le Dr BOURNEVILLE

Ancien membre de la Chambre des Députés
et du Conseil municipal de Paris,
Rédacteur en chef du *Progrès Médical*,
Médecin de l'hospice de Bicêtre.

Les médecins qui s'élevaient contre une institution dont le grand statut est de punir les femmes pour le crime de leur maladie même et de faire d'une condamnation à la prison la première ordonnance de la médecine, étaient rarissismes (tout au moins en France) il y a vingt-cinq ans.

Vous étiez de ceux-là.

Depuis, dans cette question de la police des mœurs, si intimement liée aux problèmes les plus pressants de la sociologie, du droit et de l'hygiène publique, vous n'avez cessé d'accueillir et de soutenir toutes les réformes d'une législation et d'une médecine de progrès.

A ce double titre ces pages vous sont dédiées par votre ancien collègue à l'Hôtel-de-Ville.

L. FIAUX.

LA PROSTITUTION

RÉGLEMENTÉE

ET

LES POUVOIRS PUBLICS

Etat de la question de la police des mœurs au début du XXe siècle

ÉTUDE PRÉLIMINAIRE

L'intérêt de cet ouvrage — l'auteur n'étant pour rien dans cet unique mérite peut le dire dès la première ligne — est que le procès de la police des mœurs, commencé il y a déjà de lointaines années, n'y est pas continué par un simple publiciste, mais par les gouvernements eux-mêmes.

Peu à peu, les uns après les autres, on a vu, ces dernières années, en Europe, les pouvoirs publics s'intéresser au problème social de la prostitution des femmes, du prolétariat, en comprendre la complexité, reconnaître l'insuffisance actuelle de sa solution d'ordre et d'hygiène, rechercher ses causes juridiques et économiques jusqu'ici volontairement négligées ou niées, admettre enfin la nécessité de suppressions ou de réformes qui mettront fin à des illégalités, à des abus, à des erreurs incompatibles avec un état social sinon parfait de ce chef, du moins plus honnêtement et utilement réglé.

La solution simpliste représentée par la police des mœurs a longtemps donné le change même aux esprits susceptibles d'une réflexion désintéressée, nous entendons aux hommes libres de tout intérêt de places, non engagés dans la défense du système par quelque attitude prise *a priori* ou quelque proposition publiquement soutenue dans une assemblée scientifique ou autre, dans un livre, etc. L'assurance de l'institution, son fonctionnement d'apparence régulière dans un pays comme le nôtre où tout le monde (ou à peu près) naît en tout ordre de questions « réglementariste », son ancienneté, son accouplement aux autres départements de polices, celles-là incontestablement nécessaires, un prétendu renom de grande utilité publique, tout contribuait à faire de la police des mœurs un organe de gouvernement interne intangible.

L'ordre extérieur plus ou moins obtenu par l'emploi d'agents secrets et de procédés d'inquisition occulte que l'on ne conçoit guère à l'usage d'une police que pour la recherche des criminels de droit commun, a fait oublier la réalité des faits : or cette réalité est la perpétration quotidienne d'abominables délits de droit public contre des personnes que leur sexe, leur jeunesse, leur pauvreté, leur imprudence et leur ignorance mettent sans défense légale ou coutumière aucune à la merci de personnages officiels d'un caractère souvent suspect.

La remise d'une parcelle de l'autorité publique dans sa forme discrétionnaire à de tels subalternes contre des personnes humaines qui, je ne sache, ne sont pas encore poussées hors l'humanité, rend, sous une telle forme, le pouvoir doublement dangereux. Aucun contrôle, aucune garantie, n'existent que ceux de fonctionnaires d'un ordre plus relevé, nos chefs de bureau préfectoraux à Paris, les commissaires centraux en province qui sont susceptibles de reviser des arrestations absolument délictueuses ou tout au moins imprudentes.

Les arrestations incessantes par erreurs grossières disent assez ce qu'est la police des mœurs dès les premiers gestes de son service public. Ces erreurs, librement dénoncées dans nos quotidiens depuis que la presse est libre en France, constituent une sorte de fait divers courant : le nom, le prénom, l'âge, l'état civil, la profession, la demeure des victimes, l'indication des postes de police où elles sont provisoirement détenues, et jusqu'au dialogue de l'interrogatoire mené par le commissaire du quartier, tout est relaté et authenticise l'épisode. Une menace de l'inspecteur qui relâche, une lettre d'excuse du préfet, selon la classe sociale de la femme, et l'incident est clos sans autre forme de procès.

A côté de l'ordre extérieur maintenu par ces procédés, la solution simpliste de la police des mœurs nous offre un système pénal continu dont la base repose sur l'usurpation de juridiction la plus audacieuse qui se puisse rêver. Dans le bilan de la Révolution française, il existe à nos yeux, sauf erreur, l'établissement positif d'un droit public et constitutionnel au nom duquel aucun citoyen, quel qu'il soit, ne peut être privé de liberté sans un jugement régulier rendu au nom d'un texte de loi par un tribunal d'ordre judiciaire. L'emprisonnement préventif ne fait point exception à cette règle fondamentale : il est ordonné par le juge moins pour assurer éventuellement l'exécution de la peine que pour rassembler les preuves, interroger l'inculpé, les témoins, en un mot préparer l'instruction. Ces formes sont capitales : elles assurent à l'homme social (faut-il ajouter à la femme elle-même ?) les garanties sans lesquelles une société ne mérite plus ce nom.

Or la Préfecture de police à Paris, et les commissaires centraux dans les villes de province s'érigent en magistrats, en tribunaux prononçant des jugements privatifs de liberté, d'une durée arbitraire. Il renaît aggravé, le banal axiome condamné : « Sic volo, sic jubeo, sit pro lege voluntas. » Ni instruction préalable, ni avocat, ni témoin, ni audience publique... Le silence des milliers de victimes — à Paris plus d'un demi-million (1) depuis que la troisième République est notre gouvernement — ne peut faire oublier le caractère anarchique d'une telle situation. On argue vite, on réplique qu'il s'agit de femmes qui... D'abord, ces femmes arrêtées, condamnées, sont en infime minorité coupables ou malades ; l'immense majorité est appréhendée et incarcérée pour violation de règlements dont certains sont ridicules, certains délictueux eux-mêmes. Ce que sont ces jeunes femmes et ces jeunes filles, il ne faut pas laisser la police des mœurs le dire seule ; à l'écouter, on constituerait, pour le bon plaisir de son fonctionnement, une classe considérable d'êtres n'ayant rien de social ni d'humain, mais présentant une psychologie, une physiologie, une anatomie, enfin une pathologie absolument à part. Parent-Duchâtelet, qui a d'ailleurs écrit sur la *Prostitution dans la ville de Paris* un livre rempli de pages documentaires de premier ordre, a accrédité cette philosophie radicalement fausse et imaginaire de la condition et de la biologie des femmes du prolétariat qui tombent dans la prostitution. Nous avons, un des premiers, ruiné cette thèse de fantaisie en con-

---

(1) En chiffres exacts 545.000, du 1er janvier 1871 au 31 décembre 1900.

fradiction absolue avec les faits, les temps, les milieux et les personnes, en montrant chez ces malheureuses le caractère transitoire et accidentel du fait prostitutionnel. Au surplus, nous ne nous attarderons pas ici sur une démonstration poursuivie à plusieurs reprises dans le présent livre.

Bien plus, poussant le système *usque ad absurdum*, la police des mœurs ne s'en est pas tenue aux côtés négatifs de l'œuvre par des défenses et des peines, elle l'a complétée par une organisation positive, qui constitue la partie capitale de la réglementation de la prostitution. Ici encore, elle n'a pas moins donné le change au point de vue de l'hygiène que tout à l'heure à propos de l'ordre matériel.

Et tout d'abord la pratique de l'incarcération dans la prison-hôpital, la prison déshonorante et tortionnaire infligée aux malades, a sinon amoindri les médecins employés, du moins a certainement dégradé la médecine, qui est la forme la plus noble de la solidarité humaine ; elle en a fait un épouvantail ; elle a fait fuir trop souvent en foule des personnes souffrantes qu'une médecine rationnelle et douce eût convoquées, recueillies, soignées ; elle a décuplé l'essaimement du mal, qu'elle avait la prétention d'étouffer sur place.

Ce n'est pas tout.

Dès que la carte est proclamée la charte du système, il faudrait au moins qu'elle fût une vérité ; il faudrait que le privilège qu'elle octroie ne fût, ni un leurre, ni un piège, ni une de ces comédies administratives d'où tout figurant sort diminué, en premier lieu le pouvoir administratif lui-même.

Le premier statut actif d'une police des mœurs sérieusement préoccupée de sauvegarder l'hygiène publique devrait être d'écarter d'une manière absolue les femmes « impropres » de tous les rouages du système, et, autant que faire se pourrait, d'interdire à ces personnes malades tout acte de vie intersexuelle. Un tel système coercitif présenterait quelque suite, et si, dans la pratique, les mailles du filet étaient un peu lâches et permettaient quelque échappée, au moins la théorie se tiendrait debout.

Au lieu de cet état logique, quelle réalité voyons-nous ?

Voici, prises, les femmes que la police des mœurs pourchassait : elles sont malades, elles sont incarcérées. Elles étaient déjà inscrites, ou elles ne l'étaient pas encore ; elles étaient « soumises ou insoumises » selon le mot qui peint. Que va faire la police des mœurs ?

Agissements sanitaires incroyables — on pense rêver en les relatant ! — Ces femmes que l'on dénonce aux quatre coins de l'horizon comme des pestes ambulantes, on les relâche au bout de quelques jours, de quelques semaines, non pas guéries, mais toujours malades, et d'autant plus dangereuses que les accidents qu'elles continuent d'offrir sont moins visibles, plus traîtreusement discrets.

Si ces femmes étaient inscrites on leur rend la carte ; si elles ne l'étaient pas encore on la leur impose, la carte, qui ne crée pas seulement pour ces deux catégories de personnes le devoir de se présenter à l'inspection spéciale, mais qui leur confère l'inaliénable droit de renouveler librement tant qu'il leur plaira l'acte prostitutionnel. La police des mœurs, qui devrait écarter de son lamentable troupeau les brebis galeuses, l'en approvisionne, les y annexe, les y enchaîne. La femme a la carte et le libre exercice non pas *quoique* malade, mais *parce que* malade !

Les doctrinaires, les philosophes de la police des mœurs ont été jusqu'à professer que les « maisons closes » avaient un genre d'utilité qui les classait à côté de l'hôpital-prison, parce qu'on y incarcérant des femmes malades, les médecins pouvaient au moins dans l'intervalle des heures sexuellement profession-nelles y traiter les femmes de leur mal contagieux. C'est pourquoi, sans doute, les maisons closes ont été représentées comme le pavillon sanitaire le plus as-saini de l'édifice réglementariste.

La police des mœurs constitue ainsi le plus extraor-dinaire chaos qu'on puisse imaginer : offrant pêle-mêle aux hommes malades — qu'elle respecte toujours — les femmes qu'elle recrute saines, et aux hommes sains des femmes malades insuffisamment traitées, remises en circulation et très assurément dangereu-ses !

Ajoutons l'aile extrème de cette lamentable armée, la partie la plus irresponsable du personnel inscrit, l'inoubliable recrutement dans la foule des jeunes filles, de ces petites ou grandes mineures de 14, de 18, de 2) ans, que leur ignorance, leur curiosité parfois naïve, souvent fàcheuse, les mauvais conseils de la misère, leur éducation parentale plus ou moins vicieuse, un milieu peuplé d'exemplarités détestables, font une proie assurée aux attractions des sens, aux mensonges du cœur, aux abandons successifs, finalement aux provo-cations professionnelles ou aux sévérités consciencieu-sement réglementaires des inspecteurs de la police des mœurs. Comme si, quelle que soit la structure sociale, dans l'esprit de n'importe quel régime ou gouverne-ment intérieur, les jeunes filles de pauvre moralité ne devaient pas être précisément les premières exclues de ce régime d'immoralité systématique ! comme si, en

matière de réglementation, elles en devaient connaître
d'autre que celle d'une forte rééducation !

Pour expliquer l'intact maintien d'un tel ordre de
choses, il ne faut pas seulement montrer l'opinion
aveuglée ou lancée sur une fausse piste par les prétendus services de la police des mœurs.

D'autres causes, tenant à la nature même du sujet, à
l'attitude des personnes qui eussent été susceptibles
de l'élucider, enfin au milieu, se sont ajoutées qu'il
faut au moins indiquer d'un trait pour compléter le
tableau et se rendre compte des résistances et des iner-
ties.

Et tout d'abord on s'est heurté à la famosité mauvaise de la question. Il a été possible de faire des livres
intéressants sans scandale et accueillis avec tout le
succès désirable par le public qui lit et médite sa lecture, mais il a été impossible d'élever un débat public
dans des réunions ouvertes à tout venant : seules, les
assemblées groupant des personnes particulièrement
averties de l'intérêt du sujet et venues pour l'utilité
supérieure d'une discussion scientifique, ont abordé
l'étude contradictoire de la matière. Le public ordinaire
composé « de tout le monde » s'est montré réfractaire ;
sa préparation, sa compréhension, étaient évidemment
insuffisantes ; la question de la prostitution ne lui appa-
raissait que sous un jour trop uniforme et aussi trop
cru ; il n'en saisissait pas la triste et féconde complexité. C'eût été (faut-il dire ç'a été ?) une prétention
bien vite découragée que de s'engager dans une campagne populaire sur l'abolition de la prostitution réglementée, comme il y a tantôt vingt-cinq ans fut ouverte
et poursuivie à travers notre pays une campagne pour
la restauration de la loi de divorce. Chez une nation

comme la nôtre du moins, cette réforme se fera par
en haut : nous entendons qu'elle se fera probablement
sur l'initiative personnelle de quelque homme public
qui donnera le branle et dont la raison entraînera ;
nous entendons qu'elle ne sortira pas d'un programme
électoral proposé ou imposé sur une estrade de réunion
publique presque de plain pied avec la rue (1). Jusqu'à
hier encore, cette conviction est restée nôtre.

---

(1) En Angleterre au contraire — et peu de faits marquent mieux
la mentalité différente des deux nations — c'est par l'agitation
électorale et l'adhésion des candidats au Parlement que l'abolition des lois instituant la police des mœurs a été réalisée. En
1885, lois du renouvellement de la Chambre des Communes, les
Comités abolitionnistes de la Grande-Bretagne adressaient au
corps électoral et faisaient placarder sur tous les murs le manifeste suivante :

« Electeurs.

Savez-vous qu'il existe des Actes du Parlement relatifs aux
femmes, appelés Actes sur les maladies contagieuses ?

Savez-vous que ces Actes stipulent que, *sur le simple dire* d'un
agent de police, un juge de paix peut, « s'il le trouve à propos »
ordonner l'enregistrement de toute femme comme prostituée commune et la soumettre périodiquement à un examen médical in-
fâme ?

Savez-vous que, si la femme refuse de se soumettre à cet examen, elle peut être envoyée en prison et soumise aux travaux forcés pendant trois mois ?

Savez-vous qu'en dehors de ces Actes, il n'existe en Angleterre
aucun cas où une femme puisse être punie sans preuve ?

Savez-vous qu'il y a des filles d'ouvriers, des filles en service
ou dans les fabriques, éloignées de tout ami, ignorant leurs droits
légaux, qui deviennent facilement les victimes de ces Actes ?

Savez-vous que ces Actes ont poussé des femmes innocentes au
désespoir et au suicide ?

Savez-vous que, lorsque ces Actes ont été adoptés en 1866, ils
l'ont été par fraude ?

Savez-vous qu'après des années de lutte, la Chambre des Communes a adopté le 20 avril 1883, par une majorité de 72 voix, une
résolution présentée par M. Stansfeld condamnant la visite obligatoire, et que depuis ce moment les Actes ont été « suspendus » ?

Il faut le marquer ensuite : plusieurs catégories de personnes étaient qualifiées pour entreprendre ou soutenir le débat de réforme, multiplier les efforts de critique : les femmes, les gens de loi, les médecins.

Les femmes d'abord. Nous n'entendons pas naturellement les femmes visées dans ce livre, la plupart pauvresses écrasées sur la route par le rouleau de la vie, terrorisées, pour qui tous les pouvoirs publics tiennent en ces trois personnes, l'inspecteur qui les arrête, le médecin qui les examine, le chef de bureau qui les condamne, et ne voient rien au-delà de cette trinité redoutable : la poigne de l'un, l'instrument de l'autre, la signa-

---

Savez-vous que malgré ce vote, le gouvernement peut, s'il l'ose, remettre ces Actes en vigueur sans consulter le Parlement ?

Savez-vous que la seule sauvegarde contre ce danger est de voter un bill pour le retrait immédiat et total des Actes sur les maladies contagieuses, relatifs aux femmes ?

Si VOUS SAVEZ CELA, demandez à chaque candidat de votre collège électoral s'il est disposé à voter un tel bill. S'il ne veut pas s'y engager, NE VOTEZ PAS POUR LUI ! »

L'année suivante, le 16 mars 1886, cette campagne électorale aboutissait à un vote de la Chambre des Communes adoptant la proposition d'abolition complète des *Actes* relatifs à la police des mœurs en Angleterre, *nemine contradicente.*

Mme Joséphine Butler, dans son livre : *Souvenirs personnels d'une Croisade* et à diverses reprises dans ses communications à la *Fédération abolitionniste,* a mis en relief la part considérable que le peuple anglais a pris directement au mouvement qui a abouti au retrait des *Actes* policiers : c'est ainsi notamment qu'à la *Conférence* tenue à Genève en septembre 1899, l'éminente promotrice disait textuellement : « Ce qu'il faut mettre en lumière, c'est que depuis le début de notre campagne, nous avons toujours fait appel à la masse du peuple, à l'opinion publique. Ce sont les masses qui nous ont écoutés les premières en Angleterre. Nous avions parlé à des évêques, à de grands personnages : on ne voulait pas prêter l'oreille à nos appels. Mais nous nous sommes adressés au peuple, aux ouvriers et on nous a écoutés.. » (*Conférence de Genève,* in-8°, p. 124. Mémoires et discussions, Genève, 1900).

ture du troisième (1) — nous entendons les femmes d'intelligence et de bien qui ne sont pas rares, lisent, pensent, s'intéressent aux questions d'ordre public, quelquefois même, pour dire leur mot au-dessus de l'entretien privé, parlent et écrivent. Eh bien ! ces femmes, malgré leur existence sans nul doute certaine, nous ne les avons pas assez rencontrées en nombre, et l'excellence et le zèle éclairé de quelques belles exceptions n'a que mieux fait paraître l'indifférence de la foule et l'abstention de l'élite (2). Sans doute aujourd'hui quelques femmes intelligentes et courageuses commencent enfin à s'émouvoir : leur bon exemple est entraînant, leur concours est précieux ; combien ils l'eussent été davantage s'ils eussent été plus hâtifs ! que de fois nous nous sommes pris à regretter ces cercles à la fois charmants et hardis des femmes du XVIIIᵉ

---

(1) Les procès engagés devant les tribunaux correctionnels ou de simple police par les femmes qui veulent se soustraire à l'*inscription* policière et aux conséquences résultant de l'imposition de la *carte* sont en effet rarissimes. La jurisprudence de la Cour de Cassation reconnaît d'ailleurs dans une doctrine insuffisamment déterminée et, faut-il le dire ? contradictoire : 1° la validité des arrêtés réglementaires concernant les statuts de la police des mœurs qui violent absolument le droit public ; 2° le droit pour la femme inculpée, condamnée ou appelante de faire la preuve que par sa conduite elle ne tombe pas sous le coup de ces arrêtés.

La protestation des victimes et l'éclat des procès eussent été à nos yeux, par le rappel même aux principes du droit public, une bonne voie, celle de la légalité, pour provoquer l'attention, l'étude puis la réforme qui suit inévitablement, quelque obstacle qu'on élève ou indifférence qu'on affecte.

(2) Nous n'avons garde d'omettre ici Mesdames Émilie de Morsier, Caroline de Barau et Isabelle Bogelot ; mais notre admiration pour ces trois femmes éminentes (des deux premières nous n'avons malheureusement plus que le souvenir) confirme notre observation. Nous n'avons parlé dans cette page, d'ailleurs, que de la rareté des promotrices de l'œuvre, au début.

FIAUX.   2

siècle où les publicistes trouvaient des interlocutrices, des auditrices, des lectrices et aussi des inspiratrices passionnées pour le bien, le beau et le vrai, ou du moins le mieux, le moins laid, le moins faux. De là s'envolaient des pensées, des livres gros ou minces, toujours pleins de substance qui, éclos sous ces auspices heureux, faisaient leur tour de France et même d'Europe, disant partout la bonne parole, semant la bonne nouvelle.

Après le silence des femmes, celui des gens de loi doit être incriminé : les bonnes études de M. le juge d'instruction Guillot sur la prostitution de l'enfance coupable, les inlassables poursuites de l'éminent M. Feuilloley, alors procureur de la République, contre les proxénètes, double indice de l'attention aux questions de mœurs de magistrats réputés, de précieuses et puissantes adhésions, un vote favorable exprimé récemment, le 24 janvier 1902, par le jeune barreau à la Conférence Molé sur le plaidoyer remarquable de M. André Bel, avocat à la Cour d'appel, la protestation de deux membres éminents de l'école de Droit de Paris, MM. les professeurs Jalabert et Charles Gide, ne peuvent faire oublier combien a été long le temps pendant lequel nous avons dû nous borner à invoquer comme décisives sans doute, mais aussi comme uniques deux ou trois autorités. D'abord nous mettions très haut l'opinion de Vivien, préfet de police sous la monarchie de Juillet, reconnaissant lui-même que « le pouvoir qu'il avait exercé en matière de régle-« mentation, au nom d'anciens règlements ou d'anciens « usages, ne reposait sur aucun texte de loi » ; puis l'opinion de Faustin-Hélie, écrivant dans un ouvrage classique « qu'aucune loi, qu'aucune disposition quel-« conque ne donnait à l'administration le droit d'arrêter

« et de détenir arbitrairement des femmes *quelle que*
« *fût leur position*, alors qu'elles n'avaient pas commis
« de délit punissable.... On ne peut, ajoutait formelle-
« ment le très éminent criminaliste, reconnaître de classe
« à part qui soit en dehors du droit commun, et pour
« laquelle les lois n'aient ni force ni protection ; on ne
« peut reconnaître à l'administration d'autres droits
« que ceux que la loi lui confère ». A ces noms, nous
étions satisfaits de joindre celui d'un professeur de droit
qui avait joué comme politique ou comme garde des
sceaux un rôle peu suspect d'esprit réformiste ; il nous
paraissait toujours piquant de rappeler que M. Bathie,
ancien ministre des partis opposés à l'institution de la
République, avait, dans un *Traité de droit public et administratif*, consigné que la juridiction du préfet de
police en matière de mœurs et tous les pouvoirs qu'il s'attribuait dans cet ordre d'idées « *étaient tirés de textes
qui ne les renfermaient pas* ». Dans cette énumération
d'ailleurs notable, les jurisconsultes d'une contempora-
néité plus récente faisaient particulièrement défaut, à
notre regret intime, d'ailleurs publiquement inavoué. M.
le professeur Jalabert, dans une courageuse et savante
déclaration, se demandait, il y a quelques jours, comment les pratiques de la police des mœurs avaient pu se
maintenir si longtemps, comment cette prétendue justice policière, qui est *un flagrant déni de justice* « avait
pu durer sans réclamations, sans protestations juridiques » ? Il ne découvrait qu'un motif à alléguer pour
s'expliquer à la fois ces inappréciables inertie et abus :
« la dégradation de ces malheureuses ! » — « Comme si,
ajoutait fortement le respecté maître de droit public, la
loi ne prenait pas soin d'énumérer longuement les garanties mises pour leur défense à la disposition même des
plus grands criminels ! »

Le formalisme exagéré sans doute, et aussi la prudence légitimement inhérente aux habitudes intellectuelles et extérieures du corps judiciaire des deux côtés de la barre peuvent encore expliquer — bien que l'explication soit pour nous insuffisante — cette réserve des gens de loi ; mais que dire de l'attitude des médecins ?

Les médecins étaient pourvus du degré de culture générale et spéciale, nous voulons dire humaniste et scientifique, qui leur a toujours suggéré des ambitions sociales multiples et élevées ; ils étaient à portée, par les observations professionnelles répétées, de pénétrer les uns souvent, les autres (les spécialistes) quotidiennement le détail des cas — détail toujours si plein d'enseignements au point de vue moral et physique de l'origine contaminatrice, de la cure administrative, de la valeur sociale des victimes des deux sexes, du retentissement des maux sexuels sur leur vie, la vie de leurs familles et des groupes populaires ambiants ; ils étaient associés par les pouvoirs publics à des fonctionnaires non-médecins pour assurer le régime de ces institutions soi-disant préservatrices, ils pouvaient surveiller, juger leurs co-associés.... Eh bien ! qu'ont fait les médecins jusqu'à ce jour, c'est-à-dire depuis un siècle que la police des mœurs constitue un des rouages réguliers de notre police générale, pour provoquer la moindre réforme dans ce département de médecine publique ?

Aucune branche de l'hygiène n'a été plus négligée. Les hygiénistes généraux ont toujours ignoré le sujet : jamais les Conseils d'hygiène ne s'en sont eux-mêmes saisis ni même inquiétés : M. l'Inspecteur général Proust en faisait récemment l'observation critique (1). Tandis que, sous l'influence des recherches initiales de Petten-koffer, c'était, depuis une quarantaine d'années, à qui, parmi les hygiénistes d'Europe, s'occuperait de l'assai-nissement sanitaire des agglomérations urbaines au point de vue de l'adduction ou de la préservation des eaux de boisson et de l'abduction des *excreta* sus-ceptibles de les contaminer — mesures de gouverne-ment interne qui restreignaient dans une proportion considérable la propagation du typhoïdisme dont le caractère épidémiologique avait si longtemps paru inexplicable — de la protection de la race, nul ne souf-flait mot.

Avec le concours du silence ou de l'approbation de leurs médecins, les pouvoirs publics bornaient systéma-tiquement leur sollicitude aux mesures constrictives de leurs Polices ou aux secours rudimentaires et déshono-rants de leurs Assistances, et cependant quels, mieux que les médecins et notamment les médecins adminis-tratifs, étaient à portée de se rendre compte et de parler avec autorité aux pouvoirs publics, nous le demandons encore ?

Ceux-là surtout d'entre eux qui étaient plus qualifiés que les autres pour intervenir ont gardé un silence en-core plus absolu, si faire se peut ; il suffisait d'être nommé médecin des corps de la police spéciale pour qu'il fût convenu par une sorte de contrat tacite que le nouvel agrégé se mettrait au service des plus condam-nables abus et, pour les empêcher de transparaître en public, les couvrirait de son labeur, de sa compétence et de son honorabilité.

---

(1) *De l'influence de la règlementation* par le Dr Barthélémy, médecin de Saint-Lazare (Bruxelles 1899, p. 66).

Cette attitude, peu compatible avec la dignité d'une science pratique où l'élévation du caractère, achève de mettre en valeur le talent, a révolté de ci de là tel médecin employé (1), mais cette récrimination isolée ou tardive de démissionnaire irrité et prompt à la boutade, ou d'honoraire assis en philosophe au bout de la route et monologuant dans l'ombre tranquille de la retraite, n'en a que mieux fait ressortir le silence presque général, celui des timides, celui des satisfaits, celui des indifférents.

Quand ils ne se sont pas tenus à la complicité muette des collègues qui se taisaient, quand ils ne se sont pas contentés d'exercer leur emploi en gardant le même silence inutile que les plus domestiqués des bureaucrates, qu'ont écrit les médecins administratifs sur la matière ?

Sans leur demander, comme on l'a fait quelquefois, de ne point isoler l'étude de la prostitution des phénomènes sociaux qui la commandent et d'atteindre à l'intelligence complète des faits multiples qui constituent la vie sexuelle plénière d'une nation, au moins pouvait-on exiger d'eux de bien connaître toutes les parties du sujet spécial, d'en raisonner les faits, leurs causes et leurs conséquences, d'apprécier la valeur des instru-

---

(1) « Le préfet de police traite les médecins du dispensaire cavalièrement...., écrivait en 1887 le Dr Corlieu, médecin démissionnaire du Dispensaire. Si l'administration le prend d'aussi haut avec le corps médical, il faut avouer que la faute en est au corps médical lui-même qui ne sait pas revendiquer ses droits quand il se trouve lésé, et qui manque d'union quand il a des observations à présenter, des réclamations à faire. Les solliciteurs sont si nombreux que la corporation est devenue taillable et corvéable à merci et qu'elle se trouve ainsi sous la domination et sous la dépendance de la bureaucratie ». (*La prostitution à Paris*. J.-B. Baillière, in-12.)

ments administratifs mis en action, de peser, en fin de compte, le rendement vrai de la machine des mœurs au point de vue de l'intérêt public.

Or sur ce terrain restreint et tout à leur plain-pied, l'observateur le plus froidement impartial est obligé de reconnaître le vide, les erreurs ou les contradictions systématiques de leurs quelques publications. Les exemples caractéristiques abondent, et précisément fournis par des hommes qui d'ailleurs n'étaient pas sans mérite. Nous avons déjà parlé de Parent-Duchâtelet : nous le citerons à nouveau à propos de la question des maisons, cette forme la plus dégradée et la plus dangereuse de la règlementation. Pas un écrivain abolitionniste n'a parlé avec plus d'indignation et de sévérité que lui de ces établissements, de l'inhumanité et de l'abjection de leurs tenanciers, de la vie lamentable des infortunées qui y ont été longtemps, y sont encore internées de force, des conséquences de cette vie au point de vue même de l'hygiène sexuelle, de l'infection générale — supérieure à celle de toutes leurs congénères — de cette classe de femmes....

Le lecteur attend, comme conclusion de ce faisceau de preuves, le prononcement de l'auteur contre les tolérances cloîtrées, la condamnation radicale de ce système.... Mais point! La surprise est grande. Parent-Duchâtelet termine en demandant la multiplication des maisons (1).

Plus de soixante ans après Parent-Duchâtelet, hier, présentement même, des débats de commissions municipales ou préfectorales sont élevés en France sur les agissements administratifs de la police des mœurs, sur

---

(1) *De la prostitution dans la ville de Paris*, t. I⁰ʳ, p. 679-681 (3ᵉ édit.).

la rigueur inapplicable de règlements, dont le jeu médical est absurde, inhumain, va contre leur but, provoque leur échec : que concluent les médecins? Le lecteur hésitera à le croire et mieux à l'imaginer.

Tout le monde sait l'horreur que le régime coercitif de la prison de Saint-Lazare a excitée : ses inintelligentes cruautés ont révolté notre conscience française difficile à émouvoir quand il s'agit seulement de la liberté individuelle des petits : un médecin illustre, le Pr Alfred Fournier, lui a jeté l'anathème de l'humanité et de la médecine. C'est cependant ce régime que des médecins de la Préfecture et à leur tête le propre médecin en chef du Dispensaire, le Dr Clerc, un clinicien instruit et très honorable d'ailleurs, voulaient récemment introduire, au moins en partie, dans les hôpitaux de Paris ! Oui, on les a publiquement entendus exprimer le vœu que le directeur de l'Assistance publique s'associât au Préfet de police pour contraindre d'abord à l'internement coercitif les femmes entrées volontairement dans les hôpitaux, puis pour les poursuivre ensuite au dehors de sa dénonciation officielle, si elles parvenaient à obtenir leur *exeat* du lit hospitalier ! (1).

Mais nulle part n'a mieux éclaté l'impuissance des médecins administratifs à embrasser l'ensemble de la question et son rattachement à des phénomènes sociaux plus généraux que leur nouvelle et récente in-

---

(1) *Commission médico-administrative nommée* en 1885 par M. le Préfet Camescasse. — V. *Rapport et Procès-verbaux* publiés par le Dr Le Pileur, médecin de Saint-Lazare. In-8º (J.-B. Baillière, Paris), p. 25-26, 47-48. Cette proposition du Dr Clerc et de M. Hardelay, chef du service des mœurs de Paris, était adoptée par la Commission préfectorale, malgré l'opposition du Pr Fournier et du Dr Leblond, médecin de Saint-Lazare.

terprétation des statistiques de la morbidité spécifique chez les femmes tributaires de la police des mœurs.

Jusqu'ici, ç'avait été une méthode rationnelle pour juger de l'état sanitaire spécial d'un groupement populaire, de mettre au premier plan, comme élément d'appréciation, l'état sanitaire même des femmes chez lesquelles la vie sexuelle présente le plus de péripéties aléatoires ; selon que l'on voyait uniforme, ascendante ou déclive la courbe statistique de la morbidité chez les femmes de vie sexuelle ouverte (qu'elles fussent soumises ou insoumises), on avait les plus réelles raisons de conclure que l'état sanitaire sexuel public, se ressentant de cette influence, pouvait être déclaré soit en *statu quo*, soit meilleur, soit pire. Nos réglementaristes du jour ont changé tout cela : ils viennent de nous apprendre que jusqu'à cette heure tout le monde s'était trompé et que le seul élément à considérer désormais pour apprécier à la fois la partie hygiénique de la police des mœurs et l'état sanitaire d'une agglomération urbaine était uniquement l'état sanitaire des hommes. Voyons-nous en même temps monter la courbe des maladies des femmes et descendre la courbe des maladies des hommes ; voyons-nous ce phénomène social se reproduire et s'accentuer plusieurs années de suite, nos contradicteurs triomphent, se gaussent de notre effroi, et déclarent qu'il y a là le fait le plus « *réjouissant* » du monde (1), car « plus on a emprisonné de femmes malades et moins il y en a en circulation » ! Que veut-on demander de plus à l'institution de la police des mœurs ? Elle a pour objectif doctrinal et pratique de

---

(1) *Sic*, Pr Wolff, de Strasbourg. (*Opera* de 1899.)

mettre à la disposition du public masculin quel qu'il soit, sain ou non, une masse donnée de femmes : quand ces femmes sont contagionnées, la police en débarrasse son troupeau et, pour conjurer tout chômage viril, comble le vide en y versant un gros de recrues prises dans le tas du populaire. Encore une fois que peut-on demander de plus à la police des mœurs ?

Même argumentation récente pour justifier l'excellence sanitaire des maisons autorisées avec tenanciers patentés. A une ou deux exceptions singulières près, tous les réglementaristes eux-mêmes ont confessé en rapprochant entre elles ces différentes classes de femmes inscrites que les « pensionnaires » étaient atteintes de maladies dans une proportion surpassant tantôt de moitié, tantôt des trois-quarts, la morbidité des inscrites libres, et ils sont convenus publiquement que le résultat *annuel* des statistiques comparées était absolument défavorable à la catégorie des séquestrées, de ces femmes qu'Esquiros appelait des esclaves à côté des simples femmes en carte figurant les affranchies du monde antique. « Soit, argumentent deux médecins, *à la fin de l'année*, en totalisant toutes les femmes contagionnées, il est vrai que la classe des pensionnaires est évidemment celle qui a fourni le plus de malades, mais cela ne prouve rien au point de vue de la sécurité des clients de maison, bien mieux cela prouve en faveur de cette sécurité puis qu'en vertu de l'extraction continuelle des contagieuses le *personnel disponible restant ou remplaçant* présente au public masculin un minimum de chances de contamination. Précisément donc, parce que le groupement des femmes de maison est à la fois le plus atteint, mais aussi le plus épuré, nous réglementaristes, nous avons le droit de soutenir hautement que les maisons sont la forme idéale de la prostitution » (1).

On voit le changement de front. Il est peu probable que les médecins administratifs qui viennent de l'opérer se soient doutés des conséquences d'une telle manière de défendre les institutions coercitives actuelles, et nulle interprétation du rôle de la police des mœurs n'est plus caractéristique de l'extraordinaire mentalité qui finit par être exclusivement celle de ces fonctionnaires de qualité cependant plus relevée que les autres.

Ainsi, pour apprécier l'état sanitaire particulier d'une agglomération humaine, il suffit d'évaluer l'état sanitaire des groupes extra prostitutionnels proprement dits, c'est-à-dire l'état numérique des hommes traduit par les statistiques des hôpitaux et des garnisons ; le reste ne compte pas ; il ne faut pas faire entrer en ligne de compte les statistiques féminines ; c'est un groupement dont il faut faire abstraction : c'est un personnel sacrifié d'avance... La contamination d'un homme n'est pas chose indifférente au corps social défendu par la police des mœurs ; mais si c'est une femme qui est victime du contage, le fait perd de son importance au point de ne pas figurer dans une évaluation médico-hygiénique !

Si la matière n'était pas sérieuse et même triste, une telle argumentation ne mériterait pas d'autre commentaire qu'une plaisanterie ; mais puisqu'il s'agit de l'intérêt public et de la science, il faut bien répondre.

Cette thèse nouvelle des médecins administratifs repose donc, disons-le, sur deux grosses erreurs.

---

(1) Pr Wolff, de Strasbourg, *iterum*. — Dr Félix Regnault : *La Prostitution à Marseille*.

Et tout d'abord elle montre cruellement le caractère absolument régressif de l'institution policière elle-même : sa conception initiale est basée sur cette monstruosité que, quel que soit l'état de santé des hommes, bien ou mal portants, les pouvoirs publics ont mission de maintenir à leur disposition, parquées, détenues, ou étroitement surveillées dans leur privé, des lots de femmes appartenant exclusivement au prolétariat et rayées de la classe des citoyens quant à la garantie de droits constitutionnels inaliénables pour tout le monde sauf pour elles. Pour nous, nous demanderons simplement, si la morale intime, la conduite privée, la fortune des personnes selon leur sexe, peuvent, dans l'État moderne, servir de base à catégoriser les individus de telle sorte que la protection des lois sera conservée aux uns et enlevée aux autres ? Les femmes font-elles, oui ou non, partie du corps social, de l'humanité pour moitié ?

Sur le terrain plus restreint de l'hygiène même, on se demande par quelle irréflexion enfantine, les médecins de la police des mœurs en sont arrivés à ne considérer l'état sanitaire des femmes qu'au seul point de vue de la prostitution, au point de vue de la sécurité à assurer aux hommes de passage et en quête ? comme si le corps social tout entier, sans distinction de classes, de sexes et de personnes n'était pas intéressé !

Voici, en effet, un lot de femmes contagionnées, momentanément retiré par la police de la circulation sexuelle ; il est plus ou moins médicamenté ; la police, sur estampille médicale, le relâche : il faut faire place au lot suivant qui vient d'être « râflé » et attend son tour à la porte de Saint-Lazare ! Que deviennent cette succession de lots évacués de femmes malades ? Autrefois les mœurs de gouvernement intérieur étaient d'une

terrible logique ; ces misérables n'étaient point rever-
sées dans le corps social sain ; extraites, elles n'en faisaient plus partie, et en étaient écartées à coups de
fourche ou d'arquebuse si elles tentaient d'y rentrer en
s'échappant de leurs cantonnements ; un peu plus tard
nos ordonnances royales en faisaient des convois pour la
Louisiane ou Madagascar : ce fut du progrès. Ces temps
passés provoquent peut-être des regrets, *laudatores
temporis acti*, mais on peut difficilement les ressusciter (1). La police des mœurs reverse donc dans les masses populaires les groupes féminins malades ; toutes
ces unités morbides reprennent peu ou prou leur fonctionnement sexuel, et finalement, que nous les retrouvions libres ou réinscrites, faisant la navette de la maison à la chambre d'encartée ou de cette chambre

---

(1) On peut juger de l'état au moins intermittent d'esprit des
médecins de la police des mœurs quand on lit par exemple une
telle phrase, dans un récent écrit scientifique : « Si les syphilitiques n'étaient dans le monde que quelques-uns ou en nombre
très restreint, il n'y aurait certes pas à hésiter dans le choix des
mesures ; il y aurait lieu d'adopter le traitement qu'a fait subir
Moïse à 23.000 hommes et à 32.000 femmes du peuple moabite. »
(*Syphilis et santé publique.* J.-B. Baillière, Paris, 1890, p. 234).
Notez que l'auteur, médecin de Saint-Lazare, est un clinicien des
plus distingués, ancien chef de clinique de la Faculté à l'hôpital
Saint-Louis, et connu pour sa parfaite humanité. Le Dr Barthélémy a d'ailleurs moralement renoncé depuis à cette solution bel-
liqueuse du problème d'hygiène en exprimant un vœu plus conforme à son vrai caractère de médecin et aussi aux idées de ses
contradicteurs ; elle est de lui cette heureuse pensée : « Ce que le
philanthrope Pinel a réalisé pour les aliénés, il faut maintenant le
faire pour ces malheureuses femmes... » Élever cette catégorie de
malades à la dignité de malades est notre *desideratum* de la première heure, et c'est une victoire d'entendre un médecin de Saint-
Lazare le faire sien à son tour ; mais comment l'autre pensée, celle
du traitement mosaïque, a-t-elle pu surgir en mémoire, hanter
une fantaisie et devenir même probablement un simple effet de
plume ?

demi-libre à la maison ; que nous les retrouvions con-
cubines monandres et même épouses et mères, il faut
bien convenir que l'état de santé de ces femmes n'est
pas indifférent pour la masse, pour la race. De quel
droit scientifique, par quel raisonnement philosophique, des médecins viennent-ils faire cette extraordinaire
distinction basée sur la différence des sexes ? Quand on
établit la statistique des cas d'une maladie telle que la
variole ou la fièvre typhoïde, fait-on un départ dans le
sexe des malades pour retrancher du total le chiffre
partiel fourni par les femmes, et présente-t-on ce total
tronqué comme le chiffre général et absolu des cas de
maladies ? Les pouvoirs publics qui se contenteraient
de ces informations et de ces informateurs seraient en
vérité mal renseignés et mal servis.

Que l'on doive rencontrer des hommes de science
fonctionnant eux-mêmes à titre de pièces essentielles
dans les rouages d'un organisme brute, d'effet absolument rétrograde, l'événement est déjà fâcheux ; mais
que, sortant de cet emploi, ces mêmes ne retrouvent la
voix que pour légitimer, au nom du bien social, tous les
faits qui en sont la négation, c'est à quoi l'on se résigne
moins. L'on est ainsi contraint, après avoir mis les choses en leur jour, de remettre les hommes en leur place.

Les médecins administratifs n'agissent pas seulement en vertu de vues scientifiques et sociales incomplètes : il faut reprendre chez eux une mentalité fon-
cière visiblement rapetissée par le machinisme professionnel et le terre-à-terre quotidien du métier encore
gêné dans une application intelligente par les obstacles
administratifs (1). L'habitude, la longue habitude qui

_____

(1) Un nouvel exemple. Il y a quelques années, les règlements
sanitaires de notre Dispensaire parisien portaient que les femmes

en fait sans doute des cliniciens plus experts, en fait
aussi, hélas ! des penseurs plus à court.

La malade, la femme, l'être social, disparaît à leurs
yeux ; ils ne voient plus que la maladie, et non pas même
la maladie dans son cycle complet, mais l'accident actuel, le mal apparent de l'instant.

Le bas-ventre les hypnotise.

Le moral, la morale, le passé, les entourages de l'u-
nité humaine, le milieu familial et social, les circonstances, les phénomènes économiques, la législation civile, la qualité des pouvoirs administratifs, leur esprit,
ceux des agents subalternes, rien de tout cela n'existe,
même pour mémoire. Il n'apparaît pas à ces médecins
qu'il y a vingt facteurs dans un mal sexuel ; que cet
accident est une résultante de complexité infinie ; que
c'est par vingt remèdes qu'il faut toucher ou prévenir
le mal et non par un seul.

Mais les médecins de la police des mœurs n'ont jamais cru qu'à l'unique procédé de la médecine policière des mœurs, et c'est par là que leur responsabilité
demeurera lourde dans l'histoire contemporaine de la
médecine publique.

---

en carte libres devaient se présenter à l'examen médical *une fois par
mois* : *aucune date* n'était déterminée ; qu'arrivait-il ? La plupart
des femmes se présentaient le 1er de tel mois, prenons le 1er mars,
puis elles se présentaient à la fin du mois suivant, le 30 avril...
Elles s'étaient bien présentées *une fois par mois* et avaient ainsi
obéi *à la lettre* du règlement ; mais en réalité au lieu d'avoir été
inspectées tous les 30 jours, elles l'avaient été à 60 d'intervalle.
Cet état de choses a duré jusqu'à hier. Les médecins de la Préfecture exécutaient le règlement avec la même passivité que leurs
sujettes ! C'est là un cas typique de médecine administrative. (*Communication* de M. le Dr P. R., ancien médecin du dispensaire de
Paris. « Nous sommes des machines à tamponner et à cautériser »,
nous disait un jour de son côté le très distingué Dr A. Le Blond,
médecin de Saint-Lazare.

Cette responsabilité a été d'ailleurs déjà sévèrement soulignée : elle a provoqué au début de grandes colères et des jugements cinglants. A l'époque héroïque des premiers combats contre la police des mœurs, il y a plus de vingt-cinq ans en France et en Angleterre, M. Yves Guyot et quelques savants anglais abolitionnistes ont eu contre les réglementaristes de la médecine des mots cruels. Voici de nouveau, en mai 1901, que le maire actuel de Lyon, un professeur de clinique chirurgicale de la Faculté, M. Augagneur, relève, lui aussi, cette myopie plus ou moins volontairement incurable de ses collègues dans les questions où la médecine n'est que partie intégrante de la sociologie, et apprécie, dans ces termes d'une sévérité hautaine et dure, les causes même de cette mentalité des médecins, obstacle majeur à toutes ces réformes. Le maître lyonnais prend comme exemple la manière puérile et bornée dont les divers services des mœurs en Europe ont manié et interprété les statistiques au nom desquelles la police des mœurs entend durer immanente, intangible, infaillible ; il montre ces services incapables d'enchâsser dans les chiffres les éléments qui les vivifient, les complètent, les nourrissent de données comparatives, les rendent en un mot scientifiques, et il poursuit :

« La statistique est sans doute une arme difficile à « employer, qui exige beaucoup de logique, qui de- « mande à être étudiée avec soin, et, malheureusement, « les médecins qui s'en sont servis manquaient sou- « vent d'éducation première. Tout chirurgien habile et « adroit peut faire une opération avec maëstria, mais il « n'en est pas pour cela un homme supérieur : en effet, « il ne lui est pas plus difficile, à lui, de couper une « jambe ou une cuisse qu'à un horloger de changer « le ressort d'une montre, et, si l'on se borne à la cul-

« ture de son métier, on peut être un illustre praticien
« en même temps qu'un homme d'une humanité infé-
« rieure !

« Eh bien ! il est indiscutable que tous ces savants,
« tous ces médecins, ont une vanité professionnelle qui
« les a placés dans une très mauvaise posture ; ils ont
« regardé les choses sous un angle trop aigu, trop
« étroit, et sont restés étrangers à tout ce qui n'était
« pas de leur métier, à tout ce qui fait les vues d'en-
« semble d'un peuple et d'un pays... » (1).

Dans des débats un peu plus anciens, nous-même
nous nous sommes permis à l'adresse des médecins des
mœurs cette innocente critique ; le ton en est très dis-
tant du jugement du professeur Augagneur et de l'â-
preté lyonnaise très connue pour sa passion de vérité
crue, mais elle les peint bien dans une attitude peu favorable à un examen d'ensemble : « Comment, deman-
dions-nous, discuter cette question complexe de la prostitution avec des médecins qui l'étudient l'œil toujours
vissé à leur spéculum ? faible lunette ! mauvaise optique ! horizon étroit ! »

* * *

Comme voit le lecteur à ce véridique tableau, si la
discussion du problème avait pu être rayée de la liste
des questions publiques, les femmes, la majorité des
légistes, les médecins eussent, à peine était-elle sou-
levée, unanimement contribué à son étouffement.

(1) *La Police des mœurs en France et la campagne abolitionniste*, par Auguste de Morsier, in-8° de 225 p. (Paris, Stock, 1902). V.
Appendice : Documents annexes, p. 148. *Discours* de M. le Professeur Augagneur, à l'ouverture du Congrès de la Fédération abolitionniste à Lyon en mai 1901, et notamment, p. 141-143, le passage
consacré aux travaux de la Conférence de Bruxelles.

Mais à la suite des promoteurs, le mouvement s'est, en dépit de tous les obstacles, maintenu et accentué. Une des grandes assemblées municipales de France, le Conseil municipal de Paris s'est, dès 1879, saisi du problème et depuis ne s'en est jamais désintéressé ; des hommes d'État d'esprit libre et ouvert au progrès, comme John Brigt, Glastone, John Morley, Crispi ; des philosophes, comme Herbert Spencer, Stuart Mill, Charles Secrétan, Émile de Laveleye ; enfin, il ne faut pas les oublier, des écrivains qui se sont donné la mission de faire penser l'élite ou les masses comme Goncourt et Tolstoï, ont, chacun dans sa sphère d'action, donné leur effort de volonté et de raison. Puis de nombreux médecins se sont détachés de la foule corporative immobile (1); puis des femmes, dignes des devancières, n'ont pas craint de se découvrir, de faire appel aux femmes ; des Congrès de femmes se sont réunis en 1900, ont condamné la police des mœurs.

Les gouvernements eux-mêmes se sont enfin émus puis enquis.

Après l'Angleterre, terre nourricière inévitable de toute initiative pour la défense de l'autonomie individuelle, nombre d'Etats européens ont abordé l'étude officiellement ; ils ont nommé des commissions d'enquête ; ce n'est pas une solution, mais c'en est souvent

---

(1) MM. Th. Roussel, le promoteur de lois excellentes pour la protection de l'enfance ; J.-V. Laborde, le savant physiologiste ; Pr Augagneur, maire de Lyon : Lutaud et Paul Berthod, très distingués écrivains de la presse médicale ; Malécot, Buret, auteur de livres érudits sur la syphilis ; Toulouse, médecin des hospices de la Seine, Langlebert, Louis Deck, André Morin, Rist, Reboul, S. de Plauzolles, Pr Gaucher, Dr Gley, Pr Brissaud, etc.

la promesse et quelquefois l'introduction. L'Angleterre avait naturellement réalisé ses enquêtes et sa réforme par la voie parlementaire (1883-86).

Un autre État qui a suivi de près, l'Italie, s'arrêta à la même solution que l'Angleterre, mais ce fut par la seule plume du ministre-président Crispi, par voie de décrets royaux qu'il abolit la Police de mœurs (1888).

La PREMIÈRE PARTIE de cet ouvrage a pour objet de donner une étude du mouvement et des travaux *officiels* que, après ces deux gouvernements, plusieurs États d'Europe ont consacrés à l'examen critique de la valeur sociale de la réglementation de la prostitution et des moyens médicaux et administratifs employés jusqu'ici pour combattre la propagation des maladies de la race. Il est notable que ces États sont tout à fait disparates d'institutions politiques, de mœurs, de religion, d'étendue territoriale, et c'est là un témoignage heureux de la réalité et de l'universalité de la préoccupation continentale.

Les uns sont des pays aussi constitutionnels que l'Angleterre ; les autres, des pays où le souverain est encore absolu ; les troisièmes sont des républiques. On peut dire qu'il commence à exister une pensée de solidarité dans la civilisation de notre vieux monde. Successivement, nous passons ainsi en revue l'œuvre de la Belgique, de la Russie, de la Suisse, notamment à Zurich et à Genève.

La France figure aussi dans notre examen, bien qu'à vrai dire, jusque dans ces derniers temps, notre gouvernement se soit absolument désintéressé de la question, ait même affecté de traiter comme des opposants politiques, presque, des adversaires du régime existant, quelques écrivains qui, après et avec M. Yves

Guyot, ont continué à demander la réforme ou l'abolition du régime discréditionnaire.

On a même osé plus à leur adresse : on les a représentés comme ayant pour objectif, dans leur campagne de paroles ou de livres, la destruction de la police elle-même, la police de droit commun, sans laquelle il n'y a pas — au moins dans l'humanité jusqu'ici connue, dans l'ordre social actuel, peut-être même dans toute constitution politique imaginable — de société possible, que cette police soit faite par les citoyens eux-mêmes ou sur leur délégation. Nous ne parlons pas des autres propos : leur abjection calomnieuse ou stupide ne nous donne pas d'autre souci que de les écarter du pied. Les plus modérés de ces porte-paroles nous accusent généralement — c'est la phrase consacrée — de vouloir « la liberté de la prostitution ». On perçoit tout ce qu'il y a d'intentions, de sous-entendus dans ce mot : cela veut dire que nous sommes les spectateurs inertes de la débauche publique, presque ses soutiens et que, par surcroît, nous demandons, pour compléter notre œuvre de niais néfastes, l'abolition des quelques partiels secours d'assistance hospitalière parcimonieusement institués pour les malades spéciaux ! Nous éprouvons quelque embarras à controverser avec les réglementaristes sur de telles pauvretés. En réalité, nous avons personnellement regretté qu'au lieu de nous traiter en adversaires, en gens pires, il ne se soit point trouvé dans notre pays, des administrateurs éclairés qui aient songé à nous agréer comme des collaborateurs libres, des conseils d'étude et de bonne intention : mais en nous écoutant, on aurait cru nous céder la place et en se rendant à nos raisons on aurait cru nous obéir.

Notre critérium en ces matières était cependant des plus modestes ; nous prenions pour devise le mot de

Diderot dans ses *Principes de la Politique des Souverains* : « La police obvie à la licence ; l'administration doit rassurer la liberté ».

C'est à l'occasion des projets de loi présentés par M. René Bérenger, que nous nous occupons de notre propre pays : mais ces lois de l'honnête sénateur, contradictoires, insuffisamment préparées, hésitantes, plusieurs fois décousues du haut en bas, mal reliées et finalement tronquées de leurs articles réformistes par leur auteur même, ont plutôt servi à embarrasser qu'à avancer la question ; elles ont cependant contribué sinon à retenir une attention d'étude, du moins à habituer l'oreille publique à un débat sur ce sujet et à ce titre elles méritaient ici plus qu'une pure mention (1).

Le dernier épisode public de la lutte en Europe, contre la Police des mœurs était hier le plébiscite du peuple genevois pour ou contre le maintien des

_____

(1) Une *Commission ministérielle* a été nommée le 17 décembre 1901 par arrêté de M. le président du conseil, Waldeck-Rousseau : elle a pour objet « d'étudier les différentes questions relatives à la prophylaxie des maladies spécifiques et leur fréquence, ainsi que les institutions existant en France pour leur traitement et les meilleurs moyens administratifs d'en prévenir la propagation ». Quelques jours après, à la Chambre, le 20 janvier 1902, à propos du budget de la prison de St-Lazare et de la suppression du crédit relatif au traitement des médecins du service de la 2me section, suppression réclamée au nom de la Commission du budget par M. le rapp. Meillet, député du Lot-et-Garonne, le Ministre, en demandant le rétablissement du crédit, prononçait, en faveur du régime de la Police des mœurs et de son intangibilité, un plaidoyer qu'on peut considérer comme le discours de la séance d'ouverture de la Commission d'enquête. Cette Commission s'inspirera-t-elle exclusivement des instructions de M. Waldeck, ou nous donnera-t-elle une étude impartiale de la question ? — D'autre part une *Société de prophylaxie sanitaire et morale* a été fondée le 31 mars 1901 par M. Alf. Fournier et a tenu d'excellents débats.

maisons closes — seule forme de la police des mœurs — dans la République cantonale voisine, lorsqu'un évènement qu'on peut dire considérable surgissait à son tour dans cette intéressante histoire sociologique et montrait aux partisans du réglementarisme que les gouvernements, crus par eux sourds à toute critique, étaient moins convaincus que leurs administrations techniques de l'excellence du régime actuel.

La fin du siècle était en effet marquée par la réunion à Bruxelles d'une CONFÉRENCE INTERNATIONALE composée des délégués officiels des principaux Etats des Deux-Mondes envoyés pour s'occuper des maladies qui s'attaquent à la génération, hors les *actes de mariage*.

Un médecin d'une puissante envergure d'esprit, membre du corps enseignant bruxellois, le D\^r Dubois-Havenith, intelligemment appuyé par son gouvernement, heureusement secondé par deux éminents compatriotes, un ministre d'Etat, M. Jules Lejeune, le savant jurisconsulte, et un grand administrateur, M. Emile Beco, avait pu, après avoir patiemment suivi depuis vingt ans le mouvement d'études à travers l'Europe, réaliser — nous dirons couramment — ce tour de force scientifique et moral de poser officiellement le gros problème de l'hygiène sexuelle générale devant les Pouvoirs publics et de l'élever désormais au rang des questions du gouvernement scientifique des peuples.

C'est l'étude de l'esprit, de la portée et de la documentation de cette Conférence qui fait l'objet de la SECONDE PARTIE de cet ouvrage. Le lecteur jugera par cette analyse du pas fait en avant. Quelles qu'aient été les opinions *a priori* de nombre de membres de la

Conférence, on peut dire que la réunion, *volens, nolens, aut nesciens*, n'a pas fait autre chose, que le procès des actes et de la constitution de la Police des mœurs. Pour prendre un exemple, le jour où la Conférence a reconnu par des milliers de statistiques que les maladies spécifiques sont surtout reçues et propagées par les jeunes filles, et a adressé aux gouvernements le vœu formel que dorénavant les administrations n'inscrivent plus de mineures (de 21 ans, en France) sur leurs listes de prostituées officielles, on peut juger du coup qu'a ressenti l'organisation de la Prostitution réglementée d'une telle réforme et des nouvelles obligations sociales qui en découlent pour les Pouvoirs publics. Pour prendre un autre exemple, le jour où la Conférence a appris — fait conforme aux statistiques russes, françaises et genevoises des réglementaristes Sperk, Commenge, Reuss et Vincent — que sur 198 *hommes* vénériens traités dans l'hôpital de Braïla en Roumanie, 127 (près des deux tiers), ont été contaminés dans les maisons, voici encore un épisode sanitaire peu favorable à l'intangibilité de la Police des mœurs actuelle et du système coercitif cloîtré... et ainsi du reste.

Dans l'organisation et les travaux de cette Conférence de Bruxelles, plusieurs points de vue nouveaux frapperont le lecteur attentif. Et tout d'abord ce sera la belle et courageuse loyauté scientifique du D' Dubois-Havenith convoquant avec le seul souci de rendre plus substantiels les rapports, les enquêtes et les débats, à côté des délégués officiels des gouvernements, personnages éminents, occupant généralement dans leurs pays respectifs de hautes situations dans l'enseignement universitaire de la médecine, dans les grands hôpitaux, dans les Conseils de médecine publique, convoquant,

dis-je, à côté de cette majorité dont l'opinion *a priori*
ou probable était connue, les membres mêmes de cette
Fédération abolitionniste, qui depuis 1875 a provoqué en Angleterre et à travers toute l'Europe, une agitation grosse des projets, des réunions, disons même des
recherches scientifiques qui éclosent partout aujour-
d'hui. M. Dubois-Havenith s'inspirait sans doute de
l'esprit de la Commission royale d'enquête précédem-
ment nommée dans son pays en 1887, qui avait réuni,
à côté des tenants les plus rigoureux du réglementarisme, bourgmestres ou médecins, MM. Buls, Thiry,
d'Andrimont, etc., les Woeste, les Laveleye, les Jules
Pagny, les Moeller et autres partisans non moins convaincus, soit de l'abolition intégrale de la Police des
mœurs, soit de réformes subversives de ce même régime ;
mais son mérite propre n'en était pas diminué, car il
avait clairement distingué que donner à la Conférence
un caractère *unilatéral*, c'était lui enlever tout caractère scientifique et conclure en remplaçant la discussion
fertile entre contradicteurs par les affirmations suspectes et les congratulations risibles entre augures.

Une autre conception initiale de l'organisation de la
Conférence internationale a été d'un caractère encore
plus décisif : ça été la convocation à cette assemblée de
médecins — par ce promoteur qui est médecin, ne
l'oublions pas — ç'a été la convocation de jurisconsultes, de magistrats au civil et au criminel, de
professeurs d'humanités, de maîtres de pédagogie, de
philosophes sociologues et moralistes. Par là, M. Dubois-Havenith a marqué d'un trait net que la période du
dialogue ou mieux du monologue médico-policier était
close dans une question où la médecine et la police, sou-
dées l'une à l'autre, réduites ensemble à leurs seuls
gestes, avaient depuis longtemps montré leur égale

impuissance à rien résoudre et même à rien améliorer (1).

Cet ordre composite de la Conférence quant aux personnes et partant aux sciences qu'elle faisait parler, élargissait désormais le champ de tous les travaux du présent et de l'avenir ; l'étude officielle elle-même en recevait une orientation toute nouvelle.

Maintenant, nul ne prétendra plus raisonnablement résoudre cette question de la prostitution en se cantonnant exclusivement dans les pratiques d'une médecine de police et d'une règle administrative : ce sera ailleurs que dans de fausses doctrines, des ordonnances périmées, des violences matérielles, qu'il faudra aujourd'hui chercher la solution ou un complet remaniement des impossibilités actuelles. Il sera enfin reconnu que si l'on n'y rattache pas l'examen de ses causes morales, éducatives, juridiques et économiques, et la proposition des remèdes afférents dans chacun de ces domaines, l'étude de la prostitution restera justement pour ces penseurs

---

(1) Pendant les débats de la Conférence de Bruxelles, voici l'aveu, doublé d'ailleurs de critique, fait sur le régime de la prison-infirmerie de Saint-Lazare par un médecin de Saint-Lazare : « Etre traitée humainement est un droit sans réserve que la malade achète au prix de sa liberté... Il faut que les malades n'aient plus le costume humiliant des prisons... JUSQU'A IL Y A TRÈS PEU DE TEMPS, LES MALADES NE RECEVAIENT PLUS RIEN A MANGER A PARTIR DE DEUX HEURES DE L'APRÈS-MIDI JUSQU'AU LENDEMAIN MATIN, etc.. » (Communication du Dr Barthélemy, sur l'amélioration des surveillances administrative et médicale, T. II. Compte rendu des S. p. 214). Depuis près de 18 ans, le Conseil municipal de Paris, avait dénoncé les conséquences de la pénétration réciproque du régime des prisons et de cette médecine pénale transformée d'emblée en médecine tortionnaire. Comment qualifier autrement la privation de nourriture — la *cura famis*, la diète affamante — imposée à des malades dont la maladie compte précisément l'alimentation comme un de ses plus essentiels traitements ?

de second ou de troisième rang la plus stérile des recherches de biologie publique et pour la foule acéphale une sorte de curiosité suspecte localisée aux bestialités vilaines du fait prostitutionnel.

Sans doute, aux yeux de médecins attentifs, il peut par exemple ne pas être indifférent de rechercher si en soi et comme détail matériel d'hygiène, il vaut mieux pour elle et le groupement populaire périphérique qu'une malheureuse se prostitue comme insoumise, fille inscrite demi-libre ou comme fille de maison, mais en réalité n'est-ce pas là un débat bassement secondaire ? une impasse nauséabonde où finit par s'emboucr le meilleur vouloir ? et n'importe-t-il pas bien plus, même à un médecin, de déterminer par quels moyens positifs, par quelles institutions placées à l'entrée de la vie, la jeune fille pauvre évitera la première chute, les rechutes successives, la chute dernière enfin où le corps de la femme reste sans trève couché vivant, comme s'il était déjà cadavre !

La police des mœurs a constitué une solution étatiste véritablement trop simpliste du problème de la misère des femmes du prolétariat ; elle a dispensé le corps social, si sévère pour celles qui cherchent l'appoint ou même tout le pain quotidien dans l'offre de leur corps, de tous les autres devoirs : ce sont ces devoirs-là que la Conférence de Bruxelles a rappelés aux Pouvoirs publics.

Assurément, nulle de ces vues n'avait échappé aux esprits qui s'étaient occupés de la matière dans leurs livres, dans leurs associations, dans les sociétés savantes, avec quelque souci de la vérité : il n'est pas jusqu'à notre préfet de police, M. Lépine qui, dans la discussion des projets de loi de M. Bérenger, n'ait invité l'austère sénateur à tempérer le draconisme de sa morale publique en lui rappelant que la prostitution des femmes cachait souvent d'effroyables misères ; qu'en écartant le rideau souillé, lui, fonctionnaire d'inéluctable répression, il avait vu plus d'une fois des infortunées qui, faute d'un travail honnête, se prostituaient pour nourrir leurs petits enfants, un tout jeune frère, leurs vieux parents infirmes (séance du Sénat, 30 mai 1895) !

Mais ces faits sociaux, seul, l'appel de M. Dubois-Havenith à des hommes d'études et de mentalité extra-médicales, a permis de les grouper au premier plan à côté des faits médicaux eux-mêmes, et cela — officiellement — devant les corps médico-administratifs qui, depuis un siècle, n'y avaient songé en rien, ou y ayant songé ne l'avaient pas dit et surtout n'avaient point admis que cela pût être dit tout haut de crainte que la police des mœurs ne s'en effondrât.

Grâce à la Conférence de Bruxelles, l'ère des discours, des livres, des règlements, des thèses monocordes est close. Ce n'est que justice d'en reporter le témoignage public aux claires intentions de son organisateur, et l'éloge le plus simplement vrai que l'on puisse faire de M. Dubois-Havenith, est de dire ici qu'il n'est pas de ces hommes qui jugent les évènements par leurs effets.

Nous nous sommes appliqué, dans la SECONDE PARTIE de cet ouvrage, à présenter un tableau critique fidèle de la documentation de la Conférence, afin que ce livre pût être, ce que d'ailleurs tout livre doit être pour le lecteur, un instrument de travail personnel. Cette documentation est considérable, et l'on a pu dire très véritablement que depuis l'ouvrage de Parent-Duchâtelet et les enquêtes anglaises, il n'en avait point été réunie d'aussi complète : il suffira de rappeler que la Conférence a

poussé ses investigations jusqu'aux confins de l'Ex-
trême-Orient et étudié la prostitution réglementée
même au Japon.

Le lecteur a donc ici sous les yeux un état à peu près
général de la question à travers le monde civilisé au
seuil du XXe siècle (1).

Louis FIAUX.

---

(1) L'ordre des événements, des enquêtes, des discussions législatives, des projets d'organisation, surtout dans la *Première partie*
de l'ouvrage, ayant empêché l'auteur de résumer d'un seul trait et
dans le même chapitre tout ce qui se rapportait à la même matière
et aux mêmes problèmes, il était difficile que les mêmes critiques
ne reparussent point renouvelées et réparties en nombre de pages
distantes. La chronologie des épisodes nous obligeait à cette composition que nous n'eussions naturellement point choisie mais à
laquelle nous ne pouvions échapper. D'ailleurs, à cause de l'origine
des divers mouvements, de la variété des peuples, de la différence
de leurs institutions politiques et de leurs mœurs privées et publiques, chacun de ces chapitres pouvait renouveler la même étude
sans redites en lui donnant chaque fois une physionomie individuelle.

Une *Table raisonnée* des matières permettra au lecteur de relier
facilement entre eux les faits et les commentaires de même nature
et de se faire une conviction ou tout moins une opinion.

LA PROSTITUTION

EN BELGIQUE

Mouvement d'opinion en Europe et particulièrement en Belgique sur la question de la Prostitution. — Nomination d'une Commission officielle d'enquête.

Le puissant mouvement d'opinion auquel l'Angleterre a donné l'impulsion, il y a vingt-cinq ans, au lendemain du vote des *Acts* qui imposaient à nombre de ses ports et villes de garnison la réglementation de la police des mœurs en usage sur le continent (droit d'inscription, de visite, de juridiction spéciale et d'internement hospitalier des femmes, moins les maisons de tolérance) a déjà donné de satisfaisants résultats chez plusieurs nations de l'Europe. En Angleterre même, la police des mœurs a été abolie comme attentatoire à la liberté individuelle et inutile au point de vue de la santé publique. En Italie, les arrêtés royaux du 29 mars 1888 ont aboli la visite préventive et coercitive. En Russie, à Moscou, le ministère de l'intérieur, la municipalité et les médecins du service spécial se sont arrêtés de concert, il y a deux ans, à une mesure d'administration expérimentale qui suspend provisoirement le droit de visite ; de plus une enquête générale sur la prostitution dans l'Empire a été commencée en août 1889, et cette année même le Comité central de statistique en a publié les résultats. La Suède et la Norvège, le Danemark ont imité l'Angleterre.

FIAUX.   1

La Belgique ne s'est point tenue à l'écart, et il y faut louer les pouvoirs publics d'avoir compris qu'au lendemain des graves scandales de Bruxelles (1880-1881) et en présence des réformes presque partout tentées ou réalisées, il convenait d'étudier cette question si complexe de la prostitution où l'ordre hygiénique et l'ordre social se mêlent intimement. Le 13 octobre 1887, un arrêté royal constituait une Commission chargée de faire une enquête et de présenter ses conclusions sous forme d'un projet de loi. Cette Commission était — par parenthèse — impartialement et judicieusement composée : des médecins civils et militaires, des membres de l'Académie de médecine et des chefs d'hôpitaux, des administrateurs, des publicistes, des légistes appartenant à la presse et aux chambres, des ministres et anciens ministres, des économistes comme l'illustre Laveleye, en étaient les membres. La diversité de leurs opinions égalait leur compétence : les uns et les autres s'étaient *a priori* déclarés, dans des discussions et des publications antérieures, partisans ou adversaires du régime coercitif en matière de mœurs (1). Cette Commission

---

(1) *Commission chargée de proposer la revision des lois et règlements relatifs à la police des mœurs, instituée par arrêté royal du* 13 *octobre* 1887 :

MM. Buls, bourgmestre de Bruxelles, membre de la Chambre des Représentants ; Beco, directeur général du service de l'hygiène ; d'Andrimont, bourgmestre de Liège ; de Wael, bourgmestre d'Anvers ; van Naemen, bourgmestre de Saint-Nicolas ; Dr Célarier, inspecteur général du service de santé de l'armée ; Drs Crocq, Janssens, Moeller, Thiry, Lefebvre, membres de l'Académie royale de médecine ; Emile de Laveleye, professeur à l'Université de Liège, correspondant de l'Institut de France ; Jules Pagny, industriel, secrétaire général de la Société de moralité publique ; Ed. Mussche, avocat, vice-président de la Société de moralité publique ; Hoyois, docteur ès sciences administratives, avocat ; Durant, juge de paix à Bruxelles ; Fris, Houzeau de Lehaie, Nothomb, ancien ministre, Simons, Dr Thiriar, Visart, Woeste, ancien ministre, membres de la Chambre des Représentants ; Marousé, directeur général au ministère de la Justice ; Dr Petithan, médecin principal d'armée en retraite ; van Maldeghem, conseiller à la Cour de cassation.

vient de terminer son enquête : le gouvernement vient d'en publier les procès-verbaux et les statistiques (1).

C'est cette œuvre que nous voudrions examiner, tant dans ses matériaux de détail que dans ses conclusions théoriques et pratiques.

I

Observations préliminaires sur la procédure de l'enquête. — Nature des documents et statistiques recueillis dans les provinces.

Il est une observation préalable qui s'impose dès le début. C'est le sentiment de déception qu'inspire l'étude minutieuse des tableaux statistiques qui résument les documents fournis à la Commission au point de vue de la statistique policière et hygiénique. Ainsi qu'on le verra plus loin, des provinces entières, comme la Flandre orientale (sauf Gand), n'ont fourni aucun renseignement valable, ou bien ont fait des réponses insignifiantes ou négatives : des centres industriels et pourvus de garnisons comme Alost, Saint-Nicolas, Lokeren, Audenarde, qui devaient cependant avoir des pièces et des chiffres d'un haut intérêt à communiquer, n'ont donné aucun éclaircissement ; des Universités comme celles de Louvain, de Bruxelles, ailleurs des cliniques suivies, des hôpitaux considérables n'ont pas même répondu. « Ainsi, a pu dire un des membres les plus distingués de la Commission, le Dr Petithan, les résultats généraux de l'enquête sont faussés et ne répondent pas du tout à ce qu'on attendait. »

Il est patent que l'enquête a été d'une part entravée par l'absence d'une bonne organisation de l'assistance publique et de l'hygiène administrative provinciales et de

---

(1) Un volume grand in-4° de 360 pages, avec tableaux statistiques. Joseph Gomaere, imprimeur du Roi. (Bruxelles, 1891).

l'autre par le mauvais vouloir ou l'hostilité publique des pouvoirs policiers que trop de lumière offusquait ou menaçait. Rien n'était préparé, nous ne disons pas une organisation savante, mais simplement un fonctionnement modeste et utile; rien n'a pu servir les recherches même les plus élémentaires auxquelles eussent dû se livrer les municipalités, les administrations de police et les services hospitaliers dans le but d'éclairer la question. A part quelques services de police des mœurs, comme ceux de Bruxelles et de Tournai, bien peu ont pu colliger des chiffres et des documents qui instruisent. On conçoit dès lors avec quelles sortes de données la Commission d'enquête a dû construire son œuvre.

Sans doute le temps n'a ici manqué à personne et quatre années entières permettaient un peu plus de perfectionnement ; mais que réaliser quand on ne trouve sous main que des faits incomplets, des chiffres réunis sans méthode déterminée et uniforme, sans unité dans l'observation et le groupement des matériaux, sans idées générales, ni plan? quand les impressions personnelles, les inspirations passionnées, les partialités issues des situations et des places, les thèses a priori tiennent le plus souvent lieu de tout? Sans doute les modèles d'enquête, de questionnaires et de réponses non plus n'ont manqué à personne : l'excellent mémoire de Sperck, de Pétersbourg, les travaux de Giersing, de Copenhague, ceux de Nikolsky et de Stoukowenkoff, de Kieff, pouvaient servir d'instructions aux commissions provinciales; les méthodes du professeur Mounier, d'Utrecht, étaient également un bon guide, et, sans sortir de la commission d'enquête, les rigoureux procédés d'analyse employés par l'éminent membre de l'Académie de médecine, le Dr Moeller, à l'étude des maladies vénériennes dans l'armée belge, avaient charpenté un cadre qu'il n'y avait qu'à replacer et remplir.

La Commission royale avait cependant, hâtons-nous de le dire, elle-même indiqué aux administrations de police, aux commissions médicales locales, etc., avec lesquelles

elle collaborait, d'un trait fort précis et dans une énumération très raisonnée, les faits à mettre en évidence, les
bases sur lesquelles il fallait les asseoir et la méthode dont
il était nécessaire d'user.

Quoi qu'il en soit, en dehors des statistiques relatives aux
états mêmes de la prostitution active, la Commission
royale a dû se contenter, en matière d'hygiène sanitaire,
de chiffres trop souvent isolés, sans périodes ni séries, sans
groupements numériques comparatifs ; bien plus elle a été
fréquemment réduite à recueillir de la part des médecins
des pauvres, des médecins des établissements industriels,
des sociétés d'usines, etc., de simples avis, de simples souvenirs. Elle n'a pu proprement faire, trop souvent. qu'une
statistique *d'opinions, d'impressions.* C'est de l'enquête
encore à l'état d'enfance.

II

*Organisation de la prostitution réglementée en Bel-
gique. — Etats numériques. — Maisons publiques.
— Filles inscrites éparses et en tolérance. — Etat sanitaire du personnel soumis.*

Malgré cette pauvreté numérique et documentaire, es-
sayons de présenter, d'après la Commission royale. un
tableau de la situation actuelle de la prostitution en Belgique. Quelque sèche et insuffisante que soit l'énumération qui va suivre, rigoureusement empruntée d'ailleurs
à la publication officielle, nous nous efforcerons d'en faire
ressortir ensuite ce qui en reste et restera l'enseignement.

Voyons d'abord ce qui concerne l'organisation de la
prostitution. Dans la province de Brabant la réglementation existe dans la plupart des villes et des grandes communes, moins Etterbeek, Saint-Gilles, Anderlecht, Uccle,
Overyssche, Vilvorde, Vavre, Nivelles, Hal, Diest qui
n'ont jamais eu de police des mœurs ou l'ont récemment

aboli. Bruxelles possède 7 maisons publiques avec
71 pensionnaires et 260 femmes inscrites éparses ; Tirlemont, 1 maison avec 4 pensionnaires, 0 éparses ; Louvain,
4 maisons avec 10 pensionnaires, 0 éparses ; les communes
suivantes (principaux faubourgs de Bruxelles) n'ont que
des inscrites éparses : Schaerbeck, 4 éparses ; Ixelles, 6 ;
Saint-Josse, 1 ; Molenbeck, 3 ; Laeken, 1.

La Commission médicale de la province, appelée par la
Commission royale d'enquête à établir des statistiques
sanitaires sur l'état du personnel de femmes enregistrées au bureau des mœurs, signale pour Bruxelles une
moyenne annuelle de 28 femmes de maison vénériennes
dont 13 syphilitiques, et de 44 éparses vénériennes dont
18 syphilitiques. La moyenne est établie pour les sept dernières années. A Saint-Gilles, en 1887 (il y existait alors
des éparses), 2 inscrites ont été trouvées vénériennes et
1 syphilitique. A Laeken, dans les trois dernières années,
les éparses ont fourni 2 syphilitiques et 4 vénériennes. A
Tirlemont, la tolérance a fourni 5 vénériennes en quatre
ans. A Louvain, les quatre maisons et les éparses ont
fourni *in globo* 12 vénériennes dont 3 syphilitiques.

Ces renseignements plus ou moins confus pour la province de Brabant sont complétés par deux tableaux directement présentés à la Commission par un de ses membres,
le Dr Janssens, membre de l'Académie de médecine et
chef du service sanitaire de Bruxelles. Sur 287 femmes
inscrites à la police de la capitale le 1er janvier 1889 (68 en
maison, 219 éparses) : 66 ont été envoyées dans l'année à
l'hôpital, dont 37 étaient syphilitiques ; 16 blennorrhagiques ; 13 non vénériennes (*sic*). De 1881 à 1889, sur une
moyenne annuelle de 343 filles inscrites, 93 sont en
moyenne annuelle entrées à l'hôpital dont 28 étaient non
vénériennes, 12 blennorrhagiques, 21 atteintes de chancre
mou, 30 syphilitiques.

Dans le tableau ci-dessous, heureusement plus précis,
M. Janssens fait enfin la distinction entre les femmes en
maison et les éparses :

Période de 1881-1889. — Moyennes annuelles des femmes en maison et éparses envoyées à l'hôpital :

Femmes inscrites : 343. { En maison . . 68.
{ Éparses . . . 219.

Moyenne totale : 33.7 filles en maison hospitalisées.
     dont 9.4 —   —   non vénériennes.
     — 5.4 —   —   blennorrhagiques.
     — 7.0 —   —   atteintes de chancre mou.
     — 11.3 —   —   syphilitiques.

Moyenne totale : 58.9 filles éparses hospitalisées.
     dont 18.8 —   —   non vénériennes.
     — 7.0 —   —   blennorrhagiques.
     — 14.3 —   —   atteintes de chancre mou.
     — 19.4 —   —   syphilitiques.

Dans un paragraphe spécial nous nous arrêterons aux statistiques relatives aux insoumises et à l'erreur commise sur la proportion des maladies qui leur est attribuée par le Dr Janssens, erreur d'ailleurs commune à beaucoup de médecins de police.

Dans la Flandre orientale, seules les villes ci-après ont une organisation réglementaire complète : Gand, avec 9 maisons, 35 pensionnaires et 33 éparses; Termonde, 2 maisons, 5 pensionnaires, 0 éparses; Alost, 1 maison, 2 pensionnaires, 0 éparses. Grammont, Nazareth, Renaix, Saint-Nicolas, Audenarde, Hamme, Ninove, Waerschoot n'ont ni maisons ni filles éparses. Alost, Saint-Nicolas, Lokeren et Audenarde sont des centres industriels.

La Commission médicale ne donne aucune indication statistique sur le nombre des inscrites en maison et éparses annuellement malades à Gand. A Termonde, elle signale 85 malades en dix ans dans les maisons, sans indiquer si ces pensionnaires étaient syphilitiques ou seulement vénériennes. A Alost, elle signale 2 femmes de maison malades en deux ans — sur deux pensionnaires que l'unique maison contient.

Dans la province de Flandre occidentale les villes de Bruges ont 3 maisons avec 20 pensionnaires et 7 éparses ;

de Courtrai, 2 maisons, 10 pensionnaires et 3 éparses ; Ostende, 3 maisons , 11 pensionnaires et 10 éparses ; Menin, 1 maison, 4 pensionnaires, 0 éparses. Ypres, sans maison, a 4 éparses. Les autres villes et grandes communes, Thielt, Wervicq, Harlebeke, Poperinghe, Mouscron, Rumbeke, Moorslede, Wingene, Waereghem, Swezvele, Pitthem, Oostcamp, Œdelem, Meulebeke, Roulers, Dixmude, Iseghem, Ingelmunster n'ont pas de réglementation. La Commission médicale signale pour Bruges un total de 22 inscrites (pensionnaires et éparses) vénériennes (dont 4 syphilitiques) depuis 1885 : nulle autre statistique n'est tenue ou communiquée par les autres villes réglementées.

Dans la province de Liège, seules les villes ci-dessous sont pourvues de maisons de tolérance : Liège, 37 maisons (dont 24 actuellement occupées [sic]) avec 91 pensionnaires et 84 éparses ; Seraing, 2 maisons avec 10 pensionnaires, 0 éparses ; Huy, 1 maison avec 3 pensionnaires, 0 éparses ; Verviers, 6 maisons avec 17 pensionnaires, 26 éparses. Les autres villes et grandes communes, Ougrée, Herstal, Chênée, Ensival, Dison, Spa, Stavelot et Saint-Georges, n'ont jamais eu ou n'ont plus ni maison ni éparses.

La Commission signale, pour ces dix dernières années, à Liège, une moyenne annuelle de 35 vénériennes et de 33 syphilitiques parmi les pensionnaires et 45 vénériennes et 16 syphilitiques parmi les éparses. En 1887, il a été constaté 124 vénériennes et syphilitiques dans le personnel inscrit (pas de catégories) (1). A Seraing un personnel de 10 pen-

---

(1) Le rapport de M. Mignon, commissaire de police en chef de Liège, donne les chiffres suivants :

Femmes inscrites le 1er août 1887. . . 212
— — le 31 juillet 1888. . . 177

soit en une année une diminution apparente de 35 inscrites ; M. Mignon, ajoutant que, pendant cette période, 339 femmes ont été inscrites sur les registres de la police, c'est une diminution réelle de 162 femmes. Pendant cette même année l'hôpital a reçu

sionnaires donne le chiffre annuel de 12 malades (*sic*), sans indication du nombre des récidives ou du chiffre des femmes qui passent annuellement par les deux tolérances. A Huy, depuis dix ans on constate annuellement 4 ou 6 pensionnaires malades, soit 2 ou 3 vénériennes et même proportion de syphilitiques. A Verviers, pour la même période, on a constaté en maison 177 vénériennes et 34 syphilitiques ; parmi les éparses 9 vénériennes, 7 syphilitiques.

Dans la province d'Anvers, seules les villes d'Anvers et de Malines ont une prostitution réglementée : Anvers, 13 maisons, 94 pensionnaires, 170 éparses ; Malines, 3 maisons avec 11 pensionnaires, 0 éparses. Les villes et grandes communes de Berchem, Borgerhout, Lierre, Turnhout, Boom, Merxem, Moll, Duffel, Deurne, Willebroeck, Heyst-op-den-Berg, Rumpst, Herenthals, Hoboken, Niel, Schooten n'ont ni éparses ni maisons. La commission médicale indique pour Anvers, par an, 50 vénériennes et syphilitiques en maison ; 70 p. 100 du total sont vénériennes. Les éparses comptent 30 syphilitiques annuellement.

Dans la province de Namur, les deux villes importantes sont réglementées : Namur avec 6 maisons, 30 pensionnaires et 14 éparses ; Dinant, 1 maison, 3 pensionnaires, 0 éparses. Aucune statistique n'est tenue dans ces deux villes relativement au nombre des inscrites malades, ni des vénériens des deux sexes hospitalisés.

Dans la province de Hainaut les villes ci-après sont réglementées : Mons, 3 maisons avec 12 pensionnaires, 13 éparses ; Tournai, 3 maisons, 6 pensionnaires, 25 éparses ; Charleroi, 5 maisons, 28 pensionnaires, 1 isolée. Les 34 autres villes et grandes communes de cette importante province n'ont ni réglementation, ni maisons de tolérance, ni inscrites libres. La Commission médicale donne le nombre total des inscrites vénériennes depuis dix ans à Mons,

---

210 femmes inscrites malades d'affections vénériennes : toutefois ces 210 cas ne s'appliquent qu'à 121 femmes *nominativement;* le chiffre des récidives a donc été de 89. (*Pr.-verb.*, p. 74).

soit 190 femmes en maison et 284 éparses ; à Charleroi, depuis un an et demi, 6 femmes en maison ont été notées comme malades, dont 2 syphilitiques et 4 vénériennes. Le nombre des femmes inscrites malades à Tournai depuis neuf années a été de 36 pensionnaires et de 185 isolées, moitié vénériennes, moitié syphilitiques : elles ont été admises à l'hôpital.

Dans la province de Limbourg, seule la ville d'Hasselt a 2 maisons avec 5 pensionnaires et 0 éparses. Les autres villes de Saint-Trond, Bourg-Leopold, Tongres et Maeseyck n'ont ni maisons ni filles isolées. Nulle statistique de police sanitaire n'est tenue.

Dans la province de Luxembourg, Saint-Léger, Laroche, Bleid, Saint-Hubert, Nassogne, Florenville n'ont pas de prostitution réglementée. A Arlon, il n'existe pas d'isolées ; seulement une maison avec 4 pensionnaires : depuis 1881, ce personnel a présenté « quelques » cas de blennorrhagie, aucun cas de syphilis.

Tel est le résumé numérique intégral des tableaux dressés par la Commission sur les états de la prostitution belge et la situation sanitaire de son personnel.

III

Rapport numérique de la prostitution inscrite à la population. — Diminution progressive des maisons publiques et des prostituées inscrites. — Observations relatives à cette décroissance.

Bien que la Commission (1) se soit — probablement à dessein — abstenue de tirer tout haut cette première conclusion, elle frappe dès l'abord ; on s'étonne de la faiblesse

_____

(1) Nous entendons ici et partout ailleurs la *majorité* de la Commission : il est presque inutile de l'observer.

numérique de ces états de la prostitution en Belgique, qu'il s'agisse des femmes en maison ou des femmes demi-libres, dites éparses.

La Commission aurait dû, ce nous semble, faire mieux ressortir encore cette faiblesse numérique en mettant parallèlement en ligne dans ses textes un indispensable élément de comparaison et d'information, nous voulons dire le chiffre de la population dans chaque ville réglementée ou indemne de réglementation, cité ou grande commune rurale. Il n'est point indifférent dans un groupement documentaire de rencontrer ces premières données ou d'être obligé de les rechercher dans les recueils spéciaux. Quoi qu'il en soit, pour une population totale de plus de cinq millions d'habitants, voici d'après le tableau récapitulatif de la prostitution belge ce dont la police des mœurs de ce pays dispose en fait de maisons de tolérance et de filles inscrites (1889-1890).

PROVINCES.	Chiffre des maisons de tolérance.	Chiffre des filles en maison.	Chiffre des filles éparses.
Anvers	18	105	170
Brabant.	12	85	269
Flandre orientale .	12	42	33
Flandre occidentale	9	45	24
Hainaut	11	46	41
Namur	7	33	14
Liège	24	121	110
Limbourg et Luxembourg . . .	3	9	»
Totaux. . . .	96	486	661

L'insignifiance de ce chiffre — 96 maisons de tolérance et 1,147 filles inscrites — rapproché du chiffre de la population même, dispense d'insister et de demander si dans de telles conditions la réglementation n'est pas bien plus une illusion qu'une réalité. Il est vrai qu'il existe ce que la police des mœurs appelle ici également des insoumises :

nous reviendrons plus loin sur cette question particulière.

Mais ce n'est pas seulement la faiblesse numérique *actuelle*, au moment même où la statistique est dressée, qu'il convient de faire ressortir. La démonstration pratique de l'insuffisance et du discrédit, à proprement parler, irrésistible dans lequel la réglementation coercitive est tombée, est plus saisissante encore, lorsque l'on voit que ces chiffres minimes sont le dernier terme d'une diminution progressive incessante, diminution doublée et triplée par ce fait qu'elle a coïncidé avec une augmentation parallèle des populations urbaines. Ici encore la Commission a péché par omission et quelque peu stérilisé les seules statistiques qui lui aient été communiquées avec précision. Sans constitution de séries pour une période déterminée d'années, aucune preuve expérimentale n'est possible. Le chiffre des tolérances et des inscrites n'est qu'un chiffre curieux si vous me l'apprenez pour l'année 1890 : il ne devient scientifique que si vous le rapprochez des chiffres antérieurs. Alors seulement le chiffre emporte avec lui une valeur statistique qui fait juger de l'influence de l'institution sur le moral des femmes, sur leur état sanitaire, sur la manière dont l'opinion et les mœurs publiques se comportent vis-à-vis telle branche de la prostitution réglementée.

Le tableau ci-contre (p. 13) fait ressortir cette décroissance dans nombre de grandes villes du royaume.

Ainsi la population a pu, en vingt années environ, augmenter d'un tiers comme à Liège, à Bruxelles : la prostitution inscrite, loin d'augmenter elle-même proportionnellement, a diminué de plus de moitié en tant qu'établissements de tolérance et que filles internées ; et dans les villes comme ces mêmes, Bruxelles, Liège, Gand, Tournai, où la police spéciale a cherché à rétablir la balance en haussant le chiffre des éparses par des arrestations et inscriptions multipliées, elle est parvenue en dix ans à augmenter ses états de 9 éparses (Liège), de 12 éparses (Gand), de 10 éparses (Tournai). Or, à Liège, le

bourgmestre, M. d'Andrimont, a montré le plus passionné
fanatisme pour la réglementation qui se puisse trouver ;
il s'en est fait gloire dans la Commission d'enquête même

Villes.	Années.	Chiffre de la population.	Chiffre des maisons.	Chiffre des femmes en maison.	Chiffre des inscrites éparses.
Anvers . .	1881	185.480	29	228	90
	1889.	238.788	13	94	170
Bruges . .	1868-1872. . .	50.300	4	35	15
	1881.	»	3	41	7
	1889.	51.403	3	20	7
Charleroi.	1872.	13.755	9	142	11
	1881.	17.442	9	101	4
	1889.	22.551	5	28	1
Gand . . .	1872. . . . . ,	127.197	25	79	22
	1881.	134.595	23	77	21
	1889.	153.740	9	35	33
Hasselt . .	1872.	10.946	1 (1871-81)	5	2
	1881.	12.713	2 (1882)	4	2
	1889.	14 314	2	5	»
Liège . . .	1872. . . . . ,	115.239	31 (1877)	249 (1877)	55 (1877)
	1881.	126.240	33	261	75
	1889.	149.836	24	91	84
Mons . . .	1872.	24.940	9	77	3
	1881.	26.167	9	86	5
	1889.	26.370	3	12	13
Namur . .	1872.	24.810	11	94	»
	1881.	25.766	10	51	6
	1889.	31.033	6	30	14
Tournai. .	1868.	44.000	5	10	6
	1872-1881. . .	34.500	2	5	15
	1889.	37.145	3	6	25
Bruxelles .	1869-71 { Villes: 174.773 / Faub.: 120.574		14 (1869) / 13 (1870)		
	Tot . . . 295.352		12 (1871)	73 (1871)	225 (1871)
	1872.		12		
	1877.		15		
	1878-79.		19 (1)	de 73 à 153 (1878-82)	249 (1879)
	1880.		15	de 153 à 88 (1882-84)	de 230 à 277 (1880-84)
	1889 { Villes: 182.805 / Faub.: 299.853		» / 7	71	260
	Tot. . . 482.158				

(1) Cette période correspond à l'administration du bourgmestre
compromis avec le commissaire en chef de la police bruxelloise
pour tripotages d'affaires avec les tenanciers des maisons de tolérance de la ville à la multiplication desquelles ils prenaient intérêt.

dont il faisait partie. Anvers qui, au premier abord, paraît
faire exception, est au contraire une des villes où la
prostitution réglementée a le plus reculé : non seulement
en dix années les maisons de tolérance sont tombées de
29 à 13, mais l'inscription même des femmes n'a rien
gagné ; en 1881, il existait dans cette ville un total de 318
inscrites ; en 1889, il n'en existe plus que 264 ; les chiffres
des pensionnaires disparues (en même temps que les maisons) n'ont même pas intégralement passé aux éparses.

IV

Omission du chiffre des femmes inscrites disparues.

La Commission d'enquête a négligé de se faire indiquer
le chiffre si important des femmes disparues chaque année
par fuite, mariage, etc., chiffre qui diminue d'autant le
nombre des inscrites soi-disant présentes toujours donné
par la police comme fixe.

V

La maison de passe officielle en Belgique.

Un des côtés originaux de la réglementation belge est
l'organisation officielle — à côté de la maison de tolérance
— de la *maison de passe*, qui monte ainsi de la classe
prohibée d'hôtel garni, de *brothel* (anglais), de maison
meublée de nos boulevards extérieurs, au rang d'établissement de débauche patenté. La maison de passe a été
défendue et justifiée dans un rapport célèbre du commissaire en chef de la police de Bruxelles, M. E. Lenaers, en
date du 1er février 1876.

« Si les maisons de tolérance sont nécessaires, écrivait
M. Lenaers au bourgmestre de la ville, et s'il faut tâcher

de les maintenir, les maisons de passe ne le sont pas
moins ; et cependant aujourd'hui elles font généralement
défaut. Celles qui existaient jadis sous la surveillance de
la police ont disparu en grande partie pour être remplacées
par des lieux clandestins ; nombre d'hôtels, de cafés,
d'estaminets de bonne apparence, ont en effet des chambres réservées aux couples qui y sont accueillis sans la
moindre difficulté. Là se trouve le danger. Certains de
ces endroits sont de véritables coupe-gorge ; les patrons
sont d'intelligence avec les femmes... Ces raisons seules
justifient déjà l'existence des maisons de passe et doivent
engager l'administration à permettre de les multiplier. »
Jusqu'ici, rien que l'expression d'une conception réglementariste compréhensible sous la plume d'un chef de la
police des mœurs. Mais voici qui est mieux :

« Il est une autre raison qui doit engager l'administration à faciliter l'établissement des maisons de passe
tolérées et ce n'est pas la moins importante... Quantité de
jeunes gens fréquentent de jeunes personnes qui ne sont
pas précisément des prostituées: ils ne peuvent les recevoir
chez eux, et, le plus souvent, ils n'ont pas les moyens de
les mettre en appartement ou en chambre. Cependant, si
ces filles sont légères, on ne peut pas pour cela les considérer comme des filles publiques, se donnant au premier
venu pour de l'argent; elles ont un seul amant, doivent
être tenues pour saines et honnêtes et on ne peut raisonnablement prendre aucune mesure à leur égard. Eh bien,
sous l'empire de l'ancien règlement (1), si un couple de ce
genre était surpris par la police dans une maison de passe,
la fille se voyait exposée à être menée au bureau de police,
condamnée à la prison et à l'amende, et inscrite aux

---

(1) Il était interdit aux tenants-maison de passe de recevoir
dans leurs chambres d'autres femmes que des femmes en carte ;
les femmes sans carte en règle, surprises, étaient punies — probablement en vertu du vieil adage qu' « une honnête dame trouvée au
b... est réputée p... »

contrôles de la prostitution. Il est d'autres cas encore et ils sont nombreux. Ne voit-on pas des jeunes filles, des femmes mariées même, qui ne sont point perverties, mais seulement aveuglées par la passion, par l'intérêt, le goût de la toilette, s'abandonner à des hommes qui les conduisent, les entraînent à leur insu, dans des lieux de débauche ou dans des maisons de passe, où elles pouvaient être surprises de la même manière ? Quelque répréhensibles qu'elles soient, on ne saurait les assimiler aux prostituées clandestines, aux femmes qui vont provoquer les hommes à la débauche. On dira que l'autorité ne doit pas protéger ce genre de fréquentation en lui offrant des abris. Si le fait n'existait pas, et en grand, je comprendrais ce scrupule, ou si l'abstention de l'administration avait pour effet de le détruire, nous serions d'accord. Mais il n'en est rien, car on s'attaque là à un travers, à un vice de l'humanité, si l'on veut, qui a toujours existé et existera autant que la société, quoi qu'on fasse. On a donc bien fait de supprimer l'article de ce règlement, seulement le préjugé reste. Beaucoup de gens croient encore qu'en se rendant dans les maisons de passe surveillées, la femme est exposée aux suites que je viens d'indiquer, et, pour échapper à un danger imaginaire, on s'expose à un danger réel... Il est du devoir de l'autorité de prendre de sages mesures pour que la satisfaction des désirs ne soit pas un sujet de scandale pour la population : il faut donc que les couples puissent avoir accès dans des maisons régulièrement classées, sans avoir à redouter aucune triste suite. »

Laissons sans commentaires ce point de vue d'une moralité singulière.

Malgré tant de sollicitude pour la tranquillité de l'adultère, de bon vouloir administratif pour les amusements de la jeunesse, les maisons de passe sont-elles passées de la théorie de la réglementation dans la pratique des mœurs? La disparition des maisons de tolérance et le *statu quo* ou la réduction du chiffre des éparses ont-ils fait hausser le chiffre des maisons de passe autorisées ?

Les faits vont répondre pour les quelques grandes villes où nous avons pu recueillir des renseignements :

VILLES.	ANNÉES.	Chiffre des maisons de passe autorisées.
Anvers. . . .	1882.	3
	1889.	0
Mons	1872-1881 . . .	4
	1889.	0
Gand	1872-1881 . . .	13
	1889.	11
Bruges . . .	1872-1881 . . .	2
	1889.	2

A Bruxelles, où M. Lenaers les préconisait si chaudement, le bourgmestre habituel, M. Buls, a dû les interdire sous la pression de l'opinion publique. A Namur, à Arlon, à Charleroi, Tournai, Jemmapes, Ostende, dans le Limbourg il n'en existe aucune. Louvain et Liège sont plus favorisées : Louvain a une maison de passe et Liège, qui en manquait en 1882, en a une également depuis 1889.

VI

Parallèle entre l'état sanitaire des femmes éparses et des femmes en maisons publiques.

Venons maintenant à l'examen détaillé de la situation sanitaire du personnel des femmes inscrites, telle qu'elle ressort des indications données plus haut. Pour être instructive, cette étude devait être menée d'après la méthode employée par Sperck : il convenait de différencier et de classer les prostituées selon la date de leur inscription, leur âge, leur passage dans les tolérances ; reconnues malades, il convenait également de les différencier et de les classer selon la nature de l'affection blennorrhagique, ulcéreuse simple ou syphilitique avec, dans ce dernier cas, l'âge de l'accident primaire ou secondaire, et la mention du nombre des récidives. Des indications dans cette voie ont-elles été adressées aux Commissions locales ? En tout cas ces Commissions ne paraissent pas — par leurs réponses mêmes — avoir entrevu cette procédure d'enquête.

Dans la province du Brabant, à Louvain, isolées et pensionnaires syphilitiques et vénériennes sont même indiquées *in globo ;* (dans une note particulière, le secrétaire de la Commission, M. Jules Pagny, indique 25 0/0 de vénériennes parmi les filles de maison, 20 0/0 parmi les éparses). Dans la Flandre orientale, à Gand, nulle indication n'est donnée ; à Termonde, la désignation de vénériennes pour les filles de maison embrasse toutes les malades,syphilitiques et autres.Dans la Flandre occidentale,à Bruges, isolées et pensionnaires sont confondues ; les autres villes ne donnent aucun état statistique. Dans le Limbourg et la province de Namur aucune statistique. Et cependant les quelques chiffres recueillis pour les autres grandes villes ne laissent pas d'apporter avec eux un enseignement des plus concluants lorsque la distinction est faite avec quelque souci d'exactitude entre la nature des maladies et la classe des prostituées.

L'état sanitaire déplorable des femmes en maison déjà signalé cinq années plus tôt, à Bruxelles, par le conseiller municipal Dr Yseux et par le savant Moeller, est ici confirmé par des chiffres tristement probants. Cette catégorie de femmes, les plus misérables des femmes publiques, est bien plus atteinte que la catégorie des filles éparses. Donnons d'abord le tableau de Moeller que la Commission aurait peut-être pu rappeler :

ENTRÉES A L'HOPITAL.

	Filles inscr. à Bruxelles.		Nombre absolu.		Entrées 0/0.	
ANNÉES.	En maison.	Éparses.	En maison.	Éparses.	En maison.	Éparses.
1871 . . .	73	225	35	50	47.9	22.2
1872 . . .	72	234	32	58	44.4	24.8
1873 . . .	74	234	35	45	47.3	19.2
1874 . . .	69	222	20	75	29.0	33.8
1875 . . .	71	230	30	72	42.2	31.3
1876 . . .	96	217	48	146	50.0	67.3
1877 . . .	97	322	49	119	50.5	36.9
1878 . . .	122	319	80	97	65.5	30.4
1879 . . .	143	249	87	117	60.8	47.0
1880 . . .	160	277	85	86	53.1	31.0

Comme suite en 1881 et 1882, le Dr Yseux montrait dans le rapport soumis aux échevins de Bruxelles, le 23 juin 1885, les pensionnaires de cette ville présentant une proportion de 54 et de 34 0/0, les éparses seulement une proportion de 22 et de 34 0/0 ; sans être aussi notable pour les années 1883-1885, l'écart entre les deux catégories de femmes était encore considérable. Enfin, les statistiques fournies par la Commission médicale de Bruxelles et par le Dr Janssens lui-même, membre de la Commission d'enquête, continuent de montrer à quel point les maisons sont sexuellement insalubres pour les femmes internées et par contre-coup pour les hommes qui les fréquentent.

Dans un premier tableau, pour la période de 1881-1889, le Dr Janssens établit que tandis que *la moitié* des femmes en maison entrent annuellement à l'hôpital pour maladies vénériennes et que sur cette moitié $\frac{1}{6}$ (un sixième) sont syphilitiques, — il entre seulement à l'hôpital $\frac{1}{3}$ (un tiers) de femmes éparses, sur lequel $\frac{1}{11}$ sont syphilitiques.

Dans un second tableau dressé par la Commission médicale locale pour les trois dernières années, les moyennes annuelles sont les suivantes : la moitié des femmes en maison entrent à l'hôpital comme vénériennes, dont un peu moins des deux tiers syphilitiques ; les éparses comptent $\frac{1}{6}$ de vénériennes, dont la moitié sont syphilitiques. En d'autres termes, le personnel des pensionnaires (71) compte *un quart* de syphilitiques, et celui des éparses (260) n'en compte qu'*un douzième*.

M. Jules Pagny, le secrétaire de la Commission d'enquête, établit dans une note particulière la proportion suivante : les filles en maison à Bruxelles donnent une moyenne annuelle de 28 0/0 de malades vénériennes, dont 13 0/0 syphilitiques ; les éparses une moyenne de 17 0/0 de vénériennes, dont 7 0/0 de syphilitiques.

Dans la Flandre orientale, à Alost, en deux ans, le personnel si restreint des deux maisons publiques passa tout entier par l'hôpital. Dans la province de Liège, à Liège même, les isolées et les pensionnaires étant dans ces dernières années en nombre à peu près égal, 84 en chambre et 91 en maison, celles-là comptent 16 syphilitiques, celles-ci 33 ; en d'autres termes, les isolées comptent $\frac{1}{5}$ de syphilitiques et les femmes internées $\frac{1}{3}$ (1). A Seraing, deux maisons contenant 10 pensionnaires envoient 10 malades à l'hôpital. A Verviers, en 10 ans, les maisons ont eu 177 vénériennes et 34 syphilitiques ; les éparses 9 vénériennes et 7 syphilitiques : or, le personnel moyen indiqué pour l'année même de l'enquête est de 17 pensionnaires (pour 7 maisons) et de 26 éparses. A Anvers, la moitié des pensionnaires et $\frac{1}{6}$ seulement des isolées sont atteintes d'affections contagieuses ; malheureusement la Commission médicale n'a pas catégorisé les syphilitiques : elle ne donne qu'un chiffre global pour le total des deux classes, soit 70 0/0 de femmes malades syphilitiques (2). Dans le Hai-

---

(1) Dans une autre note particulière, le secrétaire de la Commission, M. Jules Pagny, constate que : depuis 10 ans, 3.100 filles ont passé par les maisons et 1.4?5 ont été inscrites comme éparses. Les filles en maisons ont fourni une moyenne annuelle de 68 vénériennes dont 43 syphilitiques , les autres une moyenne annuelle de 61 malades dont 16 syphilitiques.

(2) D'après M. Pagny, les filles en maison à Anvers donnent une moyenne annuelle de 50 0/0 de vénériennes : les éparses 30 0/0 : dans l'une et l'autre classes, le secrétaire indique 70 0/0 de syphilitiques.

naut, à Charleroi $\frac{1}{5}$ des femmes en maison ont été affectées, dont le tiers syphilitiques : les éparses sont presque négligeables : le rapport en signale — *une* — l'année de l'enquête. En ce qui concerne Mons et Tournai, il est difficile de se faire une idée exacte de la proportion des catégories de femmes malades, le rapport de la Commission locale indiquant bien le nombre des pensionnaires et des éparses malades dans les dix dernières années, mais n'indiquant pas en même temps le nombre total des femmes pensionnaires pendant cette même période décennale : ce dernier nombre calculé sur le chiffre des catégories de femmes marquées comme présentes au moment de l'enquête indiquerait qu'ici, contrairement à ce que l'on constate partout ailleurs, les malades sont un peu plus nombreuses parmi les éparses que parmi les internées.

Quoi qu'il en soit de ce dernier fait que les documents fournis par la Commission ne permettent pas d'éclaircir, cette conclusion indéniable s'impose pour l'ensemble des villes de la Belgique : c'est la supériorité de la prostitution en tolérance dans l'insalubrité (1).

---

(1) Nous devons faire ici une observation relative à la manière dont les statistiques concernant les femmes en maison sont généralement dressées. Le plus souvent — et c'est ainsi qu'il est procédé en France — le chiffre seul des pensionnaires présentes au 1er janvier de chaque année est relevé ; or, on ne réfléchit point que ce chiffre est très inférieur à la réalité, car il ne vaut que pour le jour même du recensement. Pour que la statistique fût complète et probante, il faudrait que les états de la police indiquassent exactement non pas seulement le nombre *actuel* des femmes, mais le nombre des femmes qui *ont dans l'année passé par les maisons.* Ainsi prenons la ville de Bruxelles : les statistiques indiquent, au 1er janvier 1885, 90 femmes réparties dans les 8 maisons alors existantes ; or, les recherches d'Yseux montrent qu'il est en réalité passé pendant l'année 388 femmes dans ces maisons ; le personnel s'est renouvelé quatre fois. On voit de suite qu'il y a là une cause d'erreur susceptible de diminuer le nombre réel des maladies présentées par les pensionnaires. C'est précisément à ce sujet que le Dr Moeller a judicieusement demandé ce que deviennent ces femmes disparues — et disparues presque certainement pour se soustraire aux conséquences réglementaires de leur infection. Rentrent-elles dans les rangs des clandestines

VII

Relation entre la santé vénérienne de la prostitution réglementée et celle de la population générale.

Quelle influence la santé vénérienne des prostituées a-t-elle sur la santé générale de la population ? La Commission d'enquête a posé dès le début cette question aux commissions locales. Comment celles-ci ont-elles répondu ?

Et tout d'abord aucune distinction n'a été faite entre :

L'état sanitaire dans les villes réglementées ;

— dans les villes qui n'ont jamais été réglementées ;

— dans les villes où la réglementation a été abolie depuis 1880-1881 (date des procès des tenanciers bruxellois) ;

— dans les villes où la réglementation n'admet que l'inscription de femmes éparses, avec exclusion absolue des tolérances ;

— enfin dans les villes où les municipalités complètent l'organisation de la prostitution par l'institution des maisons de passe.

Ces lacunes, qui rendent toute étude comparative impossible, sont peut-être moins graves encore que l'extra-

---

urbaines ? Se dissimulent-elles dans les grandes communes rurales si nombreuses autour des villes belges, dans les centres ouvriers, etc. ?

La ville de Berne est encore un exemple de la légitimité des réserves à faire sur la réalité des chiffres relatifs aux femmes en tolérance et à leurs maladies. A la fin de l'année 1886, il existait encore 4 maisons dans cette ville avec un personnel desservant un total de 20 pensionnaires, 3 à 5 par établissement; or, les statistiques des médecins particuliers de ces maisons accusaient, sur 79 vénériennes soignées, 53 malades sortant des maisons publiques ; ici le personnel s'était également renouvelé quatre fois dans l'année.

ordinaire confusion avec laquelle la plupart des documents réunis sont présentés. C'est ainsi que la grande majorité des Commissions médicales locales n'a même pas distingué le sexe des vénériens admis dans les hôpitaux : elles le donnent en bloc. Que sont ces vénériens ? des hommes, des femmes, des quarantenaires ou des adolescents, des prostituées éparses ou en maison, des insoumises ? On l'ignore. Quelle est la nature de leur maladie ? Est-ce l'uréthrite, la vaginite virulentes, la syphilis, l'ulcère simple ? On l'ignore de même. Enfin s'agit-il de déterminer la fréquence plus ou moins grande des maladies spécifiques dans les centres industriels, chez les enfants nouveau-nés, chez les nourrissons, ce ne sont pas des chiffres que les Commissions locales présentent, ce sont des... épithètes. Comme nous le disions, c'est de la statistique d'*impressions*, de *souvenirs*, d'*opinions*, tout ce qu'on voudra, excepté de la statistique.

Venons aux réponses des Commissions provinciales (1).

La Commission de la province de Liège, relativement au nombre des vénériens des deux sexes admis dans les hôpitaux, signale depuis 10 ans, pour Verviers, d'une part, 227 admissions de femmes prostituées et 284 non prostituées, soit un total de 511 femmes ; d'autre part, 112 hommes vénériens et 43 syphilitiques. A Dison, elle signale « une trentaine » de syphilitiques. Dans les cliniques universitaires et les consultations des pauvres de Liège, elle signale 42 vénériens sur 4.500 malades en deux ans et demi et « peu » de syphilitiques. Pour l'ensemble de la province, les 25 médecins interrogés répondent comme suit, relativement au nombre et à l'extension des maladies spécifiques : 8 médecins déclarent les vénériens « *rares* », 5 « *très rares* », 3 « assez nombreux », 3 « nombreux » ; 6 répondent « néant » ou « tellement rares qu'il est impossible de répondre aux questions posées », ou « peu nombreux ; en

---

(1) Composées de médecins d'hôpitaux, de médecins de pauvres (*sic*), médecins-visiteurs, médecins de sociétés d'usines, d'établissements industriels, d'enfants en bas âge, etc.

diminution considérable. » En ce qui concerne les syphilitiques, 8 médecins les déclarent « rares chez les ouvriers. » Les autres médecins ne répondent pas sur ce point. Le Limbourg n'a point fait de réponse. Aucune statistique n'est tenue, et pour cause, que nous dirons plus loin. Le Luxembourg ne donne aucune statistique hospitalière pour Arlon. Les médecins des pauvres, d'usines, pour cette même ville d'Arlon, disent que les vénériens y sont « rares » (sauf les blennorrhagiques), que les syphilitiques sont également « rares. » Vénériens et syphilitiques sont également « rares » à Dinant et dans les autres villes. Dans la province de Namur, les vénériens des deux sexes sont admis dans les hôpitaux, mais il n'existe de ce chef aucune statistique ; dans les centres industriels, les vénériens sont « rares », les syphilitiques « très rares. » La Commission médicale du Brabant, en ce qui concerne le nombre des vénériens *des deux sexes* (nulle distinction n'est faite entre les sexes, nul état civil indiqué) admis dans les hôpitaux, signale à Schaerbeck et Saint-Gilles 5 à 6 syphilitiques par an ; à Molenbeck, 167 vénériens, dont 112 syphilitiques en 4 ans (10 en 1888) ; à Lacken, 12 syphilitiques et 4 vénériens dans ces quatre dernières années. Dans les cliniques universitaires, les consultations des médecins des pauvres et des établissements industriels de Bruxelles, les vénériens sont notés comme suit par les 35 médecins interrogés : « aucun cas — nuls chez les employés — nuls au Grand-Central — nombreux — suffisamment (*sic*) dans la population ouvrière. » Syphilitiques : « peu. » Quelques chiffres sont toutefois donnés pour Bruxelles : sur 2.100 consultations, il a été constaté 34 vénériens et 6 syphilitiques. Pendant la période 1884-1887, 33 vénériens ; 1887-1888, 93 vénériens ; 1889-1890, 17 syphilitiques. A Molenbeck, la statistique totale de dix ans donne 200 vénériens, dont 50 syphilitiques. A Anderlecht, on constate une moyenne annuelle de 7 à 8 vénériens, de 2 à 3 syphilitiques. A Ixelles, Saint-Josse, Vavre et Tirlemont, les maladies vénériennes sont notées comme rares.

La Commission de la Flandre orientale, en ce qui touche le nombre des vénériens des deux sexes admis dans les hôpitaux de Gand, note qu'à l'hôpital civil 1.483 hommes et 1.078 femmes ont été reçus en dix ans, dont 1/3 syphilitiques. A Termonde, 32 syphilitiques ont été hospitalisés en dix ans. A Hamme, dans le même laps de temps, 6 vénériens et 1 syphilitique ont été admis. Sur 26 médecins interrogés, 15 répondent comme suit pour les cliniques universitaires, les consultations des pauvres et les cliniques des centres industriels : 2 médecins signalent 5 0/0 de vénériens parmi les ouvriers ; 1 médecin, 2 0/0 ; 12 médecins donnent ces réponses de même ordre : « peu de vénériens — très peu — rares — très rares — moins chez les ouvriers qu'ailleurs. » Quant aux syphilitiques, 2 médecins les déclarent « nuls » ; 1, « peu » ; 1 médecin, 2 0/0 ; enfin la rubrique revient : « moins chez les ouvriers qu'ailleurs. »

Nota bene. — La France est signalée comme un lieu d'origine fréquent des maladies vénériennes de cette province.

Dans la province de Flandre occidentale, le nombre moyen des vénériens des deux sexes admis annuellement à l'hôpital de Bruges est de 15 à 20, dont la moitié sont syphilitiques. Dans les centres industriel et — mondain (Courtrai et Ostende), deux médecins signalent les vénériens, l'un comme « peu nombreux », l'autre comme « très rares. » Aucune réponse n'est faite en ce qui concerne les syphilitiques.

Dans la province d'Anvers, la Commission signale le nombre des vénériens des deux sexes admis à l'hôpital de Malines comme étant de 4.9 par an, celui des syphilitiques de 12.3, sans indication de sexe, d'état civil ou professionnel. Elle n'a pas colligé de statistiques pour les centres industriels ni les grandes communes rurales. Sept médecins interrogés donnent les appréciations suivantes : 3 considèrent les vénériens et syphilitiques comme « très rares » ; 1 comme « rares » ; 2 « néant » ; 1 a observé 4 blennorrhagies, aucune syphilis.

Dans la province de Hainaut, enfin, le nombre des vénériens des deux sexes hospitalisés en dix années à Mons a
été de 273 vénériens et de 178 syphilitiques. Cinquante-deux
ont été interrogés : en ce qui concerne les vénériens, 9 médecins les ont déclarés « très rares » ; 17 « rares » ; 3 n'en
ont pas observé ; 11 les déclarent fréquents ; 1 en a vu 15
en 25 ans ; 1 les déclare « rares chez les ouvriers » ; 1 « fréquents chez les ouvriers — moins chez les autres personnes » ; 1 « fréquents en dehors de la classe ouvrière. »
Quant aux syphilitiques, 5 les déclarent « rares » ou « très
rares » ; 1 en a observé 2 ou 3 ; 1 observe 1 syphilitique sur
10 vénériens ; les autres font des réponses identiques à
celles qui concernent les vénériens. Sous une autre forme,
la Commission constate que les maladies spécifiques (vénériennes et syphilitiques) sont rares ou très rares dans
22 centres de population de la province, assez fréquentes
dans 4 centres, fréquentes dans 7 centres, très fréquentes
dans un centre.

VIII

De la syphilis héréditaire chez les enfants et de la con-
tagion par l'allaitement.

L'état de la santé vénérienne d'une population ne saurait être complet sans un état parallèle de la syphilis
hérédo-infantile et transmise par voie d'allaitement. La
Commission d'enquête avait avec raison compris cette
question dans le cadre des recherches statistiques.

Malheureusement les Commissions locales ont répondu
comme ci-dessus en prodiguant plus les épithètes que
les chiffres. Dans la province de Namur, la syphilis infantile est « excessivement rare. » Dans la province du Luxembourg, elle est « rare ou nulle. » Dans la province de
Liège, les médecins visiteurs, les médecins des pauvres,
des charbonnages, des sociétés d'usines, d'établissements

industriels et d'hôpitaux répondent comme suit : 17 d'entre eux déclarent la syphilis infantile « rare » ; 6 constatent « qu'elle existe. » Quant à la contagion par l'allaitement, 18 médecins déclarent ou « qu'elle n'existe pas » ou qu'elle est « extrêmement rare » ; 2 répondent « qu'elle existe. » Dans la province du Brabant, sur 35 médecins interrogés, 2 déclarent — « la syphilis infantile existe » ; 2 qu'elle est « rare » ; 1 qu'il l'a constatée « assez souvent. » Un médecin a constaté trois cas de syphilis communiquée par l'allaitement ; un autre n'en a observé « aucun cas. » Tel est le bilan de la province qui contient des villes telles que Louvain, Bruxelles. Dans la Flandre orientale, sur 26 médecins interrogés, 4 déclarent que la syphilis infantile « existe » ; 3 qu'elle est « très rare » ; 6 qu'elle est « rare » ; 1 en a observé 1 cas (à Gramont) en 1887. Quant à la syphilis par allaitement, 10 médecins ne l'ont jamais observée ; 1 en a vu 1 cas en 10 ans ; un dernier, 2 cas en 24 ans. Dans la Flandre occidentale, 3 médecins répondent : 1 « a observé » la syphilis infantile ; 1 l'a constatée « parfois » ; 1 la déclare « très rare. » Quant à la syphilis communiquée par l'allaitement : 2 ne l'ont « jamais vue » ; 1 l'a vue « quelquefois. » Dans la province d'Anvers, 7 médecins ont répondu en réunissant les cas de syphilis d'origine héréditaire et mammaire : 3 inscrivent « néant » dans leur réponse ; 2 les déclarent « très rares » ; 2 « exceptionnels. » Le Limbourg n'a donné aucune statistique. Dans la province de Hainaut, les 52 médecins interrogés ont répondu comme suit : 1° En ce qui concerne la syphilis infantile, 10, « très rare » ; 11, « rare » ; 10, « ne l'observent pas ou ne l'ont jamais observée » ; 12 « l'ont observée » ; 1 en a vu « 3 cas » ; 1, « quelques cas » à la campagne ; 1 en a constaté « dans deux familles » ; 6 l'ont observée « quelquefois. » 2° En ce qui concerne la contagion par allaitement, 35 « ne l'observent pas, ne l'ont jamais observée » ; 1 la déclare « assez fréquente » ; 1 en a vu « deux cas » ; 2 « l'ont observée » ; 1 en a vu « 1 cas » ; 12 l'ont vue « parfois, quelquefois » ; ou la déclarent « nulle. »

IX

*Observations sur les statistiques précédentes et notam-
ment sur les maladies vénériennes dans les centres
ouvriers.*

Malgré cette insuffisance documentaire, deux conclusions
se sont déjà imposées, à savoir : la première, que la prostitution inscrite — sous ses deux formes d'isolées et de maisons de tolérance — est en décroissance dans tout le royaume
parce qu'elle est répudiée par les mœurs et l'opinion, et
n'a pour raison de vivre factice que le soutien arbitraire
de la police; la seconde que la prostitution en tolérance
est plus insalubre que la prostitution isolée.

La troisième conclusion qu'il nous paraît légitime de
tirer de l'examen des appréciations médicales sur la santé
vénérienne de la population c'est que cette santé est satis-
faisante et ne permet de pousser aucun de ces cris d'alarme
qu'avait jetés la majorité des membres de l'Académie de
médecine de Belgique dans la discussion de 1887.

Rien dans les rapports — d'ailleurs si incomplets et si
peu chiffrés — des Commissions locales ne dénote cet effroi corporatif que l'on a vu souvent se reproduire au milieu de grandes crises endémiques ou épidémiques. Rien
en un mot dans ces « impressions » qui accuse l'éclosion
ou la continuation d'un désastre sanitaire, comme l'honorable M. Thiry l'avait bruyamment et si souvent répété.
Et cependant la prostitution réglementée diminue, la population des villes augmente : en d'autres termes les conditions les plus défavorables sont cependant créées pour
l'extension des maladies vénériennes. Ce qui mérite d'être
souligné, c'est la rareté de ces maladies (presque généralement signalée) dans les centres ouvriers. Nous avons eu
occasion de faire personnellement des observations multipliées à Paris sur ce point et le résultat nous en a paru

assez intéressant pour être signalé (1). Chargé d'un service médico-chirurgical d'ateliers dans un des grands faubourgs de Paris, à La Chapelle, nous avons à examiner les ouvriers qui se présentent au service de la Compagnie des chemins de fer du Nord : ces ouvriers sont les premiers venus; nulle qualité physique exceptionnelle n'est exigée d'eux ; de leur état, ils sont chaudronniers, ajusteurs, tourneurs, monteurs, forgerons, charrons, menuisiers, peintres, manœuvres enfin. C'est en un mot un personnel dont l'origine et la composition ne présentent rien de particulier. Si la santé publique était aussi dangereusement affectée que l'on s'est empressé de le dire dans certains milieux scientifiques, il est évident qu'à quelque fraction de la population parisienne ouvrière que l'on s'adressât la fréquence du mal serait rapidement constatée.

Du 1er septembre 1888 au 1er janvier 1892, nous avons examiné 4.823 ouvriers, tous hommes en pleine activité physiologique, de 18 à 45 ans, dont les huit dixièmes étaient à Paris depuis un laps de temps variant de un an révolu à quarante ans et plus, dont les deux tiers étaient célibataires et âgés de 20 à 40 ans, l'autre tiers marié et âgé de 25 à 40 ans et au-dessus : or, sur ce chiffre, nous avons constaté 7 blennorrhagiques célibataires âgés de 23 à 32 ans, et 1 ulcéreux simple avec bubon suppuré, célibataire âgé de 30 ans; nous n'avons relevé aucun cas de syphilis à l'état d'accidents présents ou commémoratifs. Nous rappellerons que l'année 1889, comprise tout entière dans ce relevé et importante à cause d'embauchages plus nombreux pratiqués en raison d'un surcroît de travaux, était à Paris, grâce à l'Exposition universelle, susceptible de favoriser les contagions vénériennes, comme

---

(1) *Notes sur la rareté des maladies vénériennes* dans la population ouvrière de Paris ; in *Gazette des Hôpitaux*, 18 septembre 1890, 10 février et 17 septembre 1891.

toutes les époques de fêtes prolongées et de grands dépla-
cements populaires.

X

*Opinions des Commissions médicales locales sur les
sources des affections vénériennes.*

Si la réalité ne montre point la population du royaume
menacée par cette extension des maladies vénériennes tant
de fois dénoncée dans des discussions théoriques, quelles
sont toutefois les sources où ces maladies sont plus abon-
damment prises par les hommes? Cinquante médecins et
Commissions locales ont répondu. En première ligne, la
prostitution clandestine est 40 fois signalée comme étant
l'origine du contage vénérien. Puis vient la prostitution
en maison, signalée 10 fois. Enfin la prostitution éparse
est signalée 2 fois. Cette statistique soulève la question
si controversée de l'état sanitaire des insoumises.

XI

*De la prostitution clandestine et des femmes dites insou-
mises. — De la morbidité vénérienne calculée sur le
nombre des visites sexuelles. — Fausseté de cette
méthode. — Observations de MM. le Dr Moeller et
Jules Pagny à ce sujet.*

Le chiffre des insoumises sur lesquelles la police des
villes a mis la main pour les soumettre à la visite et à
l'inscription est insignifiant. Pour l'année 1889 et le
royaume entier il est de 585. Soit dans le Hainaut, 7 insoumises à Jemmapes ; 60 à Mons ; 30 à Tournai. Dans le
Luxembourg, Arlon : 6. Dans la province de Namur,
Namur : 6. Dans la province de Liège, Liège, « impossible

à déterminer (sic) » ; Verviers, 20. Dans la Flandre orientale, pour Gand et les autres villes, pas de réponse. Dans la Flandre occidentale, à Bruges, « peu nombreuses (sic)» ; Ostende, 20. Dans le Limbourg, à Hasselt, 6. Dans la province d'Anvers, à Anvers, 200. Dans le Brabant, à Bruxelles, 200 ; à Etterbeck, 20 ; Uccle, 6 « soupçonnées (sic). » Il est inutile d'observer que ces chiffres sont au-dessous de la réalité : ils n'en indiquent qu'avec plus de force les difficultés auxquelles la police des mœurs se heurte généralement pour opérer — contre les lois communes — son tyrannique et arbitraire recrutement.

On a beaucoup écrit depuis quinze ans tantôt pour prouver que l'état sanitaire spécial des insoumises était meilleur que celui des femmes inscrites, tantôt pour prouver au contraire qu'il était pire. Nous-même avons pris une part active à ce débat. Il nous paraît présentement, avec plus de clarté que jamais, que si la question n'a point fait un pas, c'est réellement grâce à l'emploi des fausses méthodes (le mot n'est pas sévère) dont les médecins de police ont fait usage pour prouver combien les insoumises sont plus atteintes que les autres. Pour établir une comparaison suffisamment scientifique, il convient que les deux quantités mises en parallèle soient numériquement égales et étudiées pendant le même temps : il faut dans l'espèce prendre un nombre égal de femmes soumises et insoumises vivant de la même vie, appartenant à la même classe, au même milieu citadin, faubourien, etc., et les suivre — par l'examen médical *également appliqué* à toutes — pendant une période uniforme et déterminée. Alors seulement les conclusions d'un tel examen peuvent avoir une signification.

Les médecins de police ont-ils jamais fait cette simple et précise expérience ? Jamais. Pourquoi ? La raison en est palpable. C'est qu'avec cette méthode, la seule qui soit judicieuse, la proportion des insoumises malades serait inférieure ou tout au plus égale à celle des soumises infectées. Notons cependant que ce procédé scientifique d'examen est absolument défavorable a *priori* aux femmes non inscrites. Que sont en effet les insoumises sur lesquelles l'action de la police peut si facilement se faire sentir ? Ce sont des femmes dont les mœurs ne diffèrent pas sensiblement de celles des femmes en carte ; ce sont des femmes — si cyniquement publiques — que leur genre de vie sexuelle doit précisément exposer au mal plus que les autres couches de clandestines ; ce sont enfin elles qui constituent, après tout, le milieu dans lequel la police recrute les inscrites, lesquelles vont, dès qu'elles seront cartées, être (ô miracle !) représentées comme subitement, absolument saines (1).

Non, les médecins de police ont tous recours au procédé le plus irrationnel et le plus falsificateur qui se puisse imaginer : *loin de calculer le chiffre des maladies sur celui des femmes visitées de part et d'autre, soumises et insoumises, ils le calculent sur le nombre de visites !* C'est ainsi qu'a procédé M. le Dr Commenge, du dispensaire de Paris, dans son dernier mémoire (2), qui, nous avons le regret de le rappeler, a paru obtenir l'approbation de l'Académie de médecine de France. Produites devant la Commission royale d'enquête, par M. Thiry, les conclusions de M. Commenge ont eu moins de succès : elles ont soulevé une critique générale. On se rappelle que pour une période de dix années (1878-1887), l'honorable médecin parisien avait trouvé, en ce qui concerne la syphilis pour les filles en maison, 2.70 filles malades pour 1.000 visites; pour les filles en carte 3.12 pour 1.000 visites; pour les insoumises 166 pour 1.000 visites. Parmi les membres de la Commission belge, c'est à qui a condamné le « procédé Commenge », car le nom du médecin parisien paraît

---

(1) Observations et rapport de M. Mignon, commissaire de police en chef de Liège : sur 13 femmes inscrites d'office, 5 étaient malades. (P. 74 des *Proc.-verb.*, op. cit.).

(2) *Recherches sur la syphilis et la prostitution de* 1878 à 1887 (7 janvier 1890). Brochure chez Masson, Paris.

malheureusement devoir désormais servir d'étiquette à cette erreur statistique que les uns ont raillée, les autres reprise moins doucement.

« Il est évident, a dit le secrétaire général de la Commission, M. Jules Pagny, qu'en multipliant le nombre des visites sur les mêmes femmes, on peut faire varier à volonté la proportion des malades pour mille visites. Moins il y aura de femmes visitées pour parfaire le nombre de mille visites, moins la proportion des malades sera considérable. C'est ce que le Dr Commenge n'a pas compris... » « Pour vous faire toucher du doigt l'inanité de ce procédé de calcul, a dit de son côté M. le Dr Moeller, supposons que nous ayons deux séries de 1.000 femmes prises parmi les inscrites et les clandestines. Supposons que chacune de ces séries contienne 100 syphilitiques, nous aurons une proportion de 10 0/0. Voilà la proportion réelle et exacte. Or, que devient cette proportion dans le calcul de M. Commenge ? Chaque prostituée inscrite étant visitée environ cinquante fois par an (à Paris, les prostituées ne sont visitées qu'une fois par semaine), et les prostituées clandestines n'étant visitées qu'une fois, nous aurons d'une part 100 syphilitiques pour 50.000 visites, et, d'autre part, 100 syphilitiques pour 1.000 visites ; nous arrivons à une proportion de 0.2 0/0 d'une part, de 10 0/0 d'autre part. En d'autres termes, les deux séries qui, d'après l'observation directe, sont comme 1 : 1 se trouvent être, d'après le calcul, comme 1 : 50. Il est donc évident que c'est un procédé absolument irrationnel que de rapporter le nombre des malades au total des visites et de mettre sur le même pied les filles en maison visitées 52 fois par an, comme à Paris, ou 104 fois par an, comme à Bruxelles, et la catégorie des filles insoumises qui ne sont visitées qu'une seule fois. »

Les plus chauds partisans de la réglementation, les Drs Célarier, inspecteur général, et Petithan, médecin principal de l'armée, M. le Dr Janssens lui-même, n'ont point hésité à reconnaître publiquement « qu'il y a dans les calculs du docteur Commenge un élément de perturbation et que cette statistique n'est pas concluante (1). »

Et cependant, tant est fort le pouvoir de la routine administrative, M. Janssens — après avoir condamné le procédé Commenge — n'en a pas moins produit devant la Commission un graphique ayant la prétention de démontrer la morbidité proportionnelle constatée en 1889 dans les diverses catégories de prostituées inscrites et clandestines, en la calculant, lui aussi, sur le nombre des visites !

«Pour 1.000 visites la morbidité vénérienne est de : 2 chez les éparses visitées au dispensaire ; 0 chez les éparses visitées à domicile ; 1.2 chez les filles en maison ; 43.3 chez les filles arrivant à Bruxelles ; 207.5 chez les clandestines habitant Bruxelles. »

Le Dr Janssens ayant qualifié lui-même le procédé qu'il employait, il est inutile d'insister. L'enquête n'a malheureusement pas, nous l'avons vu, réuni un ensemble de documents et de chiffres suffisamment complets relativement au nombre des insoumises en exercice, et de leur côté les Commissions locales n'ont pas indiqué quelle méthode elles avaient suivi pour apprécier la proportion des insoumises malades. A Liège, comme M. Jules Pagny en a fait la remarque, le commissaire en chef de la ville n'a donné aucune indication statistique sur l'état des insoumises. Le Luxembourg et la province de Namur n'ont également fait aucune communication. A Anvers, sur 200 insoumises indiquées, 30 sont visitées : elles présentent, d'après les Drs Florus et Coomans, 20 0/0 de malades (id. MM. Desguin et Kums). Dans le Hainaut, à Mons, pas de renseignements ; à Tournai, «presque toutes malades »; à Charleroi, 15 (?) insoumises sont visitées : 14 sont vénériennes, 1 syphilitique. Dans la Flandre occidentale, à

---

(1) V. p. 95, 145 et 195 des *Pr.-verb.* — A Paris, M. le préfet de police Lozé a, au contraire, présenté devant le Conseil municipal ces mêmes calculs de M. Commenge comme irréfutables pour défendre l'existence des maisons publiques (16 juillet 1890).

Bruges, 3 insoumises ont été visitées : 1 était malade.
Dans la Flandre orientale, à Gand, 15 clandestines visitées,
malades 0 (?) ; à Termonde, 6 visitées, 3 malades ; à Alost,
2 visitées, 1 malade. Dans le Brabant, à Louvain, 6 ou 7
clandestines sont visitées en moyenne annuelle : 3/4 signalées comme malades, dont 1/4 syphilitiques ; à Bruxelles :
88 visitées, 26 malades, « moyenne de 6 ans. » ·

XII

*Doctrine de la Commission d'enquête. — La prostitution
doit-elle être réglementée ? — A qui appartient le
droit de réglementation ? — L'article 96 de la loi
communale belge. — La Commission conserve aux
réglementations de mœurs leur caractère communal
et octroie à l'Etat un droit supérieur de contrôle sur
les règlements.*

C'est sur l'ensemble de ces données que la Commission
d'enquête avait à baser un jugement sinon nouveau du
moins un peu renouvelé, touchant la question de la prostitution réglementée, c'est-à-dire sur les trois statuts policiers principaux qui constituent l'institution : 1°.le droit
de visite corporelle ; 2° le droit d'inscription doublé du droit
d'interner dans les maisons publiques patentées (lequel est
établi par le fait même de la reconnaissance légale de la
tolérance) ; 3° enfin le droit de traitement coercitif.

Ces trois points pouvant être les uns comme les autres
examinés au point de vue de la pathologie et du droit, la
Commission se divisa en sections d'hygiène et de législation : chaque section ayant terminé ses travaux, la Commission se réunit en séances plénières pour arrêter, par
un vote définitif, le projet de loi que lui avait demandé le
Gouvernement.

Il n'est point besoin d'être grand clerc pour se rendre

compte de l'esprit dans lequel les travaux préparatoires de la Commission, ceux de ses sections, enfin les travaux de clôture des séances plénières ont été menés. Bien que le Gouvernement, on ne saurait le reconnaître trop hautement à sa louange, eût composé la Commission avec une entière impartialité et un visible désir de faire aboutir l'enquête, il a paru, dès le début, que chacun resterait, durant tout le cours des débats, cantonné dans son opinion ou ses impressions d'origine, et quant aux rares membres venus dans une honnête neutralité d'esprit prendre séance pour s'éclairer et départager des collègues dont le siège était — plutôt plus que moins — fait, il a paru de leur côté que la force séculaire du préjugé pesait encore d'un trop lourd poids sur leur conception sociale pour qu'on pût attendre d'eux quelque vue originale.

La position même de la question faite par le Gouvernement nécessitait d'abord une discussion préalable d'un intérêt capital dans ce pays de libertés municipales par excellence. En demandant un projet de loi qui serait soumis aux Chambres, voté par elles et deviendrait ainsi loi d'Etat, n'était-ce point empiéter sur les droits communaux et déchirer l'article (96) de la loi communale qui abandonne exclusivement aux municipalités la police des mœurs ? La Commission s'est parfaitement rendu compte de la gravité de cette détermination, et le débat spécial a été des plus intéressants. Les uns, comme M. Nothomb, ancien ministre, défavorable à la réglementation, et M. le Dr Petithan, réglementariste, ont également conclu contre les communes :

« Il ne s'agit pas d'un intérêt purement local, a dit M. Nothomb, il s'agit d'un intérêt social au premier chef. La question n'est pas de savoir quel sera le régime des mœurs dans telle ou telle ville, mais quel sera le niveau moral du pays tout entier ; le législateur doit intervenir..... En 1836, le législateur a délégué ses pouvoirs aux autorités locales ; ce même législateur peut reprendre le droit supérieur qui lui appartient. En France, il frappe

l'ivresse, les souteneurs, etc. Ici il peut ériger le racolage
en délit, fermer les maisons. Voilà les bases du nouvel
ordre de choses ; les détails seront réglés par les pouvoirs locaux. »

« La réglementation de la moralité publique, a dit de
son côté M. Petithan, est d'un intérêt national, et il n'est
pas admissible qu'on puisse laisser aux communes le pouvoir de régler, en dernier ressort, les dispositions qu'elle
exige. L'enquête a prouvé surabondamment que beaucoup
de communes n'ont ni la volonté, ni l'intelligence nécessaires pour régler cet intérêt supérieur. L'*hygiène*, en
général, *n'est pas du domaine de la liberté* ; la solidarité
étroite, qui résulte de la vie sociale, *impose* toutes les mesures hygiéniques qui peuvent intéresser le prochain. Il
n'est pas d'hygiène où cette proposition éclate plus vivement, plus tristement que celle de la vie génitale. Ces
principes sont méconnus par des préventions morales ou
religieuses mal entendues, par des considérations politiques coupables, par une ignorance profonde des lois de
l'hygiène. Les communes qui entourent nos grandes villes
sont une preuve manifeste de cette vérité. Toutes les mesures hygiéniques prises par les administrations ins-
truites et indépendantes des grands centres sont para-
lysées par la mauvaise volonté ou l'indifférence criminelle
des communes suburbaines. Il y a longtemps que nos
grandes villes seraient assainies, si les faubourgs mêmes
et les campagnes ne les empoisonnaient pas. En dehors
des grandes villes et de quelques chefs-lieux de province,
il n'y a pas d'hygiène des mœurs, il n'y a pas de police
spéciale..... D'autre part, les grandes villes elles-mêmes
ne sont pas parfaites toujours. Il y a entre elles des différences de statistique qui prouvent que les mesures de
la réglementation sont plus ou moins bien entendues ou
exécutées. Il nous paraît donc indispensable que, au-
dessus des administrations communales et provinciales,
il y ait, au pouvoir central, une administration forte,
éclairée, indépendante, qui puisse représenter l'intérêt

national en cause et impose toutes les mesures hygiéniques qu'elle jugera nécessaires, sauf à en répondre devant le pouvoir législatif. Cette administration centrale étant créée, il faut qu'elle organise immédiatement une Commission composée d'éléments civils et militaires, chargée de l'élaboration d'un règlement qui, tenant compte des progrès accomplis par les grandes villes, se mette en rapport avec l'état des autres centres de population. La modification de l'article 96 de la loi communale (abandonnant exclusivement aux municipalités la police des mœurs) s'impose dès lors naturellement. Si l'autonomie des communes est chose respectable en principe, l'expérience a prouvé que l'hygiène ne peut leur être abandonnée (1). »

Malgré ces considérations pressantes il a paru légitimement impossible à la Commission, à propos d'une question incidente et particulière comme celle de la police des mœurs, d'intervenir en quelque sorte dans le pacte constitutionnel. Déjà, en 1849, le gouvernement avait tenté de faire intervenir l'État législativement en chargeant une Commission d'élaborer un projet de loi sur cette matière, mais cette tentative n'avait pas abouti.

Un des membres les plus éminents de la Commission, M. Woeste, légiste de haute valeur, ancien ministre, n'a pas eu de peine, pour conclure, à montrer qu'il ne s'agissait pas d'enlever aux administrations municipales le droit de faire des arrêtés, toutefois dans les limites déjà tracées par la loi commune, municipale, civile ou criminelle. L'autonomie communale est et doit rester entière, mais elle ne peut faire aucun règlement susceptible d'attenter aux droits primordiaux de l'ordre social ; dans le domaine de simple police, elle a le droit de sévir contre le stationnement obstiné, les cris inconvenants, les costumes indécents, etc. ; elle ne peut rien au delà.

---

(1) Dr Petithan, 142-143 (*Proc.-verb.*, Rapport de la section d'hygiène).

Ainsi nulle confusion n'était possible et une loi d'ordre général confirmant les principes du droit commun souvent violés par les municipalités mêmes — mais ces principes seuls — ne touchait en rien à l'autonomie constitutionnelle des vieilles communes belges. La Commission a donc pu maintenir intégralement la lettre et l'esprit de l'article 96 de la loi communale et poursuivre en même temps son œuvre, c'est-à-dire la rédaction même du projet de loi pour l'étude de laquelle elle était convoquée (1). Dès lors elle pouvait aborder le détail des débats.

---

(1) Quelques mois plus tard, en octobre 1891, M. Tommasi-Crudeli, député au Parlement italien, dans une lettre publique à M. Emile de Laveleye, signalait les inconvénients graves de l'accaparement de la police des mœurs même par l'Etat et les obstacles que cet ordre de choses avait suscité dans son pays contre les plus minces réformes. « L'immoralité du régime de la réglementation, disait-il, a été aggravé encore par la manière dont on procéda à son application. La soi-disant police des mœurs n'est pas exercée chez nous par les municipalités, au moyen d'un corps spécial de police. Elle a toujours été exercée par le ministère de l'intérieur, par l'intermédiaire de la direction de la santé publique, des préfets et de la police générale de l'Etat. On en vint ainsi à centraliser au ministère de l'intérieur, dès 1860, tous les intérêts qui se rattachent à cette infamie sociale : ceux des médecins chargés des visites préventives dans les bureaux sanitaires, et de la gestion des syphilicomes institués pour le traitement obligatoire des prostituées ; ceux des tenanciers des maisons de tolérance ; des propriétaires de ces maisons, lesquels sont souvent des hommes très influents ; et ceux de tous les mauvais garnements, qui, pour se débarrasser de leurs maitresses, n'avaient qu'à les dénoncer à la police comme des prostituées avérées. Que l'on ajoute à tout cela la démoralisation des agents de la police générale de l'Etat, devenus les alliés naturels des tenanciers, et auxquels tant d'occasions de vengeance personnelle, de séduction et de chantage étaient offertes — et l'on comprendra aisément comment tous les efforts des réformateurs ont été brisés jusqu'ici par la résistance insurmontable de l'administration centrale, même lorsque ces réformateurs étaient des ministres de l'intérieur. » (La Prostitution d'Etat, in-8° de 12 p. Bruxelles. A. Lefèvre, 1891).

XIII

*Travaux de la Commission. — Ses premières conclu-
sions. — Préjugés enracinés sur les avantages de la
réglementation des mœurs et la coercition en matière
d'hygiène. — Que les données actuelles de la syphilodo-
logie sont en contradiction avec l'ancienne Institution
de la police des mœurs.*

Nous ne dissimulerons point que nous considérons les
travaux de la section de législation comme infiniment supérieurs à ceux de la section d'hygiène. Il est vrai, nous
n'avons point à y revenir, que les membres de cette dernière section avaient bien peu de documents valables à
mettre en œuvre et — où il n'y a rien, ou du moins peu
de chose — les meilleurs enquêteurs auraient-ils le génie
du diable, comme lui perdent leurs droits. Mais leur majorité s'est montrée si partiale, si fermée à toute espèce de
considérations médico-sociales nouvelles, les vieux préjugés se sont dressés avec une telle intolérance, les *a
priori* pires que l'ignorance se sont affirmés si ingénu-
ment que l'on demeure découragé. Il devient presque certain qu'il faudra un changement de personnel administratif et médico-policier par l'accession naturelle de nouvelles et jeunes générations pour qu'une réforme de fond
soit comprise et tentée.

Vainement l'éminent Dr Moeller sur lequel est retombé
en grande partie tout le poids de la discussion médico-
technique au point de vue de l'antiréglementarisme-borne
a-t-il entrepris de démontrer avec une grande force, ainsi
que l'avaient fait à Kieff les Drs Nikolsky et Stoukowenkoff,
que la science syphilidologique s'est intégralement renouvelée depuis l'institution de la police des mœurs ;
qu'au commencement du siècle on croyait à l'identité initiale de la syphilis, du chancre mou et de la blennorrhagie

virulente, à la contagiosité du chancre syphilitique primitif seul, à l'innocuité ultérieure du sujet nettoyé du
chancre induré (en 1850, on discutait encore sur la contagiosité des condylomes de la période secondaire !) ; qu'il
pouvait alors être logique, médicalement parlant, de sé-
questrer réglementairement un malade porteur d'un accident guéri en quelques semaines... Vainement il a rappelé
que les progrès réalisés dans l'étude de la syphilis, grâce
aux Ricord, aux Fournier, à l'Ecole de Lyon, n'ont rien
laissé debout de cette ancienne théorie ; que tous les accidents secondaires sont aussi contagieux que le chancre
induré ; que le sang lui-même est contagieux et ce pendant
une durée minima de trois, quatre, cinq années et plus ;
qu'il faudrait conséquemment interner des années, pour
instituer une police de mœurs réellement prophylactique
et protectrice, les femmes syphilitiques ; que le système
actuel est un trompe-l'œil, puisque de l'aveu même du
directeur du service sanitaire de Bruxelles « la moyenne
des journées d'hôpital pour chaque femme syphilitique de
1874 à 1889 a été de 29 à 31 jours (1)!

Rien dans cette argumentation de faits et d'expérience n'a pu ébranler la foi aveugle de ses contradicteurs.
A quoi bon disputer avec des adversaires qui répondent
textuellement : « La prétention de restreindre la prostitution est une chimère : la prostitution est de tous les lieux,
de tous les temps, de tous les peuples, de toutes les civilisations. » Ou bien : « Il n'y a pas de nation sans armée ;
il n'y a pas d'armée sans célibat ; il n'y a pas de célibat
prolongé dans les conditions naturelles qui puisse exister
sans un moyen de satisfaire les besoins génitaux ; — or,
ce moyen est la prostitution. » Ou bien encore du même :
« Nous estimons que, dans notre état social actuel, la prostitution réglementée est le moyen le moins dangereux de
permettre aux célibataires la satisfaction de leurs fonc-

(1) Dr Janssens. (*Pr.-verb.*, op. cit., p. 290).

tions génitales... Nous estimons que l'adultère, la sodomie, la masturbation, les naissances illégitimes, la prostitution clandestine sont des maux infiniment supérieurs à la prostitution réglementée... Les inconvénients moraux qui peuvent résulter des mesures légales ou hygiéniques pour les femmes communes ne sont pas en comparaison avec la dégénérescence rapide qui résulterait de la suppression de ces mesures... etc. » On le voit : la prostitution est d'ordre moral, d'ordre divin. La citation classique de saint Augustin ne manque pas naturellement. Qu'importe à des esprits dans cette disposition définitive que les inscriptions soient en décroissance, que le *statu quo* sanitaire vénérien soit au moins établi, que les maisons publiques enfin subissent une diminution progressive et que rien n'arrête !

XIV

L'inscription des femmes est maintenue. — Le droit d'inscription est retiré à la police et confié au collège des échevins. — Le droit de visite sexuel. — Système du Dr Moeller. — Admission du recours judiciaire contre l'inscription.

Sans les membres de la section de législation, il est certain que le projet de loi demandé par le gouvernement n'eût pas différé de tous les règlements en cours dans les villes de Belgique, règlements presque identiques à notre règlement de Paris et à celui de Bruxelles où la police des mœurs fut instituée en même temps par la police consulaire de Bonaparte le 3 mars 1802 (1).

(1) La Commission assigne les dates suivantes à la promulgation des règlements spéciaux dans les principales villes de Belgique : toutefois nombre de ces dates indiquent plutôt des remaniements et des règlements complémentaires que des règlements nouveaux. *Brabant :* Bruxelles, 14 mai 1887 (dernier règlement) ; Laeken 1876 ; Anderlecht 1864 ; Uccle 1879 ; Wavre et Tirlemont 1845 ; Schaer-

La question de l'inscription était la question primordiale ; c'est d'elle que découlent, en quelque sorte, toutes
les autres, puisque, sans l'inscription — qui fait des
femmes plus ou moins communes *une classe à part* dans
la société — il n'existe ni droit de visite sexuelle, ni internement dans les tolérances patentées.

Une première tentative a été faite par le Dr Moeller, vivement appuyé par l'ancien ministre, M. Woeste, pour
faire perdre à l'inscription qu'il était difficile de supprimer — étant données les idées arrêtées de la section d'hygiène et de la Commission plénière elle-même — son caractère préventif. M. Moeller enlevait d'abord toute juridiction à la police pour la restituer aux seuls tribunaux.
Il demandait ensuite que la loi visât un certain nombre
de délits de droit commun, au nombre desquels auraient
figuré le racolage, la provocation à la débauche pratiquée
dans la rue et autres infractions publiques d'ordre prostitutionnel, et que l'inscription fût un des éléments constituant la pénalité frappant les délinquantes.

La visite corporelle suivait l'inscription. Enfin l'internement *à long terme* et jusqu'à guérison effective des
femmes trouvées malades était le dernier terme de la pénalité.

Les femmes savaient donc d'avance qu'en commettant
les délits contre les bonnes mœurs rentrant dans le cadre
de la loi, elles seraient d'abord condamnées *judiciaire-*

beck 1862-69 ; Saint-Gilles 1869 ; Ixelles et Saint-Josse 1881 ; Mo-
lenbeek 1882 ; Louvain 1872-81. — *Liège* : Liège 1863-79-86 ; Huy
1875-81 ; Verviers 1864 ; Spa 1857. — *Flandre orientale* : Gand
1850-1871 ; Termonde 1873. — *Flandre occidentale* : Bruges 1871 ;
Courtrai 1887 ; Ypres 1876 ; Ostende 1856 ; Menin 1882 ; Mouseron
1862. — *Namur* : Namur 1858 ; Dinant 1854-81. — *Luxembourg* :
Arlon 1879-1880. — *Limbourg* : Hasselt 1862. *Anvers* : 1852.
Hainaut. — Mons 1839-83 ; Tournai 1855 ; Charleroi 1872. — En
dehors de l'impulsion initiale de 1802, il faut signaler encore la
grande influence que le livre de Parent-Duchatelet a exercée sur
les esprits en Belgique : dès 1836, date de sa 1re édition, il a été
tenu pour l'évangile de la police des mœurs.

ment et que la peine encourue comporterait inscription, visite, internement hospitalier en cas de maladie.

M. Moeller substituait le système répressif au système préventif et — au demeurant — des condamnées actuelles en simple police il faisait des « visitées judiciaires ».

Ce système qui, d'ailleurs, aurait sans nul doute mérité d'être beaucoup plus longuement discuté dans la Commission, présente à nos yeux l'inconvénient de revenir indirectement aux errements anciens. L'objection capitale qui peut lui être faite est celle-ci : « Pour rendre un jugement qui va entraîner les vieilles pénalités jusque-là appliquées par la police, n'est-ce pas sur les seuls rapports de cette police que le tribunal va se baser ? » Nous demanderons même, en nous appuyant sur le nombre considérable de condamnations prononcées devant les tribunaux de simple police pour infraction aux ordonnances municipales plus ou moins relatives aux choses d'ordre prostitutionnel sur la voie publique (4.400 condamnations de femmes à Bruxelles, pour 1890), si, en fin de compte, l'application de ce système, d'aspect moins arbitraire, n'arriverait point avec le concours de la police à jeter une perturbation profonde dans la population féminine prolétarienne des grandes villes.

Mais ce n'est point pour ces motifs de tendances libérales ou légales que la proposition de M. Moeller a été écartée ; elle avait le grand tort, aux yeux de membres comme MM. Beco, d'Andrimont et autres, d'enlever à l'inscription son caractère *de principe*, d'enlever aussi à la police la juridiction arbitraire qu'elle détient seule aujourd'hui et défend avec acharnement. Le droit d'inscription a donc été maintenu comme principe et inscrit dans la loi. Le système de M. Moeller, tout mis en échec qu'il ait été, a cependant imprimé à l'esprit général de la Commission et à ses décisions une direction qu'il faut apprécier.

Les statuts suivants ont été admis : Nulle femme ne peut être désormais soumise à un règlement spécial et assujettie à des mesures sanitaires sur la décision de la police ; elle est amenée devant le collège des bourg-mestre et échevins ; elle est entendue par ce collège qui ne peut déléguer ses pouvoirs ; elle a la faculté de com-paraître en personne ou par mandataire ou de se faire as-sister d'un conseil. Elle a droit de recours judiciaire de-vant le tribunal ordinaire contre la décision du collège. Elle peut interjeter appel de ce jugement de première instance. Enfin le recours à l'autorité judiciaire est sus-pensif et exempt des droits de timbre et d'enregistrement.

Le droit d'inscription transféré du commissariat central de police au collège échevinal et le droit de recours judi-ciaire, telles sont les concessions que les membres de la section de législation ont pu obtenir de la Commission, comme conclusion d'une discussion parfois émouvante et qui nous a rappelé, nous tenons à le dire ici à l'honneur de MM. Woeste, Jules Pagny, de Laveleye, Nothomb, Hoyois, Mussche et autres membres éminents, les meil-leures séances des congrès de la *Fédération Britannique et Continentale* pour l'abolition de la prostitution régle-mentée, les jours où avaient parlé Mme J. Butler et des médecins ou des publicistes comme MM. Birbeck-Nevins, H. Minod, Ch. Ochsenbein, James Stuart, etc.

XV

L'inscription des filles mineures est supprimée.

Dans son rapport de 1886 sur la prostitution et les mo-difications à apporter au règlement de 1877, M. Buls maintenait énergiquement le droit d'inscription des filles mineures, sous le prétexte qu'une loi de protection de l'enfance n'existant pas, il était de bonne administration de maintenir par la réglementation les jeunes filles, peut-être sans moyens d'existence, qui avaient demandé à la vente de leur personne des ressources passagères.

Ce point de vue antisocial avait, a cours présentement encore, dans la plupart des municipalités de la Belgique ; à part le Limbourg, le Luxembourg et la Flandre orientale (Gand) qui n'inscrivent pas les mineures, toutes les provinces les admettent d'office ou volontairement sur les registres de la police (1).

Le résultat, ce sont des faits comme ceux qu'a dévoilés le procès des tenanciers de Bruxelles. C'est l'organisation de la traite des blanches. Ce sont des faits comme les suivants, plus récents :

« J'ai connu, dit à la Commission d'enquête l'honorable D\u02b3 Crocq, une femme qu'on appelait la belle Malvina. Elle possédait un million. Voici comment elle le gagna : elle parcourait Bruxelles et ses faubourgs, les quartiers ouvriers surtout, entraînant chez elle les plus jolies des jeunes filles qu'elle rencontrait et les engageant à partir pour l'Angleterre où elles auraient, disait-elle, de belles places dans des maisons de commerce connues d'elle. Puis ces jeunes filles et leurs familles ayant accepté ses propositions, la belle Malvina emmenait ses victimes à Londres, dans les maisons où l'on pratiquait le commerce spécial que l'on sait. Quand ces jeunes filles étaient flétries, on les ramenait en Belgique, d'où on les réexpédiait ordinairement à l'étranger. »

C'est l'inscription de filles mineures *vierges* sur les états de la police et leur internement dans les maisons publiques : M. le D\u02b3 Corten, du dispensaire de Bruxelles, a pour sa part visité quatre jeunes filles vierges, dont deux dans ces conditions : l'une avait été frappée d'une telle terreur au

---

(1) Voici l'état numérique des mineures inscrites donné par les statistiques provinciales. — *Hainaut* : Mons 3 mineures inscrites, Tournai, 5.— *Namur* : « presque toutes les éparses sont mineures au moment de leur inscription (sic). » — *Liège* : 15 mineures au moment de l'inscription ; à Seraing et Chenée, les mineures non admises en maison.—*Flandre occidentale* : Bruges, 3, Ostende, 5 % des inscrites. —*Brabant* : 40 mineures sur 231 inscrites ; à *Anvers* 2 % des inscrites ; non admises en maison.

moment de son arrestation qu'elle avait elle-même déclaré qu'elle était prostituée ! l'autre venait d'entrer en maison publique ! Sur l'ordre formel du médecin, le tenancier mit cette malheureuse à part : elle sortit trois jours après de l'établissement pour se marier, vierge comme elle était entrée (1). Ce sont des syphilitiques à peine nubiles, des enfants de 15 ans, déjà inscrites, internées dans les services hospitaliers spéciaux (2).

La Commission n'a heureusement point admis la thèse de M. le bourgmestre de Bruxelles, bien que la loi relative à la protection de l'enfance soit encore, en Belgique, à l'état de projet. Le droit d'inscription n'est point applicable désormais aux filles âgées de moins de vingt et un ans révolus. La Commission a cru devoir également mentionner les « insensées » comme soustraites au droit d'inscription. Il s'est trouvé des commissaires de police pour inscrire, des tenanciers pour vendre des folles (3) ! Il est vrai que celles-là, du moins, ne réclamaient pas ou du moins que leurs réclamations pouvaient être facilement taxées... de mensonges hystériques.

XVI

Suppression des maisons publiques et des maisons de passe tolérées.

Il n'est pas jusqu'aux maisons publiques qui n'aient trouvé dans la Commission d'incorrigibles apologistes. On a entendu (nous ne les nommerons pas) des hygiénistes déplorer que l'article 14 de la loi belge de 1887 sur l'ivresse publique, en interdisant la vente des comestibles et bois-

(1) Déposition et rapport de M. Buls devant la Commission (*Pr.-verb.*, p. 232).
(2) Rapport du commissaire de police de Liège (Id., p. 52).
(3) Dép. Buls, p. 231.

sons dans les tolérances, ait provoqué et précipité la ruine de cette aile importante de l'édifice de la réglementation..., comme si le fait de la fermeture d'un grand nombre de maisons, à la suite de cette loi, ne démontrait pas surabondamment que les établissements patentés de débauche ne pouvaient vivre que d'une vie factice, avec grands renforts d'immoralité et de désordres de tous genres, l'alcoolisme en tête! On a entendu également des médecins — et non des moindres — comme M. le Dr Crocq, s'écrier pour conjurer la catastrophe de la suppression définitive : « Si vous supprimez les maisons, les prostituées inonderont vos rues, vos places, vos lieux publics ! » Notez qu'en vingt années l'opinion et les mœurs ont réduit à Bruxelles les maisons publiques à un chiffre infinitésimal — *sept* pour une ville de 400.000 habitants : soit un total de 60 à 80 pensionnaires qui quitteraient les salons d'exhibition et les chambres de passe pour respirer au soleil !

Ici cependant il s'est trouvé dans la Commission une majorité — formée presque uniquement, il est vrai, des membres de la section de législation — pour fermer l'oreille à ces regrets et adjurations. On s'est rappelé que c'était inutilement que les municipalités avaient essayé, depuis de longues années, de résister à ce mouvement d'épuration. A Bruxelles, en effet, les bourgmestres Brouckere et Anspach (nous passons Van den Straeten) étaient chauds partisans des maisons de tolérance ; ils les favorisaient publiquement. Ils espérèrent faire un coup de maître en les centralisant dans le quartier Saint-Laurent, qu'ils abandonnèrent ainsi aux tenanciers. Ils ne réussirent qu'à donner un vif essor au proxénétisme national et européen, qui tenait ses marché et quartier général officiels dans la partie de la ville gracieusement concédée. Les scandales des procès de 1880 furent la récompense de la théorie et de la bienveillance administratives. On s'est encore rappelé que c'était inutilement que M. Buls, étudiant le problème avec d'autres vues également systématiques d'ailleurs, s'était montré hostile au groupement et favorable à la dissémination des tolérances, qu'il avait refusé de multiplier les autorisations d'ouvertures nouvelles afin de ne point ébranler le crédit des établissements anciens, ni créer des concurrences fâcheuses.

Il était trop visible que ni l'un ni l'autre systèmes n'avaient réussi.

Pris au mot et acculés, les fanatiques des maisons publiques, dans la Commission, n'ont d'ailleurs point osé aller jusqu'au dernier terme de leur logique : ils se sont refusés à suivre l'exemple donné par un de leurs collègues, M. d'Andrimont, à demander que les municipalités facilitent la multiplication des maisons publiques, et — mieux — prennent l'initiative et la charge de leur fondation (1). Le Dr Moeller, le Dr Lefebvre ont judicieusement rappelé que, dans les villes où les maisons de tolérance ont été supprimées, aucune aggravation de maladies, ni même d'immoralité ne s'est fait sentir. Il en a été ainsi à Kiel où toutes les maisons ont été fermées en 1876. A Hambourg, la police confessait regretter l'existence des tolérances et toutefois elle était obligée de convenir que la syphilis n'avait pas augmenté. A Francfort-sur-le-Mein, la suppression des maisons avait eu une excellente action sur la moralité publique et la syphilis n'avait point augmenté non plus (2. Après ces témoignages, la Commission a encore entendu celui du savant Dr Plucker, professeur de la clinique des maladies cutanées et syphilitiques à l'Université de Liège, qui, lui aussi, s'est déclaré partisan de la suppression des maisons de tolérance et de passe. « Ces établissements sont inutiles, a écrit textuellement ce maître clinicien à la Commission, parce que

---

(1) M. d'Andrimont se flatte d'avoir poussé à l'établissement des cinq maisons publiques de Seraing : « J'ai beaucoup fait pour ces maisons, s'écrie le bourgmestre de Liège ; je voudrais les rendre plus attrayantes encore (sic.....) » (Proc.-verb., p. 47).

(2) V. également sur ces divers points la déposition de M. Buls. (Proc.-verb., 14 juin 1890, p. 230-251).

l'expérience montre qu'ils ne suppriment ni ne diminuent la prostitution clandestine, et ils sont nuisibles parce qu'ils constituent un encouragement officiel à la débauche et qu'ils sont des sources d'infection (1). »

La majorité de la Commission a voté la fermeture de toutes les maisons de tolérance existantes et l'interdiction d'en ouvrir de nouvelles (2).

XVII

Interdiction du racolage sur la voie publique.

Le racolage sur la voie publique étant, comme la maison de tolérance, une provocation à la débauche, a été interdit par la Commission à peine d'amende et de prison. Quoi qu'on fasse, la question du racolage élevé à l'état de délit après avoir été tenu pour légal dans sa pratique la plus cynique, comme en France, restera toujours une question délicate. Pour ne point verser dans l'arbitraire et multiplier des erreurs déplorables, la Commission belge aurait peut-être pu s'inspirer sur ce point des indications données par la Commission municipale de Paris.

Pour cette Commission, si la femme qui accoste un homme se permet de porter la main sur lui, cet acte de *préhension* constitue une contravention. Si la provocation est faite *bruyamment*, quels qu'en soient les termes, il était encore établi qu'il y a contravention, car l'attention des passants est ainsi attirée vers l'homme sollicité et il

---

(1) Id., p. 80 et 130.
(2) Ont voté *pour* la fermeture des maisons publiques : MM. E. de Laveleye, van Maldeghem, Mussche, van Naemen, Dr Moeller, Dr Lefebvre, Marousé, Ch. Woeste, J. Hoyois, Jules Pagny, A. Nothomb. Ont voté *contre* : MM. Ch. Buls, Dr Thiriar, Dr Petithan, Durand, Dr Janssens, Dr Celarier, d'Andrimont, Beco, Dr Crocq.

peut en résulter pour lui un préjudice moral. Hors ces deux cas spécifiés, il avait paru difficile de ne pas tomber dans l'arbitraire. Car de savoir si le racolage est « cynique ou non, » comme le proposait un préfet de police, M. Camescasse, cela est d'une singulière difficulté, et l'expression est elle-même trop vague pour figurer dans un texte officiel. Les limites posées par la Commission de Paris sont précisément d'ailleurs celles qu'ont reconnues Faustin-Hélie, A. Chauveau, Dalloz ; ces auteurs déclarent tous qu'il faut un acte matériel, un entrainement et non même de simples paroles : il faut que la femme se livre à des *attouchements* ou « tente d'entraîner sa victime (1). »

XVIII

Pédérastie, sodomie.

« La pédérastie progresse de jour en jour, » a dit à la Commission royale le professeur Crocq (2), en faisant une allusion certaine à ces affaires scandaleuses qui, comme le procès de la « bande des Cravates Noires » à Gand, en août 1886, ont eu un si nauséeux retentissement. Nulle disposition légale n'a été indiquée sur ce point et avec raison. Le vice d'animalité antiphysique si pratiqué dans les sociétés sauvages ne disparaît pas dans les sociétés civilisées non plus que son frère le saphisme : tous deux sont justiciables de l'hygiène et de l'enseignement moral, quand il s'agit de jeunes sujets ; des tribunaux ordinaires quand il s'agit d'adultes surpris dans des endroits publics.

(1) Faustin-Hélie et Adolphe Chauveau. *Théorie du droit pénal.* T. IV et VI. — Dalloz, *Attentats aux mœurs*, § 22.
(2) *Pr.-verb.*, op. cit. (20 juillet 1889, p. 73).

XIX

*Multiplication et aggravation des peines portées contre
le proxénétisme. — La question des souteneurs. —
Erreurs communes aux gouvernements sur ce point.*

A proprement parler, les autres travaux de la Commission belge et les dispositions légales qu'elle a arrêtées sont davantage du domaine de la morale et ne se rapportent qu'indirectement à l'acte de la prostitution féminine même. De nombreuses dispositions ont été discutées et prises (moins discutées toutefois que libellées *a priori*) contre le proxénétisme et les diverses formes qu'il affecte pour échapper aux lois déjà existantes. Désormais le tenancier ou la procureuse de maison de passe seront frappés, comme proxénètes, de prison, d'amende et de confiscation mobilière : le proxénétisme s'exerçant au détriment de la femme adulte sera frappé par la loi comme celui qui lèse les mineures. Le proxénétisme sera désormais poursuivi non pas seulement dans les lieux clandestins, arrière-boutiques de café, débits de boissons, hôtels borgnes, etc., mais *dans les bureaux de placement pour femmes* qui sont partout et trop souvent en Belgique — comme en France, en Suisse, en Angleterre, en Allemagne — de véritables traquenards tendus aux malheureuses en quête de travail.

Dans cette voie moralisatrice, la Commission nous paraît même s'aventurer fort loin et prendre des dispositions statutaires légalement et socialement imprudentes. Il est fort grave au point de vue du droit de donner au ministère public le droit de poursuivre *d'office* une femme plus ou moins convaincue d'adultère plus ou moins prostitutionnel, d'enlever au conjoint la possibilité d'arrêter l'effet de la condamnation. La Commission belge s'est montrée sur ce point « plus royaliste que le roi. » selon notre proverbe français, nous voulons dire que le mari. Si le mari ne porte pas plainte, le ministère public ignore le délit.

Il est vrai, comme l'a soutenu un des membres de la Commission, M. J. Hoyois, jeune avocat d'un talent éloquent et décidé, que la femme mariée ne peut désormais être inscrite et que d'autre part beaucoup de maris vivent de la débauche de leur femme, en sorte que la prostitution publique de ce côté aurait beau jeu. Mais à côté de la femme mariée prostituée vulgaire, il y a la femme adultère qui peut être atteinte, et légiférer contre elle de cette sorte c'est ouvrir la porte aux plus troublants désordres. Cette disposition bouleverse tout le droit pénal sur ce sujet.

Nous ferons une observation de même nature pour le dispositif qui expulse « toute femme de nationalité étrangère se livrant à la prostitution en Belgique. » Poser un tel principe, c'est également provoquer l'arbitraire et une redoutable inquisition. Qu'une prostituée étrangère mineure soit obligatoirement rapatriée, personne ne saurait le contester : mais une femme majeure plus ou moins convaincue de prostitution ne saurait être expulsée sans le jugement régulier d'un tribunal ordinaire statuant sur un délit prévu par la loi, délit de provocation à la débauche publique ou autre (1).

_____

(1) La Commission a recueilli les indications statistiques suivantes sur l'état numérique des femmes mariées et étrangères qui se livraient en Belgique à la prostitution patentée en 1890.

LIMBOURG. — _Mariées inscrites_ : 0; _Étrangères inscrites_ : 3.

ANVERS. — _M_. : pas admises en maison ; _E_. : 127. — Malines : _M_. : 0; _E_. : 10 %.

FLANDRE OCCIDENTALE.— _M_. : Bruges, 4; _E_.: 6. — Courtrai : 0; 5. — Ostende : 1 %; 25 %.

FLANDRE ORIENTALE. — Gand, _M_. : 1; _E_. : 0. — Termonde, 1 sur 100; 1 sur 50. — Alost 1 ; 2.

BRABANT. — Bruxelles, _M_. : 12 (depuis 3 ans) ; _E_. : 195 (id.). — Etterbeck : 1 ; 3. — S.-Josse : 0; 12 (depuis 1885); Molenbeck : 0; 2. — Louvain : 0; 2.

LIÈGE. — _M_. : 9; _E_. : 69. — Seraing : 0; 5. — Huy : 0; 1. — Verviers : 0; 9.

Sans vouloir le moins du monde excuser une complicité trop souvent réelle de la part des logeurs, sous-locataires et même propriétaires qui louent en garni à des femmes publiques, il nous paraît également grave de prendre une disposition spéciale vis-à-vis de cette classe d'individus. Nous rappellerons simplement que la Commission belge réédite presque textuellement en l'aggravant un des articles les plus attaqués de l'ordonnance du lieutenant général de la police de Paris, rendue le 6 novembre 1778 (1). A Paris, il y a sept ans, un jugement du tribunal de simple police du 1er arrondissement relaxant quinze propriétaires ou principaux locataires poursuivis de ce chef fut accueilli avec grande approbation par M. Yves Guyot et la plupart des principaux journaux de la presse politique. « Le fait de la prostitution considérée comme criminel ou délictueux par l'ordonnance de 1778, n'étant plus tenu pour tel, en France du moins, disait ce jugement, le fait de complicité ne pouvait exister davantage. »

La Commission belge enfin a pris modèle sur la législation française de 1885 (loi du 27 mai) et devancé l'empereur Guillaume et notre ministre de la justice Fallières en s'occupant avec non moins de sévérité des proxénètes plus particulièrement connus par antiphrase sous le nom de *souteneurs* : elle les frappe de grosses amendes et d'un emprisonnement de trois mois à deux ans. Des légistes éminents, au nombre desquels M. O. van Swinderen, ont vivement critiqué cette disposition, au point de vue du

---

NAMUR. — *M.* : pas inscrites ; *E.* : 16.
LUXEMBOURG. — Arlon ; *M.* : 1 %, ; *E.* : 1 %.
HAINAUT. — Mons : *M.* : 0 ; *E.* : 7. — Tournai, 2 ; 6. — Charleroi 0 ; 1/3 (sur 29 filles inscrites).
(1) « *Article* 2 : Défendons à tous propriétaires et principaux locataires des maisons de cette ville et faubourgs d'y loger ni sous-louer les maisons dont ils sont propriétaires ou locataires, qu'à des personnes de bonnes vie ou mœurs et bien famées, et de souffrir en icelles aucun lieu de débauche à peine de 500 livres d'amende. » (V. aussi l'Ordonnance du 8 nov. 1780).

droit : « Il faut se garder, a écrit récemment ce savant magistrat hollandais (1, de parler des souteneurs comme d'une classe à part. Les souteneurs, pas plus que les prostituées, ne forment une caste à part. Il y a simplement des hommes qui vivent sur le produit de la débauche de la femme avec laquelle ils cohabitent ; il y a des femmes qui vendent leur corps au premier venu, comme il y a des voleurs et des mendiants d'habitude. Mais tous ces individus qui transgressent les principes de la morale, du droit ou de la loi, ne constituent nullement une classe proprement dite ; je tiens à fixer fortement l'attention sur ce point capital... On a soutenu que pour être sûr d'atteindre tous les coupables, il était éminemment pratique de définir exactement les principales formes sous lesquelles le proxénétisme se manifeste. Tel n'est pas mon avis ; de pareils détails ne sont pas l'affaire de la loi qui doit poser simplement des règles générales de répression. »

Quant à nous, ce qui nous frappe dans cette chasse universelle donnée, en ce moment, à travers l'Europe entière, aux individus désignés du nom de *souteneurs*, c'est moins le désir légitime des pouvoirs publics de libérer les femmes d'une ignoble tutelle d'exploiteurs et de protéger le corps social contre des parasites dangereux, *chauffe-la-couche* le jour et bandits la nuit, que l'incurie gouvernementale profonde que cette manière de légiférer révèle. Le mot de *souteneur* est mauvais, il fait illusion, il cache la vérité. Il y a moins des *souteneurs* ou mieux des *soutenus* de prostituées qu'une foule de jeunes ouvriers sans travail et conséquemment sans règle morale de vie ; il y a moins un accident particulier de débauche qu'un fait d'ordre social quasi général ; il y a moins enfin un symptôme de dégradation qu'une question économique. A quoi faut-il attribuer cette plaie contemporaine de la multiplication de

---

(1) *Le proxénétisme et ses diverses manifestations. (Les souteneurs, la traite des Blanches*, p. 10 et 11.) In-8 de 16 p. Bruxelles 1891.

ce parasite des villes connu sans doute depuis longtemps
et signalé — mais non comme foule — par les Parent-
Duchatelet, les Canler, etc.? A la brièveté du service militaire? A une absence d'organisation du travail? A l'absence d'un véritable enseignement civique dans les écoles
populaires? C'est ce que les Gouvernements eussent dû
rechercher.

XX

Conclusion. — Les réformes proposées. — Le statu quo
*maintenu. — Caractère illusoire de quelques-unes
des modifications. — De quelques erreurs et lacunes
des travaux de la Commission. — Caractère réel de
la prostitution. — Qu'elle est un effet. — Ses causes
réelles. — Les vraies réformes à faire. — La question
de l'hygiène et de l'hospitalisation vénériennes. —
Un contre-projet eût dû servir de base au débat contradictoire devant le Parlement.*

Telles sont les propositions législatives qui sont inspi-
rées à la Commission par l'état de choses actuel et pour
lesquelles elle demande le vote du Parlement. Toutes les
réformes appliquées à la réglementation existante se résument en ces divers points dont nous ne voulons, d'ailleurs, point diminuer l'importance : 1° les maisons publiques et de passe sont interdites ; 2° les femmes mariées
et les filles mineures ne peuvent être inscrites ; 3° le proxénétisme, déjà atteint par le droit commun, est recherché
plus minutieusement et frappé de peines plus lourdes.
Pour le reste rien n'est changé. Il est difficile, en effet, de
tenir pour un progrès de fonds le transfert du droit d'inscription des femmes des mains du commissaire de police
aux mains du collège des échevins. Au point de vue de
principe la Commission belge maintient la prostitution
réglementée et, du même coup, sanctionne ces vues so-

ciales antiprogressistes qui imposent à la femme une loi, une condition, nous allions ajouter une morale particulière. Dans la pratique, les garanties que l'on croit donner aux femmes, en conférant à des magistrats populaires élus et non plus à des agents de police plus ou moins élevés dans la hiérarchie administrative ce droit d'inscription, sont illusoires ; illusoires également les garanties soi-disant offertes par le droit de recours judiciaire. Qui viendra déposer devant le collège des échevins, devant le tribunal de première instance, devant le tribunal d'appel, sinon ce même agent de police toujours écouté, toujours cru, selon les mœurs générales des Palais de justice, selon une jurisprudence même qui ne connaît pas de frontières ? Sur cette police personne ne se fait illusion pas plus à Bruxelles qu'à Paris. En France, on se rappelle comment M. Macé a jugé les agents des mœurs. En Belgique, voici ce qu'en dit un des réglementaristes de la Commission : « La police s'entend avec les filles inscrites ; un commissaire favorisait récemment les maisons clandestines, etc. (1) » Persécution des unes, trop sympathique bienveillance pour les autres, voilà l'action policière vis-à-vis des femmes. Bien que la surveillance de la prostitution reste, au demeurant, aux municipalités, il est même permis de se demander si l'existence d'une loi générale, intervenant d'autre sorte que pour prohiber le proxénétisme et ses manifestations protéiformes, comme la maison publique et la maison de passe patentée, n'aura pas pour effet de motiver en des circonstances plus fréquentes qu'aujourd'hui l'arbitraire de la police. Bien qu'un membre de la Commis-

---

(1) *Pr.-verb.* déposit. du Dr Petithan, p. 97. — Id. déposit. de M. Durand : « J'ai vu des agents et des officiers de police se permettre, et quelquefois pour des motifs inavouables, toutes sortes de tracasseries à l'égard des femmes qu'ils avaient prises en grippe. » — Rapport du commissaire de police Mignon : « A Liège, du 1er août 1887 au 31 juillet 1888, 26 femmes sont soumises, sur dénonciations accueillies par la police, à une visite sanitaire extra-ordinaire ; 22 dénonciations émanaient de militaires ; 4 seulement parmi ces femmes ont été reconnues malades. » (p. 79).

sion ait avancé que « la police agit avec plus de vigueur quand elle a à faire observer des règlements faits par sa propre administration que lorsqu'elle doit veiller à l'observation des lois générales » (1), cette assertion, dans l'espèce, ne nous parait pas démontrée. L'exemple de l'Italie prouverait plutôt le contraire. Et c'est ici qu'il faut, à notre sens, reprendre la Commission belge de l'erreur fondamentale de son œuvre, erreur commune, du reste, à l'immense majorité des esprits qui, jusqu'ici, se sont occupés de la question de la prostitution.

Cette erreur consiste dans la confusion, systématiquement faite, entre les prescriptions de la morale et l'autorité de la loi positive. La prostitution personnelle et spontanée n'est point, ne doit point être aux yeux de la loi un acte délictueux : elle relève uniquement du droit que chaque être social a de disposer de sa personne physique ; elle est du domaine de la plus stricte liberté. Si cette proposition banale est contestée, la brèche est ouverte pour y faire passer, sous les meilleurs prétextes, tous les arbitraires possibles contre l'individu politique et social, sans différence de sexe et de rang. Quelque légitimes que soient les exigences de l'ordre public, la prostitution ne peut être connue des administrations qui réglementent ou des pouvoirs qui légifèrent que par certaines de ses manifestations extérieures et publiques : ce sont ces manifestations qui sont punissables au point de vue légal ou municipal, ce n'est point l'acte de la prostitution elle-même.

De cette conception primordiale découle la nature des peines qui peuvent frapper les femmes : ces peines les atteignent non comme prostituées, classe particulière fictive parmi les femmes, mais comme délinquantes de droit commun ; elles les atteignent par exemple comme portant un préjudice au passant par un racolage interdit, comme

---

(1) *Id.*, p. 14.

violant les us de maintien public par un langage, des gestes de fenêtres, un costume de promenade indécent, etc.; mais les peines afflictives, infamantes comme l'encartement, la visite forcée, l'internement dans l'hôpital, toute la réglementation spéciale actuelle, en un mot, est par là même rayée du coup. Que la prostitution soit, au point de vue moral, un des actes les plus méprisables que la femme puisse commettre, ce serait se faire injure que d'insister sur cette appréciation. La prostitution ne viole pas seulement les règles séduisantes de la pudeur, mais aussi l'ordre naturel, et fait de la personne qui s'y livre, en recevant sans intervalle ni fin une longue suite d'hommes dans ses bras, un être inclassable qui n'a pas son analogue dans l'animalité. Mais c'est là un tout autre point de vue qui ne justifie point l'emploi de la coercition. On ne force point à la vertu sexuelle ou autre. Telle secte politique ou religieuse voudrait aussi briser et supprimer ceux qui n'acceptent point sa conception particulière de l'organisation de la propriété ou son dogme et son culte. C'est une voie qui mène loin.

Au lieu de songer à imposer la loi morale en frappant *a priori* la femme prostituée comme une coupable, la Commission belge eût mieux fait de considérer l'objet de son étude avec une philosophie plus haute et aussi un esprit de perfectionnement social plus pratique.

La Commission a — ainsi qu'on procède toujours — pris la prostitution comme un fait brutal, ayant son existence et sa raison d'être en soi, s'expliquant par lui-même, c'est-à-dire par l'acte de débauche qui en est l'unique trait apparent. Rien de plus facile, dès lors, que de traiter de la prostitution, de légiférer ou de réglementer sur les femmes : « La prostitution n'est qu'une manifestation dégoûtante de la dépravation vénérienne ; les prostituées ne sont que des êtres vicieux, hors la loi, comme les voleurs ou les meurtriers. » Et le commun conclut qu'il n'y a qu'à frapper : en réprimant, on supprimera. C'est là en abrégé toute la doctrine réglementariste. Personne, en

dehors de quelques esprits qui se sont impartialement
appliqués à l'analyse du problème, ne veut, dans les administrations locales et politiques, comprendre que la prostitution n'est qu'un effet, une résultante ; que pour agir
favorablement sur elle, il faut s'attaquer à ses causes
complexes, causes familiales, juridiques, éducatives et
surtout économiques. C'est le point de vue le plus étroit
qui se puisse imaginer que de voir dans la prostitution un
simple dévergondage sexuel : les recrues fournies par la poursuite passionnelle du mâle sont l'infime minorité et encore ce
premier feu consumé, cette catégorie ne demeure pas dans
les rangs, elle disparait, se range absolument comme
les jeunes gens qui « jettent leur gourme et deviennent
raisonnables. » La grande cause de la prostitution est la
misère, l'impossibilité de trouver du travail, le dégoût
d'un travail insuffisamment rémunérateur ; l'absence de
lois protectrices de la femme vis-à-vis du mari dans le
mariage et de la fille-mère hors le mariage complète la
causalité vraie. En France, Parent-Duchatelet, Ricord,
Alfred Fournier, le Conseil municipal de Paris, l'ont dit
avec autorité. En Belgique, dans son rapport de 1886,
M. Buls l'avait également indiqué avec assez de force pour
que la Commission, laissant les vieux errements, mit en
bonne lumière les faits qui permettaient de chercher les
remèdes ailleurs que dans l'aveugle et banale répression.
M. Buls avait fait établir, pour une période de 20 années
(1865-1884), une statistique relative aux causes directes de
la prostitution à Bruxelles. Sur 3.505 femmes, 1.943 y
avaient été amenées par la misère ou l'insuffisance du
travail ; 1.118 avaient avoué « le goût pour l'homme » ; les
autres avaient été acculées par l'abandon du mari, de
l'amant, l'obligation de la débauche imposée par le mari
et les parents. En 1886, M. Buls relevait que le salaire
de l'ouvrière à l'aiguille était à Bruxelles de 0 fr. 60
centimes par jour !

La Commission d'enquête avait cependant encore reçu
quelques données importantes de ce chef : à Anvers, sur

264 inscrites, 116 ne s'étaient décidées que dans le dénûment le plus complet ; à Bruxelles, sur une moyenne de 300 ins- crites, 217 en trois ans avaient consenti crevant la faim (1). Au lieu de s'occuper — et même de s'occuper exclusivement — d'indiquer comment et de quelles pénalités on atteindra la femme qui est amenée à se prostituer, il eût été sociale- ment bien plus profitable d'indiquer les remèdes qu'on emploierait à la dispenser de se prostituer. Si l'on voulait frapper, ce n'est pas sur l'effet, c'était sur les causes : là seulement le coup pouvait être utile.

Une autre lacune fait également trou dans l'œuvre de la Commission belge. Les procès-verbaux des séances et les articles du projet de loi ne font aucune mention de l'im- périeuse nécessité également sociale qu'il y a à réformer l'Assistance publique en matière d'hygiène et d'hospitali- sation vénériennes. Hâtons-nous de dire que nous ne sou- levons point ici la question de la coercition appliquée à la curation des maladies spéciales (2), coercition maintenue par la Commission. Personnellement notre sentiment est fixé depuis longtemps. Plus nous avons réfléchi à ce chapitre de la question de la prostitution, plus il s'est simplifié à nos yeux et, comme en fin de compte réglementaristes et antiréglementaristes sont d'accord sur

---

(1) Nombre de villes, dans l'enquête belge, mentionnent l'incon- duite, l'oisiveté, la passion, la dépravation : Bruges, Courtrai, Menin, Gand, Bruxelles et ses faubourgs, Louvain, Liège, Ver- viers, Namur, Tournai dénoncent exclusivement la *misère*, le *dé- nûment*, l'*abandon*, le *milieu familial*, la *séduction*, le *manque de travail*.

(2) Il est intéressant de rappeler l'opinion d'un des spécialistes les plus autorisés de Bruxelles, le Dr Guillery, chef du service des syphi- litiques à l'hôpital Saint-Pierre de cette ville : « Après y avoir mûrement réfléchi et d'après des faits concluants, dit ce médecin, je suis arrivé à cette conclusion que, dans les mesures de police relatives à la salubrité publique, la visite officielle imposée est loin de donner les résultats qu'on en attendait, et que même elle peut donner lieu à de graves abus et à une sécurité fallacieuse. » (5 juin 1882). — M. Mussche, dans l'enquête, a présenté d'excellentes ob- servations sur l'hygiène des clandestines et les motifs de leur dis- parition (*op. cit*, p. 295 et s.).

ce point que les vénériens doivent être soignés, nous ré-
duisons le problème de l'hygiène à ce dilemme : « Soigne-
t-on plus de malades par le système coercitif ou par une
large organisation de cures volontaires d'hôpitaux et de
dispensaires ? » ou sous une autre forme : « Le système
coercitif n'éloigne-t-il pas plus de malades qu'il n'en
soigne ? » Mais, nous le répétons, ce n'est pas ce point que
nous voulons discuter, la Commission ne s'y étant pas
arrêtée. Or, sans trancher la question de principe, nulle
réforme n'était plus nécessaire que celle de l'Assistance,
quand on constate — d'après l'enquête même faite par la
Commission, — que l'Assistance publique belge en est
encore en matière d'hygiène et de thérapeutique vénériennes aux rétrogrades conceptions du moyen-âge. Dans
un grand nombre de villes, les *hôpitaux ne sont pas
ouverts aux vénériens*. Ainsi en est-il du moins dans le
Limbourg, à Arlon (Luxembourg), à Alost (Flandre orientale). A part Bruges, les hôpitaux des villes de la Flandre
occidentale sont fermés aux malades spéciaux ; à part
Anvers et Malines, il en est de même dans la province
d'Anvers, il en est de même dans la province si populeuse
du Hainaut et dans le centre industriel de Charleroi. Dans
l'immense majorité de ces mêmes villes, les *Sociétés de
secours* refusent également les médicaments et les soins
des médecins aux vénériens. Sur une centaine de Sociétés
interrogées, 20 seulement répondent qu'elles interviennent ;
les autres imposent les frais de cure aux malades ou n'interviennent pas. La caisse des secours de Seraing signale
même les médecins « comme soignant les vénériens au
frais des usines *malgré défense formelle* (1). »

En présence de ces *desiderata*, étant surtout donné l'état

---

(1) Docum. communiqué par la province de Liège (*Tableaux*).
— En 1887, le Dr Bourneville avait fait une enquête des plus intéressantes sur l'hospitalisation vénérienne dans les départements
français, qui a montré à quels préjugés l'hygiène se heurtait presque partout (V. le *Progrès médical* (de Paris) nos des 9 mars, 16 et
30 avril, 21 mai, 4 juin, 9 et 16 juillet).

d'esprit qui animait la majorité de la Commission, nous nous prendrons à regretter que la minorité, qui comptait non pas seulement des hommes compétents, mais des individualités éminentes en Belgique dans la médecine, le barreau, la magistrature et le parlement, n'ait pas opposé un contre-projet au projet de loi voté d'ailleurs pour certains de ses articles les plus importants à une majorité d'une ou deux voix, comme le maintien de l'inscription (passé grâce à l'absence de MM. E. de Laveleye et Fris, antiréglementaristes) : cette minorité n'eût pas paru sanctionner ainsi une œuvre dont elle n'acceptait ni les prémisses, ni les conclusions.

La minorité devait d'autant mieux prendre une telle attitude qu'elle était ici comme le porte-parole du grand parti de moralistes et d'hygiénistes qui poursuit en Europe l'abolition de la réglementation, et que dans son propre pays, dans la société belge même, elle était assurée de recevoir l'appui de concours arrêtés, de bonnes volontés éclairées ne demandant qu'à se grouper pour agir. C'est le ministre Bara qui, il y a huit ans, a mis en avant le recours judiciaire contre l'inscription d'office ; c'est le président du Conseil des ministres Beernaert qui, en 1887, s'est affirmé comme l'adversaire convaincu des maisons de tolérance et même de toute espèce de police spéciale ; ce sont d'anciens ministres comme MM. Nothomb et Woeste qui repoussent toute inscription et visite coercitive ; ce sont des ministres en exercice comme MM. Lejeune et de Burlet qui n'acceptent plus l'état de choses actuel. Il n'est pas jusqu'au clergé qui, par l'organe de ses évêques (notamment de M. du Rousseaux, évêque de Tournai) — et l'on sait que ce n'est point là en Belgique une quantité négligeable — n'ait apporté une adhésion fortement motivée à toute organisation antiréglementariste. C'est encore le parti ouvrier socialiste belge dont le centre est à Bruxelles, à la Maison du peuple, qui, par la voix de feu le Dr César de Paepe, de M. Jean Volders, deux de ses chefs les plus éminents et du publiciste Jules Wilmart, a donné depuis longtemps (notamment en mai 1886) le vigoureux acquiescement d'une démocratie dont il faudra demain compter les suffrages. Un contre-projet établi sur les principes du droit et sur les règles d'une hygiène rationnelle aurait enfin servi de base solide aux discussions parlementaires et fixé bien des esprits hésitants et insuffisamment éclairés sur la question.

TEXTE DU PROJET DE LOI

SUR LA PROSTITUTION

VOTÉ PAR LA COMMISSION D'ENQUÊTE BELGE

Dans sa séance plénière du 21 mars 1891

ART. 1er. — Sauf les restrictions résultant de la présente loi, au Collège des bourgmestre et échevins appartient la surveillance des personnes notoirement livrées à la débauche. Il prend, à cet effet, les mesures propres à assurer la santé, la moralité et la tranquillité publiques. Le Conseil fait, à ce sujet, tels règlements qu'il juge nécessaires. Ces règlements sont soumis à l'avis de la députation permanente et à l'approbation du roi.

Les règlements actuellement en vigueur le demeureront dans celles de leurs dispositions qui ne sont point contraires aux prescriptions de la présente loi, pendant le délai d'un an. Ils devront être approuvés de la façon pré-indiquée dans le même délai, à défaut de quoi ils cesseront d'être applicables.

ART. 2. — Les femmes notoirement adonnées à la prostitution ne pourront être assujetties à des mesures sanitaires et soumises aux règlements spéciaux pris en exécution de l'article précédent, que par une décision motivée du Collège des bourgmestre et échevins. Elles seront entendues par le Collège, qui ne pourra déléguer ses pouvoirs. Elles auront la faculté de comparaître en personne ou par mandataire, et de se faire assister d'un conseil. Elles pourront demander la réformation de la décision du Collège aux tribunaux ordinaires.

Le recours sera porté devant le tribunal de première instance, et appel pourra être interjeté par elles du jugement qui interviendra.

Le recours à l'autorité judiciaire sera suspensif. Il sera exercé, à peine de déchéance, dans la quinzaine de la notification de la décision du Collège. L'acte de recours sera exempt de droits de timbre et d'enregistrement.

ART. 3. — Il est interdit de soumettre au régime des prostituées, établi par les règlements communaux, les femmes mariées, les mineures et les insensées. A l'égard des filles mineures se livrant à la prostitution, il sera statué conformément aux articles 15 et suivants du projet de loi relatif à la protection de l'enfance. Si elles sont étrangères, elles seront rapatriées par les soins du gouvernement. Toute femme de nationalité étrangère se livrant à la prostitution en Belgique sera expulsée du royaume.

ART. 4. — Les maisons de prostitution, les maisons de rendez-vous, et, en général, les maisons dites de tolérance ou de débauche, seront fermées à dater de la promulgation de la présente loi (1). Il est interdit d'en ouvrir de nouvelles.

ART. 5. — Quiconque continuera à tenir, ou ouvrira une maison de ce genre, ostensiblement ou clandestinement, soit en y conservant les pensionnaires existantes, soit en y recevant des pensionnaires nouvelles, sera condamné à un emprisonnement de trois mois à deux ans et à une amende de 200 à

---

(1) En prononçant la suppression pure et simple des maisons de tolérance, le présent projet de loi (*Article* 4) s'appuie — ainsi qu'en témoigne un récent jugement — sur les antécédents d'une jurisprudence qui taxe de « radicalement nul l'acte de vente d'un immeuble sciemment destiné à l'exercice d'une tolérance. » Voir le jugement rendu par la deuxième chambre du Tribunal de 1re instance de Bruxelles, le 9 décembre 1891, auquel nous faisons allusion, page 71.

5,000 francs. Les meubles ou effets mobiliers garnissant la maison seront saisis, et le tribunal en ordonnera la confiscation.

ART. 6. — Toute personne louant sciemment une maison ou partie de maison destinée, contrairement au prescrit de l'article 4, à servir de maison de tolérance ou de débauche, sera punie d'un emprisonnement de trois mois à un an et d'une amende de 50 à 500 francs.

ART. 7. — Toute personne louant sciemment une maison ou partie de maison, une ou plusieurs chambres, à deux ou plusieurs femmes vivant notoirement de la débauche, sera punie d'un emprisonnement de trois mois à un an et d'une amende de 50 à 500 francs.

ART. 8. — Toute provocation, toute sollicitation à la débauche, notamment par chants, paroles, gestes, signes, emblèmes ou images quelconques, sont interdites sur la voie publique, et, en général, dans tous les lieux et établissements publics, sous peine d'un emprisonnement de 8 jours à trois mois et d'une amende de 26 à 100 francs.

ART. 9. — Quiconque aura attenté aux mœurs en excitant, facilitant ou favorisant, pour satisfaire ses propres passions, la débauche, la corruption, ou la prostitution d'un mineur de l'un ou de l'autre sexe, sera puni d'un emprisonnement de trois mois à deux ans, si le mineur était âgé de plus de seize ans accomplis, et de deux à cinq ans, si le mineur n'avait pas atteint cet âge.

Le coupable sera, en outre, et dans les deux cas, condamné à une amende de 50 à 1,000 francs.

ART. 10. — Quiconque, pour satisfaire les passions d'autrui, aura excité, facilité ou favorisé la débauche, la corruption, ou la prostitution d'un mineur de l'un ou de l'autre sexe, soit en s'entremettant, soit de toute autre façon, sera puni, comme proxénète, d'un emprisonnement de deux à cinq ans, si le mineur était âgé de plus de seize ans accomplis. La peine sera de la réclusion de cinq à dix ans, si le mineur était âgé de moins de seize ans accomplis et de plus de dix ans accomplis. Elle sera des travaux forcés de dix à quinze ans, si l'enfant n'avait pas atteint l'âge de dix ans accomplis. Le coupable sera, en outre, et dans les deux cas, condamné à une amende de 100 à 2,000 francs.

ART. 11. — La tentative des crimes et des délits prévus aux deux articles précédents sera punie des mêmes peines que ces crimes et ces délits eux-mêmes.

ART. 12. — Le minimum des peines portées par les articles 9 et 10 sera élevé conformément à l'article 266 du Code pénal, dans les cas suivants : Si les coupables sont les ascendants de la personne prostituée ou corrompue ; s'ils sont de la classe de ceux qui ont autorité sur elle ; s'ils sont ses instituteurs, ses serviteurs à gages, ou ceux des personnes ci-dessus désignées ; s'ils sont fonctionnaires publics ou ministres d'un culte.

ART. 13. — Il est interdit d'établir des bureaux de placement pour femmes dans des cafés, débits de boissons et maisons de logement, sous peine, tant pour ceux qui tiendraient ces établissements que pour ceux qui tiendraient les dits bureaux de placement, d'un emprisonnement de huit jours à trois mois et d'une amende de 26 à 300 francs.

ART. 14. — Quiconque, dans un but intéressé, aura habituellement attenté aux mœurs en excitant, facilitant, ou favorisant la débauche ou la corruption de personnes de l'un ou de l'autre sexe, sera puni d'un emprisonnement de trois mois à deux ans et d'une amende de 200 à 1,000 francs.

ART. 15. — Quiconque, par abus d'autorité, par fraude ou par ruse, par violence ou par menaces, aura obligé ou amené une femme majeure à se livrer à la prostitution, ou aura empêché une fille publique de changer de vie, sera passible d'un emprisonnement de trois mois à deux ans et d'une amende de 200 à 1,000 francs.

ART. 16. — Seront punis d'un emprisonnement de six mois à trois ans et d'une amende de 200 à 1,000 francs, ceux qui tirent habituellement avantage ou profit du fait de faciliter la prostitution d'autrui sur la voie publique ou dans les bureaux de placement, cafés-concerts, bals publics, et, en général, dans tout lieu public.

ART. 17. — La femme mariée convaincue de prostitution sera condamnée à un emprisonnement de trois mois à deux ans. La poursuite aura lieu soit sur la plainte du mari, soit d'office. Le mari ne sera pas maître d'arrêter l'effet de la condamnation prononcée.

ART. 18. — Les tribunaux pourront interdire, pour un terme de deux à cinq ans, aux personnes condamnées en exécution de la présente loi, de tenir café, estaminet, restaurant, débit de tabac, ou bureau de placement. Dans le cas où cette interdiction serait enfreinte, la peine sera d'un emprisonnement de un à trois mois et d'une amende de 50 à 500 francs.

ART. 19. — Les tribunaux pourront, dans les cas prévus aux art. 7 et 13 de la présente loi :

1° Interdire aux condamnés, en tout ou en partie, pour un terme de cinq à dix ans, l'exercice des droits spécifiés sub nᵒˢ 1, 2, 3, 4, 5, 6, de l'art. 31 du Code pénal ;

2° Les priver, pour le même terme, des droits et avantages résultant de la puissance paternelle ; comme aussi du droit de faire partie d'un conseil de famille ; d'être appelés aux fonctions de tuteur, subrogé-tuteur ou curateur ; de remplir les fonctions de conseil judiciaire, ou d'administrateur provisoire.

Cette interdiction sera toujours prononcée quand il s'agira de faits repris aux articles 5, 6, 8, 9, 10, 11, 14, 15, 16 et 17 de la présente loi.

ART. 20. — Par dérogation à l'art. 100 du Code pénal, les dispositions du Iᵉʳ livre de ce Code, y compris le chap. VII, les § 2 et 3 de l'art. 72, le § 2 de l'art. 76, et l'art. 85, seront appliquées aux infractions prévues par la présente loi.

ART. 21. — A l'expiration de leur peine, s'ils sont étrangers, les condamnés, par application des art. 5, 6, 9, 10, 11, 14, 15 et 16 de la présente loi seront contraints de sortir du royaume. S'ils sont, en outre, mineurs, ils seront rapatriés par les soins du gouvernement.

Art. 22. — Tous les trois ans un Rapport sera présenté aux Chambres sur les résultats de la présente loi.

Certifié conforme aux procès-verbaux :

Les Secrétaires,   *Le Président,*

      Jules Pagny.   A. Nothomb.
      Jos. Hoyois.

JURISPRUDENCE BELGE

« Est nulle et de nul effet, comme contraire aux bonnes
mœurs, toute transaction ou convention relative à l'éta-
blissement d'une maison de tolérance, quand même cette
transaction ou convention concernerait simplement la
vente ou l'achat d'un immeuble en vue de cette desti-
nation. »

(Jugement du Tribunal de 1ʳᵃ Instance de
Bruxelles, 9 décembre 1891.)

En cause de

Alphonse Coppens, demandeur par Mᵉ Van Everbrock,

contre

Van der Straeten et consorts, défendeurs par Mᵉ Plas.

Attendu que le 20 novembre 1879, par acte passé devant
Mᵉ Maroy, notaire à Ixelles, les auteurs des défendeurs ont
vendu à Coppens une maison sise à Bruxelles, rue Saint-
Laurent, 7, moyennant un prix de quatre-vingt-dix mille francs
à payer par annuités de dix mille francs ; que, de plus, il a été
stipulé que l'acquéreur serait obligé de faire au dit immeuble
des améliorations et des constructions dont le coût ne pourrait
être inférieur à quarante mille francs, et qui devraient être
terminées dans un délai de six mois ;

Attendu que Coppens étant en défaut d'exécuter une partie
des obligations que lui imposait le dit acte, les défendeurs, par
exploit de l'huissier Keyaerts, en date du 24 juin 1891, lui
firent signifier un commandement préalable à l'expropriation
de l'immeuble resté affecté par privilège au paiement de leur
créance ;

Attendu que, résistant à la poursuite ainsi dirigée contre
lui, Coppens demande aujourd'hui la nullité de ce commandement ;

Attendu que, pour apprécier la valeur de cette voie d'exécution, il importe de rechercher quelle est la raison de la convention même qui lui sert de titre ;

Attendu qu'*il ne peut être sérieusement contesté que la vente du 20 novembre 1879 avait pour objet un immeuble à destination de maison de tolérance*; que cela résulte non seulement de la détermination des pièces et des stipulations qui obligeaient *l'acquéreur, déjà tenancier de semblable maison, rue de Diest*, à faire des dépenses spéciales d'une valeur considérable dans le délai de six mois, mais des documents de la cause, qui établissent clairement que *l'acquisition était subordonnée à l'autorisation d'ouvrir, dans l'immeuble, une maison de tolérance, autorisation qui fut accordée la veille même de la passation du contrat, et que l'un des vendeurs, en raison de la position qu'il occupait* (1), ne pouvait ignorer;

Attendu qu'*en fait il n'est pas dénié qu'aussitôt après la vente Coppens a exploité dans l'immeuble une maison de tolérance*, et ce qui achève de prouver l'accord des parties sur la destination du bien vendu, c'est la circonstance que les vendeurs n'ont jamais usé de la faculté que leur accordait le contrat de réclamer le remboursement immédiat du prix si la nature du bien venait à être transformée;

Attendu que *le caractère immoral de la convention dont il s'agit étant ainsi démontré, celle-ci n'a pu, aux termes exprès de l'art. 1131 C. C., produire aucun effet*;

Qu'en réalité la propriété de l'immeuble n'a pu être valablement transmise à Coppens et celui-ci n'a pu valablement payer des à-compte sur le prix;

Que, dès lors, aucune des deux parties ne pouvant invoquer en justice l'acte du 20 novembre pour en demander l'exécution, le tribunal doit prononcer la nullité du commandement dont il s'agit, parce que *la loi veut qu'aucune conséquence ne puisse résulter d'une convention entachée en son essence d'une nullité absolue;*

Par ces motifs, — Le Tribunal, ouï, en son avis conforme, M. Leclercq, substitut du procureur du Roi; — Prononce la nullité du commandement du 24 juin 1891, comme étant fait en vertu d'*un acte de vente radicalement nul;* — Condamne les défendeurs aux dépens; — Prononce l'exécution provisoire nonobstant appel et sans caution; ordonne la distraction des dépens au profit de Mᵉ Everbroek.

---

(1) M. Van der Straeten lui-même, bourgmestre de Bruxelles, ascendant des défendeurs.

LA PROSTITUTION

EN RUSSIE

Date relativement récente de l'introduction de la prostitution réglementée en Russie. — La police des mœurs
à Pétersbourg et à Moscou en 1844. — Les travaux
statistiques de Sperak (de Pétersbourg). — La prostitution réglementée devant les Sociétés savantes et les
Congrès médicaux russes. — Essai d'administration
expérimentale à Moscou. — Enquête générale du Comité central de statistique de l'Empire (1889-1891).

Il faut venir à ces vingt dernières années pour trouver
en Russie des travaux de médecine sociale sur la question
de la prostitution d'une valeur rappelant ceux que publiait
en France. dès 1836, l'hygiéniste Parent-Duchatelet. La
troisième édition du célèbre livre du médecin français,
donnée en 1857 avec le complément d'une série de mono-
graphies concernant l'hygiène, la statistique et l'administration de la police des mœurs dans les principales villes
de l'Europe, contient des études sur le Danemark, même
sur la Norwège, mais s'arrête là à la frontière du nord :
elle ne dit mot de l'empire russe.

La police des mœurs proprement dite, analogue à notre
police occidentale, est en effet d'une date relativement récente en Russie ; c'est seulement en 1844 qu'elle y fut in-

FIAUX.   6

troduite (1), dans les deux capitales d'abord, à Pétersbourg et Moscou, puis à Odessa et dans l'empire tout entier. En 1862, le gouvernement parachèva l'organisation en donnant un fonctionnement régulier aux Comités dits médico-policiers. Le Comité ou service des mœurs fait partie dans les grandes villes du Comité de police sanitaire et est placé sous la direction du préfet de police ; présidé par le préfet ou son délégué, il est composé de deux médecins et du chef du service administratif du bureau des mœurs ; il se réunit chaque semaine ; ses décisions sont transmises d'une part aux agents du service actif, appelés surveillants, dont les fonctions vis-à-vis les femmes sont semblables à celles de nos inspecteurs, et aux médecins chargés des visites sanitaires pratiquées avec le concours de quelques sages-femmes. Dans les autres villes et pays de l'Empire, la surveillance de la prostitution fut abandonnée à la police ordinaire et aux médecins municipaux, les instructions gouvernementales leur enjoignant en principe l'application des mêmes règlements administratifs que dans les villes-capitales ou de premier ordre. On comprend, dès lors, que les documents aient fait longtemps défaut, et par suite les correspondants.

C'est au médecin en chef de l'hôpital Kalinkin, de Pétersbourg, le Dr Ed. Sperck, que revient l'honneur d'avoir le premier fait la lumière sur la question de la prostitution dans son pays. Le 1er novembre 1871, il réformait de fond en comble la statistique administrative jusque-là usitée pour l'observation des prostituées : il établissait la *statistique individuelle et nominative* (2). Désormais, chaque femme inscrite avait son histoire particulière où n'étaient pas seulement consignés ses nom et prénoms, son âge, sa situation civile, sociale et professionnelle, mais aussi la

---

(1) Règlement ministériel du 29 mai 1844 concernant les maitresses de maisons et les filles publiques.

(2) Règlement ministériel du 28 juillet 1861, concernant les mêmes personnes. Ordonnance ministérielle de la même date, instituant un Comité médico-policier à Pétersbourg.

date de son inscription, la date de l'éclosion des maladies spéciales, leur marche quotidienne, leurs complications, leurs récidives, le traitement subi, sa durée. Minutieusement appliquée aux femmes des trois classes de la prostitution, les femmes en maisons, les isolées, les clandestines, pendant des années, sans interruption aucune, une telle méthode devait nécessairement mettre à nu des conclusions d'une originalité inattendue et d'une très précise authenticité. Au point de vue de la syphilis notamment, la méthode individuelle établissait des proportionnalités désastreuses chez les jeunes filles nouvellement inscrites et surtout chez celles internées dans les maisons publiques, proportionnalités déjà entrevues, il est vrai, par Parent-Duchatelet, mais non point indiquées avec la certitude mathématique qui a finalement permis à Sperck de formuler la loi de propagation de la syphilis chez les femmes publiques. En 1873 et en 1877, dans deux articles du *Messager*, à mesure que les documents s'accumulaient, il pouvait déjà publier des observations du plus nouvel intérêt. Dans son remarquable mémoire de 1878 (1), complété par sa *Théorie statistique de la morbidité et de la mortalité appliquée à l'étude de la prostitution et de la syphilis* (2), il pouvait enfin achever et parfaire la démonstration.

En même temps que les premières observations de Sperck, paraissaient d'autres travaux avec chiffres intéressants, ceux de Kusnezow (3) et de Grazianski (4). La voie était ouverte, le mouvement scientifique parti d'Angleterre

---

(1) *Recherches statistiques sur la syphilis dans la population féminine de Pétersbourg.* (Petersburger medicinische Wochenschrift, 8, 15, 22, 29 avril, 6 et 13 mai 1878. Traduct. franç. de Ch. Ochsenbein.)

(2) *Etude d'hygiène sociale (Revue de morale progressive.* Déc. 1889). Ce recueil édité à Paris, par Georges Carré, contient de nombreuses études de biologie, de physiologie et de statistique médicale.

(3) *Prostitution à Pétersbourg. (Archives de Médecine légale et d'Hygiène publique,* mars 1870).

(4) *Les maladies vénériennes et les prostituées de Pétersbourg* (1869-1870).

se faisait également sentir dans le monde médical russe.
Les médecins militaires (1), les Sociétés savantes, les
Congrès de Médecine (2) étaient saisis de la question de la
prostitution. Les conclusions de Sperck étaient contrôlées
et confirmées. En 1888, enfin, deux mémoires d'une importance capitale étaient communiqués à la Société médicale de Kieff par le professeur de clinique dermatologique,
Stoukovenkoff, et son assistant, le Dr P. Nicolsky, qui ap-
portaient des preuves numériques solides à l'appui des
déductions du médecin de l'hôpital Kalinkin : *La Statistique de la syphilis et du chancre mou parmi les prostituées inscrites de Kieff*, et *La Réglementation à Kieff
envisagée au point de vue de la syphiligraphie moderne* (3). Cette même année 1888, on vit même un
fait caractéristique et qu'il n'est pas inutile de souligner :
on vit le gouvernement — un régime autocratique par
excellence — s'émouvoir de tout ce mouvement et s'y
intéresser. A Moscou, une Commission spéciale pour
l'étude de la police des mœurs était nommée par le Ministre de l'Intérieur sur la proposition du Conseil municipal de la ville ; elle concluait à l'inutilité et « au danger »
de la réglementation coercitive, et cette conclusion provo-
quait la décision ministérielle suivante : le 22 juillet
(3 août) 1888, le ministre adressait au gouverneur général
de Moscou une instruction officielle qui modifiait complè-

(1) Schmulewitsch. — *Rapport statistique sur l'état sanitaire
des troupes* (Pétersbourg, 1875).
(2) Sociétés médicales de Poltava, de Kharkoff (juin et septembre 1885); Congrès de la Société des Médecins russes (Moscou,
janvier 1887). — Dr Smirnoff. *Statistique relative aux prostituées de Moscou.* — Dr Mariane Koultschitzky. *Sur la valeur
préventive de la visite.* — Dr Achscharoumoff. *Les maisons de
tolérance et la visite préventive envisagées au point de vue
prophylactique.* — Dr A.-J. Jacoby, professeur d'hygiène à l'université de Kharkoff, et A.-J. Pospielow, médecin à l'hôpital
Miasnitzkaya, membre du Comité médico-policier de Moscou. *Sur
la suppression des maisons publiques.*
(3) *Revue de morale progressive.* — N^{os} de février, mai et novembre 1889. —V.égalem. Actes du Ve Congrès internat.tenu à Genève pour l'abolition de la prostitution réglementée(10-13 sept.1890)

tement le fonctionnement actuel de la police des mœurs de la ville, jusqu'alors identique à notre police des mœurs. L'inscription et la visite obligatoire étaient supprimées ; le comité médico-policier devenait une Commission consultative chargée des études relatives à la prostitution ; les médecins de police de quartier étaient tenus de donner des certificats de santé aux femmes saines qui se présentaient *volontairement* à leur examen ; la présentation de ce certificat était toutefois exigée par les inspecteurs de police des femmes entrant en maison ou fréquentant les maisons de passe. En fait, la recherche des insoumises se trouvait donc abolie. Quant à la municipalité, elle avait charge d'organiser immédiatement des ambulances de quartier et de mettre dans les hôpitaux un nombre suffisant de places à la disposition des vénériens. Le professeur Pospielow, un de ceux-là mêmes qui avaient critiqué l'ancien ordre de choses, était chargé de surveiller l'application de l'organisation nouvelle. Ainsi le fonctionnarisme russe faisait de l'administration expérimentale, de l'administration scientifique !

Toutes ces publications avaient préparé un milieu favorable : cette dernière mesure pouvait présager une action officielle d'une portée plus générale ; aussi n'y a-t-il pas lieu de s'étonner de la détermination récemment prise par le *Comité central de Statistique de l'Empire*. Ce Comité, ayant entrepris dans ces trois dernières années une série de travaux de statistique ayant pour objet l'étude des principaux phénomènes de la vie publique de la population de la Russie, n'hésita point à porter également ses investigations sur la question de la prostitution et à l'envisager sociologiquement, tant au point de vue de l'éthique sociale que de l'hygiène spéciale.

Les enquêtes générales en Europe sur des sujets de portée sociale ne sont pas tellement fréquentes et poussées à fond qu'il soit permis de passer sous silence un document de cette importance. Relativement à la question qui nous occupe, trois gouvernements en Europe avaient seuls jusqu'ici satisfait l'opinion : l'Angleterre, l'Italie et la Belgique. L'enquête russe vient à son tour et n'est pas indigne pour l'intérêt et la portée des documents réunis des enquêtes précédentes (1).

I

Procédure de l'enquête. — Coup d'œil d'ensemble sur l'état numérique de la prostitution réglementée. — Chiffres totaux des maisons publiques, des isolées inscrites, des inscrites internées en maison. — Diminution progressive du nombre des maisons publiques. — Exemple de Pétersbourg. — Omission par le Comité du chiffre des inscrites disparues. — Supériorité numérique des isolées sur les femmes de maison. — Insignifiance des états numériques de la police des mœurs rapportée au chiffre de la population féminine russe totale. — Rapport numérique de la prostitution urbaine et de la prostitution rurale.

Pour la préparation de l'enquête même, le Comité central de statistique avait fait appel à un autre service du Ministère de l'Intérieur, au département de médecine publique : tous deux avaient élaboré une série de questions se rapportant d'une manière générale aux maisons de tolérance et à leurs matrones, aux prostituées vivant dans ces maisons, aux prostituées isolées vivant indépendantes. Le travail d'enregistrement avait été confié aux médecins chargés du service de la police sanitaire par quartier : ils devaient procéder comme pour les grands recensements simultanés et opérés en un jour, une feuille spéciale étant affectée aux indications concernant chaque maison de tolérance et chaque matrone ou prostituée.

(1) *Statistique de l'Empire de Russie.* XIII. *La prostitution d'après l'enquête du* 1er (13) *août* 1889. (Publication du Comité central de statistique du Ministère de l'Intérieur. — Gr. in-8° de 40 p. — Saint-Pétersbourg. Fusnot et Trenké, 1891).

L'enquête avait été fixée au 1ᵉʳ (13) août 1889 (1). C'est
donc comme la photographie de la prostitution réglementée à ce jour déterminé que nous avons sous les yeux,
dans tous les gouvernements et provinces de l'Empire, à
l'exception de l'arrondissement de Zakataly (Caucase), de
la province de Tourgaï (Asie centrale) et de la Finlande,
dans lesquels le recensement n'a pas eu lieu. Le 1ᵉʳ août
1889, l'enquête constatait donc l'existence de 52 maisons
de « rendez-vous », de 1.164 maisons de tolérance, et l'inscription de 7.840 pensionnaires et de 9.763 femmes en carte.

Disons de suite, pour n'y pas revenir plus que le Comité de statistique, que les maisons de rendez-vous autorisées sont en très petit nombre : on les rencontre surtout
dans les capitales et les ports, soit 17 à Moscou, 5 à Pétersbourg, 11 à Arkhangel, port militaire et commercial ; dans
les autres gouvernements on n'en constate que 2 à Kharkow (Petite-Russie) et 1 à Oufa (Tzarostie d'Astrakhan).
Dans les villes de district, c'est à Tchérépovetz (gouv. de
Novgorod) situé sur une grande voie fluviale, centre commercial et industriel, que se trouve le chiffre le plus élevé
de ces maisons, 4 ; on n'en compte que 9 dans cinq villes de
district peu importantes des gouvernements du centre, une
seule dans les gouvernements de la Vistule et 2 en Sibérie.

Les maisons publiques sont de même groupées sur les
points où la densité de la population atteint son maximum.
Eu égard à l'immensité de son territoire la Russie est le
pays de l'Europe où la population est la plus faible numériquement et aussi la plus inégalement répartie : la
moyenne pour la Russie d'Europe est de 13 à 14 habitants
par kilomètre carré ; le gouvernement le plus peuplé est
celui de Moscou qui contient 48 habitants par kilomètre
carré ; les moins peuplés sont ceux d'Astrakhan, d'Olo-
netz, d'Arkhangel, qui contiennent 4 habitants par kilomètre carré. La population des villes, formant plus du

---

(1) La mise en œuvre et la coordination des documents recueillis
n'ont été terminées par M. N. Troïnitsky que le 8 (20) août 1891,
date de la publication du volume de l'enquête.

douzième de la population totale, il est facile de prévoir où devra se faire la concentration des maisons publiques.

C'est Moscou qui renferme le plus grand nombre de maisons, 117; l'autre capitale, Pétersbourg, n'en contient que 64. Ici nous reprendrons le Comité de statistique, qui parait, comme on verra plus loin, avoir eu surtout à cœur d'envisager la prostitution comme un vrai problème socio-logique, de ne point avoir doublé la valeur documentaire de ses renseignements en dressant un historique numérique de la prostitution en maisons, au moins dans ces dernières années : il nous eût appris que là, comme dans les autres grandes villes de l'Europe occidentale, la prostitution in-ternée était en pleine décadence ainsi que le prouvent les chiffres suivants. A Pétersbourg en effet le nombre des maisons a oscillé de 1870 à 1876 entre 155 à 177 : le chiffre des 64 maisons encore existantes en 1889 prend dès lors une signification dont l'isolement le dépouillait. Les autres maisons sont ainsi réparties : 524 dans les chefs-lieux de gouvernement et de province, 443 dans les villes de dis-trict, et 26 dans les bourgades et villages. L'effectif des femmes internées dans les maisons est naturellement en rapport avec le nombre de ces établissements : les 117 mai-sons de Moscou contiennent 924 pensionnaires ; les 64 mai-sons de Pétersbourg n'en contiennent plus que 584 ; dans cette dernière ville la population des tolérances a naturel-lement subi une décroissance en rapport avec l'amoindris-sement de cette forme de la prostitution réglementée (1).

(1) ANNÉES.	Nombre de maisons de tolérance à Pétersbourg.	Nombre des femmes en maisons.
1870	155	816
1871	157	1.086
1872	168	1.116
1873	147	1.485
1874	156	973
1875	165	1.084
1876 { 1er janvier. .	177	1.167
{ 30 août. . .	177	968
1888	73	—
1889	64	584

La répartition territoriale des isolées en carte se fait sur les mêmes bases. A Pétersbourg on constate 1.647 inscrites libres : les indications numériques données dans les mémoires de Kusnezow et de Sperck nous montrent que de 1853 à 1863, c'est-à-dire pour une période décennale, le chiffre des inscrites libres a passé par une progression continue de 407 à 1.017 ; de 1864 à 1874 il a oscillé de 884 à 3.306 (1871) pour redescendre en 1875 à 1.887, à 1.413 en 1876 ; le chiffre actuel de 1.647 indiqué par le Comité de statistique est la justification de l'observation judicieuse de Sperck remarquant « que toujours et partout le chiffre des éparses est plus variable que celui des pensionnaires, pour deux raisons : il dépend des modifications de la réglementation et de l'esprit des agents chargés du service ; mais quelque sévères que soient ces conditions il existe une limite à partir de laquelle il devient impossible de soumettre un plus grand nombre de femmes au contrôle administratif ». Le service des mœurs en effet avait été réorganisé sur des statuts plus étroits en 1868 et les chiffres élevés d'inscrites isolées (1 378 en 1869, 2.792 en 1870, 3.306 en 1871) ne se maintiennent pas ; par une progression continue à rebours, ils tombent de 1.840 (1872) à 1.413 (1876) et 1.647 (1889), on vient de le voir. D'ailleurs, et c'est encore une critique que nous adressons au Comité de statistique, il n'est fait aucune mention du chiffre des femmes *disparues* par radiation involontaire ou autorisée. Si le Comité avait montré qu'à Pétersbourg le chiffre de 1889 ne représentait guère que la moitié des inscrites en carte en 1871, il aurait encore pu ajouter ce correctif que jamais le chiffre des disparues n'avait été aussi élevé que lorsque le chiffre des inscrites était le plus enflé : ainsi à partir de 1872, sur un chiffre total de 2.956 (éparses et pensionnaires), il disparaît 1.572 femmes, soit 53 0/0 ; en 1874, sur 2.567 femmes, il en disparaît 1.014, 39 0/0 ; en 1875, sur 2.971, il en disparaît 1.043, soit 35.1 0/0. Comme phénomène sociologique, il y avait là aux yeux du Comité un point suffisamment intéressant pour n'être point omis.

Revenons aux chiffres des inscrites en carte. Moscou n'en compte que 144. Ce chiffre est curieux : nous avons dit que par suite de mesures administratives récemment prises (et que le Comité de statistique eût bien fait de mentionner) l'inscription n'est présentement plus obligatoire à Moscou. Le chiffre de 144 représente donc à peu près exactement les inscriptions *volontaires*. Varsovie compte 810 femmes inscrites; Nijni-Novgorod, 531 (1); Kieff, 508; Riga 172; Kazan, 170; Samarcande, 157. Cette classe de femmes, dans les autres villes de gouvernement et de province, comprend 1.825 inscrites; dans les villes de district 3.752 et dans les bourgades et villages 555.

Si nous concentrons ces données dans le raccourci d'un tableau nous voyons que les maisons de rendez-vous, les maisons de tolérance et les deux catégories de femmes se répartissent ainsi par groupes de gouvernements :

	Maisons de rendez-vous.	Maisons de tolérance.	Prostituées.		Totaux.
			En maison.	Isolées.	
Dans les 50 gouvern. de la Russie d'Europe.	49 (94.2 0/0)	863 (74.1 0/0)	6.121 (78 0/0)	6.826 (69.9 0/0)	12.947 (73.6 0/0)
Dans les gouvern. de la Vistule.	1 (1.9)	47 (4.0)	302 (3.8)	1.716 (17.6)	2.018 (11.5)
Au Caucase.	—	81 (7.0)	508 (7.4)	420 (4.3)	1.000 (5.7)
En Sibérie	2 (2.9)	88 (7.6)	467 (6.0)	297 (3.0)	764 (4.3)
Dans l'Asie centrale.	—	85 (7.3)	370 (4.7)	504 (5.2)	874 (4.9)
Dans tout l'Empire : Totaux.	52 (100)	1.164 (100)	7.840 (100)	9.763 (100)	17.603 (100)

« Ce qui attire l'attention ici, écrit M. N. Troïnitsky dans son commentaire (2), c'est que le nombre des prostituées en carte est sensiblement supérieur à celui des filles en maison. Au Caucase et en Sibérie, le total des filles en maison l'emporte, il est vrai, sur l'effectif des isolées, mais dans les autres localités on remarque que c'est la proportion inverse qui prédomine. Dans les 50 gouverne-

(1) En août 1889, époque de l'enquête, avait justement lieu dans cette ville la célèbre foire de Makarievsky, la plus fréquentée du monde entier.
(2) Enq., p. 6.

ments de la Russie d'Europe, les filles isolées l'emportent sur les autres de 11.5 0/0 et dans l'Asie centrale de 36.2 0/0. Dans les gouvernements de la Vistule le nombre des isolées est même plus de 5 fois 1/2 plus élevé que celui des pensionnaires. On peut en conclure que, dans ces gouvernements, les prostituées, plus que dans les autres parties de l'Empire, sont portées à la vie libre, indépendante... » Le Comité, sans d'ailleurs caractériser en termes formels le fait en lui-même, n'a pu s'empêcher de faire ressortir par un simple rapprochement de chiffres l'insignifiance des états numériques de femmes surveillées par la police des mœurs en les rapportant au chiffre total de la population féminine russe. La prétention de toute réglementation d'influer sur la vie vénérienne d'une nation paraîtra étrange si l'on arrête les yeux sur ces chiffres parallèles :

Groupes de gouvernements.	Population féminine (1).	Proportion des femmes inscrites sur (cent mille) femmes.
50 gouv. de la Russie d'Europe.	42.896.000	30
Gouv. de la Vistule.	4.224.000	48
Caucase.	3.408.000	29
Sibérie.	2.082.000	37
Asie centrale.	2.523.000	35
Dans tout l'Empire.	55.133.000	32

Ainsi sur *cent mille* femmes, même dans les gouvernements de la Vistule où la proportion des inscrites est relativement élevée, comparée à celle des autres parties de l'Empire (à cause de la masse de troupes qui sont cantonnées dans cette région et de la surveillance plus sévère conséquemment exercée sur la prostitution), la police des mœurs n'a même pas en mains *cinquante* femmes 0/000 soit 1/2000ᵉ !

Que si nous envisageons la répartition des femmes inscrites dans les villes et dans les campagnes, non pas, fait

(1) *Annuaire statistique* de 1890. — Recensement de 1886, la Finlande exceptée.

suffisamment établi, pour montrer que la prostitution est
un phénomène social essentiellement inhérent à la vie des
villes (1), mais pour montrer la proportion des prostituées
de la campagne rapportée au nombre total de la population féminine rurale dans chaque gouvernement, nous
voyons encore, même dans les pays de grands cantonnements militaires, combien ce chiffre est insignifiant :

Groupes de gouvernements.	Population féminine des districts.	Inscription d'une femme sur
50 gouv. de la Russie d'Europe.	36.394.000	105.184 femmes.
Gouv. de la Vistule	3.511.000 (2)	19.185 —
Caucase	3.115.000	26.623 —
Sibérie.	1.861.000	43.279 —
Asie centrale.	1.922.000	320.333 —
Total pour l'Empire . . .	46.803.000	67.342 —

(*La Finlande exceptée.*)

On peut faire abstraction de l'Asie centrale, dont la population extra-urbaine est presque absolument nomade et
constitue un mauvais terrain pour les opérations systématiques de la police des mœurs ; il n'en reste pas moins que
même dans les gouvernements de la Vistule où la prostitution rurale est plus développée qu'au Caucase, en Sibérie
et dans les gouvernements de la Russie d'Europe, l'inscription des femmes se réduit à un chiffre proportionnel vraiment infinitésimal.

(1) Groupes de gouvernements.	FEMMES INSCRITES.			
	Dans les chefs-lieux de gouv.	Dans les bourgades de district.	bourgades et villages.	Totaux.
50 gouv. de Russie d'Europe. .	7.661	4.940	346	12.947
Gouv. de la Vistule.	1.288	547	183	2.018
Caucase.	591	292	117	1.000
Sibérie	446	275	43	764
Asie centrale.	498	370	6	874
Total pour l'Empire . .	10.484	6.424	695	17.603
	(59.6 0/0)	(36.9 0/0)	(3.9 0/0)	(100)

(2) *Comité de statistique de Varsovie* pour 1890 (IIIe fascicule).

I I

Étude particulière des maisons publiques. — Leur
répartition d'après le nombre des pensionnaires. —
Les maisons à UNE *et à 25 pensionnaires. — Durée*
de l'existence d'une maison publique. — Neuf cin-
quantenaires. — Répartition des maisons d'après le
loyer de l'immeuble. — Tenancières-propriétaires. —
Que les maisons à bas loyer ou à clientèle populaire
sont les plus nombreuses et contiennent le moins de
pensionnaires; conséquences hygiéniques. — Du tarif
d'entrée dans les maisons publiques. — Que les maisons
à tarif d'entrée d'un rouble (2 fr. 50) et moins sont
celles qui contiennent le moins de pensionnaires;
conséquences hygiéniques. — Confirmation des obser-
vations précédentes par l'observation des tarifs relatifs
au coucher en maison et à la location des pension-
naires pour « parties ». — Omission concernant le
nombre des entrées de visiteurs.

Suivons maintenant l'enquête dans le détail des observations sociales qui lui sont suggérées par les diverses
statistiques réunies plus particulièrement sur les maisons
publiques. Le Comité a d'abord fait la répartition des
maisons d'après le nombre des pensionnaires qui y sont
internées. Dans les 863 maisons de la Russie d'Europe,
les établissements « à trois prostituées » sont dans la
proportion de 11 0/0; dans les 88 maisons de Sibérie, les
établissements habités de même sont dans la proportion de
20.5 0/0; pour tout l'Empire, les maisons à trois femmes
sont également en grande majorité, 11.9 0/0. Dans les
gouvernements de la Vistule (47 maisons) et du Caucase
(81 maisons), les maisons à cinq prostituées sont les plus
nombreuses, de 17.4 à 19.2 0/0. Dans l'Asie centrale
(85 maisons) ce sont les maisons à deux femmes qui do mi-
nent, 27.7 0/0.

Les maisons ayant 24, 25 pensionnaires et plus sont les moins nombreuses : ainsi, dans tout l'Empire et dans les gouvernements de Russie, les maisons ayant 24 prostituées descendent à un minimum de 0.1 0/0. Dans les gouvernements de la Vistule, ce minimum remonte à 2.1 0/0, pour les maisons ayant 7, 13 et 16 pensionnaires ; au Caucase il est de 1.2 0/0 pour les maisons habitées par 14, 18 et 23 filles. En Sibérie et au Caucase, il redescend à 1.1 0/0 pour les maisons ayant, dans la première région, de 12 à 15, et, dans la seconde, de 11 à 14 et 21 pensionnaires. Le Comité n'a donné, on le voit, que des chiffres proportionnels : nous reviendrons plus loin sur ce point, à propos du loyer payé par les tolérances et donnerons ce qu'il est également intéressant de connaître, non pas seulement des chiffres proportionnels mais des chiffres absolus. Quoi qu'il en soit, tous les chiffres intermédiaires indiquant la présence de 3 à 25 filles et plus étant représentés, il est nombre de maisons qui ne contiennent que 2 et même qu'*une* pensionnaire (1).

Quelle est la durée de l'existence d'une maison publique ? Les chiffres recueillis (ici encore, sauf pour les maisons subsistant depuis plus de dix et cinquante ans, il n'existe au rapport général de l'enquête que des chiffres proportionnels) montrent que partout dans l'Empire, excepté dans les gouvernements de la Vistule, plus de la moitié des maisons ont été fondées dans la période quinquennale précédant immédiatement l'enquête, c'est-à-dire du 1er janvier 1884 au 1er (13 août) 1889. La majorité des maisons de cette catégorie se rencontre en Sibérie et dans l'Asie centrale, et le minimum dans les gouvernements de la Vistule. Le chiffre le plus élevé de maisons dont l'existence re-

---

(1) 0/0 DES MAISONS DE TOLÉRANCE.

Nombre de pensionnaires.	Dans tout l'Empire.	Russie d'Europe.	Vistule.	Caucase.	Sibérie.	Asie centrale.
1 femme . . .	3.5	1.7	6.4	4.9	6.8	15.7
2 femmes . . .	9.4	8.0	10.6	6.2	8.0	27.7

monte à dix années, mais n'ayant pas débuté avant 1879, appartient également à la Sibérie (82.1 0/0) et à l'Asie centrale (82.4 0/0) ; le minimum se rapporte également aux gouvernements de la Vistule (62.5 0/0).

Les maisons dont l'ouverture remonte au delà de dix ans (il en subsiste 241 dans tout l'Empire sur le chiffre total de 1.164) se trouvent surtout dans les gouvernements de la Vistule (37.5) ; on constate le minimum en Sibérie (17.9) et dans l'Asie centrale (17.6).

Dans les gouvernements de la Russie d'Europe, l'enquête a relevé l'existence de maisons subsistant depuis plus de cinquante années, mais cette catégorie ne représente pas même 1 0/0 du total, soit 0.98 : en chiffres absolus, sur les 1.164 maisons de tout l'Empire, il n'en existe que 9 qui ont pu célébrer leur cinquantenaire.

La répartition des maisons, d'après *le loyer* à la charge des tenancières, est une donnée intéressante. Tout d'abord, notons que 129 tolérances (12.6 0/0) occupent des immeubles qui sont la propriété des tenancières elles-mêmes : la majorité des maisons de cette catégorie (79) se trouve dans les gouvernements de la Russie d'Europe ; en Sibérie, il n'en existe que 3. De plus le Comité, considérant que dans les capitales et les villes ayant une population nombreuse, sédentaire ou flottante, les conditions de la vie diffèrent sensiblement de celles des autres localités de l'Empire, a étudié à part, au point de vue des maisons, vingt villes, au nombre desquelles figurent Pétersbourg et Moscou : de ces vingt villes, douze ont une population supérieure à 100.000 habitants, et six une population moindre (1).

Au Caucase, en Sibérie et dans l'Asie centrale, l'immense majorité des maisons paye un loyer qui varie de 120 à

---

(1) Varsovie (450.000 habitants) ; Vilna (102.000) ; Kazan (133.000) ; Kichinew (120.000) ; Kiew (170.000) ; Lodz (113.000) ; Odessa (270.000) ; Riga (175.000) ; Saratow (123.000) ; Tachkent (121.000) ; Tiflis (105.000) ; Kharkow (188.000) ; Cronstadt (42.000) ; Nijni-Novgorod (66.000) ; Nicolaiew (67.000) ; Réval (51.000) ; Rostow-sur-Don (61.000) ; Taganrog (56.000).

360 roubles (1); le chiffre des maisons ayant un loyer au-dessus de 400 roubles est dans chacune de ces régions très minime, soit au Caucase 4 maisons; en Sibérie, 6; dans l'Asie centrale, 2, payant de 481 à 600 roubles; au Caucase, 3; en Sibérie, 2; dans l'Asie centrale, 2, payant de 600 à 720 roubles. Au-dessus de 800 roubles, il n'existe plus que seize maisons réparties dans le Caucase et en Sibérie : soit au Caucase, 3; en Sibérie, 2, payant de 1.200 à 1.500 roubles; 3 en Sibérie, payant de 1.500 à 1.800 roubles; enfin 1 en Sibérie, payant 2.400 roubles et ayant onze pensionnaires. Dans l'Asie centrale, il existe toutefois une maison payant 840 roubles de loyer et contenant 28 femmes. Les gouvernements de la Vistule n'ont que des maisons à loyer relativement peu élevé; les maisons les plus aisées (3, hébergeant 16 femmes) paient un loyer de 361 à 480 roubles; les autres (16) ne paient que de 120 à 240 roubles. Dans les 50 gouvernements de la Russie d'Europe 235 maisons paient un loyer qui varie de 120 à 360 roubles; 67, un loyer de 400 à 600 roubles; 23, un loyer de 600 à 1.080 roubles; 9, un loyer de 1.080 à 1.800 roubles.

Dans les vingt villes étudiées à part, il existe un total de 422 maisons publiques (plus d'un tiers des tolérances de tout l'Empire). Ici, 17 tenancières sont propriétaires de l'immeuble. Toute la gamme des prix de loyer s'y rencontre jusqu'à 6.000 roubles et au-dessus : il n'existe pas toutefois de maisons à 120 roubles. Sur les 422 maisons urbaines, 133 ont un loyer de 240 à 600 roubles; les 289 autres se subdivisent ainsi : 79 paient de 600 à 1.080 roubles de location, 123 de 1.080 à 2.100, 36 de 2.100 à 3.000, 3 de 3.000 à 3.600, 4 de 3.600 à 4.200, 3 de 4.800 à 5.400, 1 de 5.400 à 6.000, 3 de 6.000 à 6.600, loyer maximum.

Si l'on considère la prostitution cloîtrée dans tout l'Empire, on voit que le loyer annuel du plus grand nombre de

_____

(1) Le rouble vaut de deux francs cinquante centimes à trois francs selon le cours; cent copecs valent un rouble; le copec vaut donc environ deux centimes et demi.

ces établissements, 146, monte à 240 roubles ; 145 maisons viennent ensuite avec un loyer de 360 roubles, puis 126 maisons à 120 roubles. Ces petits établissements forment près de 42 0/0 du total général des maisons publiques sur lesquelles le Comité a obtenu des renseignements : 140 maisons habitées par 931 pensionnaires n'ont point fait de réponse.

Le Comité de statistique a recherché ensuite, — sans y insister d'ailleurs plus de quelques lignes, — quel rapport il existait entre le prix du loyer d'une maison publique et le nombre des femmes qui y sont internées. Un rapide examen nous montre que le nombre des pensionnaires croît en raison de l'élévation du loyer. Sur 895 maisons, 586 payant un loyer au-dessus de 600 roubles sont habitées par 2.867 pensionnaires, soit une moyenne de 4 femmes par maison ; 117 maisons ayant un loyer de 600 à 1.080 roubles ont 1.067 femmes, soit 9 femmes par maison ; 123 maisons ayant un loyer de 1.080 à 1.800 roubles ont 1.239 femmes, soit 10 femmes par maison ; 38 maisons ayant un loyer de 1.800 à 2.400 roubles ont une population de 440 femmes, soit de 11 à 12 pensionnaires par unité ; 20 maisons ayant un loyer de 2.400 à 3.600 roubles ont une population de 253 femmes, soit 12 par unité ; 7 maisons ayant un loyer de 3.600 à 5.400 roubles ont une population de 107 femmes, soit 15 femmes par unité ; enfin, 4 maisons payant de 5.400 à 6.600 roubles ont une population de 81 pensionnaires, soit 20 femmes par maison publique. -- Ainsi 586 maisons payant un loyer au-dessous de 600 roubles ont une population de 2.867 femmes, et 309 maisons payant un loyer de 600 à 6.600 roubles ont une population de 3.134 femmes, c'est-à-dire que les 309 maisons à loyer plus élevé qui, peuplées avec la même faible densité que les maisons à bas loyer, devraient avoir une population générale d'environ 1.236 femmes (4 par maison), ont une population plus élevée de 1.898 femmes, soit près des deux tiers en plus. Bien mieux, pour atteindre le chiffre de 2.695 pensionnaires, il suffit de grouper les

FIAUX.   7

maisons riches payant un loyer de 840 à 6.600 roubles, soit 254 maisons : rapproché du chiffre des maisons à bas loyer, 586, qui ont une population de 2.867 femmes, ce dernier nombre est encore plus significatif. Si l'on considère que les maisons à bas loyer sont précisément celles qui sont destinées, dans la pensée des organisateurs de la maison publique en tant qu'institution d'hygiène, à garantir la santé publique dans les couches populaires, on confessera que grâce précisément à ce nombre restreint de malheureuses ouvrières et au surcroît de travail imposé par l'affluence des hommes en quête d'établissements à bon marché, les chances de contagion se trouvent au contraire ainsi multipliées, et l'objet de la fondation médiocrement atteint. Quelles autres observations n'y aurait-il point à faire sur la condition misérable des femmes de cette catégorie de maisons à bas loyer, la plus nombreuse!

Les conséquences hygiéniques que nous venons d'indiquer (et sur lesquelles le Comité a gardé le silence) sont confirmées par les statistiques établies au cours de l'enquête « sur la rétribution exigée des visiteurs, » sur le prix de la passe, comme dit moins élégamment notre langue policière.

Le Comité avait dans son questionnaire demandé des indications non seulement sur le prix « d'une visite », mais sur le prix « d'une nuit » (un coucher) et sur le prix « de la sortie de la prostituée s'éloignant temporairement de la maison », *alias*, moins académiquement encore, sur le prix de la location de la femme pour « parties de ville et de campagne ».

Les renseignements généraux portant sur un total de 982 maisons habitées par 6.908 femmes (ils manquent pour 44 maisons avec 143 pensionnaires) font voir que le prix d'une passe varie de 10 copecs à 5 roubles. Dans tout l'Empire la grande majorité des maisons a un tarif : 1° de 50 copecs, 2° d'un rouble. La première catégorie comprend 406 maisons (36.1 0/0) avec 2.619 femmes (35.3 0/0) ; la seconde 389 maisons (35.5 0/0) avec 2.773 prostituées (36.0 0/0). Ces

deux classes de maisons forment avec leur effectif plus de
71 0/0 du nombre total des établissements sur lesquels le
Comité a reçu des indications. Dans les gouvernements de
la Vistule, le prix de la passe n'excède pas un rouble ; au
Caucase deux roubles ; dans les cinquante gouvernements
de la Russie d'Europe, la Sibérie et l'Asie centrale, il
n'excède pas trois roubles. Le chiffre de 4 et 5 roubles est
exclusivement atteint dans les capitales.

Que si l'on divise les maisons de tolérance, afin de se
rendre compte des différences de leur peuplement selon le
prix de la passe, en maisons prélevant un rouble et moins
par visite et en maisons avec tarif supérieur à un rouble,
nous voyons que partout la classe des maisons à bon
marché est la plus nombreuse et en même temps la moins
peuplée (1). La conclusion est assez intéressante pour être
mise en évidence dans un tableau résumé :

	Chiffre des maisons.	Nombre des pension.	Classes 1° de 10 C. à 1 R. 2° de 1 R. à 5 R.	Nombre d. pensionnaires par classe.	Nombre proportion. d. pension. p. 1 maison.
Dans tout l'Empire.	1.120	7.697	1ᵉ cl. 999 (89.1 0/0)	6.549 (85.1 0/0)	6.5
			2ᵉ — 121 (10.9)	1.148 (14.9)	9.4
Dans 20 villes. . .	421	3.751	1ᵉ — 350 (83.3)	2.989 (79.6)	8.4
			2ᵉ — 71 (16.7)	762 (20.4)	10.7
Dans les gouv. de la			1ᵉ — 444 (96.5)	2.504 (94.7)	5 6
Russie d'Europe .	460	2.645	2ᵉ — 16 (3.5)	141 (5.3)	8.8
Dans le gouv. de la			1ᵉ — 28	129	4.6
Vistule.	28	129	2ᵉ — —	—	—
Au Caucase	66	461	1ᵉ — 62 (93.9)	429 (93.0)	7.1
			2ᵉ — 4 (6.1)	32 (7.0)	8.0
En Sibérie.	85	457	1ᵉ — 56 (65.8)	247 (54.0)	4.4
			2ᵉ — 29 (34.2)	210 (46.0)	7.2
Dans l'Asie centrale.	60	254	1ᵉ — 59 (98.3)	251 (98.9)	4.2
			2° — 1 (1.7)	3 (1.1)	3.0

(1) Dans l'Asie centrale seulement, les maisons les plus chères
se trouvent, comme on voit, les moins peuplées, bien que l'écart
soit minime, 0.8. En prenant une autre base de calcul, nous arrivons au même résultat, relativement au peuplement moins élevé
dans les maisons à bon marché : 76 maisons avec tarif de 3 à
5 roubles ont 623 femmes, soit une moyenne de 8 à 9 ; 888 maisons
avec tarif de 50 copecs à 2 roubles ont 6.160 femmes, soit une
moyenne de 6 à 7 ; 200 maisons avec tarifs de 10 à 40 copecs ont
1.157 femmes, soit une moyenne de 4 à 5 femmes par maison.

Au point de vue sociologique particulier qui nous occupe (autrement les chiffres réunis ne sont plus qu'une curiosité plus ou moins vaine) la répartition des maisons de tolérance, toujours d'après leur peuplement, selon le tarif d'une nuit, présente moins d'intérêt : la location d'une femme pour la nuit, en effet, est déjà un élément d'information populaire moins suggestif parce qu'il représente plus la débauche que le simple besoin physiologique. Les renseignements numériques n'en confirment pas moins les données précédentes, à savoir que les maisons riches sont les plus peuplées parce que la clientèle y exige plus de choix dans le personnel, au demeurant plus de luxe. Deux ou trois chiffres bien caractéristiques édifieront : 19 maisons, au tarif de 50 copecs le coucher, ont 88 pensionnaires, et 20 maisons, au tarif de 10 roubles pour le même coucher, ont 282 pensionnaires ; 18 maisons, au tarif de 75 copecs, ont 86 pensionnaires, et 17 maisons, au tarif de 6 roubles, ont 154 pensionnaires. Une maison dont le tarif du coucher est de 15 roubles est indiquée comme ayant 10 pensionnaires. Il est superflu d'insister au point de vue de la démonstration hygiénique indispensable à faire ici.

Comme renseignements complémentaires et n'ayant plus de valeur qu'au point de vue des budgets privés vénériens consentis par la clientèle des tolérances russes, ajoutons que le prix d'un coucher varie entre 50 copecs et 15 roubles, ce qui montre que la location d'une pensionnaire à la nuit est triple du prix de la passe. Les maisons qui font le plus de couchers sont les maisons de 1 à 3 roubles, les maisons pauvres étant celles qui en font le moins. Au point de vue topographique, le tarif à la nuit le moins élevé se rapporte aux gouvernements de la Vistule et n'excède pas 4 roubles ; le maximum atteint 7 roubles dans les gouvernements de la Russie d'Europe, au Caucase 5 roubles, en Sibérie et dans l'Asie centrale 8. Dans les grandes villes le tarif à la nuit monte naturellement au chiffre le plus élevé, 10 et 15 roubles.

Les renseignements recueillis sur le nombre des mai-

sons de tolérance relativement au prix payé pour les
« sorties temporaires » des femmes sont très incomplets :
ils font défaut pour 807 maisons (70 0/0) et pour 4.871 pensionnaires (62 0/0). Il serait donc aventureux de continuer
ici à tirer des déductions. Pour les 357 maisons connues, ce
sont toutefois les maisons où la sortie de la femme se paie
2 et 3 roubles qui sont les plus nombreuses, et ce sont
les maisons où le prix de la sortie est le plus élevé, de 5 à
10 et 25 roubles, qui possèdent la population d'ouvrières la
plus élevée.

Il est un élément sociologique du plus sérieux intérêt
que le Comité de statistique a malheureusement omis et
qui aurait jeté une vive lumière, tant sur la vie vénérienne
des femmes de maisons que sur la physiologie sexuelle des
diverses couches des populations de l'Empire : c'est la
répartition des maisons classées d'après le *nombre des
entrées des visiteurs* : ce chiffre, rapproché de leur population et de leur tarif d'entrée, aurait permis des réflexions
de bonne portée. C'est peut-être pour cette trop évidente
raison que le Comité s'est abstenu de faire figurer ce renseignement dans son questionnaire. A notre connaissance,
il n'existe aucun document officiel publié sur ce point
par les polices de l'Europe : leur établissement serait
cependant très facile puisque partout les tenancières tiennent un état quotidien des visiteurs soit pour régler avec
leurs femmes ou tout au moins les renseigner lors de
l'engagement sur les exigences, soit pour fixer la valeur
du « fonds de commerce » quand elles le vendent.

I I I

*Les proxénètes officielles. — Leur confession religieuse ;
ethnographie ; âge ; extraction, etc.*

Les renseignements sur les proxénètes officielles concernent leur confession religieuse, leur ethnographie, leur âge, leur état civil et leur classe sociale : une lacune nous laisse ignorer leur recrutement spécial, c'est-à-dire combien sortent de la catégorie même des prostituées inscrites et combien deviennent « matrones » d'emblée. Une indication relevée plus haut nous a appris, relativement à leur état de fortune, que 129 d'entre elles exerçaient leur commerce dans des immeubles dont elles étaient propriétaires. La majorité des tenancières (57.1 0/0) appartient à la confession orthodoxe ; puis viennent les Israélites (24.9), les Protestantes (6.6), les Musulmanes (4.9), les Catholiques Romaines (2.8), les Païennes (2.1) (1), les Arméniennes-Grégoriennes (1.2), et les Dissidentes (0.4).

Les tenancières orthodoxes se rencontrent dans tous les gouvernements de la Russie d'Europe et de la Sibérie, dans 9 (sur 12) gouvernements et provinces du Caucase et 5 (sur 9) provinces de l'Asie centrale. Dans les pays de la Vistule, on ne constate qu'une seule matrone orthodoxe, dans le gouvernement de Souwalky. Les dissidentes ne sont rencontrées que dans trois gouvernements de la Russie d'Europe : ce sont les moins nombreuses de toutes. Les Catholiques Romaines et les Protestantes sont signa-

---

(1) Le terme *païen* employé en Russie désigne la partie de la population qui n'est ni chrétienne, ni israélite, ni mahométane. Ce sont des chamamistes, des fétichistes, des adonnés à la sorcellerie. Certaines statistiques russes rangent aussi sous ce nom les bouddhistes. Dans la Russie d'Europe on évalue ces païens à 30.000. En Sibérie, ils sont beaucoup plus nombreux : Youkaghirs, Kamtchadals, Tougouses, etc. (V. les *Re igions actuelles*, par Julien Vinson, p. 483.)

lées dans 16 gouvernements de la Russie d'Europe et de la Vistule : elles font complètement défaut au Caucase, en Sibérie et dans l'Asie centrale. Les Musulmanes tiennent des maisons publiques dans trois gouvernements de la Russie d'Europe, deux gouvernements du Caucase et trois provinces de l'Asie centrale. Les tenancières païennes tiennent des maisons dans deux provinces de la Sibérie et dans la province de Sarmacande (Asie centrale). Les tenancières israélites habitent 46 gouvernements et se rencontrent dans tous les groupes ; dans quelques provinces elles sont en majorité, comme l'indique le tableau suivant :

	Gouvernements.	0/0 DES TENANCIÈRES			
		Orthodoxes.	Catholiq. romaines.	Protestantes.	Israélites.
		—	—	—	—
Russie méridionale.	Bessarabie	21.1	—.	—	78.9 0/0
	Tauride.	8.3	—	—	91.7
	Kherson	16.7	—	—	83.3
Russie occidentale.	Vilna	—	7.7	—	92.3
	Vitebsk.	21.1	5.3	10.5	63 1
	Volhynie	16 7	—	—	83.3
	Grodno.	11.1	5.6	—	83.3
	Kovno.	5 6	5.6	11.1	77.7
	Minsk	36.3	—	—	63.7
	Podolie	27.3	—	—	72 7
Gouvernements de la Vistule.	Varsovie	—	15.8	—	84.2
	Lublin	—	—	—	100.0
	Kélets.	—	—	—	100.0
	Petrokow.	—	—	—	100 0
	Plotsk.	—	50.0	—	50.0
	Radom	—	—	—	100.0
	Souwalky	16 6	16.7	16.7	50.0
	Sedletz	—	—	—	100.0
Caucase.	Arrond. de la Mer Noire.	50.0	—	—	50.0
	Erivan	33 3	—	—	66 7
Sibérie occidentale. Tomsk		39.3	—	—	60.7

A Moscou les tenancières israélites sont dans la propor-tion de 4.8 0/0, à Pétersbourg de 20.6, à Kazan de 30.4.

La population de l'Empire russe présentant une grande variété au point de vue ethnographique, les tenancières appartiennent également à des nationalités très diverses. Trois nationalités fournissent les quatre cinquièmes de la totalité des matrones : ce sont les nationalités russe, 53.1 0/0, israélite 27.6, allemande 6.5 : soit 87.2 0/0 du total. Cette proportion coïncide avec celle qui vient d'être établie pour les confessions religieuses. Les 12.8 restant se partagent entre les 17 autres nationalités, les Polonaises, Sarthes, Tartares, Japonaises, Tadjiques, Géorgiennes étant les plus nombreuses parmi ces nationalités. Après viennent les Arméniennes, Esthoniennes, Imérétiennes, Lettes, Grecques, Françaises (0.2 0/0), Lithuaniennes, Bohémiennes, Finlandaises, Zyrianes, Usbèques. Nos compatriotes occupent donc le 15e rang dans cette nomenclature ; elles exercent toutes dans les gouvernements de la Russie d'Europe.

Que si nous faisons la répartition des tenancières d'après leur nationalité par groupes de gouvernements, nous voyons que les proxénètes officielles des gouvernements de la Russie d'Europe appartiennent à douze nationalités : c'est là que se trouve l'effectif d'origine la plus variée : soit les nationalités russe, juive, allemande, polonaise, tatare, esthonienne, lette, grecque, française, lithuanienne, finlandaise, zyriane. Après, au point de vue de la variété, vient le Caucase où les tenancières sont russes, juives, polonaises, tatares, géorgiennes, arméniennes, imérétiennes et bohémiennes. Dans les gouvernements de la Vistule, elles sont russes, allemandes et surtout polonaises et juives ; en Sibérie, russes, juives et surtout japonaises ; enfin, dans l'Asie centrale, russes et juives, mais surtout sarthes, japonaises, tatares et usbèques. Les proxénètes russes et juives, en majorité dans les gouvernements d'Europe, sont répandues, comme on voit, dans l'Empire tout entier.

On sait l'importance que notre administration française attache aux qualités physiques de nos tenancières : elle ne recherche pas seulement les aptitudes morales dans ce personnel auxiliaire, elle veut des allures imposantes, un port attestant l'énergie et la force, une voix de commandement et d'autorité, enfin un âge de raison et d'expérience. Le Comité russe ne nous dit pas si la réglementation en cours dans l'Empire pose également des conditions de ce genre pour l'exercice du proxénétisme en maison, cependant il a fait établir un état des matrones par âge. De ce chef il a établi *quatre* catégories qui donnent les proportions suivantes :

Age des tenancières.		Catégories.	0/0 des tenancières.
Moins de 20 ans. . . .	0.4	} jeunes	3.0
Ayant de 20 à 25 ans. .	2.6		
— de 25 à 30 — . .	9.1		
— de 30 à 35 — . .	20.3	} d'un âge mûr. . . .	57.0
— de 35 à 40 — . .	27.6		
— de 40 à 45 — . .	16.4	} au-dessus de l'âge mur.	29.5
— de 45 à 50 — . .	13.1		
— de 50 à 55 — . .	6.3	} vieilles.	10.5
— 55 ans et plus. .	4.2		

Les matrones qui n'ont point atteint leur majorité civile sont donc en quantité négligeable, et le maximum de ces praticiennes est fourni par la catégorie de celles qui ont atteint l'âge mûr.

L'état civil de mariage ne constitue point un vice redhibitoire : les matrones mariées constituent près des deux tiers de l'effectif :

État civil.	0/0 des tenancières.
Filles.	17.0
Mariées.	57.5
Veuves	20.1
Divorcées	5.4
	100.0

Enfin, le Comité relève avec une satisfaction visible les résultats de l'enquête au point de vue de l'origine sociale des proxénètes mis en lumière par le tableau ci-dessous :

Classes sociales.	0/0 des tenancières.
Nobles et filles d'employés	3.1
Filles de membres du clergé.	—
Marchandes et bourgeoises honoraires. . . .	1.8
Bourgeoises.	47.5
Paysannes	20.5
Femmes de soldats	19.0
Sujettes étrangères	3.5
Autres classes.	4.6
	100.0

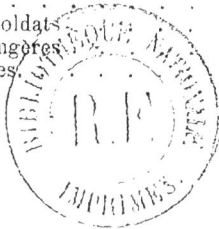

Les bourgeoises, paysannes et femmes de soldats composent ainsi 87 0/0, soit plus des quatre cinquièmes du total. « Il résulte de ces données, conclut le Comité, que les matrones des maisons de tolérance appartiennent en grande majorité aux classes inférieures de la société. »

IV

Les femmes soumises à la police des mœurs. — Leur confession religieuse. Leur ethnographie. — Rapport du nombre des prostituées exerçant dans leur pays d'origine à l'effectif total des prostituées de l'Empire. — Que quatre nationalités dominent dans cet effectif total : les Russes, Polonaises, Juives, Allemandes. — Leur âge : intérêt de cette donnée rapprochée de la classe sociale des femmes, de leur degré d'instruction, de la date de leur initiation à la vie sexuelle, etc. — Répartition des femmes d'après leur âge, en maison et en carte; id. dans les divers gouvernements. — Que les jeunes filles et les jeunes femmes de 15 à 25 ans constituent l'immense majorité du personnel des femmes inscrites.

Le classement des femmes inscrites par la police a été établi dans sa première partie sous les mêmes rubriques que celui des tenancières, confession religieuse, nationalité, âge, etc.; puis viennent des indications spéciales à la condition même de la prostituée et plus susceptibles d'en éclairer la physiologie et la psychologie particulières.

Au point de vue de la confession religieuse, les prostituées orthodoxes figurent le nombre le plus élevé, dans tout l'Empire, 67 0/0, aussi bien dans les gouvernements de la Russie d'Europe (78.3 0/0) qu'en Sibérie (80.0 0/0) et dans le Caucase (84.6). Au Caucase plus du vingtième des femmes inscrites appartiennent à la confession arménienne-grégorienne. Dans les gouvernements de la Vistule (Pologne) elles sont en grande majorité (75.7) catholiques romaines et israélites (16.00). Dans l'Asie centrale, les mahométanes sont en majorité. Notons qu'il se trouve des musulmanes et des protestantes dans tous les pays de l'Empire, en Asie, au Caucase, comme dans les gouvernements d'Europe.

Au point de vue de l'ethnographie, l'effectif total des femmes inscrites (17.603) se recrute dans 46 nationalités. Aux nationalités indigènes, il faut joindre, en dehors des allemandes, les femmes appartenant aux nationalités étrangères suivantes : les japonaises, moldaves, suédoises, hongroises, arabes, grecques, bohémiennes, tchèques, roumaines, persanes, bulgares, serbes, turques, danoises, suissesses, italiennes, espagnoles et françaises, enfin les négresses. Les nationalités les plus variées se rencontrent dans la Russie d'Europe : il n'y a guère que les Sarthes, les Tatares, les Japonaises, les Tadjiques, les Imérétiennes, les Arabes, les Lesghiennes, les Kalmoukes, les Ossètes, les Persanes, les Kurdes, les Yakoutes qui ne s'y trouvent pas ; mais on y rencontre des Samoïèdes et les femmes de couleur (ces dernières surtout isolées). Dans les gouvernements de la Vistule (Pologne) le personnel des prostituées est à peu près exclusivement constitué par les Russes, les Polonaises et les Israélites, puis par les Allemandes, les Bohémiennes et les Françaises. Au Caucase, les nationalités sont, comme dans la Russie d'Europe, très variées ; il en existe 23. Outre les Russes, les Polonaises, les Israélites et les Allemandes, nous relevons les Tatares, les Géorgiennes, les Arméniennes, les Suédoises, les Imérétiennes, les Lesghiennes, les Grecques, les Bohémiennes, les Mingréliennes, les Ossètes, les Persanes, les Bulgares, les Kurdes, les Serbes, les Abkhases : les femmes de l'Europe occidentale ne sont représentées que par les Suissesses (ces dernières surtout en maison). En Sibérie, il n'existe plus que 11 nationalités qui (outre les quatre nationalités constantes dans tout l'Empire, Russes et Polonaises,

Juives et Allemandes) sont les Lettes, Tatares, Japonaises, Bohémiennes, Kalmoukes, Kirghizes, et Yakoutes. Dans .'Asie centrale — outre les quatre nationalités de fondation — on trouve des femmes Kurdes, Persanes, Kirghizes et Kalmoukes, Arabes, Tadjiques, Arméniennes, Géorgiennes, Usbèques et Tatares. Il eût été intéressant de connaître les chiffres *absolus* se rapportant à chacune de ces nationalités pour chacun de ces gouvernements : on eût pu se rendre compte ainsi du nombre de celles qui exercent la prostitution dans leur pays d'origine, appartiennent en un mot à la nationalité locale, et du nombre de celles qui, plus ou moins volontairement, changent de région pour se prostituer ou sont réduites à le faire grâce aux vicissitudes d'une vie non sédentaire. Le Comité n'a donné comme indication sur cette importante question que des chiffres *proportionnels* qu'il a d'ailleurs placés non dans l'étude concernant les femmes elles-mêmes mais au chapitre concernant la répartition territoriale des maisons publiques (1) ; le lecteur devra donc s'en contenter.

Ce premier tableau indique (pour tout l'Empire et chaque groupe de gouvernements) la proportion des femmes pratiquant la prostitution : 1° dans leur pays d'origine ; 2° dans d'autres gouvernements ; 3° la proportion des étrangères :

	FEMMES PRATIQUANT LA PROSTITUTION.		
	Dans leurs gouv. d'origine.	Dans d'autres gouvernements.	Etrangères.
Dans tout l'Empire. .	50.5 0/0	46.4	3.1 0/0
Dans les 50 gouv. de la Russie d'Europe .	51.0	46.5	2.5
Dans les gouv. de la Vistule.	59.9	36.8	3.3
Au Caucase.. . . .	29.5	69.5	1.0
En Sibérie.	53.4	28.7	17.9
En Asie centrale. . .	42.0	57.9	0.1

On voit donc que dans tout l'Empire, comme dans les gouvernements de la Russie d'Europe, de la Vistule et en

_____

(1) P. 8 et 9. *Rapp. d'enquête.*

Sibérie, le nombre des femmes habitant leur pays d'origine représente plus de la moitié de l'effectif total des prostituées. C'est dans les gouvernements de la Vistule qu'elles sont relativement les plus nombreuses, 59 0/0, puis en Sibérie, 53.4 0/0. Le nombre le moins élevé se rapporte au Caucase 29.5 0/0. La plus forte proportion d'étrangères se trouve en Sibérie, Japonaises, Allemandes, Bohémiennes, Israélites (17.9 0/0), puis dans les gouvernements de la Vistule, Françaises, Bohémiennes, Allemandes, Israélites (3.3 0/0). Dans l'Asie centrale, en dehors des Allemandes et des Juives, l'élément étranger est surtout représenté par les Persanes (ces dernières surtout en maison), mais sa proportion est très faible, 0.1 0/0. Ces rapports entre les femmes exerçant dans leur pays d'origine, dans d'autres gouvernements et les étrangères varient considérablement si l'on les classifie dans ce second tableau, d'après la catégorie d'exercice, en carte et en tolérance :

FEMMES PRATIQUANT LA PROSTITUTION.

	EN MAISON.			EN CARTE.		
	Dans leurs gouvern. d'origine.	Dans d'autres gouv.	Étrang.	Dans leurs gouvern. d'origine.	Dans d'autres gouv.	Étrang.
Dans tout l'Empire . . .	17.1	25.4	2 0	33 4	21.1	1.0 0/0
Dans les gouv. d'Europe.	19.2	26.5	1.6	31.9	19.9	0.9
Dans les gouvernements de la Vistule.	5 2	9.2	0.6	54.7	27.5	2.8
Au Caucase.	10.8	46.6	0.6	18.7	22.9	0.4
En Sibérie.	24 7	18.5	0.6	28.7	10.2	0.0
Dans l'Asie centrale. . .	15.4	26.9	17.9	26.9	30.7	0.1

Dans toutes les parties de l'Empire, excepté la Sibérie, on rencontre donc dans les maisons publiques des femmes venant pour la plupart d'autres gouvernements ; au contraire, les femmes en carte habitant leur pays d'origine sont en majorité partout, sauf au Caucase et dans l'Asie centrale. On peut également constater que partout, excepté dans les gouvernements de la Vistule et dans l'Asie centrale, les prostituées étrangères sont surtout dans les maisons publiques : les prostituées françaises sont fréquemment en maison dans la Pologne (1). Les étrangères sont,

(1) *Rapp. d'enquête*, p. 24-25.

au contraire, presque exclusivement dans les maisons publiques en Sibérie.

S'attachant plus particulièrement aux quatre nationalités qui sont les plus nombreuses et qu'on retrouve partout, les Russes, Polonaises, Juives et Allemandes, la commission d'enquête montre également que le rapport diffère entre les femmes en maison et les femmes en carte. Ainsi les Russes dominent parmi les filles en carte dans les gouvernements de la Russie d'Europe, de la Vistule et dans l'Asie centrale; elles dominent parmi les filles de tolérance au Caucase et en Sibérie. Les Polonaises en carte sont en majorité dans les gouvernements de la Vistule et en Sibérie; en maisons les femmes de cette nationalité sont les plus nombreuses dans les gouvernements de la Russie d'Europe et au Caucase; dans l'Asie centrale, il n'existe pas une seule Polonaise en carte. Les Juives en maisons, sont représentées par le chiffre le plus élevé dans les gouvernements de la Russie d'Europe, au Caucase et en Sibérie; dans les gouvernements de la Vistule, les Juives en carte sont en plus grand nombre, et dans l'Asie centrale les deux catégories fournissent des chiffres égaux. Quant aux prostituées allemandes en maisons, leur proportion est la plus forte dans les gouvernements de la Russie d'Europe et au Caucase; en carte les femmes de cette nationalité sont en majorité dans les gouvernements de la Vistule, en Sibérie et dans l'Asie centrale; dans l'Asie centrale il n'existe toutefois pas de femmes allemandes en tolérance.

L'étude des femmes soumises à la police des mœurs présente, au point de vue de l'âge, un intérêt social capital, si on la fait suivre, comme l'a du reste fait d'une façon originale et neuve le Comité de statistique, de données sur la classe sociale, l'instruction, la date de l'initiation à la vie sexuelle, etc.

Sur le chiffre global de 17.603 inscrites, il existe 69.9 0/0 de femmes jeunes, c'est-à-dire, d'après la classification même du Comité, ayant 25 ans et moins; les prostituées de maisons de cette catégorie forment 80.7 0/0 et celles en carte

61.3 0/0. Les jeunes femmes en carte sont donc un quart
environ moins nombreuses (19.4 0/0) que leurs congénères
internées en tolérance. Le Comité n'a malheureusement
point approfondi cette question des jeunes prostituées, que
nous appelons en France la question des *mineures* : ici des
chiffres absolus eussent été précieux ; il se contente de
donner quelques chiffres proportionnels sous lesquels se
cachent évidemment des faits très suggestifs. C'est ainsi
que nous voyons qu'il existe des prostituées inscrites de
moins de quinze ans — ailleurs qu'en Asie :

AGE	TOTAL PROPORTIONNEL 0/0		
des jeunes filles.	inscrites.	en maison.	en carte.
15 ans et au-dessous .	0.3	0.2	0.3
de 15 à 16 ans	1.3	1.3	1.4
16 à 17 ans	3.5	4.4	2.8
17 à 18 ans	6.9 〉69.9	8.7 〉80.7	5.4 〉61.3
18 à 19 ans	8.8	11.3	6.8
19 à 20 ans	10.8	13.1	9.1
20 à 25 ans	38.3	47.7	35.5

Les prostituées d'un « âge mûr, soit de 25 à 40 ans, représentent 28.8 0/0 du total général ; 19.2 vivent dans les
maisons publiques et 36.6 0/0 en carte ; ainsi à l'encontre
des jeunes filles, les femmes mûres sont près de deux fois
plus nombreuses à l'état de demi-liberté qu'en tolérance.

Les prostituées au-dessus de l'âge mûr, « âge moyen »,
de 40 à 50 ans, et les « vieilles » au-dessus de 50 ans sont
en nombre insignifiant. Ici le Comité donne les chiffres
absolus : on en compte en tout 214 ou 1.3 0/0 ; les filles en
carte forment un total de 207 ou 2.1 0/0. Les maisons de
tolérance de l'Empire entier n'en renferment que 0.1 0/0 —
soit 7 ! — exclusivement internées dans les établissements
de la Russie d'Europe et de l'Asie centrale, et ne dépassant
point toutefois la cinquantaine.

Il résulte donc de ces données numériques que l'édifice
prostitutionnel repose presque en entier sur les jeunes filles
et jeunes femmes de 15 à 25 ans cantonnées dans les maisons publiques. Le Comité explique d'un mot cette situa-

tion par l'inexpérience et le manque de ressources de cette catégorie de femmes, par l'expérience nécessaire plus grande pour mener la vie d'isolée qu'il considère comme « des plus précaires », enfin par « l'âpreté au gain des matrones » ; il nous paraît qu'il eût été complet en ajoutant — la latitude donnée administrativement au libre exercice du proxénétisme patenté.

La répartition des femmes inscrites d'après leur âge dans les divers gouvernements donne les résultats suivants. En rapport avec les indications numériques immédiatement ci-dessus, les jeunes filles en maison sont en immense majorité dans les tolérances de la Russie d'Europe (80.2 0/0 des prostituées), du Caucase (84.0), de la Sibérie (86.5), des gouvernements de la Vistule (88.1, *chiffre maximum* de toutes les répartitions en tolérance et en carte pour tous les gouvernements de l'Empire). La plus faible proportion des inscrites jeunes se rapporte — contrairement aux prévisions — aux provinces de l'Asie centrale, où les maisons en renferment 70.2 0/0, tandis que les filles en carte représentent 52 0/0. Les filles jeunes en carte atteignent également la proportion la plus élevée dans la Vistule, 60.5 0/0, au Caucase 62.4, dans la Russie d'Europe 62.9. en Sibérie 74.4. — Le nombre proportionnel des prostituées d'âge mûr (25 à 40 ans) descend de moitié et même des deux tiers, rapporté aux chiffres relatifs aux jeunes filles soumises. C'est dans les provinces de l'Asie centrale que l'on constate le nombre le plus élevé des femmes de cette catégorie, soit 29.5 pour celles des tolérances et 45.6 pour les isolées. Pour les femmes en carte et en maison dans les autres pays, les nombres proportionnels se répartissent comme il suit : dans la Russie d'Europe, en maison 19.7, en carte 35.4 ; dans la Vistule, 11.9 et 35.5 ; au Caucase, 16.0 et 35.7 ; en Sibérie 13.5 et 22.6. — Les prostituées de 40 à 50 ans en maison sont en nombre insignifiant, nous l'avons vu. En carte, elles sont partout en chiffres très restreints ; dans la Russie d'Europe, au Caucase, en Asie centrale, la proportion est 1.6 0/0 ; dans la Vistule, elle monte à 3.8 et en Sibérie à 2.7 0/0. — Passé cinquante ans les prostituées sont toutes en carte : dans tous les pays de l'Empire la classe des isolées en compte. C'est même en Asie qu'on en trouve la proportion la plus élevée, 0.4 0/0.

V

Les filles soumises à la police des mœurs (suite). — Que les milieux paysan, bourgeois et militaire (soldats) fournissent presque exclusivement en Russie les filles soumises. — Situation de fortune familiale des filles avant leur inscription. — État civil des filles soumises. — De leur maternité; statistiques. — Discussion relative à leur mortalité. — De la famille des filles soumises; orphelines, etc. — De leur degré d'instruction. — De leur profession et métier avant l'inscription.

Nous avons souligné la satisfaction notable avec laquelle le Comité montrait que « les matrones des maisons de tolérance appartenaient en grande majorité aux classes inférieures de la société », c'est-à-dire étaient bourgeoises, marchandes, paysannes et femmes de soldats. C'est avec la même satisfaction que le même Comité peut considérer le recrutement même des femmes inscrites qui en grande masse appartiennent également « à ces classes inférieures ». Le tableau succinct ci-dessous (dans lequel nous ferons figurer pour rapprochement utile les tenancières) montre que le principal contingent des femmes inscrites est fourni par les paysannes, les bourgeoises et les filles de soldats qui ensemble forment plus des neuf dixièmes de l'effectif du personnel total.

CLASSES SOCIALES.	0/0 des MATRONES	0/0 des FEMMES INSCRITES		
		en maison.	en carte.	total.
Paysannes.	20.5	48.2	48.3	47.5
Bourgeoises	47.5	37.3	35.4	36.3
Femmes et filles de soldats .	19.0	5.1	8.4	7.2
Autres classes	4.6	3.9	4.9	4.7
Sujettes étrangères. . . .	3.5	2.7	0.4	1.5
Nobles et filles d'employés .	3.1	1.8	1.8	1.8
Marchandes et bourgeoises notables	1.8	0.5	0.4	0.5
Filles de membres du clergé.	0.0	0.5	0.4	0.5

On voit d'abord que les filles des membres du clergé, qui ne fournissent aucun contingent au corps des matrones, figurent parmi les prostituées; un article du même règlement qui les accepte sur les registres d'inscription leur refuse-t-il l'octroi de la tolérance ? Il apparaît ensuite qu'il faut un certain degré de culture pour devenir maîtresse de tolérance puisque à elles seules les bourgeoises jointes aux « bourgeoises notables », aux filles de nobles et d'employés, fournissent 52.4 0/0 des matrones, tandis que les classes plus inférieures, si nous osons nous exprimer ainsi, les paysannes, les femmes et filles de soldats, ne fournissent que 39.5. On nous permettra de regretter encore, à propos de ce tableau, que le Comité n'ait pas davantage marqué les traits qui unissaient les matrones et les prostituées, en indiquant combien de matrones sortaient de la classe même des femmes inscrites. Il apparaît enfin que la police des mœurs pèse exclusivement sur les couches populaires, de même que la prostitution publique tire presque exclusivement ses recrues de ces mêmes couches, quand on note que les paysannes seules réunies aux femmes et filles de soldats fournissent plus de la moitié du personnel inscrit total, soit 54.7 0/0; les autres classes sociales (en y comprenant jusqu'aux sujettes étrangères vraisemblablement aussi d'extraction populaire) ne fournissent que 45.1 0/0 de ce même personnel.

Si l'on considère la situation de fortune dans laquelle
se trouvaient les femmes avant d'être couchées sur les
registres de la police, on voit que ce fait social est absolument confirmé par les statistiques parallèles, bien qu'à
vrai dire une situation de fortune avantageuse ne soit pas
nécessairement liée aux positions sociales plus relevées
que celles des paysans, par exemple. Sur 100 prostituées
inscrites, environ 84, plus des quatre cinquièmes, sortent
de familles pauvres, 16 de familles aisées, 1 de famille
riche.

Quel est l'état civil des prostituées inscrites ? dans
quelle proportion sont elles célibataires, mariées, veuves
ou divorcées ?

Sur 100 prostituées la proportionnalité donne 83.7 célibataires, 9.3 mariées, 4.1 veuves, 2.9 divorcées. Ces diverses catégories se répartissent ainsi dans les deux
classes des femmes en maison et en carte : en maison, sur
100 pensionnaires, il y en a 89.3 célibataires; en carte,
sur 100 isolées, il n'y a plus que 79.2 célibataires ; en
maison, sur 100 pensionnaires, il y a 6.0 femmes mariées,
2.6 veuves, 2.1 divorcées ; en carte, sur 100 isolées, il y
a 11.9 femmes mariées, 5.4 veuves, 3.5 divorcées. On voit
que, dans les maisons de tolérance comme à l'état d'isolées, ce sont les célibataires qui dominent ; la catégorie
des prostituées en carte comprend principalement des
veuves, des divorcées et surtout des femmes mariées.
Nous avons déjà fait remarquer que les prostituées jeunes
sont plus nombreuses en maison qu'à l'état d'isolées ; il y
a connexité entre cette donnée et celle qui ressort de
l'état civil.

De l'état civil des prostituées, on doit rapprocher les
statistiques concernant leur maternité. On connaît l'allé-
gation a *priori* souvent émise que la prostituée — n'étan t
pas une femme comme les autres — devient stérile par la
condition même de la prostitution. Parent-Duchâtelet le
premier, après lui Lasègue, Mantegazza, Roubaud ont
contredit cette assertion dépourvue d'ailleurs de toute es-

pèce de preuves statistiques et physiologiques (1). La
vérité au contraire est que, malgré les *modi faciendi*
connus employés par toutes les femmes qui veulent rendre
une approche stérile, les prostituées sont, à cause même
de la variété des hommes, plus susceptibles que les autres
femmes de devenir grosses ; ce qui a causé l'erreur des
écrivains sur ce sujet c'est qu'ils ont constamment confondu
l'*impotentia gestandi* avec l'*impotentia concipiendi*. Sans
doute le taux des femmes *stériles* dans l'état de mariage
est inférieur au taux des femmes *sans enfants* à l'état
prostitutionnel, mais la véritable cause d'infécondité apparente chez ces dernières tient uniquement aux innombrables avortements des prostituées dans les deux ou trois
premiers mois de la grossesse, avortements qui sont le
résultat naturel des rapprochements sexuels incessants,
des spasmes vulvo-utérins singulièrement défavorables à
l'implantation ovulaire.

Quoi qu'il en soit, le Comité a réuni les chiffres proportionnels ci-dessous sur la maternité des prostituées russes.
Il est regrettable qu'il n'ait point fait de classement d'a-
près les groupes ethniques. Sur 100 prostitués célibataires, 87.2 sont sans enfants, 12.8 ont des enfants ; sur
100 prostituées mariées, 66.5 ont des enfants, 33.5 n'en ont
pas ; sur 100 prostituées veuves 64.5 ont des enfants, 35.5
n'en ont pas ; enfin sur 100 prostituées divorcées 70.1

---

(1) *Sur la prétendue stérilité involontaire des femmes ayant
exercé la prostitution;* par L. Fiaux (Carré, Paris, 1892). — *Vide
contrà* l'intéressante *Étude anthropométrique* de Mme le
Dr Pauline Tarnowsky, sur *les prostituées et les voleuses*
(Chap. VII. Extinction de la race chez les prostituées comme
signe de dégénérescence physique, p. 54-62. (Biblioth. du *Progrès
médical* et Lecrosnier, 1889.) — Malheureusement Mme Tarnowsky,
poussant à l'extrême le système de Lombroso et assimilant les
prostituées à des criminelles, donne à l'exception une place
trop grande dans le fait social de la prostitution. C'est peu d'étudier 150 prostituées enregistrées à Pétersbourg et de conclure,
quand dans cette seule ville, au moment même où Mme Tarnowski
publiait son étude (1889), il en existait 584 en maisons, et 1.647
en chambre; soit un total de 2.231.

ont des enfants et 29.9 n'ont pas d'enfants. En résumé, le
total de celles qui ont des enfants se décompose comme
suit au pourcentage: célibataires mères 56 0/0 ; femmes
mariées 18.7 ; veuves 24.4 ; divorcées 18.2. Ces indications
pour être complètes auraient dû sinon faire la distinction
absolue pour toutes les catégories entre la fécondité de
ces femmes antérieure ou postérieure à l'inscription (distinction à laquelle Lasègue n'attachait aucune importance, la formalité de l'encartement n'indiquant point un
changement dans la vie sexuelle de la femme), mais du
moins donner le chiffre des enfants naturels des prostituées veuves et divorcées. L'âge des mères, quel que fût
leur état civil, et le nombre des enfants (naturels et légitimes) eussent été également utiles à connaître.

Quant à la répartition des prostituées mères selon la
classe, en maison ou en carte, elle ne nous paraît avoir
d'intérêt précisément que comme élément indirect d'information relativement à l'âge des femmes ayant des enfants :
les prostituées n'ayant pas eu d'enfants, c'est-à-dire les
plus jeunes (1), étant plus nombreuses en maison (87.9 0/0)
que celles de la même catégorie qui sont en carte (80.6).

Le Comité a consacré quelques lignes à la parenté des
prostituées. L'absence de parents ou l'existence de certains
parents, l'orphelinat, la charge d'une jeune et nombreuse
famille peuvent, de part et d'autre, figurer parmi les causes
complexes de la prostitution d'une jeune fille : un isolement complet, de mauvais exemples, l'élevage de jeunes
frères et sœurs en bas âge, la nécessité de soutenir des
vieillards expliquent, pour des raisons diverses, bien des
chutes. Le jour même de l'enquête, sur 100 prostituées,
3.6 seulement avaient leur père et mère, 3.2 étaient orphelines de mère, 5.7 orphelines de père, 20.5 avaient des
frères et sœurs adultes, 0.6 avaient des frères et sœurs en
bas âge, 0.8 des proches parents, 47.5 seulement des pa-

---

(1) La proportion des filles en maisons ayant eu des enfants
égale 7.0 0/0, elle monte à 9.1 pour les filles en carte.

rents éloignés, enfin 18.5 (près d'un cinquième) étaient sans aucune famille. Il nous parait, à propos de la parenté des prostituées, que le chiffre considérable de celles qui étaient privées de leurs ascendants directs eût dû provoquer les recherches du Comité sur l'âge et la nature des maladies auxquels avaient succombé ces ascendants : il y avait là une occasion d'éclaircir la question controversée de l'hérédité morbide chez les prostituées, l'alcoolisme, la phtisie, les maladies mentales chez les ascendants constituant autant de causes de la transmission de tares héréditaires. En France, les travaux de Morel, Motet, Lancereaux, Legrand du Saulle, Magnan, Bourneville, Dejerine et Ch. Ferré ; en Belgique, ceux de Lentz ; en Allemagne, ceux de Magnus Huss ; en Russie, même, ceux de J. Mierzejewski et Minor pouvaient servir de guide. Il était vraisemblablement trop difficile d'obtenir de ce chef des renseignements d'une précision valable. Le Comité a également omis d'indiquer les chiffres absolus et proportionnels des prostituées qui sont des enfants naturels.

L'étude du degré de culture intellectuelle des prostituées confirme les résultats de l'enquête sur leur position sociale et leur extraction ; ces données marchent de pair. Sur 100 prostituées inscrites, 78 sont *dépourvues de toute espèce d'instruction*, 5 savent seulement lire et écrire, près de 14 ont reçu leur instruction dans des établissements scolaires uniquement destinés aux classes populaires, les écoles primaires, les asiles et les écoles de métiers ; le reste, 3 environ, a reçu son instruction dans les gymnases, progymnases, instituts et autres établissements d'éducation où les jeunes filles sont internes. En dépit de l'opinion émise par le Comité, ces données ne varient pas sensiblement selon les groupes de gouvernement : partout, dans la Russie d'Europe, dans les pays de la Vistule comme au Caucase, en Sibérie et dans l'Asie centrale, les prostituées absolument illettrées sont en énorme majorité ; dans la Russie d'Europe et la Vistule si la proportion des illettrées pour cent oscille de 76.4 à 79.7, elle est un peu plus forte dans les régions hors d'Europe, de 84.4 à 94.9 ; mais, on le voit, l'absence de culture chez la prostituée est la règle commune. D'autre part, qu'il s'agisse de la Russie d'Europe ou de l'Asie centrale, les prostituées qui ont reçu de l'instruction dans leur enfance sortent presque exclusivement des établissements d'éducation populaire, la proportion de celles qui sortent d'établissements plus relevés étant de 1 à 1.5 pour la Russie d'Europe, la Pologne, et descendant de 0.9 à 0.7 pour le Caucase, la Sibérie et l'Asie. Il est toutefois une observation intéressante qui n'a point échappé au Comité de statistique et de laquelle on peut déduire que pour sauver ces jeunes filles de l'état prostitutionnel, l'instruction pure et simple ne suffit pas, mais qu'il faut y joindre un enseignement moral et des moyens pratiques d'existence par le travail : le Comité a fait remarquer, précisément à propos de la Pologne où la proportion des prostituées sachant lire et écrire est beaucoup plus forte (7.5) que dans la Russie d'Europe (5.0), que dans une localité donnée la proportion de ces prostituées relativement cultivées est en corrélation avec le degré d'instruction primaire donnée dans cette localité (1).

L'énumération des professions auxquelles se livraient plus ou moins assidûment avant leur inscription les 17,603 prostituées réparties dans l'empire est relativement courte rapprochée de celle donnée par certains auteurs pour d'autres pays (notamment par Parent-Duchâtelet qui compte 93 professions exercées par les seules inscrites parisiennes). Le Comité a pensé avec raison que l'indication générale d'ouvrières de fabrique, de couturières et de journalières était suffisante et supprimait des répétitions.

Sur 100 prostituées, ce sont les servantes qui fournissent le plus fort contingent, 45.0 de l'effectif total ; puis vien-

(1) Dans le gouvernement de la Vistule (Pologne), en 1880, sur 1.000 fillettes en âge d'aller à l'école, 67 ont fréquenté les établissements d'instruction primaire ; dans la Russie d'Europe, la même année, sur 1.000 fillettes du même âge, 30 seulement allaient à l'école. (*Annuaire de statistique de l'Empire*, Série III, Fasc. I. — Edit. du Comité central.)

nent les filles qui vivaient en famille ou chez des parents plus ou moins éloignés, 22.3; la classe spéciale des lingères, couturières a fourni 8.4 0/0; celle des ouvrières de fabrique, 3.7; celle des femmes entretenues, 2.0; blanchisseuses, 1.4; gouvernantes et bonnes, 1,3; marchandes, boulangères et autres, 1.3; femmes vivant du travail de leur mari, 1,7; exerçant différents métiers, 1.6; différentes professions, 1.1; cigarières, 0.7; chanteuses, écuyères, saltimbanques et autres artistes, 0.3; 6.4 pour cent étaient sans profession déterminée. Au demeurant, vivaient dans leur famille, avec leur mari ou de leur travail, comme servantes, couturières, lingères, ouvrières de fabrique et journalières de tout genre, 83.8 0/0 du total effectif, les autres professions comptant pour 17.2 0/0.

VI

Les filles soumises à la police des mœurs (suite). — *De leur âge à l'époque de la défloration. — Répartition sur cette donnée par groupes de gouvernements. — Rapport de l'âge à l'époque de la défloration avec la nubilité. — Circonstances de la défloration, consentie, violente, conjugale. — Répartition proportionnelle des déflorations d'après la nubilité et l'ethnographie. — De l'âge des filles au moment de l'inscription. — Les inscrites de 11 ans et moins.*

Au nombre des données les plus importantes pour la sociologie, réunies par le Comité de statistique, sont les renseignements auxquels nous arrivons : ils concernent (et ici nous adoptons un ordre qui nous semble plus logique que celui de l'honorable M. Troïnitsky) : 1° l'âge auquel les femmes ont, pour la *première fois,* exercé la fonction sexuelle, en d'autres termes l'âge de la *défloration*; 2° l'âge auquel les femmes — sinon se sont livrées à la prostitution — du moins ont été livrées à la prostitution officielle par l'inscription.

Sur les 17.603 femmes inscrites, 1.788 ont été déflorées, fillettes non encore réglées, soit 1.287 (9.9 0/0) sur les 12.947 prostituées de la Russie d'Europe ; 170 (8.4) sur les 2.018 prostituées de la Pologne ; 128 (12.8) sur les 1.000 du Caucase ; 95 (12.4) sur les 764 inscrites de la Sibérie ; 108 (12.4) sur les 874 inscrites de l'Asie centrale. Restent donc, pour la Russie d'Europe, 11.660 (90.1 0/0), pour la Pologne ou gouvernements de la Vistule, 1.848 (91.6) ; le Caucase, 872 (87.2) ; la Sibérie, 669 (87.6) ; l'Asie centrale 766 (87.6) déflorations pratiquées après la première apparition des menstrues.

La proportion des prostituées établies par groupe des gouvernements est exprimée par les rapports suivants : sur 100 femmes déflorées avant la nubilité, 72 sont inscrites dans la Russie d'Europe, 9.5 dans la Pologne, 7.2 au Caucase, 5.3 en Sibérie, 6.0 dans l'Asie centrale ; sur 100 femmes déflorées après l'établissement de la nubilité 73.7 appartiennent à la police des mœurs de la Russie d'Europe, 11.7 à la Pologne, 5.5 au Caucase, 4.2 à la Sibérie, 4.9 à l'Asie centrale.

La proportion des prostituées des groupes de gouvernements pris à part, *comparativement à l'effectif total de* 17.603, est représentée comme suit: sur 100 prostituées prises dans l'effectif total, sont inscrites dans la Russie d'Europe et ont été déflorées avant l'apparition des règles 7.3, après 66.2 ; dans la Pologne (avant) 1.0, (après) 10.5 ; au Caucase (av.) 0.7, (ap.) 5.0 ; en Sibérie (av.) 0.6, (ap.) 3.8 ; dans l'Asie centrale (av.) 0.5, (ap.) 4.3.

Le plus grand nombre des cas de défloration avant l'apparition des règles se rapporte donc aux gouvernements de la Russie d'Europe : il forme 7.3 0/0 de l'effectif total des prostituées dans l'Europe, 9.9 0/0 des prostituées inscrites dans ces seuls gouvernements, enfin 72.0 0/0 de toutes celles qui ont été déflorées avant l'apparition de la menstruation. Dans les autres groupes de gouvernements, les prostituées déflorées avant la nubilité forment une proportion très inférieure de 1 à 0.6 de l'effectif total dans tout l'empire. Cette proportion varie de 5.3 à 9.5 0/0 si l'on prend

toutes les prostituées de l'empire déflorées avant la nubilité. Que si maintenant on compare le chiffre le plus fort
au nombre total des prostituées des différentes régions, on
voit qu'il se rapporte au Caucase, à la Sibérie et à l'Asie
centrale, où sur 1.000, 764 et 874 femmes inscrites, 128, 95
et 108 ont été déflorées avant la nubilité, soit pour chacune
de ces régions de 12.4 à 12.8 0/0.

Dans quelles circonstances a eu lieu la défloration de la
fille? Celle-ci a-t-elle été *consentante*, *violée* ou déflorée
par le mari? C'est ce que le Comité présente dans le tableau
ci-dessous:

DÉFLORATION.		0/0 des PROSTITUÉES DÉFLORÉES.		
		Total.	Avant l'apparition de la menstruation.	Après l'apparition de la menstruation.
Dans l'Empire .	consentie . .	75.1	70.1	75.6
	violente. . .	14.6	29.9	12.9
	conjugale. .	10.3	—	11.5
Russie d'Europe.	consentie . .	78.6	71.3	79.4
	violente. . .	12.8	28.7	11.1
	conjugale. .	8.6	—	9.5
Vistule. . . .	consentie . .	71.5	56.5	72.9
	violente. . .	26.0	43.5	24.3
	conjugale. .	2.5	—	2.8
Caucase. . . .	consentie . .	66.3	65.0	66.6
	violente. . .	15.8	35.0	12.9
	conjugale. .	17.9	—	20.5
Sibérie. . . .	consentie . .	77.9	69.5	79.2
	violente. . .	15.4	30.5	13.1
	conjugale. .	6.7	—	7.7
Asie centrale. .	consentie . .	40.1	84.3	33.7
	violente. . .	11.5	15.7	10.9
	conjugale. .	48.4	—	55.4

Parmi les prostituées, les femmes qui ont été déflorées
de plein gré sont donc en grande majorité partout, excepté
dans l'Asie centrale, qu'il s'agisse de déflorations antérieures ou postérieures à la première apparition des règles.
Viennent ensuite les filles *violées* qui pour tout l'empire
forment 14.6 0/0. Pour les groupes de gouvernements pris
chacun à part, ces rapports varient sensiblement: la proportion la plus faible des filles violées se rencontre dans
l'Asie centrale, soit 11.5 0/0; puis dans la Russie d'Europe

12.8 0/0 ; ensuite au Caucase 15.8 et en Sibérie 15.4 0/0. Le chiffre le plus élevé a rapport aux gouvernements de la Vistule, où *plus du quart* des femmes (26.0 0/0) ont été violées. On remarquera de plus que partout, sans exception, le chiffre des viols consommés sur les filles non encore réglées est plus élevé que celui des viols dont les filles nubiles sont victimes : la faiblesse physique et l'ignorance des premières explique la proportion. Quant aux femmes déflorées dans le mariage, c'est dans la Pologne que l'on en constate le plus petit nombre 2.5 0/0 ; on en compte 6.7 en Sibérie, 8.6 dans la Russie d'Europe, 17.9 au Caucase et 48.4 dans l'Asie centrale.

Le Comité a recueilli les statistiques suivantes qui complètent cette question de la défloration — examinée avec cette rigueur pour la seconde fois (1) si nos propres informations bibliographiques sont exactes — en établissant le rapport existant chez la fille déflorée entre l'âge de l'apparition des règles et l'époque de la défloration. Le tableau eût été complet s'il eût marqué la relation existant entre les deux précédentes données et la date de l'inscription de la fille sur les registres de la police des mœurs.

	0/0 DES PROSTITUÉES DÉFLORÉES.		
AGE A L'APPARITION DE LA MENSTRUATION.	Avant l'apparition de la menstruation.	Après l'apparition de la menstruation.	Dans l'année de l'apparition de la menstruation.
De 11 ans et moins à 13 ans.	3.4	12.0	4.9
13 à 14 ans	8.2	19.0	10.8
14 à 15 ans	17.9	27.0	23.6
15 à 16 ans	25.4	23.6	30.9
16 à 17 ans	21.7	11.2	17.3
17 à 18 ans	13.1	4.9	8.7
18 à 19 ans	7.1	1.6	2.6
19 à 20 ans	2.1	0.5	0.9
20 à 21 ans	0.7	0.1	0.2
21 ans et au-dessus. . . .	0.4	0.1	0.1

100.0

(1) Martineau, dans sa *Prostitution clandestine*, a, en effet, publié quelques recherches statistiques curieuses sur ce sujet, d'après ses relevés de Lourcine. Ses observations ont porté sur 607 filles (72 déflorées en province et à l'étranger, 535 à Paris) ; il a relevé l'âge de la fille au moment de la défloration, sa profession, l'âge et la profession du déflorateur. (Lecrosnier. Paris, 1885, p. 41-66.)

On voit que jusqu'à l'âge de 14 ans les filles ont été déflorées dans les proportions suivantes 0/0: 11.6 avant la
nubilité, 31.0 après la nubilité; 15.7 dans l'année de la nubilité ; que de 14 à 18 ans les filles ont été déflorées : 78.1
(av.), 66.7 (ap.), 80.5 (dans l'année) ; — depuis 18 ans et plus:
10.3 (av.), 2.3 (ap.), 3.8 (dans l'année). La grande majorité
des filles devenues prostituées inscrites a donc été initiée
à la vie sexuelle de 14 à 18 ans. On remarquera encore que
les fillettes déflorées jusqu'à l'âge de 14 ans sont plus nombreuses que les filles déflorées à partir de l'âge de 18 ans.

Le Comité enfin a groupé, comme suit, les renseignements concernant l'âge de l'apparition de la menstruation
et la date de la défloration chez les prostituées appartenant
aux nationalités russe, polonaise, juive et allemande. Ce
côté de la question présente un intérêt plus particulièrement ethnologique:

0/0 DES PROSTITUÉES DÉFLORÉES.

AGE.	NATIONALITÉ.	Avant l'apparition de la menstruation.	Après l'apparition de la menstruation.	Dans l'année de l'apparition de la menstruation.
	Russe. . .	9.8	36.6	15.0
De 11 à 14 ans.	Polonaise .	8.7	25.0	10.1
	Israélite. .	13.3	47.2	18.0
	Allemande.	11.1	31.5	9.2
	Russe. . .	78.6	61.8	81.4
De 14 à 18 ans.	Polonaise .	84.7	72.1	84.5
	Israélite. .	70.1	51.9	79.2
	Allemande.	72.2	66.2	82.6
	Russe. . .	11.6	1.6	3.6
De 18 et plus.	Polonaise .	6.6	2.9	5.4
	Israélite. .	15.6	0.9	2.8
	Allemande.	16.7	2.3	8.2

On voit que, dans ce groupement aussi, la proportion la
plus forte des prostituées déflorées pour les quatre nationalités existe dans la période de 14 à 18 ans : cette proportion varie toutefois sensiblement dans chacune des nationalités. Le Comité russe a fait remarquer que les polonaises
déflorées de 14 à 18 ans sont de beaucoup plus nombreuses
que les filles des autres nationalités de cette même caté-

gorie : il existe pour 100 des polonaises de cet âge déflorées avant la nubilité un excédent de 6.1 sur les russes, 13.6 sur les juives, 12.5 sur les allemandes ; déflorées après la nubilité un excédent de 10.3 sur les russes, 20.2 sur les juives, 5.9 sur les allemandes ; déflorées dans l'année de la nubilité, un excédent de 3.1 sur les russes, 5.3 sur les israélites, 2.9 sur les allemandes. Dans le groupe des filles déflorées avant leur quatorzième année, les polonaises toutefois forment la minorité dans les quatre nationalités. Les plus nombreuses de cette catégorie sont les juives. Le Comité remarque que les juives en carte à cet âge sont en nombre supérieur aux fillettes de cette même race et de ce même âge internées en maison : au contraire, après 18 ans, les filles de maison juives sont en nombre supérieur aux filles de ce même âge et des trois autres nationalités également en maison.

Quant aux filles déflorées après 18 ans et avant l'apparition de la menstruation, elles sont réparties comme suit pour 100 prostituées des quatre nationalités : les polonaises 6.6 ; les russes 11.6 ; les juives 15.6 ; les allemandes 16.7.

Nous arrivons logiquement, après ces données physiologiques concernant l'établissement de la menstruation et l'initiation à la vie vénérienne, à l'âge auquel la police des mœurs a cru devoir ou pouvoir astreindre les filles à la prostitution *réglementaire*. Nous remarquerons en effet qu'il ne s'agit point de l'âge auquel les filles se sont livrées elles-mêmes plus ou moins spontanément à l'exercice de la prostitution plus ou moins clandestine : la mention de l'internement en maison et de la mise en carte faite en détail par M. Troïnitsky exclut cette interprétation. Nous donnons intégralement ce document capital :

AGE AU MOMENT DE L'INSCRIPTION.	0/0 DES PROSTITUÉES.		
	Total.	En maison.	En carte.
De 11 et moins à 13 ans . .	1.2	1.3	1.2
13 à 15 ans.	9.0	9.7	8.0
15 à 16 ans.	12.9	14.7	11.3
16 à 18 ans.	30.8	34.2	27.9
18 à 21 ans.	26.6	25.9	27.2
21 à 23 ans.	10.6	8.8	11.9
23 à 25 ans.	5.3	3.8	6.6
25 à 28 ans.	3.6	2.5	5.2
28 à 31 ans.	1.0	0.4	1.5
31 à 36 ans.	1.0	1.2	1.9
36 à 40 ans.	0.4	0.9	0.8
40 et plus.	0.1	—	0.1

En réduisant ces données d'abord d'après deux périodes importantes de la vie de la femme « la maturité physique à 16 ans et la majorité civile à 21 ans », puis par périodes de 5 années correspondant également à des transitions d'âge assez tranchées, on obtient les résultats ci-dessous :

AGE AU MOMENT DE L'INSCRIPTION.	0/0 DES PROSTITUÉES.		
	Total.	En maison.	En carte.
De 11 et moins à 16 ans. . .	23.1	26.1	20.5
16 à 21 ans.	57.4	60.1	55.1
(Soit de 11 à 21 ans) . . .	(80.5)	(86.2)	(75.6)
22 à 26 ans.	14.8	11.5	17.4
27 à 31 ans.	3.3	2.0	4.5
31 à 36 ans.	0.9	0.3	1.7
36 à 41 ans et plus. . .	0.5	0.0	0.8

De ces deux tableaux, on doit tirer les conclusions suivantes :

1° La plus forte proportion du total général (30.8) se rapporte à des filles embrigadées dans la prostitution officielle, de 16 à 18 ans ; le même fait est constaté pour les filles de cet âge en maison 34.2 ; le maximum des prostituées en carte (27.9) se rapporte encore aux filles de cet âge ; après viennent les filles de 18 à 21 ans, 27.2 en carte, 25.9 en maison ; le chiffre le plus faible se rapporte aux femmes enregistrées après 36 ans ;

2° *Plus des quatre cinquièmes* de toutes les filles ont commencé à exercer la prostitution officielle avant d'avoir atteint le majorité civile et environ *un quart* ont été inscrites avant d'être arrivées à « la maturité physique » : au demeurant, *plus des neuf dixièmes* (95.3 0/0) des filles ont été enregistrées avant 25 ans ;

3° Les prostituées inscrites les plus jeunes, celles qui n'ont pas atteint leur majorité civile, sont en bien plus grand nombre dans les maisons de tolérance que dans le groupe des filles en carte. Au contraire, les femmes qui ont été inscrites après être arrivées à l'âge de la majorité civile, sont en nombre beaucoup plus considérable parmi les prostituées en carte que parmi les pensionnaires de tolérance. La police des mœurs, sous la forme la plus réglementée, la maison avec internement, n'est en fin de compte et de statistique, seulement acceptée que des femmes les plus jeunes, les plus inexpérimentées, les plus pauvres, les plus accessibles à l'exploitation et à l'intimidation.

VII

Les filles soumises à la police des mœurs (suite). —
De la durée de l'exercice de la prostitution. — Impor-
tance capitale de cette question pour l'étude de tous
les problèmes tant hygiéniques qu'économiques et
moraux ressortissant à la police des mœurs. — Erreur
fondamentale des administrateurs et des médecins de
police sur les causes de la prostitution des femmes. —
Complexité de ces causes. — Observations sur l'âge
auquel les femmes cessent en majorité d'appartenir à
la prostitution réglementée. — Statistiques relatives à
l'exercice de la prostitution en Russie. — Que les
chiffres confirment ces deux données : 1° les femmes
inscrites depuis le moins long temps (5 ans) figurent
plus des 2/3 de l'effectif total; — 2° l'âge où les passions
sexuelles de la femme sont les plus actives (après vingt-
cinq ans) est celui où les prostituées sont les moins
nombreuses. — Déductions basées sur ces deux faits.

Si l'on en croit le rapporteur du Comité, l'honorable
M. Troïnitsky, « les données fournies par l'enquête ne permettent pas de tirer des déductions expliquant la cause de
la plus ou moins longue durée de l'exercice de la prostitution ». Notre opinion est toute différente.

L'erreur fondamentale, en effet, de presque tous ceux
qui se sont occupés de la question de la prostitution, médecins ou administrateurs de police, a été, au point de
départ, de s'obstiner à ne voir dans la cause de la chute
prostitutionnelle des femmes que le dévergondage, le goût
pur et simple de la débauche : de là à voir dans les prostituées un groupe social absolument à part, qu'il fallait
administrativement traiter comme les malfaiteurs de tout
genre, voleurs, meurtriers, etc., il n'y avait que l'épaisseur
d'une ligne et toutes ces plumes l'ont vite franchie. Tant
donc que les femmes trouvaient chalands et amateurs
pour le commerce de leur corps, elles continuaient à se

vendre : la vieillesse seule mettait un terme à une existence systématique d'infamies, quand les maladies organiques et une mort précoce ne venaient point heureusement l'abréger. Cette conception était absolument commode pour l'étude et le gouvernement particulier de cette catégorie d'individus. En répétant avec assurance et à satiété que toutes les filles soumises à la police des mœurs n'étaient point des femmes comme les autres, notre police des mœurs parisienne en particulier était arrivée à tourner contre elles le sentiment public, à les isoler, à en faire une matière qu'elle seule avait droit de manier selon son bon plaisir.

Cette donnée, positivement stupide, s'étale avec l'autorité propre à l'inconsciente routine dans la multitude des livres sortis ces dernières années des bureaux de police : vainement on y cherchera des documents raisonnés, des statistiques positives, des observations judicieuses ; mais on y trouvera au premier rang l'éternelle déclamation en cours.

Or, rien de plus inexact que cette conception de la femme prostituée ; les chiffres et les faits honnêtement étudiés en démontrent l'inanité. L'état de prostitution policière est si peu un métier, que les femmes prisonnières n'ont qu'un but et une pensée : sortir des rangs dans lesquelles elles sont embrigadées. C'est inutilement que le service des mœurs s'efforce en produisant des chiffres annuels à peu près constamment identiques d'inscrites, de se donner à lui-même de donner surtout aux autres, l'illusion d'une fixité réelle dans la population des soumises ; la vérité est qu'il y a parmi ces femmes un va-et-vient, un renouvellement continuels. On a vu, à Paris, des années où il disparaissait continuellement 1 et même 2 femmes sur 3 ; une telle proportion montre bien que jamais *les mêmes* femmes ne sont conservées sous une surveillance durable. Ce n'est d'ailleurs pas seulement par la fuite que les femmes reprennent leur liberté, mais, d'elles-mêmes, officiellement, celles qui ne se sont point échappées vont au bureau spécial réclamer leur radiation. « La presque

totalité des radiations se fait sur la demande des femmes
elles-mêmes. » Le D' Reuss, le dernier historien officiel
de la réglementation, ne fait nulle difficulté d'en convenir (1). La vérité est donc que l'immense majorité de ces
prétendues professionnelles sont surprises dans un moment
de chômage, de détresse, dans une de ces crises si fréquentes au cours de la vie des femmes pauvres; qu'elles
se refusent à accepter leur condition comme définitive;
qu'elles ne restent dans l'engrenage que juste le temps où
la force majeure les empêche de s'en échapper, trois ans,
deux ans, un an, six mois, quelques semaines, *quelques
jours*. A partir de quatre et cinq ans d'exercice, le chiffre
des femmes décroît avec une extrême rapidité, comme on
va voir, dans la statistique russe.

Ce n'est point que nous fermions les yeux à l'autre
cause de prostitution qui apporte, elle aussi, un contingent de recrues dont on ne saurait sans naïveté nier la
présence à côté des autres. Si la misère est la grande
pourvoyeuse, si la prostitution est l'accident obligé des
jours de détresse noire, la ressource désespérée et, pour
tout dire d'un mot, le dernier gagne-pain, il est non moins
évident que nombre de jeunes filles et de jeunes femmes
se jettent volontairement, sous une double influence
psychique et physiologique, dans la pratique de la polyandrie. Mais nous croyons, chiffres étudiés, que de ce chef
il n'existe qu'une catégorie restreinte de prostituées, et
que si dans la cohue des femmes qui se vendent on supprimait toutes celles qu'accule la nécessité, le problème prostitutionnel serait loin d'avoir son importance et son
acuité actuelles. Sans doute il est des femmes que leur
physiologie sexuelle rapproche des jeunes hommes passion-
nés, qui, comme ceux-ci, abordent l'amour vulgi-vague
avec la même impulsion naturelle, mais ici encore leur
prostitution n'est qu'un état passager, un accident, une
période de transition, une saison de folie, en terme de

(1) *La Prostitution au point de vue de l'hygiène et de l'administration* (in-8°, J.-B. Baillière, 1889, p. 256).

médecine rurale. Comme l'autre catégorie de femmes jetées un instant dans la prostitution inscrite, ces filles, d'une moralité du reste inférieure à tous les points de vue, ne sont point pour cela des messalines invétérées qui demeurent volontairement dans la pratique prolongée de la débauche et resteraient dix, quinze, vingt ans, des prostituées de métier. Comme les autres, elles disparaîtront des registres de la police des mœurs, rentreront dans le giron commun, se perdront dans la foule de la population et les étapes suivantes de leur vie seront assurément moins dégradées que celle-là.

Comment ces déductions ne se sont-elles point imposées à la logique du Comité russe et de son rapporteur quand ces concluantes statistiques relatives à la durée de l'exercice de la prostitution se sont alignées devant eux ?

ANNÉES D'EXERCICE DE LA PROSTITUTION.	0/0 DES PROSTITUÉES.		
	Total.	En maison.	En carte.
Moins d'un an.	15.4	15.5	15.3
1 an.	15.6	17.3	14.3
2 ans	13.7	16.1	12.0
3 ans	11.3	12.8	10.1
4 ans	9.1	10.2	8.3
5 ans	7.7	7.9	7.4
ans.	5.9	5.4	6.4
ans	5.5	5.0	5.9
8 ans	3.5	3.1	3.9
9 ans	2.9	2.1	3.5
10 ans	2.1	1.3	2.7
11 ans	1.6	1.0	2.0
12 ans	1.2	0.7	1.7
13 ans	0.7	0.4	1.0
14 ans	1.0	0.4	1.3
15 ans	0.7	0.3	1.0
16 ans	0.4	0.2	0.5
17 ans	0.3	0.0	0.5
18 ans	0.3	0.2	0.5
19 ans	0.4	0.1	0.5
20 ans	0.2	0.0	0.3
21 ans	0.1	0.0	0.1
22 ans	0.1	0.0	0.1
23 ans	0.1	0.0	0.1
24 ans	0.1	0.0	0.1
25 ans	0.0	0.0	0.1
26 ans et plus.	0.1	0.0	0.2

Si nous groupons cette série de chiffres par périodes de cinq années, nous obtenons les résultats suivants :

DURÉE DE L'EXERCICE DE LA PROSTITUTION.	0,0 DES PROSTITUÉES.		
	Total.	En maison.	En carte.
Jusqu'à 5 ans (inclusivement).	72.8	79.8	67.6
— 10 — —	19.9	16.9	22.4
— 15 — —	5.2	2.8	7.0
— 20 — —	1.6	0.5	2.3
— 25 — —	0.4	0.0	0.5
Depuis 26 ans et plus . . .	0.1	0.0	0.2

Ainsi l'immense majorité des femmes n'est couchée sur les registres de la police des mœurs que depuis un laps de temps qui ne dépasse pas cinq années : cette majorité représente 72.8 0/0 de l'effectif total des deux catégories, qui, prises à part, donnent des résultats inégaux, soit 67.6 0/0 pour les filles en carte et 79.8 0/0 pour les filles en maison. Les prostituées qui exercent depuis 10 ans ne s'élèvent qu'à 19.9 0/0, soit *le cinquième* du total; celles qui exercent depuis 15 ans ne forment que 5.2 0/0, soit le *vingtième* de ce même effectif total. Au delà de ce laps de temps les femmes qui continuent à se prostituer soit en maison, soit en carte, sont comme on voit en quantité insignifiante.

Déjà dans sa *Théorie statistique de la morbidité et de la mortalité appliquée à l'étude de la prostitution*, Sperck avait montré qu'à Pétersbourg, dans une ville où par exception la population mâle excède de beaucoup la population féminine qui se trouve ainsi individuellement très pourchassée surtout dans les classes populaires, le maximum possible de la date de l'inscription dépasse à peine la trentième année de la femme, en d'autres termes, que les femmes inscrites de plus de trente ans sont en minorité infime : or la loi n'autorisant l'inscription (officiellement du moins) qu'à partir de l'âge de 16 ans, cette même conclusion s'impose : dans la capitale, comme dans le reste de l'Empire, l'élimination de la majeure partie des femmes hors la police des mœurs se fait tant qu'elles sont jeunes ; la foule des femmes ne fait que traverser la condition prostitutionnelle.

VIII

Les filles soumises à la police des mœurs (suite et fin). — Leur état sanitaire sexuel.. — Syphilis, maladies vénériennes, contaminations mixtes. — Statistiques. — Répartition des malades d'après leur catégorie, en maison et en carte. — Que les filles en maison sont plus souvent atteintes de syphilis et de maladies vénériennes que les isolées. — Statistiques. — Rappel des travaux de Sperck, Stoukowenkoff et Nicolsky sur les prostituées inscrites de Pétersbourg et de Kieff. — De quelques desiderata de l'Enquête. — Conclusion.

L'enquête se termine par une étude de l'état sanitaire chez les prostituées. La distinction a été faite, nous n'avons pas besoin de le dire, entre la syphilis et les maladies vénériennes non constitutionnelles bien que la doctrine de l'unicité des virus compte encore en Russie comme en Allemagne des partisans jusque dans le corps enseignant. Malheureusement le Comité qui a donné par le questionnaire et par les documents recueillis une certaine étendue à l'étude de points de détails d'ailleurs intéressants au point de vue de la moralité publique et des réformes populaires afférentes, entre autres cette question de l'initiation précoce des jeunes filles à la vie sexuelle, ne s'est point arrêté avec autant de développement sur la question primordiale de l'hygiène publique. Les beaux travaux de Sperck, de Stoukowenkoff et de Nicolsky par leur méthode, les divisions statistiques suivies, lui traçaient cependant la voie et l'invitaient à des investigations plus approfondies ; quoi qu'il en soit, voici les tableaux, d'ailleurs très sug-

gestifs relativement à la valeur hygiénique de la réglementation, qu'a fournis l'enquête :

SUR 100 PROSTITUÉES ATTEINTES :	Totaux.	Filles en maison.	Filles en carte.
1° *De syphilis*, il y a . . .	15.4	16.3	14.7
2° *De maladies vénériennes.*	21.1	23.4	24.7
3° *A la fois de syphilis et de maladies vénériennes.* .	10.7	10.8	10.6

Si, comme l'a fait M. Troïnitsky, l'on fait rentrer dans
les deux premières divisions les données correspondantes
fournies par la troisième, celles des femmes atteintes à la
fois de syphilis et de maladies vénériennes, on obtient le
résumé ci-dessous :

SUR 100 PROSTITUÉES ATTEINTES :	Totaux.	Filles en maison.	Filles en carte.
1° *De syphilis*, il y a . . .	26.1	27.1	25.8
2° *De maladies vénériennes.*	31.8	34.2	35.3

On voit donc que les prostituées soumises à la réglementation atteintes de syphilis et de maladies vénériennes
forment 57.9 0/0 du total général et que les prostituées en
maison malades sont plus nombreuses (61.3 0/0) que les
filles en carte (60.6 0/0). Si l'on considère à part les deux
catégories de prostituées on voit encore que les syphilitiques en carte fournissent une proportion de 25.3 0/0 et
les syphilitiques dans les maisons de tolérance une proportion de 27.1 0/0, soit 1.8 de plus que les premières. Les
prostituées atteintes de maladies vénériennes simples sont,
il est vrai, plus nombreuses dans la catégorie en carte,
35.3 0/0, que dans la catégorie en tolérance, 34.2 0/0 : la
différence n'est toutefois que 1.1.

Le Comité, qui aurait pu au point de l'ethnographie pathologique donner des détails complets sur la répartition
des maladies spécifiques chez les différentes nations représentées dans le personnel des filles soumises, n'a établi
cette proportion que pour les divers groupes de gouvernements. Ainsi sur 100 prostituées ayant été atteintes de :

IL EXISTE.	SYPHILIS.		MALADIES vénériennes.		SYPHILIS ET MALADIES vénériennes.	
	Filles en maison.	Filles en carte.	Filles en maison.	Filles en carte.	Filles en maison.	Filles en carte.
Dans la Russie d'Europe.	17.6	17.6	21.8	21.6	11.0	9.8
Dans la Vistule	15.6	13 6	27.8	33.5	16.9	16.6
Au Caucase.	8.1	6.7	37.6	27.2	2.3	4.0
En Sibérie.	18.2	16.2	24.6	11.5	8.0	4 7
Dans l'Asie centrale. . .	7.0	4.0	37.3	41.3	14.3	9.1

Ainsi partout les filles en maison fournissent une proportion de syphilitiques supérieure aux filles en carte qu'elles soient atteintes de syphilis seule ou simultanément de syphilis et de maladies spécifiques non constitutionnelles : les gouvernements de la Russie d'Europe donnent seuls une proportion de syphilitiques en maison (17.6) égale à celle des syphilitiques en carte (17.6). Quant aux maladies vénériennes simples, partout, sauf dans les gouvernements de la Vistule et dans l'Asie centrale, ce sont encore les filles en maisons qui sont les plus atteintes. — Quelle est la prédominance des deux espèces de maladies? Les vénériennes simples sont en majorité dans tous les groupes de gouvernements et dans les deux catégories de filles, sauf en Sibérie où les syphilitiques en carte forment la majorité 16.2, pour 11.5 seulement de vénériennes simples. Les chiffres les plus élevés de vénériennes simples sont fournis par les prostituées en carte du Caucase (27.2) et de la Vistule (33.5) et le maximum des syphilitiques est atteint par les pensionnaires de Sibérie, 18.2.

Les grandes villes, où la population flottante est considérable, fournissent naturellement le plus grand nombre de filles soumises contaminées. C'est ainsi que pour Moscou et Pétersbourg l'enquête a donné les résultats suivants :

	0/0 DES PROSTITUÉES ATTEINTES DE					
	SYPHILIS.			MALADIES VÉNÉRIENNES		
	Totaux.	Filles en maison.	Filles en carte.	Totaux.	Fille en maison.	Filles en carte.
Moscou . . .	89.1	50.1	38.9	74.3	42.2	32.0
Pétersbourg. .	109.5	47.1	62 4	79.5	34.1	45.3

Il résulte de ce dernier tableau qu'à Moscou, où la visite sanitaire bien qu'abolie en tant que mesure obligatoire est plus souvent pratiquée sur les filles en maison que sur les filles en carte, les filles en maison sont atteintes de syphilis et de maladies vénériennes dans une proportion beaucoup plus élevée que les filles de l'autre catégorie. A Pétersbourg la proportion est inverse. Ce dernier fait est intéressant parce qu'il est en contradiction avec les recherches statistiques de Sperck qui ont porté sur une période de cinq années, de 1872 à 1876. Sperck a, en effet, démontré par la méthode de la statistique individuelle pour cette période quinquennale, avec un personnel moyen de 2.600 à 2.900 inscrites (1.000 femmes en maison, 1.600 à 1.900 en carte), qu'il est entré à l'hôpital spécial Kalinkin une moyenne annuelle de 90 0/0 femmes en maison et de 34 0/0 isolées atteintes d'affections vénériennes. Ce même personnel annuel de 1.000 pensionnaires a donné 360 syphilitiques, soit 35 0/0. tandis que les 1.800 isolées ont fourni 200 syphilitiques, soit 10 0/0 (1).

Les conclusions de Sperck ont été contrôlées et confirmées en Russie même par diverses recherches et notamment par celles de Stoukowenkoff, le professeur de clinique dermatologique de Kieff et de son assistant le Dr P. Nicolsky, qui sont moins connues en France que le mémoire du médecin de l'hôpital de Pétersbourg. Pour dresser la *Statistique de la syphilis et du chancre mou parmi les prostituées inscrites de Kieff*, Stoukowenkoff et Nicolsky ont eu comme documents la statistique des femmes inscrites ou insoumises traitées à l'hôpital spécial de Saint-Cyrille de Kieff de 1883 à 1887, les listes d'inscription des pensionnaires pour douze maisons (Kieff en contenait alors 18) de 1880 à 1887, le registre d'inscription des isolées en carte, les rapports sur l'état sanitaire des personnes arrêtées (soumises et clandestines) par rafles de 1880 à 1886;

---

(1) Nous avons longuement étudié ce mémoire de Sperck dans la *Police des mœurs en France et dans les principales villes de l'Europe*. (Un vol. in-8°. Dentu, 1888, p. 562-590 et 987-996.)

enfin la récapitulation mensuelle des inscriptions faites en 1886-87. Le nombre des filles soumises de Kieff était d'environ 500 : 200 isolées en carte, 250 pensionnaires, 50 inscrites constituant un groupe mixte passant, au cours de l'année, de la condition d'encartées à celle de pensionnaires ou réciproquement (1886-1887). Parmi ces femmes contrôlées, les 38.1 0/0 sont atteintes de syphilis à la période condylomateuse et les 5.3 0/0 de chancre mou, au total 43.4 0/0, soit près de la moitié, qui sont infectées. Le détail des statistiques de Nicolsky montre que près de la moitié de ces malades, les 19.8 0/0, ont eu au cours de l'année plusieurs récidives de syphilis : la proportion de ces récidives atteint 32.3 0/0. Si on considère à part le groupe des pensionnaires, on trouve que le nombre de syphilitiques dans ces établissements n'est jamais moindre de 14.3 0/0 ; il s'élève à 66.6 0/0 ; sa moyenne presque constante est de 38.9 0/0. Dans les quatre premiers mois de leur existence, les maisons publiques nouvellement ouvertes arrivent à contenir des syphilitiques dans la proportion de 27.2 0/0. En ajoutant les malades atteintes de chancre mou la proportion moyenne des vénériennes de maison monte à 44 0/0. Les isolées sont atteintes de syphilis dans la proportion de 36.9 0/0 et, en ajoutant le chancre mou, sont malades dans la proportion de 39.3. Les filles syphilitiques isolées sont celles qui présentent le moins grand nombre de manifestations actives de la maladie. Les pensionnaires dans la période secondaire sont tout au contraire les prostituées le plus fréquemment atteintes de récidives, c'est-à-dire constituent la classe dangereuse. Le groupe mixte est formé par les inscrites contagionnées comme isolées ou pensionnaires qui passent fréquemment de l'une dans l'autre catégorie sans se fixer à l'une d'elles : il constitue une catégorie à part plus infectée encore que les femmes en résidence habituelle dans les maisons : la proportion des syphilitiques y atteint 47.9 0/0, et, pour la syphilis et le chancre mou réunis, 51.4 0/0. Quant au jeune élément de la prostitution soumise, comprenant les filles inscrites depuis moins d'un an, loin de contribuer à assainir l'organisme de la réglementation, il est atteint dans son ensemble avec une intensité presque aussi grande que les femmes plus anciennement soumises, de 34.6 0/0 à 41.7 0/0. Le dernier mot du mémoire de Nicolsky est que l'état sanitaire de la prostitution inscrite, en dépit d'une police des mœurs fort sévère (allant même jusqu'aux râfles d'hommes), a progressivement empiré à Kieff : en six ans, de 1880 à 1887, notamment, le nombre des maladies vénériennes constatées dans les maisons publiques a passé de 18.2 0/0 à 46.3 0/0.

Il est vrai que sous peine de sortir du cadre dans lequel il s'était interné, le Comité de statistique ne pouvait peut-être pas s'étendre avec détail sur les questions que nous soulevons dans ces dernières lignes, mais quelques indications supplémentaires sur la question d'hygiène n'eussent point été inutiles, étant données les facilités qu'avait le Comité russe pour se les procurer et en faire bénéficier les esprits de plus en plus nombreux intéressés par ce sujet. Sans vouloir insister et faire de minutieuse critique, le débat institué notamment sur la valeur des maisons publiques eût reçu de précieux éclaircissements si le Comité eût établi des statistiques parallèles entre l'état sanitaire des pensionnaires et des isolées dans *toutes* les grandes villes de l'empire ; cela nous eût plus satisfait, nous l'avouons, que de lire des paragraphes entiers consacrés à l'élucidation de points comme ceux-ci : quel est l'état parallèle de la confession religieuse chez les filles en maison et chez les filles en carte ? Les filles en maison ont-elles été réglées, ont-elles été déflorées plus tôt que les filles en carte ? Passe encore sur la question de savoir si ces mêmes pensionnaires sont plus ou moins lettrées que les isolées ; ceci peut avoir un intérêt pour établir de quel degré d'ignorance est susceptible une fille qui accepte la double servitude de l'inscription et de l'internement. Mais un parallèle entre les professions exercées par les pensionnaires et les isolées nous paraît décidément moins utile que les études d'hygiène indiquées dans notre desideratum.

Nous confesserons encore que nous eussions aimé trouver, à côté de l'enquête statistique, un chapitre réservé à une enquête morale sur la condition même des femmes inscrites, sur leur mentalité, sur leur mortalité et leur disparition par la fuite, sur leurs rapports officiels et privés avec les tenancières et la police des mœurs elle-même, sur les traitements qu'elles subissent, sur le proxénétisme et le commerce des femmes. Ainsi, des procès — comme celui du préfet de police de Kronstadt, Goloratcheff, traduit en justice en octobre 1885 par le département des affaires criminelles de la Chambre de justice de Pétersbourg, pour avoir pendant neuf années, de 1873 à 1882, exercé sur les tenancières et les prostituées de Kronstadt une série d'exactions de tout genre financières et autres et condamné à la dégradation et à l'exil dans le gouvernement d'Irkoustk — valaient peut-être une mention. Nous en dirons autant des fréquentes enquêtes locales que la police de Pétersbourg, de Varsovie, d'Odessa, de Sébastopol, de Kertch a conduites dans ces dernières années sur l'important commerce de jeunes filles indigènes emmenées à l'étranger ou étrangères amenées du dehors sous prétexte d'emplois honnêtes et lucratifs. D'Odessa, de Sébastopol et de Kertch notamment c'est par convois que les traitants expédient ces jeunes filles à Constantinople. Dans les gouvernements de la Vistule, nombre de jeunes polonaises sont également leurrées et pipées, dirigées sur Hambourg pour être de là expédiées comme soi-disant gouvernantes, bonnes d'enfants, pianistes, etc., dans les pays de l'Amérique du Sud où elles sont reçues par des correspondants proxénètes.

Il eût été également intéressant d'avoir des renseignements sur l'organisation hospitalière actuelle et le traitement libre des maladies vénériennes, ainsi que sur les récents projets de réforme concernant l'hygiène.

Quoi qu'il en soit, le rapport de l'enquête du Comité russe, si clairement et si magistralement présenté par M. Troinitsky, offre un intérêt capital. Comme M. Troinitsky le dit lui-même au début, le Comité n'a pas compté

que cette première enquête effectuée en un seul jour four-
nirait des matériaux assez détaillés et assez complets pour
donner une idée absolue de l'état de la prostitution tout
entière, à tous les échelons sociaux, dans tous ses modes,
dans tous les gouvernements de l'Empire. Les renseignements sur le personnel des femmes enregistrées et surveillées, sur la prostitution « reconnue officiellement »,
n'élucident qu'un des côtés de la question : il y faudrait
joindre une étude statistique et sociale approfondie de la
prostitution insoumise, qui jetterait de vives lumières sur
les points les plus divers, la condition économique des
femmes, la santé sexuelle de la population, la question des
enfants naturels, etc., etc. Telle qu'elle est, cette première
enquête n'en demeure pas moins un modèle à offrir aux
pays dont les pouvoirs administratifs et politiques n'ont
point encore jugé cette question de démologie digne de
leur officielle attention.

PARIS. — IMP. V. GOUPY, G. MAURIN SUCC., RUE DE RENNES, 71.

LA PROSTITUTION

EN FRANCE

**Double tentative de
M. Bérenger pour réformer la réglementation
de la Prostitution et épurer les Mœurs.**

---

*Silence des pouvoirs publics en France sur la ques-
tion de la prostitution, — Initiative parlementaire
de M. René Bérenger, sénateur. — La police des
mœurs et la censure des mœurs devant le Sénat.*

La France ne nous a pas donné le même spectacle que
les deux gouvernements dont nous venons d'étudier la
consultation et les enquêtes : ici les pouvoirs publics
n'ont pris aucune initiative. A diverses reprises, il est
vrai, depuis une douzaine d'années, deux assemblées,
l'une communale, l'autre scientifique, le Conseil municipal de Paris et l'Académie de Médecine, soulevèrent
la question, mais, il est presque inutile de l'ajouter,
générales ou partielles, sérieuses ou timides, les quelques réformes qu'elles indiquèrent (1) furent ignorées
des pouvoirs qui seuls étaient en mesure de les réaliser.

Ces précédents n'étaient pas de nature à faire surgir
d'autres manifestations que celles des publicistes ou
des hygiénistes qui ne veulent connaître ni décourage-

---

(1) V. Procès verbaux et rapport de la Commission municipale

ment ni lassitude, et cependant une nouvelle tentative
a eu lieu que l'on ne peut passer sous silence. Nous
voulons parler de la double campagne de légifération
et de moralité entreprise par un sénateur inamovible,
M. René Bérenger. Elle vaut d'être racontée par le menu.
Beaucoup d'autres en ont dit leur sentiment ; on pourrait
même demander qui en France n'en a pas dit son mot.
Nous avons donc à notre tour commenté tous les incidents de ces débats portés surtout devant l'une des
chambres du Parlement, le Sénat qui possède à l'égal
de la Chambre des Députés, comme on sait, l'initiative
des lois ; mais, nous le confessons, si nous avons repris
avec quelque étendue l'examen des propositions connues
sous le nom de lois Bérenger et de la campagne de
moralisation publique qui les a accompagnées, c'est qu'il
nous a paru qu'il n'y avait pas lieu d'être complètement
satisfait non seulement de la pensée du promoteur de la
législation nouvelle, mais de la plupart des critiques
soulevées par les innombrables écrivains dont nous
parlions à l instant ; ceux-ci notamment ont d'abord
trouvé dans le sujet moins une matière d'étude que
l'occasion d'une trop commode et railleuse polémique ;
de part et d'autre enfin, on s'est placé sur un terrain peu
sûr et souvent mal exploré pour se poser en censeurs.

Au point où s'est réduite la tentative en ce qui
concerne particulièrement la réglementation de la
prostitution, peu importe d'ailleurs que jamais dans
l'espèce la Chambre soit saisie, et, selon le jeu consti-

---

de la police des mœurs, 1879, 1881-83. — Rapport de la Commission sanitaire sur la réorganisation du service de santé relatif
à la prostitution et discussion publique (mars et juillet 1890). —
V. également le Rapport du Pr Alfred Fournier sur la *prophylaxie
publique de la syphilis* (juin 1887) et procès-verbaux des séances
de l'Académie de Médecine (février-mars 1888). Nous donnons aux
Pièces et documents justificatifs les divers projets de délibération du Conseil municipal et de l'Académie, et aussi un projet
déposé sur la tribune de l'Hôtel-de-Ville par M. le préfet de police
Lozé.

tutionnel de la machine parlementaire, connaisse particulièrement des pièces incomplètes du procès
engagé, faiblement soutenu et finalement perdu, en
mars 1895, par M. Bérenger. L'intérêt ne nous semble
pas là. Ce qui importe c'est que pour une discussion
nouvelle et autrement ample et pleine, dans un avenir
plus favorable, il soit dégagé de cette discussion première des réalités et des conclusions susceptibles
d'armer ceux qui voudront un jour à la tribune du Parlement réaborder le problème de la prostitution réglementée et de la morale publique, mais avec plus de
liberté d'esprit et une meilleure compréhension.

Nous parlerons d'abord des débats spécialement
relatifs à la réforme de la prostitution réglementée, qui
ont eu lieu en 1895, puis nous viendrons à ceux sou-
levés en 1897 également par M. Bérenger et qui ont
trait d'une manière plus générale à la morale publique
envisagée à un point de vue moins spécial que le point
de vue prostitutionnel.

I

RÉFORME DE LA RÉGLEMENTATION DE LA PROSTITUTION.

I

Le point de départ de M. Bérenger : Fondation de la « Ligue contre la licence des Rues ». — Petite biographie de M. Bérenger. — Contribution de la prostitution réglementée et clandestine aux manifestations de l'immoralité publique. — Hésitations premières de M. Bérenger en matière de doctrine juridique; ses incertitudes sur le but et les moyens. — Tâtonnements et projets de lois successifs. — Pensée-mère du projet de loi définitif de M. Bérenger. — M. BÉRENGER VEUT SOUSTRAIRE TOUTE FEMME SUPPOSÉE PROSTITUÉE ET ARRÊTÉE COMME TELLE, A LA JURIDICTION D'EXCEPTION ARBITRAIREMENT USURPÉE PAR LA PRÉFECTURE DE POLICE A PARIS ET LES COMMISSAIRES CENTRAUX DANS LES DÉPARTEMENTS. — Quelques erreurs et omissions de l'auteur du projet de loi. — Pénalités draconiennes et inapplicables. — La question des maisons publiques et du proxénétisme patenté. — La question des mineures. — La question de l'hospitalisation des femmes. — Etapes, arrêts et contradictions de la pensée législative de M. Bérenger. — Intervention de la Commission sénatoriale; radiation et correction de divers articles. — Causes de l'échec du projet de loi définitif, imputables à M. Bérenger.

Le projet de Réglementation, on le sait, a subi un échec radical. Depuis près de cinq ans M. Bérenger avait défrayé les premiers-Paris politiques, la grande et

la petite chroniques, tout d'abord par son appel aux
pères de famille pour la « Formation d'une Société
centrale de protestation contre la licence des rues »
(21 décembre 1891), puis par les Congrès de la Ligue
française de moralité publique (Lyon 27-29 septembre
1894), enfin par le dépôt et la publicité de son projet
de loi (28 mai 1894-26 mars 1895). Tout en accentuant
des prétentions parfois légitimes, parfois exagérées de
moralité publique, M. Bérenger avait nettement montré
un but très particulier. Doublement ému comme homme de loi et de gouvernement de l'épouvantable arbitraire qui règne en maître absolu dans ce département
des administrations communales qu'on appelle — police des mœurs —, M. Bérenger avait voulu rendre
toute femme s'adonnant à une prostitution supposée
invétérée et professionnelle, justiciable d'un tribunal de
droit commun ; c'était là la tête et le cœur de son projet.
C'est là qu'il a échoué de façon complète. Le gouvernement a de suite pris nettement position contre lui et
son intervention négative et hostile a décidé le Sénat
à des modifications qui équivalent à un rejet pur et
simple. Présentement la proposition décapitée, saignée
à blanc, n'existe plus à ce point de vue majeur; elle
n'est plus qu'une correction aggravative de plusieurs
lois antérieures sur les souteneurs et les cas de relégation, sur la limitation de la puissance paternelle à
l'égard des mineurs, sur l'excitation à la débauche
(art. 334 du Code pénal), sur l'exercice des professions
de débitants de boissons et hôteliers, enfin sur la presse.
Le projet de loi Bérenger, tel que le Sénat l'a voté,
touche à de nombreux sujets autour du sujet principal,
on le voit; mais il omet totalement celui-là même qui
était sa raison d'être aux yeux de l'opinion et peut-être
aussi aux yeux de son auteur. C'est ce phénomène
législatif, dont nous avons voulu chercher à démêler
les causes un peu complexes.

Et tout d'abord, hâtons-nous de le dire, la personna-

lité publique de M. Bérenger est de celles qui doivent
être des mieux agréées de l'opinion. Avocat général à
Lyon au moment des désastres où s'effondrait l'Empire, il jetait de côté le 4 septembre sa robe de magistrat, et se croyant par son passage au service du régime
qui venait de compromettre la patrie plus tenu qu'un
autre envers elle, volontaire de quarante ans, il endos-
sait la capote de mobilisé du Rhône, faisait la campagne de l'Est et était blessé le 18 décembre 1870 à la
bataille de Nuits. Cette conduite si honorable lui valait aux élections de février 1871 le témoignage de
l'estime publique sous la forme d'un double mandat de
député, à Valence, sa ville natale, et à Lyon. A l'Assemblée il était de ceux qui s'associaient de suite à
l'œuvre de Thiers pour fonder par la forme républicaine le gouvernement du pays par le pays ; le 24 mai et
le 16 mai il tenait tête aux mouvements factices qui
prétendaient contrarier et contraindre la volonté de la
nation ; son discours du 21 juin 1877 au Sénat pour
combattre la dissolution de la Chambre des Députés
est un bon titre dans la vie d'un homme politique et
restera à côté de ceux que prononcèrent Gambetta et
Jules Ferry. Depuis, le Sénat, où il était entré comme
inamovible, l'a élevé à la vice-présidence. Mais la personnalité juridique de M. Bérenger fait saillie plus
encore et marque tout à fait dans les premiers rangs.
M. Bérenger, en effet, a été le promoteur d'une loi qui
fera époque dans l'histoire de notre droit pénal et lui
assurera un renom plus durable que n'est impor-
tune la sorte de notoriété qu'il s'est plaint, avec un
demi-sourire, de se voir présentement infliger. La loi
du 26 mars 1891 n'a pas seulement mis un peu de logique et d'équité éclairées dans la récidive en matière
correctionnelle et atténué (on le reconnaîtra tout en
faisant des réserves sur l'institution de la petite récidive)
le régime des aggravations tel que l'organisait la législation précédente ; mais elle a réalisé une modification

d'une forte portée moralisatrice en donnant au juge le droit d'ordonner le sursis à l'exécution de la peine que la loi le contraint de prononcer.

Malheureusement la nouvelle loi de M. Bérenger était d'une moins bonne venue, et sa viabilité pour un œil attentif était fort douteuse. Ce qui frappe tout d'abord, en effet, dans la campagne législative entreprise par M. Bérenger, c'est l'extrême confusion des idées qui le poussèrent à l'entreprendre. Lui-même a pris soin d'instruire ceux qu'il intéresse, de ses hésitations, de ses incertitudes, de ses tâtonnements en rédigeant et soutenant successivement trois projets différents, parfois contraires. Le fait n'a pas été suffisamment remarqué. M. Bérenger a même couronné cette attitude par son acquiescement final à un quatrième projet, le projet adopté par le Sénat sur la demande du gouvernement, celui-là même qui omet la pensée-mère à laquelle M. Bérenger avait paru attacher — sinon dans son premier projet — du moins à partir du second, une importance capitale. On conviendra que la pensée est un peu flottante et le but un peu brumeux dans l'esprit du réformateur. Qu'on en juge sur les textes mêmes, et l'on verra que l'honorable sénateur s'était placé dans des conditions bien défavorables pour entrainer les esprits à quelque catégorie d'entre eux qu'il s'adressât (1).

Prenons le premier projet de M. Bérenger, celui du 27 avril 1894.

A la vérité, en suivant celui-ci minutieusement du premier article au dernier, on le trouve tel qu'on peut se demander s'il émane de l'honorable M. Bérenger, du

---

(1) Le premier projet est déposé le 27 avril 1894; le second (*rédaction rectifiée* [sic]) est amendé par la commission spéciale et par l'auteur; le troisième enfin donne le texte définitivement adopté par la commission; ces deux derniers sont de 1895. Voir Pièces annexes du *Rapport fait au nom de la commission*, par M. Bérenger (26 mars 1895), p. 59, 64, 51. — On trouvera aux *Pièces et documents* du présent livre ces trois projets et celui qu'a finalement adopté le Sénat.

législateur criminaliste qui tout à l'heure s'apercevra qu'au point de vue de notre droit public les jugements à huis-clos de la police des mœurs sont une monstruosité anti-juridique. Pas un mot de cette fameuse garantie légale qui, en déférant les femmes aux tribunaux réguliers, va tout à l'heure faire la fortune de la « loi Bérenger » et lui donner à la fois sa valeur et sa famosité. Sur les dix articles de ce premier projet, neuf sont consacrés aux logeurs, aux débitants de boissons, aux auteurs de l'outrage aux mœurs par imprimés ou dessins, aux embaucheurs de mineurs de l'un ou de l'autre sexe ; un seul vise la prostitution dans la forme du racolage public, et ce pour la frapper *de trois mois à deux ans de prison*, des mêmes peines dont l'article 330 du Code Pénal frappe l'outrage public à la pudeur ; ce même article, le premier du projet, laisse entendre que la femme pourra être touchée par la loi du 27 mai 1885 sur les récidivistes et accompagner le souteneur dans la relégation ! Ici on cherche vainement le minimum de clarté exigible dans le texte d'un législateur. En fait, M. Bérenger ajoute le tribunal correctionnel à la réglementation de la police des mœurs : il superpose les deux rouages, car à ce moment il respecte certainement l'organisation ancienne. Dans l'article 6, il punit de six mois à deux ans de prison (et même quatre ans de prison s'il s'agit de mineurs, art. 9) l'embauchage par violence ou fraude « *dans une maison de débauche* » : il laisse donc subsister l'organisation policière de la maison de tolérance. En outre que devient la racoleuse patentée, la femme en carte vaquant aux heures réglementaires sur la voie publique ? L'article 1er ferme-t-il les yeux sur elle ? la frappe-t-il ? Sur ce point le silence est complet. On peut imaginer que M. Bérenger, à cette date de son entreprise, refoule et interne dans les maisons publiques, dans ce but multipliées, toutes les femmes qui, inscrites et demi-libres, sont susceptibles de battre le pavé en quête de rencon-

tres (1). Tout cela est bien obscur et sent encore singulièrement le moraliste effarouché, le fondateur de la
« Société centrale de protestation contre la licence des
rues » (2) poussant les hauts cris ni plus ni moins que « les
honorables industriels et commerçants » auxquels faisait appel la Ligue moraliste « sans distinction de parti ».

Le second projet dû, comme le précédent, à l'initiative exclusive de M. Bérenger, le projet *rectifié*, indique un progrès dans l'esprit de l'auteur; sa pensée se
précise; le juriste paraît et s'oriente vers le chemin de
Damas où d'ailleurs il n'arrivera pas. L'article 1er s'obstine sans doute à mettre les femmes sur le même rang
que les souteneurs afin de laisser planer sur leur tête la
menace de relégation; sans doute, il frappe encore les
femmes racoleuses d'un emprisonnement d'un mois à
un an, mais il reçoit une importante addition : pour encourir cette peine du reste extraordinaire, *il faut que
ces femmes aient reçu un avertissement notifié après
enquête par un officier de police judiciaire*, et, n'en
tenant aucun compte, continuent leur racolage public.

Puis, voici l'article 2, le célèbre article 2, celui qui
va caractériser la tentative de M. Bérenger, celui qui
contient en ses quelques lignes toute une condamnation
légale de l'institution répressive actuellement en vigueur sous le nom de police des mœurs, celui qui place
le droit et la loi en face de l'abus de pouvoir et de l'arbitraire. Le libellé fort simple vaut d'être textuellement
cité : « *Les contraventions aux arrêtés et règlements
de police concernant la prostitution seront déférées
au tribunal de simple police qui prononcera les*

---

(1) C'est là l'impression du rapporteur de la Commission d'initiative, M. le sénateur Alex. Lefèvre (*Rapport sommaire pour
la prise en considération*, 28 mai 1894, p. 5 et 6). « L'adoption
du projet de loi de M. Bérenger *aurait* pour effet inévitable le
maintien et l'augmentation des *maisons de tolérance...* »

(2) Cotisation annuelle 2 francs, chez M. Fourcade, avocat, 9,
rue d'Anjou-Saint-Honoré.

peines édictées par les articles 479 et suivants du Code pénal. » Du coup voici la Préfecture de Police supprimée comme tribunal !

L'article 3 complète le précédent ; il n'a pas été assez remarqué ; l'article 2 l'a rejeté dans la pénombre. Il vaut cependant lui aussi d'être retenu ; il contenait toute une réforme et — sauf erreur de notre part — il nous paraît que la prison de Saint-Lazare en tant que pénitencier sanitaire y était condamnée. « Toute prostituée reconnue atteinte de maladie spéciale dangereuse pour la santé publique, disait cet article 3, sera conduite *dans un hôpital*, où elle sera retenue jusqu'à sa guérison. » Le texte sans doute ne précise pas, mais enfin *un hôpital*, en bon français, est l'établissement qui dépend de l'Assistance publique ; et la Préfecture de Police et l'Assistance publique n'ont rien de commun. Il est vrai que M. Bérenger légalisait la détention des malades coupables d'être malades, mais au moins ne les internait-il pas ailleurs que dans les salles et les jardins d'un véritable hôpital.

S'il convient de signaler d'un trait ces innovations de conséquence, il n'en est que plus nécessaire de faire ressortir les contradictions qui, dans ce même projet, jurent à côté d'elles et les annulent. C'est toujours cette même absence de but bien défini et nettement fixé dès le premier pas. A diverses reprises, M. Bérenger a tenu à déclarer qu'il se tenait de parti pris en dehors et au-dessus de toutes les disputes qui se sont élevées depuis tantôt vingt ans en France entre réglementaristes et abolitionnistes. Au Congrès de la Ligue française de la Moralité publique, en septembre 1894, le jour même où M. le Pr Augagneur, de Lyon, renouvelait, en ouvrant une séance comme président, l'aveu de la conversion qui avait fait de lui un antiréglementariste aussi décidé qu'il était naguère un réglementariste militant, on entendait l'honorable sénateur s'étonner des critiques dont ses propositions étaient en partie l'objet, et dire qu'il avait voulu se placer à égale distance des deux extrêmes, les réglementaristes et les abolitionnistes. Dans le rapport du 26 mars 1895, écrit de sa propre plume sur sa propre proposition (1), il renouvelait cette déclaration : après un exposé des deux thèses adverses de la protection répressive et de la liberté, il ajoutait : « L'auteur du projet de loi dont le Sénat est saisi, s'est abstenu de prendre parti entre ces deux écoles. Il n'avait point à le faire. Le mal principal qu'il veut combattre (le racolage public) existerait, en effet, aussi bien avec le régime de la liberté qu'avec celui de la réglementation.... *Sa répression n'implique donc de préférence pour aucun système* ». La bonne foi de cette profession encore renouvelée au cours des débats parlementaires ne rend que plus éclatantes les contradictions du projet. Comment M. Bérenger a-t-il pu prétendre à cette impartialité entre le maintien et la suppression de la police des mœurs dont il proclamait se désintéresser, quand tout son second projet, malgré ses apparences sérieuses de légalité, est précisément construit sur le fonctionnement d'une police des mœurs à peu près intégralement maintenue? Le premier projet parlait du délit d'embauchage dans les maisons de débauche qui sont la cheville ouvrière de la prostitution réglementée : ce second projet maintient le délit en le rendant, il est vrai, moins clair dans un texte moins gênant pour les proxénètes patentés ; il vise « l'embauchage pour la prostitution (2) » (art. 8), mais en même temps il maintient comme délits *toutes les contraventions aux arrêtés et règlements de po-*

---

(1) La Commission était composée de MM. Sihol, président; Régimauset, secrétaire; Morellet, Paul Gérente, Francoz, Ouvrier, membres. M. Fallières, ancien garde des sceaux, auteur du projet de loi déposé en 1891, sur les logeurs et debitants, M. Camescasse, ancien Préfet de Police, et M. Bérenger, en faisaient également partie, ce dernier rapporteur de sa propre proposition.

(2) Page 10. (Rapport de M. Bérenger.)

lice concernant la prostitution (art. 2). Or, M. Bérenger ne peut être supposé ignorer les principaux
d'entre ces arrêtés, qui sont pour la plupart ce qu'on
peut imaginer de plus inepte, contenant des défenses
inimaginables en ce qui concerne le costume, la coif-
fure, etc , mettant sous la dépendance d'inspecteurs,
souvent de simples coquins (pour ne pas dire pis), les
actes les plus simples de la vie quotidienne, leur permettant d'interpréter comme des actes de provocation
le port d'une clé, le port d'une bougie, celui-là comme
une invite à monter, celui-ci comme emblème! etc.,etc.
Qu'est-ce que ces arrêtés et règlements spéciaux, sinon partie intégrante du système de la police des
mœurs, et comment admettre que de pareilles défenses et prohibitions puissent servir par leurs violations
à mettre la loi en action, même devant un tribunal
de simple police? N'en est-il pas de même de l'article 3
que nous louions tout à l'heure, parce qu'il battait en
brèche la léproserie de Saint-Lazare? Mais qu'est-ce
encore que l'internement coercitif des femmes malades, sinon un des statuts les plus importants de la police des mœurs? M. Bérenger était donc mal fondé à
se donner comme détaché des deux solutions : il avait
inconsciemment pris fait et cause pour l'une d'elles,
pour la réglementation; il mettait finalement la loi au
service de la police, qu'il voulait contenir, et le droit
au service de l'arbitraire, qu'il voulait empêcher.

La pensée de M. Bérenger a été dans tous ces com-
mencements d'étude si peu certaine que c'est seulement dans son second projet qu'il s'est occupé d'une
manière effective des mineures. Chose peu croyable,
le premier projet, celui qui aurait dû tout au moins
esquisser le sujet, en arrêter les grandes lignes, n'en
parlait pas. Or, s'il y a un point acquis et bien mis en
lumière par les enquêtes collectives des administrations
ou isolées des publicistes, c'est que le recrutement des
filles et femmes prostituées se fait en grande partie

dans les rangs des petites filles abandonnées ou grandissant dans des milieux familiaux gangrenés : la gamine vicieuse, la *gavrochine* (comme dit un jeune académicien, M. Paul Bourget), la fillette de dix à douze ans dressée hâtivement à la pratique sexuelle, est dès aujourd'hui la précoce racoleuse qui débute aux bals-musette des boulevards extérieurs; elle sera demain « la mineure de dix-huit ans », qui figure en nombre sur les listes des inscrites. M. Bérenger, dans son second projet, s'occupe enfin d'elle : il interdit la prostitution avérée à la jeune fille au-dessous de dix-huit ans : il enlève ces recrues faciles à l'inscription pour les confier, par jugement d'un tribunal régulier, à des éducateurs correctifs. Détail singulier, M. Bérenger paraît ignorer (art. 4) l'œuvre réformatrice de la législation du 24 juillet 1889 sur ce point; il ne vise que la loi si insuffisante du 5 août 1850. Mais ce n'est sans doute là qu'une omission de plume.

Nous voici maintenant arrivé devant la Commission qui va nous donner un troisième projet, assez semblable, sans doute, dans presque tous ses articles importants au précédent, mais en en omettant un que nous avons tenu pour un des principaux. La Commission, M. Bérenger nous permettra de le dire, met dans la rédaction même rectifiée de l'honorable sénateur un peu de l'ordre et de la netteté qui, dans certaines parties, y faisaient défaut; elle lui enlève même le caractère draconien que lui avait trop souvent infligé l'auteur.

L'article 1er de M. Bérenger frappait d'un mois à *un an* de prison la femme qui, après avertissement judiciairement notifié, se livrait de nouveau au racolage public ! La Commission, plus humaine et plus pratique, baisse le ton et abaisse le degré : l'emprisonnement ne sera plus que de six jours à *un mois* ; entre l'un et l'autre maximum la différence est grande ! Elle augmente de plus, au bénéfice de la femme, les garanties légales : il faut désormais que l'inculpée soit

entendue ou dûment appelée; enfin il faut que le renouvellement du racolage ait eu lieu « dans l'année »
qui suit l'avertissement. Ces deux points avaient été
omis par M. Bérenger.

Ce n'est pas tout. M. Bérenger avait par surcroît, on
l'a vu dans ces deux projets personnels, englobé les
femmes dans la catégorie des individus susceptibles
d'être frappés — en cas de récidive dans un délai de
cinq ans — de la peine de relégation. La Commission
très heureusement et très clairement sépare dans son
texte les femmes de leurs souteneurs et proxénètes;
elle rejette dans un article spécial (art. 2) cette dernière
catégorie de personnages et les frappe, en dehors des
fortes peines d'un emprisonnement maximum d'un an
et d'une interdiction de séjour maximum de dix ans,
de la peine de la relégation. Cette fois il n'existe plus de
confusion possible entre deux classes de personnes
qu'on ne pouvait assimiler, malgré leur promiscuité
plus apparente que réelle, une prostituée ne pouvant
être décemment ravalée au rang de son exploiteur.

La Commission consacre intégralement l'article relatif
à l'institution de la juridiction du tribunal de simple
police aux lieu et place du jugement à huis-clos de la
Préfecture, article qui était la clef de voûte du système
de M. Bérenger, et elle complète l'article relatif aux
mineures en visant justement la loi du 24 juillet 1889 à
l'élaboration de laquelle le Sénat, par l'action de son
très-éminent membre le D^r Th. Roussel, le Conseil
municipal de Paris et l'Administration de l'Assistance
publique, avaient pris une si active part.

Jusqu'ici l'intervention de la Commission est des plus
judicieuses et ne touche en rien aux charpentes essentielles : mais nous venons à l'article 3 du second projet
de M. Bérenger, celui-là même dont l'importance au
point de vue de l'hygiène nous a paru être égale à l'article instituant la juridiction du tribunal de police au
point de vue légal; celui-là, qui détruisant Saint-

Lazare comme infirmerie-prison et le remplaçant par un établissement d'assistance publique, pouvait avoir une excellente influence sur l'état d'esprit des malheureuses femmes malades qui fuient comme peste le dispensaire, pour éviter les pénalités odieuses que leur vaut la seule maladie; cette article bienfaisant, la Commission le supprime.

Et M. Bérenger, que dit-il? Rien. Il fait apparemment devant la Commission ce qu'il fera devant le Sénat castrant le projet définitif de toutes ses parties viriles ; il s'incline. Dans son long rapport (50 pages grand in-8). de cet article probablement discuté et finalement rayé il ne dit pas un mot — même de regret. C'est mal comprendre les devoirs de la paternité quand les enfants méritent de vivre.

Bien qu'elle ait passé presque inaperçue au milieu de l'éclat ou du brouhaha qui a accompagné la suppression votée en séance publique de l'article déférant les femmes à un tribunal régulier, nous tenons l'omission de cet article d'hygiène publique pour un des faits principaux les plus regrettables de toute l'affaire.

Mais — et nous allons au-devant de l'objection d'un caractère général qu'on va sans nul doute nous faire — tout l'ordre de critique, nous dira-t-on, que vous présentez ici du projet de loi de M. Bérenger, peut être appliqué à n'importe quel projet législatif; ces étapes sont d'habitude.

Non pas.

Les dispositions capitales, primordiales, *sine quibus non*, de tout projet doivent être arrêtées dès le début dans l'esprit de l'auteur : c'est autour d'elles que viennent se grouper les détails, les additions, les conséquences. Or, nous l'avons vu, il n'en était rien quand M. Bérenger débuta : à cette date il attaquait la licence des rues ; voilà tout.

M. Bérenger, qui nous a d'ailleurs lui-même, en nous donnant toute la série de ses projets, fait assister à

l'élaboration un peu pénible et hésitante de sa propre
pensée, a été l'historien personnel de cette difficul-
tueuse genèse. De cette mentalité de M. Bérenger, de
cette incertitude de principes et même d'études, avait
dû résulter l'élaboration d'une proposition au début et
longtemps mal définie, mal liée, sans clarté, parfois
contradictoire, laissant subsister la police des mœurs
qu'elle critiquait, aggravant même, en dépit d'intentions
favorables, la condition des femmes en mettant la justice régulière au service de la réglementation légalement sanctionnée ; de ces mêmes dispositions devaient
découler nombre d'incidents inévitablement nuisibles
au succès de l'œuvre ; ainsi avant même d'arriver à la
tribune du Sénat, cette œuvre était déjà atteinte dans
un de ses meilleurs statuts, celui qui concerne l'hygiène
curative. Il importait donc de faire remarquer la part
qui incombait à l'honorable sénateur, malgré tous ses
mérites, dans l'insuccès final, et de déterminer les
causes de l'échec du projet de loi Bérenger directement
imputables à M. Bérenger lui-même.

II

Causes diverses de l'échec du projet de loi Bérenger devant le Sénat : les deux principales. — 1° Hostilité de la Préfecture de Police acquise à toute réforme qui, en matière de police de mœurs, restreindra ses pouvoirs ou en changera le caractère par une loi; prétentions de ce service à l'autonomie au milieu des autres autorités publiques; — 2° Ignorance complète de la question de la prostitution aux points de vue social et hygiénique dans le monde parlementaire. — Observations sur les débats à la tribune du Sénat; leur pauvreté, exception faite des discours de M. Bérenger. — Attaques du Garde des Sceaux et du Préfet de Police contre l'article capital du projet de loi Bérenger, contre la garantie légale accordée aux femmes par le retour au droit commun et l'abolition de la juridiction de jugement usurpée par la Préfecture de Police. — Exaltation de la conduite du service des mœurs par le Garde des Sceaux et le Préfet de Police : 26.000 arrestations de femmes en un an! — Une erreur de M. Bérenger concernant les débitants de boissons, les hôteliers, les parents des femmes, etc. — Première passe d'armes de M. Bérenger contre la licence des écrits imprimés et des dessins exposés dans les rues.

Il est inutile de rappeler le *tolle* véritablement général que l'opinion avait poussé contre le projet de loi. Rarement auteur avait réuni un tel concert de désapprobations. Dans la presse, dont il faut bien tenir compte quoi qu'on en ait contre elle, ç'avait été notamment une seule voix de critique, et les esprits de tendances libérales, pour qui le *statu quo* est un état indigne d'une sociéte fondée sur le respect de la loi, tout en rendant justice aux préoccupations de M. Bérenger, avaient ratifié la condamnation. Sans doute ce mouvement et ces indispositions étaient extra-parlementaires, mais ce serait une notable erreur de ne pas s'en occuper comme d'un symptôme sérieux de l'opinion. Hâtons-nous d'ajouter que les motifs qui faisaient condamner le projet au dehors, n'étaient point ceux qui allaient le faire repousser dans le Sénat.

Venons maintenant à l'attitude du Gouvernement et de l'Assemblée, à la mentalité du milieu ministériel et sénatorial dans lequel M. Bérenger devait défendre ses idées, et aux autres causes qui achèvent d'expliquer l'insuccès final de la proposition.

Il en est une tout d'abord, parmi ces causes d'ordre si différent des premières, dont il importe de signaler l'importance parce qu'elle a eu une influence capitale sur l'ensemble des débats.

Le projet de loi Bérenger en effet avait beau émaner d'un membre de majorité conservatrice, avait beau respecter presque intégralement l'organisation actuellement en vigueur de la police des mœurs, il n'en portait pas moins à la Préfecture de Police un coup des plus sensibles : d'abord il lui retirait une juridiction à laquelle elle tient obstinément comme à un héritage de l'ancienne lieutenance générale de la police; il la censurait ensuite avec une incontestable sévérité dans un de ses services les plus obscurément actifs; enfin il la menaçait d'ouvrir une enquête en quelque sorte quotidienne sur les agissements de son personnel spécial par la substitution de l'action publique devant un tribunal régulier, à l'exécution à huis clos dont est chargé un de ses chefs de bureau. C'en était assez pour tourner contre soi non pas seulement toute une administration autonome et puissante, dont les ramifications s'étendent au loin dans le monde gouvernemental, mais pour soulever tous ceux aux yeux de qui le *statu quo* — fût-ce même en matière de police de mœurs — est un principe de gouvernement. Il y avait là, de la part de M. Bérenger, une posture de critique, d'opposant, d'agitateur au petit pied parfaitement insupportable.

Poursuivons.

A côté de cette première cause intérieure, il en est une autre également bien puissante, plus puissante peut-être, c'est l'inénarrable ignorance du sujet, commune aux orateurs du gouvernement, et vraisemblablement à leurs auditeurs sénatoriaux. S'il faut en effet juger du degré d'intelligence d'une matière dans un auditoire par la nature des arguments que les orateurs emploient devant lui pour en discourir, on peut dire que le Sénat était bien insuffisamment édifié sur cette question si profondément sociale de la prostitution. Depuis tantôt plus de vingt ans qu'Yves Guyot, après avoir pris contact avec les Anglais, les maîtres de tous en matière de liberté individuelle, a inauguré le débat en France, il est cependant peu de questions qui aient été aussi discutées et d'une façon aussi suivie.

Plusieurs faits ont été élucidés qui nous paraissent aujourd'hui, sans aucun parti pris, absolument incontestables.

Ainsi, les maisons de tolérance disparaissent partout, à Paris et en province, devant l'abstention des intéressés qui n'y voient plus avec raison que des guêpiers malsains dont il faut craindre les venimeuses piqûres ; ce côté antihygiénique de la réglementation qui bat le rappel sur la peau de quelques malheureuses pensionnaires, et sous prétexte d'hygiène multiplie sur les mêmes femmes le défilé du plus d'individus possible, a enfin paru un périlleux paradoxe. La réglementation pourra multiplier ses visites sanitaires dans les tolérances, elle ne fera pas que le principe des maisons lui-même ne soit insoutenable, puisqu'en cherchant à centraliser la clientèle on multiplie les chances de contage. L'absurdité de la réglementation en ce qui concerne les femmes malades n'est pas un fait moins bien établi. Voilà vingt ans que l'on crie à tous les vents (et Bourneville a même fait à propos des hôpitaux de province une enquête bien probante) (1) qu'une femme syphilitique n'est pas une femme délinquante, que la vérole est une maladie et non pas un crime, qu'il ne faut pas par conséquent traiter une malade comme une voleuse, que Saint-Lazare est un objet d'horreur pour les femmes et que toutes à peu près, en proie à cette terreur justifiée, fuient à qui mieux mieux le dispensaire devenu à leurs yeux le seuil de la prison... Voilà vingt ans qu'un honorable gentleman, appartenant à la meilleure société, mais d'esprit suffisant, raisonnant de sang-froid, peut, en s'entretenant avec un médecin, convenir sans ridicule ou sans excès d'originalité que la meilleure manière de combattre une maladie, fût-ce la vérole, est de la soigner non pas correctionnellement mais médicalement, et qu'une organisation sanitaire ne doit pas commencer par faire fuir les malades. Comme pratique de police, dans un autre ordre d'idées, le système des râfles et même des enlèvements individuels en pleine rue, celui des descentes nocturnes dans les maisons meublées ne sont pas moins réprouvés : ils ont donné lieu à des arrestations si injustifiées, à des méprises si déplorables pour l'honneur d'honnêtes femmes, qu'il n'est pas un administrateur qui ne les condamne publiquement, alors même qu'il les commande à voix basse à ses sous-ordres. Beaucoup d'autres faits nous paraissent personnellement prouvés, mais comme tout le monde ne pense pas de même à leur égard, nous les laissons de côté et nous nous en tenons à ceux-ci que les Préfets de Police et les médecins les plus favorables à la police des mœurs, bien que n'en faisant pas partie

---

(1) *Enquête sur l'hospitalisation des malades vénériens* dans les départements. (V. note p. 62 du présent ouvrage.)

(comme le D̲ᵣ Reuss et hier encore, le Pᵣ Augagneur, de Lyon), ne contestent plus guère.

Eh bien, ces quelques faits avérés et qui devraient s'imposer avec leurs conséquences au cours d'un débat sur la prostitution, qui croirait que personne n'en a soufflé mot au Sénat? Les orateurs ont été muets sur ce chef dans leurs discours et pas une interpellation opportune n'est partie des bancs de l'Assemblée pour y faire au moins allusion. Il semblait que jamais rien n'eût été ni dit, ni écrit sur le sujet. Une assemblée tenue aux Quinze-Vingts, pour prendre connaissance des récents travaux du très éminent M. Lippmann sur la photographie des couleurs, n'eût pas montré plus de discrétion. Outre-Manche, pour ne point parler d'autres pays, on ne peut s'empêcher de le remarquer, c'est d'une autre sorte que débattent les Parlements : c'est sur de fortes et complètes enquêtes que se basent de telles discussions, et des hommes comme les Stuart Mill, les J. Bright, les J. Stansfeld, les J. Stuart, les Gladstone eux-mêmes ne dédaignent pas de s'intéresser aux faits, de les étudier et de conclure publiquement même quand le *statu quo* doit en souffrir. Mais nos hommes d'Etat républicains sont vraiment trop grands seigneurs et trop grands penseurs pour s'abaisser à de telles matières. Aussi, quel résultat! On peut, comme nous, prendre la discussion parlementaire ligne par ligne, la plume à la main, et en dehors du discours et des répliques de M. Bérenger, si l'on y trouve autre choses que des banalités, que des assertions vingt fois réfutées, que des niaiseries qui se lancent devant trois cents parlementaires groupés et qu'on ne risquerait pas devant deux hommes de réflexion ou d'esprit, comme ces plaisanteries jetées au théâtre par dessus la rampe qui emportent le rire de la foule des spectateurs, mais seraient jugées excellemment sottes dans le tête-à-tête d'une conversation à peine affinée, enfin si l'on trouve autre chose dans ces cinq séances

(27, 28, 30 mai, 14 et 27 juin 1895) que l'habituel fatras de parlottage d'assemblée fait de lieux communs, de citations tronquées et sans contexte, d'arguties de petits plaidoyers judiciaires, d'appel aux préjugés et au plus borné des conservatismes, nous consentons à mettre bas les armes et la plume.

Le siège ou mieux la défense du gouvernement a été vite arrêtée et l'on ne peut rien imaginer de plus simple et de plus propre à supprimer toute controverse difficile que ce mode de discussion. Le projet de loi présentait deux articles dont, malgré toutes réserves, la portée avait une valeur bien saisie de tous. L'un supprimait le racolage et gênait par conséquent le travail public de la prostituée patentée, opérant sur le trottoir ou dans les lieux publics, sa carte en poche. L'autre instituait aux lieu et place de la juridiction du chef de bureau de la Préfecture un tribunal régulier avec les garanties à peu près ordinaires de la justice.

M. le Garde des Sceaux Trarieux et M. le Préfet de Police Lépine, ce dernier comme commissaire délégué, ont dès le début déclaré que le gouvernement combattait ces deux articles et qu'à aucun prix il ne consentirait à leur vote, non plus qu'à leur application. Cette déclaration préalable faite, le gouvernement était aux ordres du Sénat pour discuter le projet de la loi Bérenger...

Mais, dès lors, qu'est-ce que l'on pouvait encore appeler le projet de loi Bérenger? qu'en restait-il? Etait-ce la peine d'enfler la voix, d'émotionner le public, de provoquer durant des mois les publicistes à remplir les colonnes de leurs journaux pour modifier le paragraphe final de l'article 4 de la loi du 27 mai 1885 sur les souteneurs-récidivistes désormais frappés d'un emprisonnement plus long (3 mois à 2 ans) et d'une amende plus forte (100 à 1.000 francs) avec menace plus fréquente de relégation? pour élever jusqu'à la dix-huitième année l'âge de protection administrative des mineures et compléter la loi du 24 juillet 1889? pour reprendre le projet Fallières et traquer plus stricte-ment les logeurs et les débitants qui sont jugés faire trop ouvertement, avec leurs chambres à l'heure et leurs arrière-boutiques, concurrence aux prostituées inscrites et aux maisons publiques? enfin pour toucher si inopportunément à la loi du 2 août 1882 sur la presse sous prétexte de refréner l'outrage aux bonnes mœurs par la voie de l'imprimé ou du dessin ?

Chose singulière, M. Bérenger a assisté avec le plus grand calme à la mutilation de son projet. S'il en fut marri, il n'y parut guère. Dès lors, le gouvernement trouvait la voie facile devant lui ; il en profita non sans habileté tactique, critiquant largement les deux articles dont il avait exigé la suppression formelle et sans trace, et se hâtant de souligner l'accord des pouvoirs publics avec M. Bérenger lui-même pour le vote et l'applica-tion de tous les articles secondaires.

Voici d'abord M. Trarieux venant dire, entre autres nouveautés, que la question de la prostitution est vieille comme le monde, citant l'inévitable saint Augustin pour qui la courtisane représente le... water-closet des palais (de Ordine), que conséquemment le racolage est indispensable, que les formes de la justice ne peu-vent s'appliquer ici et « qu'il faut chercher en dehors de ces formes » pour maintenir l'ordre. Sans la police des mœurs la nation entière aurait la syphilis... ! C'est M. le Dr Barthélemy qui l'assure dans une brochure : 374 femmes malades séjournant en moyenne 30 jours dans le service de l'honorable médecin de Saint-Lazare ont été ainsi mises pendant 8.220 journées, par le fait même de leur détention, dans l'impossibilité de distri-buer des contacts dangereux (1). Qu'on vienne dire

---

(1) M. le Garde des Sceaux aurait bien dû demander à M. le Dr Bar-thélemy ce que deviennent au bout de ces 30 jours d'internement ces syphilitiques rejetées dans le public blanchies, et si l'interne-ment coercitif dans ces conditions n'est pas une cruauté parfaite-

après cela que « le droit n'est pas dans une certaine mesure dans l'arbitraire (*sic*) » ! Le système de la police des mœurs existe ; par cela même il est excellent : « *quieta non movere !* » Voilà la sagesse en cette matière comme en beaucoup d'autres ! Ce qu'il faut : « C'est surtout un bon Préfet de Police », conclut le Garde des Sceaux.

L'honorable M. Lépine ne pouvait souhaiter une meilleure présentation au Sénat. C'est le second sonneur, mais pour la même cloche : le Sénat n'entendra qu'un son. Que critique-t-on la police des mœurs ? dit à son tour le préfet-commissaire ; et comment un homme d'ordre comme M. Bérenger peut-il s'associer à un pareil blâme ? On parle de râfles : « J'ai absolument renoncé à ce système, continue le Préfet, et c'est ce qui me faisait dire par une interruption dont je demande pardon au Sénat : « Il n'y a plus de râfles (1). » M. Bérenger accuse notre juridiction extraordinaire de prononcer, sans aucune espèce de droit, sans nous appuyer sur aucun texte de loi, la peine de l'emprisonnement : c'est bien exagéré. « Pour le seul fait de racolage, nous donnons une première fois quatre jours de Saint-Lazare; en cas de récidive, nous allons jusqu'à la huitaine, à la quinzaine, mais nous ne dépassons pas ce chiffre ! » Quand on a affaire à une fille malade en retard pour ses visites, « il peut arriver que la peine dépasse un mois ! mais cela arrive si rarement ! » M. Bérenger prétend encore que la Préfecture laisse « racoler » seulement

---

ment inutile; il aurait pu également demander à l'honorable médecin de Saint-Lazare ce que deviennent de leur côté les milliers de femmes *inscrites* qui fuient les visites du dispensaire, comme telles sont portées *disparues* et, grâce à l'absurdité de l'organisation sanitaire, distribuent, elles aussi probablement, largement la maladie qu'un système anti-coercitif pourrait soigner.

(1) En juillet et août 1895, le lendemain de cette déclaration, les râfles redoublaient au point d'excéder les médecins du dispensaire par un surcroît de visites supplémentaires. (*Communication* du Dr Rouillard, médecin du Dispensaire.)

dans les quartiers pauvres et jamais dans les quartiers riches : rien de plus faux ; la Préfecture a un autre sentiment de l'égalité. M. Bérenger prétend encore que le racolage ne peut être supprimé dans l'état actuel de l'organisation : rien de plus faux encore. « En 1894, dit le Préfet de police, j'ai arrêté 26.000 femmes ! » M. Bérenger nous arrête ici lui-même et nous parle d'erreurs, d'arrestations arbitraires ; rien de plus faux toujours : « Sur ces 26.000 arrestations, savez-vous, Messieurs les Sénateurs, combien il y a eu d'erreurs, d'arrestations arbitraires. Une seule, Messieurs, une seule ! Je livre ce chiffre statistique à vos méditations. » (*Approbation.*)

Que pouvait faire et dire l'honorable M. Bérenger devant ce flot d'éloquence et d'arguments ? Pour y résister, il eût fallu accentuer ses critiques, hausser un peu le ton, prendre vis-à-vis des orateurs officiels une attitude un peu plus consistante, et tout cela dépassait évidemment le but que M. Bérenger avait entrevu et la mesure qu'il s'était assignée. Toutefois, comme il faut, avant tout, dans une appréciation critique, être d'une entière impartialité, il ne nous en coûtera pas d'ajouter que l'intervention du gouvernement, par l'organe du Préfet de Police et du Ministre, n'a point été sur toutes les parties du projet de loi aussi fâcheuse qu'à propos des articles relatifs au racolage et au tribunal régulier. Par une étrange interversion dans les rôles, on a vu successivement le Ministre de la Justice et surtout le Préfet intervenir à diverses reprises pour tempérer la nouvelle législation véritablement draconienne et même anti-humanitaire dont M. Bérenger, dans son inapaisable rigueur, poursuivait les malheureux logeurs et cabaretiers.

Dans son premier projet, le logeur et le débitant de boissons reconnus coupables d'avoir reçu chez eux des femmes, étaient passibles d'une amende de 100 à 1.000 francs et d'un emprisonnement de trois mois à deux

ans, et ce *sans avertissement préalable !* Si le débitant
de boissons en particulier était condamné seulement à
un mois de prison pour ce délit, le tribunal devait lui
interdire pendant cinq ans d'exploiter soit par lui-
même, soit par gérant, un débit de boissons ; si pendant
ces cinq ans, le condamné encourait une nouvelle condamnation à l'emprisonnement, l'incapacité professionnelle prononcée devenait *perpétuelle !* Dans le projet
rectifié et dans le projet de la commission, ces pénalités
extraordinaires subsistent... Il faut que le Ministre et
le Commissaire du gouvernement se jettent en travers
et tentent d'arrêter M. Bérenger sur cette pente.
M. Bérenger, dans la discussion en deuxième délibération, défendant, en effet, tout ce dispositif, disait le
plus naturellement du monde : « Si le juge peut faire
fermer l'établissement du débitant — ce qui peut être la
ruine de l'individu, — pourquoi ne pourrait-il pas interdire à l'individu de *servir* dans une maison *similaire ?* »

Dans la loi du 17 juillet 1880 (relative aux débits de
boissons), cette pénalité de l'interdiction professionnelle
ne s'entendait que dans le propre débit exploité par le
délinquant et à lui appartenant, et bien qu'elle visât
(art. 6 et 7) des condamnés pour vol, recel, escroquerie,
filouterie, etc., et autres frappés pour crimes de droit
commun, jamais il n'avait été question de transformer à
ce point l'interdiction en empêchant ces individus de
s'employer comme serviteurs dans un débit étranger. Le Commissaire le fait observer à M. Bérenger :
« Vous mettez le débitant dans l'incapacité totale de
gagner sa vie, puisque c'est le seul métier qu'il connaisse
et qu'il ait jamais exercé... » M. Bérenger résiste ; ren-
chérissant deux fois sur la loi de 1880, non seulement
il fait rentrer dans la catégorie d'individus tarés qu'elle
vise le malheureux débitant condamné après *avertissement* (1) pour avoir prêté un local, et lui interdit aussi

---

(1) On remarquera ici que le débitant condamné dans le projet

de posséder un débit personnel, mais il lui interdit encore ce que la loi permettait jusqu'ici aux pires, la possibilité de gagner sa vie comme simple salarié dans un établissement appartenant à autrui !

« Votre loi dépasse la mesure, dit le Garde des Sceaux (séance du 14 juin); elle est absolument excessive. Que fera ce cabaretier, qui n'a jamais fait autre chose que de servir des consommations? Sera-t-il maçon, charpentier, peintre ou typographe? Vous le suivez, vous le traquez partout... Il faut bien qu'il vive cependant ! » Ici la mesure et le sens pratique étaient du côté du gouvernement (1).

Il en était de même quand le Préfet, soulignant l'obscurité du texte de M. Bérenger relatif aux individus vivant de la prostitution d'autrui, lui demandait de bien fixer ceux qu'il voulait atteindre en respectant certaines gens qui vivent plus ou moins consciemment des économies réalisées par les femmes et qui cependant ne peuvent être confondus avec les souteneurs vulgaires : « La pratique d'une industrie coupable, disait M. Lépine, n'a pas éteint chez quelques-unes des malheureuses qui en vivent, tous les bons sentiments et notamment l'instinct de la famille qui vit et surnage dans le naufrage de tous les autres. » On rencontre « parfois

---

de loi Bérenger n'avait pas besoin d'être en état de récidive pour se voir interdire sa profession. Or, M. Bérenger aggravait ici encore la loi de 1880 qui exigeait pour la fermeture de l'établissement que le débitant fût récidiviste. M. Bérenger, cependant si compétent sur le chapitre de la récidive, assimilait l'*avertissement* à une première condamnation, oubliant ainsi la définition classique : « La récidive est le fait de celui qui, *après une condamnation devenue inattaquable, exécutoire*, a commis une nouvelle infraction à la loi pénale. » Son terrible zèle de moraliste faisant trébucher M. Bérenger dans une question élémentaire de droit criminel, le cas est piquant !

(1) Même observation pour les hôteliers que M. Bérenger frappe de trois mois à deux ans de prison s'ils louent leurs chambres à des femmes. Le Préfet demande à M. Bérenger où il veut héberger les 10 à 15.000 femmes qui sont actuellement en garni? Dans les maisons de tolérance?

au domicile d'une prostituée une vieille mère infirme, impotente, un père aveugle, un petit frère qui suit l'école, une jeune sœur qui va en apprentissage. Ces pauvres gens sont sans ressources. De quoi vivent-ils ? Du fruit de la prostitution. » (Séance du 30 mai.) Ces parents ne peuvent cependant pas encourir la relégation.

Nous ferons enfin une remarque analogue et dernière à propos de l'article du projet qui visait l'outrage aux mœurs par écrit ou dessin et conséquement une modification de plusieurs articles de la loi du 2 août 1882 sur la presse. Dans la séance du 14 juin, le Garde des Sceaux devait prémunir M. Bérenger contre « l'introduction dans la loi d'un délit dont la définition, vague et élastique, pouvait livrer à l'arbitraire de l'appréciation des tribunaux la presse ou les auteurs de dessins ». Les débats ici ont roulé sur la propriété des mots, mais le Ministre n'en avait pas moins raison quand il demandait qu'à des termes sans précision fussent substituées des expressions d'un sens exact, et quand il obtenaît que le simple *but de débauche* ne fût pas reconnu comme délictueux, mais fût remplacé par un délit réel, écrit ou dessin, « *de nature à exciter la débauche* ». Les expressions de la loi dans un texte légal sont, après tout, la loi.

Mais c'est assez sur ces points secondaires. Il convient maintenant de résumer ce commentaire de la première partie de l'œuvre de M. Bérenger, puis de préciser ce qu'elle laissera d'utile.

III

*Dernier coup d'œil sur les parties superficielles et
les insuffisances du projet de loi. — Côtés critique
et positif excellents du projet primitivement élaboré par M. Bérenger. — Sa valeur juridique et
morale. — Ses dénonciations des abus de pouvoir,
de l'arbitraire, de l'inhumanité, de l'immoralité
de la police spéciale dite « Police des mœurs ». —
— Portée historique du projet de loi de M. Bérenger dans l'étude de la question de la prostitution.*

Le projet de loi de M. Bérenger, si nous avons été
suffisamment clair dans l'étude de sa genèse et de ses
évolutions successives, n'était guère né viable. M. Bérenger n'avait évidemment pas de lignes arrêtées et de
vues d'ensemble quand il a abordé publiquement le
sujet : nous sommes précisément remonté un peu loin,
nous avons pris sa pensée *ab ovo*, nous avons été la
chercher à l'état embryonnaire pour saisir tout le travail intellectuel et moral de l'honorable sénateur. Ses
incertitudes du début expliquent bien les péripéties
dans la suite des rédactions et des débats, ainsi que
toutes les contradictions, les thèses et anti-thèses qui
ont fini par grouper contre la proposition les deux écoles
réglementariste et abolitionniste qu'il prétendait réunir
dans une action commune en se tenant en dehors et
au-dessus d'elles.

Attaquer l'arbitraire de la Préfecture de police et
trouver le moyen de se faire combattre par la *Fédération abolitionniste* est un fait en apparence paradoxal :
c'est cependant à ce résultat singulier qu'on a vu M. Bérenger aboutir. Vouloir légalement combattre le racolage des rues dans sa forme quasi-bestiale (ce qui est

d'ordre public élémentaire) et ne pas obtenir l'appui de la municipalité parisienne qui a visé elle-même à diverses reprises le même but par l'intervention du même tribunal régulier de simple police (1), est également un fait d'aspect contradictoire.

Parler un instant d'hôpital, de véritable hôpital, devant un public médical bien disposé qui tient avec l'éminent maître Alfred Fournier que Saint-Lazare et les prisons provinciales similaires doivent disparaître, puis tout à coup faire silence sur la réforme sanitaire, est encore une étrangeté désagréable à ceux qui ont espéré la réalisation d'un peu d'hygiène associée à un peu d'humanité et sont déçus. Soulever cette formidable question de la prostitution des femmes du prolétariat et ne pas y trouver d'autre remède qu'une correctionnalisation du raccrochage, a paru également un point de vue un peu étroit aux hommes qui se mêlent de réfléchir. Proscrire des rues les femmes sans travail ou à salaire dérisoire qui ne savent comment elles mangeront le soir si elles ne demandent pas, en se servant du seul moyen disponible, la pièce blanche équivalent du morceau de pain, et laisser agir la police des mœurs avec l'inscription et les pénalités du règlement, est une manière un peu légère de faire de la sociologie

---

(1) En 1883, la Commission municipale, pour assurer la liberté des rues si susceptible d'être troublée par des faits de cette nature dans une grande ville, s'était, en effet, ralliée au système des contraventions ; mais celles-ci, loin d'être dressées pour des motifs arbitraires comme aujourd'hui, ne pouvaient l'être qu'en trois cas : 1.° en cas de racolage par *préhension* ; 2° de provocation *bruyante* ; 3° de stationnement *obstiné*. La contravention même était établie dans les deux premiers cas : 1° par le flagrant délit devant l'agent municipal ; 2° par la plainte du citoyen lésé. L'action était portée dans ces divers cas devant le tribunal de simple police. En 1890, la Commission sanitaire dans son projet de délibération n'avait pas non plus admis d'autre juridiction que celle des tribunaux réguliers. (V. *Pièces et documents* : 1° *Abolition de la police des mœurs* ; *Nouvelle organisation sanitaire*, etc. Projet de délibération. Art. 2, § 2). — 2° *Réorganisation de la police des mœurs*. Projet de délibération, art. 3 et 4.)

pratique. Fermer les hôtels meublés aux femmes et laisser les maisons publiques ouvertes n'est pas d'une morale très lucide, etc., etc. Une telle confusion devait engendrer bien des défiances et hostilités.

M. Bérenger n'a pas vu que dès qu'on s'occupe de la prostitution il ne faut pas seulement s'occuper de ses manifestations mais de ses causes. Celui qui ne vise que les manifestations et croit avoir résolu même partiellement le problème, se trompe gravement ; il le complique. Sans doute il est commode de s'élever contre « la licence des rues », « le viol des yeux » par le manège des femmes, par les exhibitions de titres et d'images impudiques, et c'est un thème commode dans le prospectus d'une *Société de Moralité* ou dans un discours de Congrès « d'élever la clameur de l'honnêteté et du bon sens » ; mais l'indignation poncive et naïve de de M. Prudhomme y suffit, et cela ne rentre pas dans le rôle d'un sérieux homme de loi. M. Bérenger était parti du mauvais pied — qu'on nous permette cette expression familière — pour aborder une telle question. Peu à peu, il est vrai, la lumière est devenue plus vive dans son esprit, et au cours de la discussion, quand on l'a pressé sur le chapitre des maisons publiques notamment, qu'on l'accusait de vouloir multiplier, il n'a pas hésité à repousser loin de lui cette triste solution et à conclure que les malheureuses ne sauraient jamais être contraintes à devenir pensionnaires, mais devaient rester libres et pouvoir se réunir, se grouper comme elles l'entendraient (1). Il n'est pas jusqu'au langage de M. Bérenger qui n'ait lui-même subi de convenables changements : au Congrès de Lyon, en 1894, les femmes qui se prostituent sont, dans la bouche de l'honorable parlementaire, d'« atroces coquines » ; dans son rapport

_____

(1) Séance du 28 mai. « La constitution de ces maisons publiques me paraît abominable... Les femmes iront librement s'installer en tel ou tel lieu... » (Discours du Garde des Sceaux rapportant textuellement un entretien avec M. Bérenger dans la Commission.)

(p. 2) et dans ses discours au Sénat (27 mai 1895), ces mêmes deviennent « une catégorie de malheureuses qui, si indignes de pitié qu'elles puissent paraître, n'en ont pas moins droit au minimum de garanties dont aucune créature humaine ne saurait être privée ».

D'ailleurs, nous n'hésitons pas à l'écrire ici, quelque critique qu'on ait justement élevée et que nous ayons élevée de notre côté sur le projet de loi de M. Bérenger, il n'en demeure pas moins à nos yeux un épisode plein d'intérêt de cette lutte entreprise depuis des années déjà longues au nom de la dignité et de la santé publiques. Ce n'est pas un fait négligeable en effet de voir un homme public, d'un caractère politique aussi modéré que l'honorable sénateur, faire sur une question municipale de cette importance des observations d'une sincérité assez sévère pour agiter un milieu gouvernemental où de tels contradicteurs d'ordinaire n'abondent pas. Alors même que M. Bérenger, après la mutilation de sa proposition, aurait fait bon visage contre mauvaise fortune au point d'avoir l'air de se désintéresser de cet échec et de déclarer que « le rejet de plusieurs articles de la loi n'en détruirait nullement à ses yeux ni la valeur ni l'importance (14 juin) » — ce qui cependant n'est pas le langage d'un réformateur obstiné, — il n'en resterait pas moins que M. Bérenger a fait au cours de son rapport et de la discussion une suite de déclarations d'un intérêt capital et qui ne seront point oubliées.

Ici (14 juin), c'est une condamnation des plus vives de l'application de l'ordonnance de 1778, si appréciée à la Préfecture, et que M. Bérenger « est étonné de voir encore en vigueur ». Là (27 mai), c'est une prise à partie courageuse de la Préfecture de Police elle même : « La Préfecture ne poursuit pas le fait, mais l'abus. Son action est capricieuse ; elle tolère et défend, d'où l'éternelle renaissance des délits. Elle est dominée par la pensée que cela (le racolage) est un mal nécessaire ;

ici elle sévit, là elle laisse faire selon les quartiers. Je
ne puis admettre cette inégalité : une tolérance générale
et complète me révolterait moins. » Et ceci, en parlant
de la juridiction que s'approprie contre tout droit cette
même Préfecture : « Notre première réforme aura
l'avantage d'arracher ces malheureuses à l'arbitraire de
la police (Rapp., p. 2). » — « Les pénalités qui sont
aujourd'hui prononcées par l'administration relèvent de
l'arbitraire le moins justifié, j'oserai le dire car l'expression n'est vraiment pas trop forte, de l'arbitraire le
plus scandaleux...., Ces peines, aucun texte ne les a
jamais fixées, elles n'existent pas, elles sont appliquées
non par un magistrat, non par un tribunal administratif,
pas même par un fonctionnaire légalement investi par
un texte quelconque de cette mission ! Et cela a lieu au
siècle où nous sommes ! Vraiment ne croit-on pas rêver
quand, à l'époque actuelle, on pénètre dans ce coin
obscur de nos mœurs... (27 mai). » — « Il s'agit d'assurer la répression efficace d'un fait (le racolage), dont
le caractère délictueux ne peut faire doute dans son
analogie si frappante avec l'outrage public à la pudeur. Il s'agit ensuite de *purifier cette police spéciale*
en contact journalier avec des éléments si dangereux
pour elle... (id.). » — « L'état actuel n'est pas suppor-
table (*sic*), il n'y a qu'un moyen de le corriger, c'est
avant tout de confier la répression aux magistrats
(28 mai). » Quand l'honorable M. Trarieux déclare que
dans l'espèce l'arbitraire est le droit : « Grave parole
dans la bouche d'un libéral, plus grave encore dans celle
d'un Garde des Sceaux ! » s'écrie M. Bérenger (id.). Dans
cette même séance du 28 mai, M. Bérenger attaque le
système sauvage des râfles et objecte « les erreurs trop
fréquentes que le Garde des Sceaux semble ignorer ».
On multiplierait longtemps ces citations si honorables
pour le jugement de l'auteur, l'indépendance de son
caractère, et si importantes pour l'autorité des discussions critiques à venir. Il y a loin de cette langue au

mot mauvais de Maxime Du Camp : « Enfin, on va
appliquer aux mœurs la raison d'Etat, qui jusqu'alors
a paru exclusivement réservée à la politique (1). » Il
peut y avoir un échec législatif ; les Gardes des Sceaux
qui succèdent et succéderont à M. Trarieux pourront
laisser dormir le projet de loi de M. Bérenger dans les
archives parlementaires, cette discussion n'en aura pas
moins eu d'appréciables résultats. D'abord elle a montré que les débats antérieurs, à l'Hôtel-de-Ville et ailleurs, n'étaient point restés lettre morte pour tout le
monde. Plus d'un s'est intéressé, ému, a pensé, cherché. Il a fini par se faire autour de la question un travail latent, dont l'auteur du projet a ressenti l'influence,
et le mouvement d'enquête et d'élucidation a gagné
les milieux qui paraissent les plus réfractaires : nous
n'en voulons pour preuve que la réforme appliquée
dans les méthodes numériques du dispensaire de Paris,
où l'avant-dernier médecin en chef, l'honorable Dr Passant, a institué la statistique individuelle, ce qui —
par parenthèse — est d'un autre intérêt que la méthode
du Dr Commenge, basée sur le chiffre des visites, et
d'ailleurs condamnée par tous ses collègues du dispensaire (2). La discussion a ensuite donné droit de
cité dans le Parlement français à cette question jusqu'ici mal famée, que plus d'un politicien affectait de
dédaigner comme indigne d'un gentleman qui se respecte et bonne à laisser comme sujet de dispute entre
quelques rêveurs plus ou moins qualifiés, et MM. les
Médecins spécialistes. Par là le projet de loi présenté
au Sénat, en mai et juin 1895, quel que soit le sort qui
finalement l'attende, a rendu et rendra encore de no-

(1) **Paris**, t. III, p. 321 (édit. de 1872). *La Prostitution ; les
Règlements.*
(2) V. *Progrès médical* du 28 juillet 1894, la lettre du Dr Butte,
médecin du Dispensaire, sur la *valeur des statistiques*, etc. ; à
rapprocher des observations faites sur la méthode irrationnelle
du Dr Commenge par **M. J.** Pagny et les D^{rs} **Mœller**, Célarier, Petithan, etc. (p. 32 et 35 du présent livre).

tables services, et ceux qui, dans un avenir plus ou moins proche, voudront à leur tour étudier ce problème de la prostitution, devront, du moins en ce qui touche son côté juridique, se reporter au discours et au projet non amendé de M. Bérenger. C'est, dans les annales des tentatives de protection de la personne humaine, une page qu'on ne pourra passer (1).

---

(1) Ce premier projet de loi de M. Bérenger, dont on trouvera le texte intégral aux *Pièces et documents*, n'est jamais venu en discussion à la Chambre des Députés; il n'y a même jamais été rapporté.

Épuration des mœurs par la répression de la licence des publications et des théâtres.

De la Police des mœurs à la Censure des mœurs.
Seconde partie des réformes de M. Bérenger.

Nous abordons la seconde partie de l'œuvre de
M. Bérenger. A deux ans d'intervalle, en effet, l'honorable sénateur, poursuivant imperturbablement la
réalisation de ses vues réformatrices, a saisi de nouveau le Sénat de propositions législatives, basées cette
fois sur les observations que lui suggèrent certaines
formes de la littérature contemporaine et les mœurs
qu'il croit en découler. Cette seconde discussion complète à ses yeux la première. A la vérité, l'ordre logique
eût exigé, contrairement à l'ordre chronologique suivi
par M. Bérenger, une inversion dans les débats, et l'é-
tude de la prostitution qu'à son point de vue particulier M. Bérenger a marqué tenir pour la manifestation
ultime et synthétique des mauvaises mœurs, devait
venir après l'étude de ses causes générales et notamment de ses causes littéraires. M. Bérenger n'en a point
jugé ainsi. Mais non plus cette fois que la précédente
il n'a mis le public en face d'un plan d'ensemble préparé et arrêté, solidement assis sur une conception dé-

finie et complète, et qu'il s'agisse d'une théorie générale ou d'un détail caractéristique, on ne sent jamais
dans ses propositions des dessous de méditations et de
principes qui permettent avec lui une de ces fortes prises à partie, un de ces corps-à-corps bien liés si intéressants pour des débats législatifs ou intellectuels vraiment utiles.

I

Tableau d'une décadence morale. — Causes lit-
téraires de la licence publique : LA PRESSE, *ses*
feuilletons, chroniques et nouvelles, ses annonces,
ses petites correspondances ; 2° LA RUE, *les kios-*
ques et l'exhibition de dessins et illustrations, les
bibliothèques de chemins de fer, les affiches illus-
trées et peintes, les prospectus sur le trottoir et à
domicile. — Une parenthèse sur certains acquit-
tements en police correctionnelle et certaines pro-
motions dans la Légion d'honneur. — 3° LE THÉA-
TRE *et les pièces de MM. X..., Y..., Z...* ; le CAFÉ-
CONCERT, le CABARET ARTISTIQUE, la CHANSON, le
COLLANT. — *Les remèdes de M. Bérenger.*

La thèse de M. Bérenger est d'une très grande simpli-
cité ; il la présente avec cette assurance et cette émotion,
qui, aux yeux de beaucoup, sont déjà comme la preuve
des faits (1). Jamais la licence de lettres n'a été aussi
grande ; jamais, à sa suite, l'immoralité publique n'a
éclaté en de telles saturnales ; la littérature française
est viciée, et de son éclaboussure elle ne tache pas
seulement la gloire du pays à l'étranger, elle en cor-
rompt le sang et les mœurs ; elle exerce sur la jeunesse
une influence dégradante. Il faut remonter à la Régence,
au Directoire pour trouver un tel abaissement. Le mar-
quis de Sade a laissé mieux que des imitateurs, de magistraux émules. M. Bérenger cite le personnage sans

---

(1) Les 8 et 9 avril 1897, M. Bérenger a exposé à la tribune du
Sénat l'ensemble de ses critiques. Deux mois après, les 11 et 18
juin, il a discuté de concert avec le gouvernement, la rédaction
d'un projet de loi destiné à compléter la loi du 2 août 1882 particulièrement dirigée contre la licence des écrits.

hésitation pour peindre l'horreur de la crise morale que nous traversons.

Cette littérature d'empoisonnement public trouve trois champs pour s'essaimer : le *journal* avec ses romans-feuilletons, ses nouvelles et chroniques, et sa quatrième page d'annonces ; la *rue* avec le spectacle des feuilles illustrées appendues aux devantures des kiosques ; le *théâtre* sous sa forme ancienne mais altérée et sous sa forme plus nouvelle de chanson de *café-concert*.

M. Bérenger s'attaque d'abord à la presse. Déjà dans sa première tentative de réforme spéciale, il avait par un article du projet sénatorial réclamé un emprisonnement de un mois à 2 ans et une amende de 16 à 3.000 fr. pour quiconque aurait commis le délit d'outrage aux mœurs par voie d'écrits, prospectus, dessins, etc., offerts ou vendus. Pour M. Bérenger, en effet, la presse est l'ennemie de vieille date particulièrement à mater sous un régime de liberté. Sa première menace n'était pas vaine. Faut-il voir dans cette attitude le ressentiment inconscient des désapprobations que la presse ne lui a pas ménagées et de l'insuccès de ses tentatives ? On y serait poussé. Quand M. Bérenger parle du journal quotidien, instrument de vogue pour les romans scandaleux, et remonte de ce rez-de-chaussée, berceau de l'immoralité littéraire, aux premières colonnes occupées aujourd'hui par le conte gaillard ; quand il attaque dans nombre de feuilles de grand format une telle transformation de rédaction et de sujet, c'est en dernière analyse moins l'exil de l'article politique et du courrier parlementaire en seconde page qu'il paraît déplorer que l'existence même du journal. On ne saurait s'y tromper : il a soin de rappeler l'heureux temps où il n'existait point de journaux ; alors « la littérature immorale était réduite à se produire sous la forme du livre ; on pouvait la trouver sur les rayons secrets de quelque bibliothèque ; elle pouvait se colporter dans les ruelles, mais elle n'atteignait ainsi qu'un public spécial et restreint. La création du journal quotidien est venue lui donner une bien autre force... » Voilà une grosse et aventurée assertion ! La vérité est-elle que l'existence de la presse soit en relation étroite avec l'explosion de la littérature licencieuse ? qu'il y ait coïncidence et simultanéité entre entre ces deux manifestations liées et inséparables ?

M. Bérenger a contre certains journaux deux autres griefs.

Le premier, c'est cette nouveauté qui consiste à illustrer un conte scabreux par des dessins. Le style de l'auteur n'est pas suffisant à faire surgir la silhouette des personnages dans l'imagination du lecteur ; il emprunte au crayon d'un petit artiste un commentaire plus scénique. Sans enfler la voix, nous conviendrons qu'il est non pas des nudités, mais des groupements de nudités, des ameublements dont l'assemblage sur un dessin exposé constitue des évocations, des initiations et même des invites dont l'intention est loin d'être artistique. Faut-il toutefois aller jusqu'à évoquer, comme fait presque M. Bérenger, la collaboration de l'Arétin et de Jules Romain ?

L'autre grief de M. Bérenger contre des journaux suffisamment désignés est l'hospitalité payante donnée à ce qu'on appelle les *petites correspondances*. Le même jour que les agences matrimoniales font leurs énumérations de prétendus, que les domestiques sans place font leurs offres de service, toute la fraction galante d'un monde parfois authentique et le demi-monde sont admis à échanger en quatrième page, plus discrètement qu'au guichet de la poste-restante et que sur l'asphalte, leurs demandes et réponses, leurs rappels et accords ; il est exact que plus d'une tarife le prix de son accueil après énumération sommaire de son âge, de ses vertus physiques, intellectuelles, artistiques et même morales. Ici encore l'observation de M. Bérenger n'est pas hors de propos, et, si l'on se place à ce point de vue vieillot sans doute, mais non encore mis de côté, d'une presse ayant un rôle d'éducation et d'instruction publiques à remplir, il ne semble pas que les colonnes de feuilles qui ont la prétention d'être « sérieuses et correctes » doivent être comme le prolongement du trottoir. De là toutefois à poursuivre ces journaux pour cette hospitalité donnée à la « petite Bourse de la débauche », comme dit spirituellement M. Bérenger, il y a de la marge, et à moins d'incriminer l'intention, la poursuite ne sera pas facile : les petites-correspondances en effet sont rédigées tantôt en monosyllabes hiéroglyphiquement abréviatifs seulement intelligibles pour les intéressés, tantôt en termes sans doute suffisamment clairs mais d'un irrépréhensible aspect, et la critique morale est plus aisée que l'intervention judiciaire.

Des « dangers actuels du journal », M. Bérenger vient aux « dangers de la rue ». Il ne s'attaque plus au premier de tous, à la femme *oculis, voce, manu venans*, recrutant selon la formule du Digeste, *palam, sine delectu, pecuniâ acceptâ* (L. Caduc. Ulp.); il s'en prend aux offenses issues de l'affiche, de l'exhibition de titres et dessins, de la distribution de certains prospectus.

M. Bérenger trouve que l'affiche s'étale sur nos murs « avec une effrayante liberté » ; il félicite toutefois la Préfecture de police d'avoir pris les devants et empêché que la ville fût plus longtemps « souillée ». Ici l'optique de M. Bérenger nous paraît singulière. En réalité l'affiche illustrée, l'affiche peinte a été renouvelée dans sa facture, son dessin, sa silhouette des choses et des personnes, par des artistes d'une observation très-contemporaine et d'une maitrise indiscutée ; on pourrait presque la mettre au rang des petites œuvres d'art, et nombreux sont les exemplaires qui figureraient d'agréables tableautins de genre. L'impression qui se dégage de cette vaste illustration de nos murailles infatigablement renouvelée, souvent même plusieurs fois par jour, est multiple :

on sent, au-dessous, une intense activité laborieuse et
commerciale, un grand mouvement de finances, une
vibrante vie matérielle et intellectuelle, mais, quant à y
trouver, comme note dominante, une « effrayante obscénité », même en examinant avec les plus grossissantes
lunettes de la *Société contre la licence des rues* les
affiches des bals publics, nous y renonçons.

M. Bérenger voit d'un œil non moins mauvais la distribution « si funeste » des prospectus, surtout ceux
que font distribuer les brasseries où servent des femmes. M. Bérenger persiste à ne point se rendre compte
de la modification profonde que les mœurs ont imprimée
aux formes de la prostitution contemporaine ; la disparition des maisons de tolérance, ce rouage ignoble
et malsain de la vieille prostitution policière, est le
signe le plus évident de cette transformation que nulle
mesure n'a pu entraver. Sans 'embouer sa plume à
faire le procès parallèle de la brasserie et de la maison,
il est cependant permis, au nom même d'une moralité
publique éclairée, de mettre l'une très au-dessus de l'autre ; certes, si l'alcoolisme règne chez les deux sortes
d'établissements, au moins dans les brasseries les femmes ne sont pas contraintes ; nul contrat ne leur impose
la nudité, l'internement, les amendes pour causes innommables, et le consommateur de la table de marbre
ne se transforme en un autre genre de visiteur que s'il
est agréé d'elles ; tous les attributs de la liberté civile
sont ici respectés et nous plaignons le législateur sénatorial ou autre que ce simple mot ne touche pas. La
teneur de ces prospectus est du reste surtout banale :
après l'enseigne, vient l'invariable rubrique « service
fait par des dames costumées », avec indication de leur
nombre et du genre même de costume. La réclame
matériellement obscène est absente sur ces petits car-
rés de papier muticolores, dont la Préfecture gêne d'ailleurs la distribution. Puisque ces appels de l'immoralité font à ses yeux scandale, on s'étonne que, lors-

qu'il s'est occupé de la prostitution réglementée, M. Bérenger n'ait pas pris à partie les réclames des maisons,
leur numéro spécial, leurs persiennes à fermeture
provocante, leur bonne à tablier blanc en faction d'appel au tambour extérieur, enfin leurs prospectus —
leurs propres prospectus — distribués, eux aussi, sur
la voie publique, dans les gares, les cafés, aux sorties
de théâtre, dans les bals publics quotidiens, au bal de
l'Opéra! Un inspecteur de police a réuni pour nous
nombre de ces réclames, dont nous avons fait mention
dans un ouvrage d'hygiène : ici il ne s'agit plus de dames
costumées; les signes physiques ou symboliques de la
prostitution sont imprimés et gravés, de telle sorte qu'il
serait scabreux d'en représenter même dans un but honnête tous les spécimens. Nous n'avons pas souvenance
que M. Bérenger, à qui ses études techniques ne permettent point de les ignorer, s'en soit même préoccupé.

Les prospectus dangereux ne se contentent pas de la
voie publique, ils franchissent même le seuil du domicile privé, distribués par la poste ou des porteurs particuliers; ils deviennent ainsi accessibles à l'indiscrétion...
légitime des personnes de la famille du destinataire, des
femmes, des jeunes filles. Ils offrent, ces prospectus-ci,
des livres licencieux, des photographies et même des
« objets ignobles ». Est-ce là un délit nouveau, comme
le prétend M. Bérenger — ce qui, par parenthèse, prouverait que le trottoir n'est pas si praticable au commerce de la licence publique, puis qu'elle cherche à
s'introduire discrètement dans le privé des gens ? La
loi du 2 août 1882, à la vérité, ne le prévoyait pas, bien
que cette distribution à domicile fût usitée en librairie
de temps immémorial. D'ailleurs les exagérations de
M. Bérenger éclatent ici plus que jamais. On sourit
quand on voit M. Bérenger raconter avec grand sérieux,
pour prouver l'urgence de la répression, qu'il y a *quelques années* une librairie *étrangère* a adressé aux
membres du Sénat eux-mêmes des prospectus licen-

cieux; que plus récemment une maison française ex-
pédiait des catalogues où l'on relevait les titres d'ouvrages qui *devaient être fort dangereux* : or — c'est
M. Bérenger lui-même qui l'ajoute — devant le tribunal,
il se trouva que les titres seuls étaient suggestifs, le
texte même des livres était « innocent » (*sic*), de sorte,
conclut M. Bérenger, « qu'il y avait là à la fois outrage
à la morale publique et escroquerie! » M. Bérenger
cite encore le cas de *deux* bandagistes parisiens qui
en même temps que des appareils « utiles » vendaient
des « objets innommables! » Le cas assurément n'é-
tait pas pendable puisque, toujours au dire de M. Bérenger, la loi Bérenger a rendu la condamnation de
l'un des délinquants presque platonique. M. Bérenger
va-t-il demander l'abrogation de sa loi? *Patere legem
quam ipse fecisti.* Voilà cependant les spécimens de
ces graves délits qui commandent de serrer les mailles
de la loi. Quelques tribunaux ont même été plus loin :
ils ont acquitté les auteurs de livres poursuivis sur la
dénonciation de la *Société contre la licence*, sous l'intelligible prétexte que ces ouvrages n'étaient pas plus
immoraux que ceux qui avaient valu la décoration à
tel et tel homme de lettres de renom parisien. Une pa-
reille indulgence met M. Bérenger hors de lui. Contre
ce délit de prospectus distribué à domicile, M. Bérenger
réclame la poursuite, la saisie partout, même dans le
panier aux imprimés du bureau de poste !

Cette question du livre dangereux tient si fort au
cœur de M. Bérenger que, prenant à partie les gares
de chemins de fer où l'on lit beaucoup, il s'indigne de
la facilité avec laquelle la maison concessionnaire du
monopole des bibliothèques en ouvre aujourd'hui l'é-
talage à des ouvrages édités ailleurs que par elle : il
semble regretter le temps où elle exerçait une étroite
et partiale sélection et — par un petit sophisme —
s'ingénie même à la représenter tellement effrayée des
critiques qu'un député de talent, M. Maurice Barrès,

a portées contre elle, qu'elle donne maintenant hospitalité non seulement aux livres publiés par des maisons rivales, mais à des productions scandaleuses!

M. Bérenger arrive enfin à la dernière cause littéraire d'immoralité publique, aux dangers de la scène, par la pièce de théâtre et la chanson de café-concert ou de cabaret artistique.

La manière dont M. Bérenger introduit la question est caractéristique, et plus d'un qui aurait arrêté un discours de moraliste sur l'influence de la comédie ne s'en serait certes pas avisé : c'est qu'à l'inverse des livres incriminés plus haut dont le texte est irréprochable et le titre immoral, les pièces les plus dangereuses ont un titre de la plus conviante innocence! Quoi de plus rassurant que ces titres, *le Dindon*, *le Partage*, pour citer les pièces mêmes que cite M. Bérenger? Sur la foi de « l'affiche tout à fait impropre à mettre en défiance », un père de famille, se promettant de faire passer à ses enfants et notamment à ses filles une soirée agréable et instructive avec l'aide d'actrices connues pour jouer des rôles d'ingénues, Mme J. Granier, Mme Réjane, par exemple, prend tout heureux trois ou quatre places au Palais-Royal, au Vaudeville. Quelle n'est pas sa stupéfaction, son indignation! *Le Dindon*, loin d'être, comme il le croyait, une simple pastorale n'est qu'une histoire de débauche citadine! Et *le Partage*, qui, pensait-il, allait tout uniment montrer comment un père de famille équitable fait une exacte répartition de son bien entre ses enfants, est une pièce amoureusement, follement passionnelle! Que l'auteur de cette dernière pièce n'a-t-il mis un sous-titre, l'avis classique! *La Femme, le Mari et l'Amant*, ou bien *Dangers de la villégiature maritime pour jeunes mères seules*! que savons-nous, quelque chose enfin! Le père de famille eût été prévenu. Beaumarchais sous-intitulait bien *Le Mariage de Figaro* — *La Folle Journée* : au moins, il y avait là un indice; le passant, avant de devenir spectateur, pouvait se consulter, hésiter, s'abstenir grâce à ce sous-titre légèrement inquiétant. Mais nos jeunes auteurs contemporains n'ont point de ces scrupules; c'est de leur part une véritable trahison... et ces MM. G. Feydeau et A. Guinon n'ont pas seulement commis le délit de pièces immorales, mais aussi le délit d'abus de confiance!

M. Bérenger le déclare positivement : de telles pièces seraient « peut-être admissibles — si elles annonçaient toujours au public par leur titre ce qui peut s'y rencontrer (*textuel*) ».

Par cette concession toutefois, M. Bérenger s'avance beaucoup et laisse croire à une indulgence dont il n'est point en réalité capable : à peine, en effet, a-t-il concédé, qu'il se rétracte aussitôt. Les auteurs du *Dindon*, du *Partage* avaient négligé d'expliquer leur pièce par un titre d'affiche loyal ; c'est un reproche que M. Maurice Donnay esquive en appelant clairement sa comédie *Amants* ! Maintenant qui pourrait s'y tromper, et ceux qui ont franchi le seuil du théâtre de Mme Sarah Bernhardt, n'étaient-ils point aussi dûment avertis que s'ils avaient lu au balcon d'une fenêtre demi-mondaine connue, l'écriteau : « Ici l'on aime ! » Tant de franchise ne désarme pas M. Bérenger. Notre sénateur s'emporte de plus belle et lance textuellement à la tête de nos jeunes auteurs — est-ce à M. Donnay ? à MM. Feydeau et Guinon ? peu importe — l'épithète violente de « cochon » et même de « cochon trichiné (1) », ce qui est plus grave encore... Il est vrai que, par une retenue des plus méritoires, M. Bérenger « se refuse à se livrer à des appréciations personnelles » et emprunte ces vocables sévères aux journalistes qui ont rendu compte et se sont scandalisés de ces pièces dans des feuilles très morales elles-mêmes, notamment celles où trouvent hospitalité les contes lestes et les petites correspon-

---

(1) Séance du Sénat du 8 avril 1897 (*J. Off.* du 9 avril, p. 789, col. 3).

dances ; il craindrait, s'il caractérisait le théâtre contemporain par des termes de son propre crû, « d'user
d'expressions d'un rigorisme excessif ». Au ton où
étaient montées la morale et la langue des journalistes
cités par M. Bérenger, tout le monde louera ce dernier
de sa précaution et de son empire sur lui-même.

A peine a-t-il fustigé les auteurs dramatiques que
M. Bérenger se tourne vers les ballerines, marcheuses,
figurantes sculpturales dans les tableaux vivants et
leurs habilleurs, si l'emploi, au dire de M. Bérenger,
peut être ici imaginé. L'honorable sénateur appartient
à l'école du vicomte Sosthène de La Rochefoucauld, directeur des Beaux-Arts, manufactures et spectacles sous
la Restauration, et du roi Ferdinand II de Naples qui
faisaient, l'un, mettre des jupes descendant à la cheville aux danseuses de notre Opéra (1), l'autre des cale-
çons vert-grenouille à celles du théâtre San-Carlo.
Mais la plastique de plus en plus obsédante des femmes
de la rampe n'a que trop compliqué la situation, il
s'agit bien aujourd'hui d'allonger les jupes ! Sur telles
scènes, M. Bérenger n'a plus devant les yeux que le
collant (le collant est la désignation contemporaine du
maillot ; M. Bérenger manie le néologisme technique

(1) N'y a-t-il pas quelque ressemblance entre le ton de M. Bérenger et celui du vicomte Sosthène de La Rochefoucauld écrivant
aux rois Louis XVIII et Charles X des lettres où l'on lit : « Sire,
si par hasard il convenait à V. M. de faire les frais d'un lieu suspect, il ne pourrait convenir à un homme d'honneur d'en être le
gardien et je lui demanderais la permission de lui en remettre les
clefs ; mais je dois prévenir le Roi que c'est une sorte d'affaire
d'Etat de fermer les coulisses de l'Opéra... »
Et ailleurs : « Donc les théâtres sont les écuries d'Augias ; je les
nettoierai, j'espère : peut-être aussi j'y périrai... »
Deux ou trois traits achèveront d'évoquer la physionomie restée
légendaire de ce fonctionnaire chez lequel il y avait aussi à
d'autres heures un homme d'esprit : en 1828, M. de La Rochefoucauld conseillait à Charles X, dont il était l'ami personnel, d'appeler
Casimir-Périer au pouvoir, et c'est lui qui contribua le plus à
fixer Rossini en France. (*Mém.* T. III, p. 18, 49, 72, 319, Paris.
Allardin, 1837.) M. Sosthène de La Rochefoucauld est mort en
1864 à l'âge de quatre-vingts ans.

avec une aisance d'habitué) ; il tonne contre le collant, « le collant aux couleurs naturelles et en étoffe tellement diaphane qu'on la dirait tissée avec du vent! » A quand sur nos planches la nudité de Phryné devant la Haute-Cour d'Athènes? Ainsi a marché la progression dans la dépravation. Si le vicomte Sosthène de La Rochefoucauld revivait, il ne pourrait même plus étudier le problème de l'allongement des jupes; cette question capitale dans l'histoire du vêtement et de la morale de théâtre n'existe même plus; elle s'est évanouie avec l'objet! *O temporum signa!*

M. Bérenger fonce enfin sur le dernier instrument de la corruption nationale, sur la chanson; et, pour faire contre elle une charge plus forte, il invoque comme ci-devant le témoignage de plusieurs journalistes et notamment celui d'un certain Sganarelle, du *Temps*, véritable Sosie comme chroniqueur et moraliste du célèbre lundiste. De compagnie, MM. Sganarelle et Bérenger déclarent que « l'obscénité régnante » dans les cafés-concerts est dix fois plus dangereuse que celle des théâtres. Mais ce n'est pas tout. Il existe depuis quelques années dans une province de Paris, surtout habitée par des artistes et des gens de lettres, nombre de petits établissements, installés en boutiques ou dans d'ex-ateliers, des cabarets artistiques, où les auteurs, poètes et musiciens, jouent et débitent eux-mêmes leurs œuvres : ces œuvres ne sont, le plus souvent, que « d'horribles malpropretés ou des plaisanteries immondes! » On se croirait dans des cafés-concerts. Entre autres « fanges », M. Bérenger a entendu, par les « oreilles stupéfiées » de Sganarelle, deux morceaux dont l'un paraphrasait le vers célèbre de Vigny dans la *Colère de Samson :*

La Femme, enfant malade et douze fois impur,

et l'autre se faisait l'écho de doléances conjugales en cas de... polysarcie. Assurément, les sujets ne relevaient pas d'une inspiration idéale et platonique, mais ces gros rabelaisianismes débités devant un petit public de citadins et de citadines majeures et au-delà, la plupart lettrés, intelligents, éveillés, parisiens, méritaient-ils l'honneur ou l'injure d'une citation en tribune sénatoriale? Pour ces enfantillages, fallait-il sonner l'assaut de la Butte Montmartre et de ses cabarets rieurs, fantaisistes, burlesques, mais très souvent artistiques?

M. Bérenger, par un procédé oratoire de confusion et d'exagération dont il est coutumier, feint, du reste, d'entendre dans les cafés-concerts peuplés d'un grand public, les mêmes chansons que Sganarelle a entendues, non sans stupeur, dans les petits cabarets, et ce lui est une occasion de confondre les deux établissements, cénacles et grandes salles, dans un même anathème, et finalement de proscrire la chanson elle-même, « la chanson qui, pour peu qu'elle soit gaie, originale, soutenue par une musique facile, reste dans la mémoire, sort avec le spectateur, se répand dans le public, gagne enfin la jeunesse...! Il n'y a pas de plus terrible instrument de corruption, de pire agent de démoralisation que la chanson! (sic) ». C'est avec ce mot et sur un noir tableau des « conséquences de ces entreprises de licences et de fabriques d'obscénités » que se clôt ce coléreux et pessimiste réquisitoire.

L'auditeur demeure étourdi, consterné devant l'inexorable étalage d'une telle catastrophe morale. De pareils maux laissent-ils même surnager quelque espoir? Que faire? Quelles institutions créer ou faire revivre? L'anxiété du bon citoyen est extrême... Un instant très ému lui-même, M. Bérenger, pour finir, s'est recueilli, consulté, repris; il conclut : les remèdes, il les a trouvés; à leur seul énoncé, l'alarme publique se dissipera comme s'est dissipée la sienne.

Ces remèdes sont simples.

Tout d'abord, les ministres n'ont qu'à appliquer les lois actuelles. Avec son grand préfet parisien et ses préfets départementaux, le Ministre de l'Intérieur est maître des petites boutiques de journaux, des bibliothèques de gares, des affiches, des théâtres, etc.; qu'il « tienne la main » et la police cessera de montrer une tolérance voisine de la complicité. Le Ministre de l'Instruction publique, au lieu de traiter la licence de quantité négligeable, devrait, lui, surveiller la censure, « cette bonne personne de censure ». Comment par l'intermédiaire de cette censure permet-il un tel théâtre? laisse-t-il passer de telles chansons? Comment a-t-il autorisé tous les chansonniers qui pullulent dans ces établissements nouveaux, les cabarets artistiques, à débiter leurs productions — sans visa? Qu'est-ce que ce privilège? Comment enfin ce ministre permet-il « aux étoiles de la chanson ordurière » de rétablir en scène avec une cynique désinvolture les passages rayés rue de Valois? Une telle situation est intenable. Le Ministre, enfin, est invité « à veiller d'un peu plus près aux récompenses qu'il accorde à la littérature », soit dit sans faire plus directe allusion à la rosette de M. Armand Sylvestre, au ruban de M. Catulle Mendès. Quant au Ministre de la Justice, qu'il mette un terme à la conduite incohérente et timide de ses parquets. A Paris, on poursuit quelquefois les écrivains; dans les départements, jamais! Or, les journaux, les livres de Paris se lisent en province, offensent les lecteurs de province; les procureurs des petits chefs-lieux doivent protéger leurs administrés et poursuivre ce qui s'imprime sur les grands boulevards.

Mais ces premiers remèdes sont insuffisants. Les lois actuelles même étroitement appliquées, sont incomplètes : M. Bérenger ne se lasse pas de le redire. — Ce qu'il faut (là en définitive est le salut) c'est que le Parlement lui concède le vote de trois ou quatre articles de loi nouveaux imperturbablement répressifs, et, ces lacunes comblées — M. Bérenger s'en porte fort — il refait le sang, les moelles, le cœur de la France.

II

Projets de loi de M. Bérenger et du gouverne-
ment. — Critique des lois de 1881 et 1882. —
Les desiderata de M. Bérenger. — Une légis-
lation de lettre et d'esprit nouveaux. — Le délit
de « propos ». — L'outrage aux mœurs constitué
sans publicité. — Le secret postal menacé. — Le
livre et la juridiction d'assises. — La détention
d'objets d'art, livres illustrés, gravures libres par
les particuliers. — Un collectionneur mis au
pillage. — Déclarations du Garde des sceaux
et du Ministre de l'Instruction publique. —
Défense du livre, de la chanson et du théâtre. —
« L'idéal du Théâtre, chez une nation, n'est pas
nécessairement un théâtre conçu en vue d'un au
ditoire de jeunes filles. » — Vote du projet de loi
mixte.

M. Bérenger n'a pas trouvé les membres du cabinet
présidé par M. Méline rebelles à la pensée d'une législation nouvelle plus sévère. Le Ministre de l'Intérieur,
M. Barthou, a bien déclaré « qu'il ne voulait dans le
débat paraître ni trop vertueux, ni trop rigoriste »,
mais il s'est, avec le Garde des sceaux, associé à l'œuvre
de l'honorable sénateur, et de cet accord est résultée
la présentation de deux projets assez identiques. Sur
quelques points cependant, des divergences notables
ont éclaté. Le Ministre de l'Instruction publique surtout les avait accentuées en faisant une nette opposition
aux tendances et à l'esprit de M. Bérenger : on peut
dire même que M. Rambaud a fait un peu bande à
part dans cette discussion.

Les textes des deux lois antérieures visées pour aggra-

vation sont connus. Un des premiers actes du gouvernement républicain constitutionnellement assuré, fut
de rédiger une loi libérale sur la presse, la loi du
29 juillet 1881. Les trois articles 23, 28 et 45 y pourvoient à la défense très légitime de la morale publique,
en frappant l'outrage aux bonnes mœurs commis sous
forme de tels délits et par tels moyens nommément
désignés (1).

Un an après, ces articles épars au cours d'une loi
générale étaient remplacés par une loi spéciale à
mailles plus serrées, consacrée exclusivement à retenir
la catégorie des délits caractérisés, la loi du
2 août 1882 (2). Ces deux lois sont, pour M. Bérenger,
devenues insuffisantes à trois points de vue :

1° Des délits nouveaux issus d'une dépravation

---

(1) D'après les articles 23 et 28 : « § I. L'outrage aux bonnes
mœurs commis par discours, cris ou menaces proférés dans des
lieux ou réunions publics, soit par des écrits, des imprimés vendus ou distribués, soit par des placards ou affiches exposés aux
regards du public, sera puni d'un emprisonnement d'un mois à
deux ans et d'une amende de seize à deux mille francs. — § II. Les
mêmes peines seront applicables à la mise en vente, à la distribution ou à l'exposition des dessins, gravures, peintures, emblèmes
ou images obscènes. Les exemplaires de ces dessins..., etc.
exposés aux regards du public, mis en vente, colportés ou distribués, seront saisis. » D'après l'article 45 : « Les crimes et délits
prévus par la présente loi sont déférés à la cour d'assises. —
Exception est faite par le § II ci-dessus (art. 28) qui défère les
délinquants aux tribunaux de police correctionnelle. »

(2) Art I. Est puni d'un emprisonnement de un mois à deux
ans, et d'une amende de seize à trois mille francs, quiconque aura
commis le délit d'outrage aux bonnes mœurs par la vente, l'offre,
l'exposition, l'affichage ou la distribution gratuite, sur la voie
publique ou dans les lieux publics, d'écrits, d'imprimés — autres
que le livre — d'affiches, dessins, gravures, peintures, emblèmes
ou images obscènes. — Art. II. Les complices de ces délits (dans
les conditions prévues et déterminées par l'article 60 du code
pénal) seront punis de la même peine, et la poursuite aura lieu
devant le tribunal correctionnel.

L'article III et dernier de la loi reproduit abréviativement l'article
463 du C. P. qui règle les modifications dans le taux de la peine
prononcée, prison et amende, en cas de circonstances atténuantes.
L'article 60 du C. P. énumère les complices des crimes et délits et
définit les éléments de la complicité.

avisée et cupide ont en réalité, depuis longtemps, allongé l'énumération limitative des délits prévus et catalogués. Ces délits, inconnus jusqu'ici, la distribution des prospectus à domicile, la chanson de café-concert et de cabaret artistique, les petites correspondances des journaux, les propos des rues, doivent être désormais poursuivis ; — 2° la condition de publicité indispensable pour la constitution du délit d'outrage aux mœurs, et jusqu'ici mal comprise, en avait permis la multiplication ; aujourd'hui le délit, même secret, doit être recherché ; — 3° enfin le livre soumis au jury d'assises doit être désormais déféré aux juges correctionnels.

Le Ministre de la Justice n'a point fait d'objection à la désignation, dans la loi nouvelle, de délits nouveaux ; il a seulement demandé que les expressions « chansons, scènes ou propos » auxquelles tenait M. Bérenger, fussent remplacées par « discours, chants ou cris ». M. Ranc avait même, dans une interruption jetée au cours du dialogue, traité d' « insensé » le délit par « propos », et le qualificatif est peu sévère si l'on songe qu'une conversation privée, dans la rue, pouvait devenir passible de prison et d'amende.

Les questions relatives au degré de publicité de l'outrage aux mœurs, à la juridiction du livre, à la chanson et au théâtre, ont été l'objet de débats plus contradictoires.

Ce n'est pas en effet seulement une aggravation dans la répression que demande M. Bérenger, mais une orientation nouvelle dans l'esprit même de la loi. Des textes de 1881 et 1882, il ressort clairement, sans autre interprétation rationnelle possible, que la publicité est la condition *sine quâ non* de la formation du délit d'outrage aux mœurs. Le texte de 1881 porte : « Exposition aux regards du public, mise en vente, colportage, distribution », et tous ces mots employés dans une loi sur la presse ont un sens invariable, déterminé, et ne peuvent s'entendre d'un délit sans une publicité plus ou moins large. La loi de 1882 porte : « vente, offre, exposition, affichage, distribution gratuite sur la voie publique ou dans les lieux publics ». Nulle lecture juridique ne peut faire sortir de ce dernier texte, par exemple, la culpabilité d'une offre isolée dans un lieu privé, à huis clos, telle que l'institue M. Bérenger, et cela qu'il s'agisse d'un écrit ou d'un dessin. M. Bérenger l'affirme cependant. Quoi qu'il en soit d'ailleurs de ces interprétations rétrospectives, le délit visé par la remise à la poste ou à un porteur particulier et la distribution à domicile sous bande ou enveloppe, ne laisse aucun doute sur l'esprit du nouveau projet de M. Bérenger. Sans doute, le gouvernement, dans son propre projet, ne répudiait point absolument l'innovation ; il a vu cependant que le texte du projet Bérenger laissait la porte trop largement ouverte à d'inévitables abus, et il a cru sage de faire de ces claires déclarations qui aident le défenseur dans la protection de l'accusé et le juge dans l'interprétation modérée de la loi. Le Garde des sceaux a notamment déclaré que la recherche dans le domicile privé de toute la catégorie d'objets énumérés comme délictueux, depuis l'écrit jusqu'à la gravure, n'était point autorisée par la future loi, leur *détention* n'étant pas elle-même délictueuse. Il a stipulé d'autres réserves pour le délit de remise à la poste dont la preuve ne peut être faite que par la violation du secret postal. Afin de justifier la poursuite de ce nouveau délit, inscrit pour la première fois dans un texte législatif, M. Bérenger s'était à diverses reprises montré particulièrement inquiétant ; il ne s'était agi rien moins dans sa pensée que d'imposer à l'administration des postes des obligations prohibitives ou inquisitoriales absolument contraires à sa fonction (1). L'intervention

---

(1) *Séance du 8 avril* 1897. — M. Bérenger. La poste, agent de l'Etat, se *croit* le devoir de transmettre fidèlement au

opportune d'un sénateur, M. Leydet, a provoqué de la part du Garde des sceaux une déclaration complémentaire qui n'est point inutile (11 juin 1897). Les règles judiciaires demeurent intactes ; le respect des correspondances reste un article de... foi administrative et populaire. Le délit nouveau « de remise à la poste et à tout agent de distribution ou de transport » est bien voté, mais il faut entendre que, le fait momentané de la remise constituant seul le délit, c'est dans l'instant même de l'acte de la remise que se pratiquera la saisie.

Le projet du gouvernement avait maintenu en faveur des livres l'exception formelle déjà inscrite dans les lois antérieures ; il refusait de le confondre avec la littérature des prospectus et de l'enlever à la seule juridiction rationnelle, le jury. C'est ce privilège que M. Bérenger a combattu avec une véritable animation, sans autre argument de fait que la lecture de titres les uns bizarres, les autres équivoques, nullement obscènes par eux-mêmes ; il a déclaré la juridiction de la cour d'assises « mauvaise, mal choisie » et mis à réclamer la juridiction correctionnelle une insistance passionnée que nulle objection ne décourageait : « Je ne voudrais cependant pas, répétait-il, en faisant une concession aux observations qui me sont opposées, abandonner ce qu'il peut y avoir d'essentiel dans les dispositions que je propose. » Que n'avait-il montré une semblable fermeté lorsque, dans la question de la police des mœurs, il avait un instant défendu la juridiction de droit commun contre la juridiction arbitraire usurpée par la préfecture de police ! M. Bérenger demandait même que la simple

domicile les prospectus les plus suspects. (*Interruptions.* — *Bruits.*)

Un Sénateur. Elle le doit.

M. Bérenger. Elle le doit, soit. Nous nous demanderons tout à l'heure, si, à côté de ce devoir, il ne peut pas lui être imposé quelques obligations susceptibles de prohiber ce misérable commerce.

annonce, que l'étalage d'un livre non condamné, mais de titre suspect, fussent considérés comme délits relevant de la juridiction correctionnelle. Le Commissaire du gouvernement, M. Couturier, directeur des affaires criminelles et des grâces, n'a pas eu de peine à montrer au Sénat que M. Bérenger amorçait ainsi, par une voie détournée, la condamnation correctionnelle du livre même ; il a également dévoilé la situation juridique « déconcertante » qui résulterait de la condamnation correctionnelle du titre d'un livre, le livre même étant acquitté par la juridiction d'assises ou ne lui étant même pas déféré : le titre d'un livre ne peut être poursuivi que lorsque ce titre est obscène. La conclusion s'imposait non pas seulement comme juridique mais de simple bon sens. Le Ministre de la Justice Darlan a enfin donné le dernier coup, sur cette question du livre, aux exigences immodérées de M. Bérenger : il est piquant d'avoir à approuver, sur un point de détail, il est vrai, dans une discussion où la liberté est en jeu, la déclaration d'un cabinet fort attaqué, au point de vue de la liberté, sur la tendance de sa politique générale. Le Ministre a nié tout d'abord que le livre, dont la publicité n'a rien de comparable à celle de la feuille ou du dessin, présentât un danger sérieux ; il est facile de connaitre son apparition et de surveiller sa circulation. Le Ministre a ensuite affirmé l'impossibilité de distinguer dans un texte précis le livre littéraire du livre uniquement licencieux sans ouvrir la voie à « une interprétation abusive de la loi et à la proscription de livres ayant par-dessus tout un caractère littéraire » ; il a cité l'exemple mémorable du chef-d'œuvre de Flaubert, *Madame Bovary*, poursuivi en 1857 pour outrage aux mœurs. Abordant le chapitre plus délicat du livre illustré, le ministre s'est élevé non moins nettement contre les dangers auxquels seraient exposés, avec le projet intégral de M. Bérenger, nombre d'intéressantes productions imprimées et gravées, et notamment « les

belles et si artistiques publications du siècle dernier qui
ne peuvent être qu'entre les mains d'une élite... Seraient-
elles proscrites, elles aussi, demande le ministre, à raison de la liberté de leur texte et du décolleté de leurs
gravures ? Le public qui les achète n'y cherche cependant que des satisfactions d'ordre élevé, artistique, raf-
finé toujours et jamais immoral (1) ». Le ministre posait

---

(1) La déclaration n'est pas superflue, si l'on évoque le curieux
procès récemment perdu par M. Alfred Bégis, membre de la *Société des amis des livres*, où siègent nombre d'académiciens, de
magistrats, d'écrivains et amateurs érudits. Depuis de longues
années, M. Bégis, avocat, syndic de faillites, chez qui le culte des
lettres et des arts s'alliait aux travaux professionnels, s'était consacré
à l'étude de notre histoire de politique et de mœurs, du règne de
Louis XVI à la fin de la Restauration. Amateur, érudit, écrivain
d'esprit scientifique, il ne reculait devant aucun sacrifice pour la
reconstitution exacte d'une époque, qu'il s'agit d'une pièce imprimée relatant quelques traits intéressant le caractère un peu
surfait d'un héros ou d'une pièce artistique éclairant les passions
et même les vices d'un régime ; il tenait avec raison que la
haute morale de l'histoire et de l'art ne connait pas, sinon pour
ses publications, du moins pour ses archives, les préjugés, grâce
auxquels on pourrait détruire la plus curieuse partie de toute
une documentation. C'est la méthode même de tous les musées et
bibliothèques publics de l'Europe. En juillet 1866, à la suite de l'indiscrétion d'un libraire, une perquisition est faite chez M. Bégis.
Au milieu d'une bibliothèque considérable, ne contenant pas
moins de 10.000 numéros, volumes, brochures et gravures, dont
l'immense majorité étaient politiques, quelques-uns de sujets
plus ou moins libres, la police et l'instruction font un choix, et
emportent au parquet plusieurs centaines de pièces, la plupart du
XVIIIᵉ siècle, en éditions originales, tirées à quelques exemplaires,
ornées de riches reliures et de dessins précieux, représentant une
valeur des plus élevées. M. Bégis proteste. L'instruction lui répond en le mettant en demeure de quitter ses fonctions de syndic
ou de consentir à la destruction par la police de toutes les pièces
saisies. Au milieu de ce débat, le directeur de la Bibliothèque
impériale, bibliophile lui-même et amateur du meilleur goût, a
vent de l'affaire, et juge avec une spirituelle décision que du même
coup il peut conjurer un acte de vandalisme et faire acte de bon
administrateur : il porte l'affaire jusqu'aux... Tuileries et une
bouche souveraine prononce en dernier ressort : « La Bibliothèque
fera parmi les livres et les gravures saisis un large choix ; le reste
sera rendu à son propriétaire, qui sera inscrit comme généreux donateur parmi les bienfaiteurs de la Bibliothèque ! » Une ordonnance
de non-lieu est rendue le 10 décembre 1867 en faveur de M. Bégis,
prévenu d'introduction en France de livres suspects, etc., etc. L'Em-

la barrière devant M. Bérenger ; le Sénat a donné raison au ministre. Le livre reste justiciable du jury. M. Béren-ger toutefois a pris une sorte de revanche en faisant reculer à une année la prescription qui jusqu'ici libérait le livre après trois mois.

Contredit par le Garde des sceaux, M. Bérenger a été ouvertement critiqué et même ironiquement traité par le Ministre de l'Instruction publique : des formules un peu hautaines et inusitées comme celles-ci ont même été fréquentes au cours du discours ministériel : « Mais vous exagérez, monsieur Bérenger ! » a dit M. Rambaud... « Eh ! quel Paris nous peignez-vous donc, monsieur Bérenger?... J'ai, depuis longtemps, donné des instructions aussi sévères que vous pouvez *raisonnablement* le désirer, monsieur Bérenger... Mais, monsieur Bérenger, je viens de vous expliquer... ». Il s'agissait maintenant de la chanson et du théâtre. Comme un académicien, M. de Vogüé, avait déjà osé le faire en pleine Académie, le Ministre a placé spirituellement le berceau de la chanson contemporaine chez deux célébrités montmartroises, Salis et Bruant, et rejetant le banal « reproche d'obscénité », il a déclaré, au contraire, que les œuvres produites dans ces cabarets « étaient, sans contestation, d'intéressants essais de littérature et d'art originaux et piquants ». Il est vrai que le niveau d'art ne s'est pas maintenu dans tous les cabarets artistiques, mais le Ministre, depuis

---

pire tombe. M. Bégis, resté syndic, démissionne en 1882, et dès lors ne se croyant régulièrement plus empêché, recommence ses réclamations amiables. Les négociations durent trois ans. Sur le refus définitif du Ministre de l'Instruction publique de rien restituer, M. Bégis lance une assignation le 20 février 1885. Le 13 décembre 1892 l'affaire vient devant le Tribunal civil qui ordonne la restitution. Appel du ministère public. Infirmation du jugement de première instance par la Cour d'Appel le 22 mars 1894. Pourvoi de M. Bégis en cassation le 23 juin 1894. Arrêt définitif du 24 février 1896, qui repousse la requête et condamne le demandeur à l'amende. La Bibliothèque reste nantie de la dépouille de M. Bégis, donateur malgré lui.

longtemps, n'avait pas hésité à fermer ceux où la mesure avait été dépassée. Aujourd'hui, d'ailleurs, comme le demande M. Bérenger, le visa sera imposé à toute chanson et ce sera un véritable tour de force administratif que de « donner ainsi satisfaction à M. Bérenger », car la chanson est toute d'actualité quotidienne ; sitôt rimée, elle doit être chantée et les censeurs sont si peu nombreux, quatre en tout !

Quant au théâtre contemporain, si malmené par M. Bérenger, le Ministre trouve, au contraire, qu'on y rencontre « des œuvres très délicates et très distinguées, d'un art très élevé, très humain, très philosophique et où il n'y a vraiment pas ombre d'obscénité, c'est-à-dire, suivant la définition même de M. Bérenger, de grossièreté venant s'ajouter à de l'immoralité ». — « Telle œuvre, continue M. Rambaud, à laquelle M. Bérenger a fait allusion, ne peut encourir d'autre reproche que d'être la peinture, non des mœurs de la société française en général, mais de mœurs observées dans des coins exceptionnels de cette société. » Un auteur ne doit pourtant pas être traité d'immoral parce que, délaissant la peinture des situations familiales et affectives ordinaires, il aborde l'analyse de faits et de passions d'exception. Le Ministre n'a pu s'empêcher de sourire — sans dissimuler son sourire — à certain morceau du réquisitoire de M. Bérenger et il lui a demandé où il avait jamais vu et dans quel public de spectateurs ces types invraisemblables de pères de famille qu'il montrait entrant à l'aventure avec fils et filles dans les théâtres les plus connus pour leur genre marqué... « Les Pontoises d'où arrivent de tels pères n'existent même pas en province ! » a dit avec esprit M. Rambaud... et plus loin : « Evidemment, M. Bérenger, l'idéal du théâtre chez une nation ne doit pas être nécessairement un théâtre conçu en vue d'un auditoire de jeunes filles. » Qu'il soit convenable, en effet, qu'une pièce de théâtre puisse être entendue par des hommes et des femmes, mêlés, assis à côté les uns des autres, toute la bonne compagnie y applaudira; mais qu'il faille niaiser la pièce au niveau de l'intelligence et des mœurs des enfants, voici qui est d'une autre thèse! Pour prendre les morts modernes, que resterait-il du théâtre de Molière, de Beaumarchais, d'Augier, de Dumas fils, avec un censeur comme M. Bérenger? Ce qui, dans la comédie de caractères et de mœurs, ferait rougir ou divertirait à faux de petits adolescents ou des demoiselles, est précisément ce qui fait penser leurs mères et avec elles tous les spectateurs conscients des choses de la vie.

Cette maîtresse leçon donnée, le Ministre se demande, lui aussi, quels sont les vrais remèdes à de tels maux démesurément enflés ou en partie constatés; il n'en voit qu'un : « la liberté ». Dans Paris, en effet, M. Bérenger s'obstine à ne trouver que des tableaux fâcheux; l'immoralité l'hypnotise! Qu'il considère aussi le Paris de l'art, de l'enseignement, du travail! Le Paris des écoles, des amphithéâtres remplis d'étudiants, des conférences, des sociétés savantes, des représentations classiques, des grandes auditions musicales, le Paris des écoles d'enfants et des ateliers! Ce sain et magnifique labeur mérite bien un peu d'attention. Enfin, M. Bérenger, lui-même, n'a-t-il pas prouvé l'action de la liberté sur les mœurs quand il a été l'initiateur des *Sociétés contre la licence?*

L'aggravation générale de la législation par le projet Bérenger n'en a pas moins été votée par le Sénat, se résumant, en dernier mot, dans l'ascension des peines correctionnelles d'amende et d'emprisonnement, portées à un fort maximum, l'une à 5.000 francs, l'autre à deux ans (1).

---

(1) Voici le projet de loi de M. Bérenger tel qu'il a été voté le 18 juin 1897, par le Sénat : « Art. 1. L'article 1er de la loi du 2 août 1882 est modifié ainsi qu'il suit : Sera puni d'un emprisonnement de un mois à deux ans et d'une amende de 100 à 5.000 fr.

III

*Conclusion. — Erreurs diverses de M. Béren-
ger sur l'action de la littérature. — Inversion :
QUID MORES SINE LEGIBUS? — Encore un mot sur la
presse, le théâtre, la chanson et le livre — Le cal-
vinisme littéraire et moral de M. Bérenger.*

Depuis les discussions mémorables soulevées par
Jules Simon, Jules Ferry et Paul Bert au sujet de l'enseignement moral, lors de la fondation de notre établissement scolaire, M. Bérenger est le premier homme
politique qui, dans le Parlement, se soit occupé de
morale publique. Nous sommes loin de l'en blâmer.
Evidemment il y avait des observations à présenter sur
la psychologie littéraire dans le temps présent, et tout,
dans cette partie de l'œuvre de M. Bérenger n'est pas à
dédaigner ou à critiquer. Mais M. Bérenger a oublié
que la liberté ne profite pas qu'à la licence et il s'est

quiconque aura commis le délit d'outrage aux bonnes mœurs :
par la vente ou la mise en vente d'écrits ou imprimés — autres
que le livre — de prospectus, dessins, gravures, peintures, emblèmes, images ou objets obscènes ou de nature à provoquer à la
débauche; par leur distribution, même gratuite, par leur remise à
la poste ou tout agent de distribution ou de transport; par leur
exposition ou affichage sur la voie publique ou dans un lieu public;
par des discours, chants ou cris de même nature proférés publiquement; par des annonces ou correspondances publiques d'un
caractère licencieux ou de nature à provoquer à la débauche. Les
écrits, dessins, affiches, etc., incriminés et les objets ayant servi à
commettre le délit seront saisis ou arrachés. La destruction en
sera ordonnée par le jugement de condamnation. Les peines pourront être portées au double si le délit a été commis envers des
mineurs. — Art. II. La prescription en matière d'outrage aux
bonnes mœurs commis par la voie du livre est d'un an à partir de
la publication ou de l'introduction sur le territoire français. La
vente, la mise en vente ou l'annonce de livres condamnés sera
punie des peines portées à l'article 1er de la présente loi ».

trop arrêté aux menus faits, aux incidents en surface, aux apparences, aux causes de troisième et quatrième rangs.

C'est en effet à proprement parler tout un monde que soulève M. Bérenger, s'il faut entendre qu'il a voulu mettre en discussion — mais y a-t-il songé? — cette très grosse, très ancienne et toujours actuelle question de l'influence de la littérature et des arts sur les mœurs des nations. Quand un tel problème est soulevé on s'attend à la proposition de réformes dans les institutions, à l'exposé d'un plan d'éducation de la conscience populaire, à une grande leçon de morale nationale à l'usage d'une république, d'une société qui cherchent à s'asseoir sur des règles positives. Qu'a-t-on entendu au lieu de cela? des critiques de détail, des récriminations plus aigres que raisonnées. Qu'a-t-on proposé? de vieux remèdes discrédités, des moyens de répression connus, des petits palliatifs, la suppression de textes qui sont censés annuler l'action de la loi et l'addition de textes qui la renforceraient. Simpliste et juriste, M. Bérenger conclut par des expédients judiciaires. *Quid mores sine legibus?* s'écrierait volontiers notre sénateur ; une nation n'a point de mœurs quand elle n'a point de lois qui l'y contraignent. S'il ne le dit pas précisément, ni en français, ni en latin, c'est à quoi cependant M. Bérenger fait au fond aboutir toute sa sociologie morale.

M. Bérenger a l'intuition des questions à soulever, mais il n'a ni le calme, ni la patience, ni la mesure, ni l'à-propos, ni le haut esprit politique et littéraire, ni la suite d'études nécessaires pour les résoudre. Ses propositions font plus penser les autres qu'elles ne semblent le faire penser lui-même. Il ne va pas au fond des choses. Ici il y avait des raisons profondes à dégager à propos de certaines pages de cette littérature contemporaine qui offusquent parfois de moins sévères que M. Bérenger. C'était la mentalité même de notre nation qu'il fallait éclairer telle que l'ont faite la terre de France, notre tempérament, notre histoire séculaire et surtout notre histoire actuelle ; c'était avant tout le régime gouvernemental immédiatement antérieur qu'il fallait viser et ces terribles événements d'il y a tantôt trente ans où la France s'est effondrée, où sa jeunesse contemporaine n'a trouvé peut-être que des souvenirs d'accablement.

M. Bérenger s'attaque à la presse comme cause de démoralisation : il ne voit pas que la presse transformée loin de créer un esprit public, n'est que l'expression de l'esprit public même. Chose intéressante et qui lui a échappé, il n'a pas compris que le suffrage universel avait eu sur la nation une action moins puissante que la généralisation des éléments de l'instruction au point de vue du choix des lectures. Le suffrage universel, en donnant à tous une existence et un intérêt dans la chose publique, n'a pas multiplié les curiosités sérieuses, ni les études politiques. L'instruction élémentaire obligatoire, au contraire, a fait surgir des catégories innombrables de lecteurs et de lectrices qui, médiocrement intéressés aux affaires, mettent à profit leurs petites études d'enfance et de prime jeunesse pour chercher amusement et distraction au papier imprimé. C'est à cette masse de public que les industriels de la presse et de la librairie, l'intelligence encore aiguisée par la cupidité, ont vite répondu. Ainsi, loin de voir se multiplier, comme on aurait pu l'espérer, par la propre vertu de l'universalisation du suffrage, les feuilles avant tout politiques, ce sont les feuilles littéraires, romanesques, à nouvelles, à contes, à informations mondaines et demi-mondaines, à historiettes coulissières et boulevardières, que nous avons vues pulluler de toutes parts. Ce phénomène est surtout frappant depuis que l'opinion, désormais sans inquiétude sur l'existence de la forme républicaine, n'a plus eu le souci quotidien de la défense du gouvernement légal du pays. Nous ne faisons qu'indiquer ici un des aspects de la

question de la presse si légèrement effleurée par M. Bérenger. Mais une inévitable conséquence en découle :
c'est moins la presse qu'il faut réformer que l'esprit
public qu'il faut former par les premiers enseignements.

Quand M. Bérenger accuse le théâtre d'être une
cause de corruption, on se voit bien contraint également
de lui demander ce qu'il veut que les historiens dramatiques des mœurs mettent sur la scène. C'est avant
tout les mœurs contemporaines qu'il faut jouer aux
fils incandescents de la rampe si l'on veut intéresser la
foule : bien que les passions du commun des hommes
et des personnages historiques soient identiquement
les mêmes, ce n'est guère avec le vieil appareil des
tragédies — sauf peut-être celles de Corneille et de
Racine — qu'on peut remplir des salles de spectacle ;
la fable antique éloigne même les demi-lettrés ; seuls
le costume, la langue, l'allure, les intrigues, les besoins,
en un mot les mœurs des contemporains intéressent les
contemporains.

Térence il y a deux mille cinq cents ans, Molière il y
a deux siècles n'ont pas compris autrement le théâtre
et n'y auraient pas trouvé sans cela un applaudissement
immortel. Quel théâtre veut donc M. Bérenger ? Quelle
est sa conception des spectacles publics ? Les blâme-t-il
en principe ? Veut-il rééditer avec préface nouvelle la
lettre de Jean-Jacques à d'Alembert ? Il demande la
liberté du sifflet (1) ; cette réserve est trop juste, mais
encore qu'il dise ce qu'il ne faut pas siffler ; d'ailleurs
siffler ce n'est pas interdire. Il s'élève ainsi entre
autres griefs contre la peinture de l'adultère sur les
planches ; il voit là, même après l'agonie de l'épouse,
de la mère coupable, un exemple mauvais. Est-ce là
tout son argument ? mais il traîne, cet argument, dans
tous les plaidoyers contre la comédie que leur ridicule
même a fait vivre jusqu'à nous.

(1) Séance du 8 avril 1897.

C'est au vrai l'argument contre l'existence du théâtre.

C'est lui que les prédécesseurs de M. Bérenger ont soulevé contre Molière, parce qu'il a fait rire des pères avares volés par leur fils, des époux-paysans trompés par leur femme-demoiselle, des bourgeois-gentilshommes dupés par d'authentiques gentilshommes fripons, de la vertu enfin ridiculisée par les outrances du *Misanthrope*. C'est ce même argument qu'il ont jeté à la tête de Racine à propos de sa *Phèdre*, sous prétexte que le spectateur en arrive au cinquième acte à plaindre une femme incestueuse ; à la tête de Voltaire quand il écrivait *Catilina* et *Mahomet*, parce que ces deux « infâmes » étaient plus intéressants que Zopire et Cicéron.

Et, pour tout dire enfin, c'est avec ce même argument que Chapelain, au nom de l'Académie, cherchait à provoquer la clameur publique contre Corneille, son *Cid* et sa Chimène, quand il écrivait : « La bienséance y manque en beaucoup de lieux... » ; et ailleurs : « Nous maintenons que toutes les vérités ne sont pas bonnes pour le théâtre et qu'il en est de quelques-unes comme de ces crimes énormes dont les juges font brûler les procès avec les criminels ». M. Bérenger sait que l'opinion publique a cassé l'arrêt de blâme que voulaient lui arracher les... Sénateurs de 1636 et qu'ils durent se résoudre à émettre seuls. Le théâtre a vécu et toujours vivra ; il continuera à peindre les hautes et basses passions, et c'est précisément parce qu'il est de compréhension accessible et facile, parce qu'il peut provoquer à travers les foules la discussion de toutes les idées, qu'un politique doit répéter avec Voltaire :

Le théâtre instruit mieux que ne fait un gros livre (1).

Les lourds pavés que M. Bérenger a roulés enfin pour faire une barricade sur le chemin de la chanson ou pour lapider les chansonniers, ne serviront guère chez une

---

(1) *Contes en vers. Les Trois Manières.*

nation comme la nôtre qu'à leur faire meilleure route.
Se peut-il que M. Bérenger usurpant le rôle de l'inoublié
Marchangy, s'insurge ainsi contre cette forme de la
poésie populaire dans le pays qui reste celui de son
illustre homonyme... à une lettre près ! Le succès de la
chanson de café-concert et de cabaret artistique est né
d'une foule d'excellentes raisons, de la niaiserie des
vaudevilles, de la spirituelle gaité musicale des opéras
bouffes, du prix exorbitant des places de théâtres, de la
longueur malhonnête des entr'actes, etc. Beaucoup de
Parisiens ont préféré entendre une bonne chanson
qu'un long et sot vaudeville rempli de jeux de scène
connus et de bons mots nouveaux réédités tous les dix
ans : ils se sont dit que si, sur dix chansons, ils en enten-
daient une bonne, ils n'avaient pas perdu leur argent.
Une chanson bien faite est comme un sonnet bien fait
qui vaut un long poème ; c'est une petite revue, une
petite comédie, une agréable miniature scénique ; elle
se prête à tous les genres, dramatique, patriotique,
comique, aristophanesque. Tonner contre la chanson
en plein Paris ! Mais il n'est pas un Parisien qui ne se
sente assez d'intelligence littéraire pour applaudir la
même semaine Mounet-Sully, Barthet ou Bernhardt et une
fine diseuse de café-concert, et répéter en l'accommodant
à son cas le mot de Chrémès : « Je suis de Paris et rien
de ce qui est parisien ne me laisse indifférent. » L'ancien gouvernement de France était une monarchie
absolue, tempérée par les chansons ; acceptons que la
chanson puisse censurer et égayer une république parlementaire sans qu'il faille faire veiller nuit et jour pour
un refrain trop vif, les censeurs de la rue de Valois
et les inspecteurs de la Préfecture de Police ! Oui, que
M. Bérenger se souvienne de Béranger ! C'était en 1821,
en 1828, un peu toutes les années de la Restauration,
les Sénateurs de la Légitimité réclamaient, eux aussi,
des juges correctionnels contre les chansonniers ;
Béranger répliqua par sa *Faridondaine* ou la *Conspi-*

ration des chansons sous forme de conseils à un agent
du prédécesseur un peu lointain de MM. Lépine, Charles
Blanc, etc.! On pourrait, sans y rien changer, chanter
à M. Bérenger la chanson de Béranger :

> Surtout transforme avec éclat
> La Faridondaine
> En crime d'Etat.
> Donnons des juges sans jury
> Biribi
> A la façon de barbari,
> Mon ami.
> Si l'on ne prend garde aux chansons.
> L'anarchie est certaine,
> La Faridondaine,
> La Faridondon !

Plus peut-être que son hostilité contre la presse, le
théâtre et la chanson, la violence tenace de M. Bérenger
contre le livre étonne encore. S'il était dans ce débat
une question qu'il dût aborder avec prudence, c'était
assurément celle-là, après l'incroyable bourde qu'il
avait commise en juillet 1893, en intentant pour outrage
à la pudeur un procès à l'éditeur scientifique Carré à
propos de la publication d'un livre de pathologie ner-
veuse. On se rappelle cette aberration plus scandaleuse
que les aberrations de psychopathie sexuelle étudiées
dans ce livre même par le Dr A. Moll, le professeur
Krafft-Ebing et les deux traducteurs français, les
Drs Romme et Pactet, ce dernier chef de clinique de la
Faculté de Paris. Etranger — ou du moins paraissant
l'être — à toute littérature scientifique, et particulièrement à cette branche de la science biologique qui traite
de la valeur des signes tirés de l'examen de l'organe et
de la fonction sexuels au point de vue de l'anthropolo-
gie normale et de l'ethnologie, des maladies du système nerveux et de la criminalité, M. Bérenger avait
d'emblée conclu que les médecins qui s'occupent de
cette région et de ce syndrome sont mûrs pour la justice des tribunaux ! Avec les auteurs qu'il poursuivait,
nous pouvons lui signaler d'autres coupables : les tra-

vaux de Bourneville, de Sollier, de Magnan, de Charcot père, de Féré, de Brissaud, de Capitan, de Moreau, de Paul Garnier, de Louet, de E. Laurent, de bien d'autres encore méritent les foudres de son attention : s'il veut y ajouter les descriptions célèbres de Cœlius Aurelianus et d'Arétée, il sera édifié mieux encore. Vainement dans ce grotesque procès, des professeurs de la Faculté de médecine, des médecins des hôpitaux, des savants comme MM. Gley et Gilbert-Ballet, des collègues de M. Bérenger à l'Institut comme l'éminent M. Brouardel, l'avaient averti ; vainement l'acquittement de l'éditeur Carré l'invitait à la circonspection ; on a vu qu'il n'avait rien moins fallu que le *veto* formel du garde des sceaux pour que le livre, tous les livres ne fussent point désormais exposés au sort de ce livre de médecine ! On conviendra que si un homme de la valeur intellectuelle de M. Bérenger a pu se rendre capable ou coupable d'une telle bévue, il était nécessaire d'empêcher un personnage moins qualifié, magistrat ou partie plaignante, de la renouveler pour son propre compte avec la facilité qu'eût donnée un plus dangereux texte de loi.

Ainsi M. Bérenger, pour donner à ces débats toutes leur ampleur et leur force, devait joindre aux expédients législatifs qu'il proposait dans un but de protection immédiate, des remèdes d'une action plus lointaine et plus profonde. Mais il n'avait pas vu les lacunes où elles étaient : ce n'était pas dans l'insuffisance des textes répressifs qu'il fallait les chercher, c'était dans l'état d'esprit d'une nation déjà étourdie par le second empire, puis effroyablement éprouvée par la destitution de son haut rang en Europe, désemparée, ne trouvant pas dans les exemples venus de ses chefs les bons modèles à suivre ou du moins à approuver. C'était surtout dans les générations nées à la vie intellectuelle et publique depuis la fondation de la république qu'il fallait envisager une orientation inquiétante. L'empire avait fait sentir à leurs devanciers l'étouffement et le danger du pouvoir personnel ; il les avait trempés du moins en les forçant à lui résister ; 1830 et 1848 avaient encore des représentants honorés et vivaces qu'on pouvait écouter ; quelque lamentables qu'eussent été les défaites de 1870 et la guerre civile de 1871, les devanciers y avaient encore trouvé le réconfort viril des batailles. Les jeunes générations contemporaines n'ont rien connu de tout cela : elles paraissent redouter la plénitude de la liberté politique et, par l'habituel effet de cette réaction, elles semblent priser fort toutes les autres libertés, au premier rang l'extrême liberté des lettres. Il est peu probable que ce soient les lois de M. Bérenger qui les fassent reculer sur le terrain choisi, et abandonner et doctrine et drapeau littéraires. Il n'était cependant pas impossible, au sein même d'une terne et nécessaire paix enfermée entre les douleurs d'un passé accablant et les menaces d'un avenir périlleux, de dégager — mais sans enflure — un idéal de pensée, de foi et d'action qui eût donné une âme forte et joyeuse à la jeune patrie.

En toutes ces matières, comme dans la question spéciale qu'il traitait il y a deux ans, M. Bérenger a suivi en s'y abandonnant avec une véritable passion l'inclination de son tempérament. M. Bérenger va les yeux fermés, les oreilles bouchées, ne se souciant ni des objections, ni des raisons, ni du ridicule (1) ; sa moralité a des débordements auxquels il ne prend nulle garde ; on croirait qu'il n'a ni l'âme, ni l'esprit de son temps ; il semble figurer une sorte d'exception singu-

---

(1) Témoin une de ses dernières propositions qui dénonce la régie à l'indignation publique et réclame la destruction des petites boîtes d'allumettes pour fumeurs parce que les vignettes en sont décolletées. Ce dernier trait a valu à M. Bérenger dans le journal d'Ed. Hervé, son collègue à l'Institut (peu de temps avant la mort de cet éminent écrivain), les reproches « d'hystérie de vertu, de rigorisme à l'excès, de pharisaïsme » et des comparaisons avec « Tartuffe » qui voilait le sein de Dorine !

(*Soleil* du 16 octobre 1897).

lière que son excès même rendrait d'après les uns dangereuse, d'après les autres inutile. Bien plus, si l'objet de ce livre, au lieu d'être déterminé, englobait l'histoire morale de ces dernières années, nous montrerions que dans cet épisode des luttes de la célèbre *Ligue française pour le relèvement de la moralité publique*, M. Bérenger a été infidèle au prudent programme arrêté dès la première heure par les initiateurs du mouvement. Quand feu M. de Pressensé, collègue de M. Bérenger au Sénat et aussi à l'Assemblée nationale, suscita en 1887 avec le libéral et éloquent pasteur T. Fallot, le pétitionnement qui commença le combat contre la pornographie, ce fut avec ce mot d'ordre que la *Ligue* éleva son drapeau : la *Ligue* limitait strictement son rôle à la protection de l'enfance que pouvait salir en quelques instants la lecture ou la vue de publications ordurières tantôt glissées par des industriels de la plume dans des feuilles plus ou moins littéraires, tantôt constituant des placards illustrés et à un sou ; elle ne voulait rien viser d'autre.

M. T. Fallot, notamment, prévoyant avec la perspicacité d'un politique, la confusion et les dissentiments que provoqueraient des prétentions s'étendant à régenter la grande production littéraire et le corps social même, avait, d'accord avec Pressensé père, posé la barrière dans les statuts de l'Association : son éminent collaborateur et lui, tenaient que la base du droit moderne est l'indépendance de la morale et de la loi, et comme plus d'un spectateur réfractaire et méfiant redoutait déjà de voir la *Ligue* empiéter et s'en prendre aux tendances littéraires de l'époque, puis à la liberté même d'écrire, M. T. Fallot s'écriait textuellement : « Nous ne devons nous occuper ni des livres, ni des auteurs ; si la *Ligue* s'aventure sur un autre terrain que la protection de l'enfance, elle n'a aucune chance de succès (1). »

(1) *Étude pratique des questions sociales* par T. Fallot (Con-

Tel était le programme.

C'est celui que M. Bérenger avait paru accepter de la main même de Pressensé père, quand en 1891, dans un suprême entretien, celui-ci agonisant du même mal que le père de l'empereur allemand, avait voulu à son chevet de mort voir une dernière fois M. Bérenger pour lui transmettre, comme officiellement, la direction d'une cause dès le début commune. On a vu comment M. Bérenger s'est tenu à ce programme : il en a complètement dévié, après s'y être tout d'abord associé, comme il a fait du reste dans la question de la prostitution où le même Pressensé père et M. T. Fallot s'étaient publiquement prononcés contre l'organisation de la Police des mœurs.

La *Ligue pour le relèvement de la moralité* ne s'est pas seulement transformée en *Ligue contre la licence des rues;* au lieu de la protection de l'enfance contre l'offre ou l'exposition obsédantes de vilenies corruptrices, l'opinion alarmée ou railleuse a entendu proférer, à côté d'observations quelquefois justes mais noyées, ces vagues et grosses récriminations contre telles écoles littéraires, réclamer avec fracas la proscription de tel genre artistique ou poétique. Nulle doctrine originale, nulle réserve, nulle explication n'accompagnèrent jamais cet assourdissant anathème. M. Bérenger prodiguait inconsciemment les sujets d'inquiétude ou de sourire. Le résultat était inévitable. Ce ne sont pas seulement certains de ses meilleurs lieutenants que M. Bérenger a fatigués par sa dernière agitation. L'opinion publique s'est montrée excédée. Sans doute la Chambre des députés a, comme par lassitude, adopté *sans débats*, cette dernière loi de M. Bérenger à la fin de sa législature, concurremment avec un stock d'obscurs projets laissés quatre ans en

---

grès de Marseille), p. 11, 14, 16, 21-23. In-8 de 54 p. Nice, V. E. Gauthier (oct. 1891).

souffrance et votés en bloc à la veille de la bataille électorale (1) ; mais les dispositions publiques sont mauvaises pour l'application d'une loi qui, de l'aveu même
d'un ministre (M. Rambaud), restera lettre morte ; elles
sont fâcheuses aussi pour le dernier jugement qu'a provoqué sur l'esprit de cette partie de son œuvre, le
réformateur du Palais du Luxembourg. M. Bérenger ;
bien qu'il se soit abstenu de toute considération religieuse dans ses campagnes (et c'est d'ailleurs un
mérite qu'il ne faut pas taire), bien qu'il se soit un instant associé — lui catholique libéral notoire — à des
ministres protestants d'esprit très moderne, n'en a pas
moins esquissé une silhoutte parfois menaçante d'in-
quisiteur démodé et perdu à travers un monde hostile,
ébahi et ne comprenant pas. Jusque dans le vieux milieu genevois, il a soulevé quelque étonnement : un
publiciste de talent, Auguste de Morsier nous disait :
« Il y a du Calvin dans M. Bérenger. » Soit... de prove-
nance romaine ou genevoise, cet esprit est tout un ;
mais le Paris du début du xxᵉ siècle n'est pas le
Genève de 1553. Le promoteur de la bienfaisante législation du sursis à l'application des peines devait à son
pays de le plus vraiment connaître, de penser plus à
fond, de légiférer mieux.

(1) Finalement, en effet, plus heureux que le projet relatif à la
Police des mœurs, le projet relatif à l'épuration des mœurs a été
soumis à l'examen de la Chambre ; M. le député d'Estournelles,
chargé du rapport, a pu, dans la dernière session de la dernière
législature, le lire à la commission qui l'a adopté, après quelques
modifications insignifiantes. La loi pour l'épuration des mœurs a
été promulguée le 18 mars 1898. On en trouvera le texte aux
Pièces et Documents.

LA PROSTITUTION

EN SUISSE

ET PARTICULIÈREMENT A GENÈVE

PLÉBISCITES SUR LES MAISONS DE TOLÉRANCE.

Coup d'œil historique sur la fondation à Genève de la Fédération britannique et continentale pour l'abolition de la police des mœurs. — Organisation de la prostitution réglementée en Suisse depuis le commencement du siècle. — Les institutions et réformes spéciales à Berne, Neufchâtel, La Chaux-de-Fonds, Lausanne. — Fermeture des maisons publiques à Berne, en 1888. — Le Referendum Zurichois de 1897 : suppression des maisons publiques dans le canton de Zurich.

La contestation publique de la portée hygiénique et de l'autorité légale de la prostitution réglementée se poursuit lentement, mais cependant avec continuité, au milieu des épisodes divers et plus bruyants de la vie sociale de la plupart des peuples européens. Les phases de ce mouvement présentent des aspects d'autant plus intéressants qu'ils varient avec le caractère national et les institutions de chaque pays. A cet égard les récentes vicissitudes de la discussion en Suisse et notamment dans le canton de Genève où la police des mœurs —

plus restreinte qu'en France, il est vrai — subsiste encore, méritent de retenir l'attention de ceux qui ne veulent pas, dans la matière, laisser passer un fait sans en exprimer tout l'enseignement.

C'est en Suisse que les membres de l'Association formée dès 1869 pour obtenir le rappel des *Contagious diseases Acts* qui venaient d'établir la police des mœurs en Angleterre, plantèrent le premier jalon de l'œuvre destinée à étendre au continent la lutte commencée à Londres. En 1875 était fondée à Genève la ligue dite *Fédération britannique et continentale,* pour l'abolition de la police des mœurs. Le milieu d'action était heureusement choisi. Le respect de la grande majorité des constitutions cantonales pour la liberté individuelle, l'autonomie des municipalités, l'indépendance du caractère indigène et des presses locales étaient déjà comme des auxiliaires naturels et de la première heure, et l'atmosphère ambiante ne faisait pas a *priori* asphyxie et silence, comme on eût pu craindre en s'implantant ailleurs. La *Fédération* aussi pensait, non sans raison, que la position centrale de la Suisse au milieu des nations d'élément germanique et d'élément roman, ces deux éléments constitutifs de toutes les législations de l'Europe, lui permettrait ainsi d'exercer du même coup par rayonnement une multiple influence au delà des frontières les plus opposées.

L'engagement de la réforme et la mise en branle de l'opinion ne tardèrent pas.

Le système des Congrès internationaux, également appliqué à l'examen étudié de la prostitution réglementée, donna de suite les meilleurs résultats.

Ces congrès, appliqués à la discussion de questions de science pure ou de sociologie gouvernementale, sont tantôt comme des académies, tantôt comme des parlements ambulants qui, en tenant leurs assises aux villes bien choisies, viennent semer les idées, créer des orientations, allumer des foyers; ceux qui y exposent leurs travaux ou discutent les communications des autres, savent leur sujet à fond; sous l'œil des pairs étrangers, de maîtres éminents venus de tous pays et du sien propre, il faut honorer l'esprit scientifique de la race ou de la nation. En 1877, l'*Association* tenait à Genève son premier Congrès : elle y prenait possession d'elle-même et y formulait, comme conclusions logiques de très complètes études d'hygiène, d'économie sociale et de législation, ces magistrales résolutions de médecine et de droit publics que les faits, sans cesse accumulés, ont rendues de plus en plus inattaquables.

Dans le même esprit et de la même allure, une partie des villes de la Belgique, de la Hollande, du Danemarck, de la Suède et de la Norvège formaient des associations analogues, branches de la *Fédération*, les unes sous une impulsion originale et locale, les autres au souffle d'énergiques individualités anglaises; mais de suite dans les grands cantons suisses la question de la réforme de la prostitution réglementée se posa nettement, et la suppression partielle ou intégrale fut réalisée ici, préparée là.

Avant de nous étendre sur Genève qui fait l'objet plus particulier de ce chapitre, jetons un coup d'œil sur le mouvement d'opinions et de faits dans les cantons dont l'exemple est généralement de poids pour les autres.

D'une manière générale, en Suisse, il ressort de tous les documents historiques d'administration, de mœurs et d'hygiène que les gouvernements locaux et les municipalités avaient admis jusqu'ici le groupement des femmes publiques en maison sous la main de personnages en rapports directs avec la police, agréés d'elle pour répondre sinon de l'état sanitaire, du moins de l'ordre. Dans le tableau tracé par les historiens des vieilles villes suisses, la forme de la prostitution par excellence est, de date immémoriale, les *Frauenhauser*, et comme, pour des motifs qui se sous-entendent, les maîtres-baigneurs ont presque de tout temps com-

pris le double bénéfice dont leur industrie était susceptible en lui annexant l'autre commerce, les *Frauenhauser* ont été très souvent les maisons de bains, les
Badenhauser. Il en était ainsi à Berne où les établissements du quartier de la Matte sur les bords de l'Aar
ont été si longtemps connus sous le simple nom de
« Bains de l'Isle et de l'Aarziehle ». L'invasion de la
République bernoise par les armées françaises à la fin
du xviii⁰ siècle et l'administration consulaire et impériale imposée à la Confédération sous Bonaparte, lais-
sèrent là comme partout d'ineffaçables traces et confir-
mèrent, en les régularisant d'une manière officielle, ces
institutions spéciales. En 1828 cependant, les désordres
de toute nature étaient tels dans les maisons de Berne
qu'un des premiers actes de l'avoyer de Fischer quand
il entra en charge, fut de supprimer deux des plus scandaleuses d'entre elles : l'une, fondée pour les soldats
de Masséna, au cœur de la ville, en face d'une église
dans la rue de l'Arsenal, s'était même créé une haute
clientèle parmi les personnages importants de la République ; cette circonstance ne la sauva pas. En dehors
de cette mesure qui a fait date dans l'histoire de la prostitution bernoise, il fut édicté dans les trente années
suivantes un ensemble de lois diverses visant la débauche, l'adultère, l'inconduite même, les unes d'origine consistoriale, les autres concernant le fonctionnement de la police générale (31 décembre 1832), les
autres les auberges et cabarets (4 juin 1852 et 31 novembre 1854); ces lois constituèrent un réseau tendu
aux manifestations extérieures de la prostitution en
dehors des maisons tolérées.

En 1865, lors du remaniement du Code pénal bernois, les progrès du proxénétisme, si intimement lié à
l'extension de l'industrialisme urbain, attirèrent l'attention du législateur : de lourdes pénalités furent édictées contre les individus qui débauchent les jeunes gens
des deux sexes, en même temps que les profession-

nelles de la prostitution en dehors des maisons étaient
désormais inquiétées par la menace d'emprisonnement (1). Cette législation pénale constituait aux yeux
de la police une invitation à l'organisation plus ou
moins régulière d'une réglementation conforme au
système français naturellement très apprécié de tout
pouvoir de police ; déjà, en 1857, le D^r Ch. d'Erlach,
médecin en chef du service des vénériens à l'hôpital
cantonal, signalait la confection par la police d' « une
sorte de liste de proscription » (sic) comprenant 150 à
200 femmes soumises à son contrôle pour avoir eu
maille à partir avec les agents dans les rues ou pour
avoir été dénoncées ; il était désormais possible de risquer plus ouvertement une réglementation. Ce fut
l'objet de l'arrêté municipal du 8 juillet 1885 ; les
femmes suspectes prises sous les arcades ou dans les
promenades étaient passibles d'une réclusion de trois
jours, d'une amende de 200 francs, d'un internement
forcé à l'hôpital en cas de maladie constatée à l'examen obligatoire, et, en cas de récidive, d'un internement de durée arbitraire, par simple voie administrative, dans une maison de travail. Cet état de choses et
d'esprit créait aux maisons une situation privilégiée
trop favorable pour que les abus n'y redoublassent pas :
elles se voyaient désormais le seul instrument de la
prostitution officielle. La *Fédération* dut dénoncer à
l'opinion des scandales et des crimes de séquestration
qui rappelaient partiellement ceux de 1880 à Bruxelles ;
plusieurs procès contre les tenanciers eurent lieu : dans

(1) Les proxénètes non professionnels s'adressant aux jeunes
gens au-dessous de 16 ans sont frappés d'un emprisonnement de
deux mois à deux ans, avec amende à maximum de 1.000 fr. ; les
proxénètes professionnels, de quatorze jours à quatre ans, avec
amende à maximum de 500 fr. Les parents proxénètes sont déchus
des droits de puissance paternelle. Les personnes « faisant métier de prostitution » sont frappées d'un emprisonnement de deux
à huit mois. (Art. 164, 165, 168, 169 du C. P. B.)

l'un d'eux (1), l'exploitation des femmes séquestrées fut étalée avec un cynisme si naïf que les proxénètes avouaient eux-mêmes que chaque fille leur rapportait net par tête et par mois de 200 francs à 240 francs ; il est vrai qu'à l'aide d'une comptabilité perfectionnée ces mêmes malheureuses arrivaient à ne pas même posséder en propre leur linge de corps ! Les statistiques publiées assez lentement et surtout incomplètement révélaient une situation aussi inquiétante au point de vue sanitaire. L'une, celle du Dr A. Christener, signalait en 1885 une proportion de 10 0/0 de vénériennes dans la classe des filles de maisons ; en 1886, quatre médecins, dont les cahiers de visites étaient régulièrement tenus, avaient constaté que sur 79 cas de maladies 53 provenaient des maisons de tolérance. Pendant cette même année le nombre des femmes arrêtées au dehors, pour contravention à l'arrêté de 1885, s'était élevé à 175 dont 38 seulement avaient été trouvées malades. Il devenait donc difficile de représenter les maisons comme le palladium de la santé publique, et quant au soi-disant consentement des pensionnaires, à la sauvegarde de leur liberté individuelle et de leurs intérêts matériels, il n'était pas moins embarrassant de faire croire à leur réalité. Cet échec public, l'administration de Berne eut le mérite de le constater après une épreuve de trois années, et le 29 février 1888, sur le rapport même de M. Stockmar, conseiller d'Etat et directeur de la police bernoise, les maisons de tolérance de Berne et de Bienne étaient supprimées. A Berne leur nombre avait oscillé, de 1877 à 1886, entre 6 et 4. Dès 1886, « les Bains » avaient disparu spontanément. Il est notable que chacune de ces maisons de Berne ne comptait guère plus de 3 à 5 pensionnaires momentanément réunies, et que le personnel se renouvelait in-

---

(1) Affaire Mundwyler. Arrêt de la Chambre de police du 8 décembre 1886.

cessamment, car, pour ces 6 maisons, la police annuellement n'inscrivait pas moins d'une moyenne de 80 à
150 filles. L'agglomération bernoise comptait environ
50.000 habitants. La petite ville de Bienne avait 5 maisons officielles pour une population de 6.000 habitants.
La légitime préoccupation médicale et administrative
visa naturellement les résultats de cette suppression. A
trois reprises, en 1889, en 1891 et en 1895, la direction
de la police bernoise fut publiquement interrogée à ce
sujet. En 1889, M. Stockmar donnait les statistiques suivantes : de 1879 à 1886 le chiffre des maladies vénériennes soignées à l'hôpital s'élevait en
moyenne à 304 par an; en 1888, l'année même de
la fermeture des maisons, le nombre des cas n'atteignait que 209.

En 1895, les rapports statistiques hospitaliers accusaient depuis 1888 une diminution notable comparativement aux dix années précédentes. Quant à l'ordre
public, les crimes et délits contre les mœurs n'avaient
point augmenté non plus que la provocation de rues et
d'arcades devenue insignifiante au contraire, depuis
que la garantie et la protection d'Etat étaient refusées
à toute manifestation prostitutionnelle extérieure. Cette
amélioration manifeste était soulignée par M. Stockmar
auquel on avait prédit « que la suppression des maisons
de tolérance provoquerait certainement une recrudes-
cence de la prostitution libre, que les filles encombre-
raient le trottoir, que les femmes honnêtes ne seraient
plus en sûreté dans les rues, etc. » (1). Ces résultats,
consignés dans des documents officiels, sont d'autant
plus à retenir que Berne, la ville capitale, en dehors du
chiffre élevé de sa population indigène et d'un assez

_____

(1) V. Rapport de la Direction de police au Conseil exécutif du
canton de Berne sur la suppression des maisons (janvier 1888). —
Lettre du préfet de Berne et arrêté du Conseil communal (fév. 1888).
— Lettre de M. Stockmar à M. Dunant, conseiller d'Etat de Genève (sept. 1889).

nombreux appoint flottant d'ouvriers et d'étrangers, possède une École militaire et une Université.

Neufchâtel a été, comme Berne, le théâtre de discussions et de solutions intéressantes. L'existence des maisons de La Chaux-de-Fonds a donné dans le canton un caractère d'acuité particulier à la lutte. Jusqu'en 1877 ces maisons étaient officiellement reconnues ; elles étaient soumises à notre réglementation française : surveillance spéciale des agents, visite des médecins de l'administration, etc. Sous la pression des comités de la *Fédération* et notamment celui de La Chaux-de-Fonds, un des premiers créés en Suisse, grâce surtout à l'action d'un éminent citoyen, Aimé Humbert, le patriote neuf-châtelois, non moins ardent à défendre la justice et le droit qu'il l'avait été à réclamer l'indépendance de sa patrie contre la Prusse, le Conseil d'Etat supprima d'abord la tolérance administrative. Les maisons n'en subsistaient pas moins comme établissements privés en dépit des peines édictées par le Code pénal cantonal contre les personnes qui se livraient à la prostitution ou la favorisaient (art. 146). En mai 1885, malgré la protestation au Grand Conseil du colonel Jean de Montmollin, parlant au nom de plusieurs milliers de pétitionnaires, le président du Conseil d'Etat, M. Cornaz, dut avouer l'impuissance de l'Etat et de la municipalité pour imposer cette fermeture : « En tant qu'immeubles, disait M. Cornaz, ces établissements étaient des propriétés privées, par conséquent au texte même de la Constitution (art. 8) inviolables ; l'autorité administrative ne pouvait ni ordonner que les maisons cesseraient d'être habitées, ni en choisir les habitants... » Ce que ni le pouvoir exécutif, ni l'assemblée des députés, ni la municipalité ne voulaient ou ne pouvaient faire, la loi enfin l'exécuta. Le Code pénal frappait, nous l'avons dit, le fait même de la prostitution simple, la condition de prostituée, mais l'obscurité et l'exagération du texte n'en avaient pas permis l'application, et cette inertie même avait laissé passer à La Chaux-de-Fonds de graves abus. Le nouveau Code(1889-1891), plus conforme à l'objet idéal du droit et plus pratique, ne visait plus que les actes extérieurs de la prostitution publiquement avouée, se manifestant par la provocation des passants sur la voie publique ; cet article 291 ne désignait même pas, comme antérieurement, « la femme publique », « la femme » qui provoquerait, mais *toute personne*, englobant ainsi l'homme qui accosterait et poursuivrait une femme honnête, comme il arrive, paraît-il, souvent... en Suisse (1). Certes l'article trop strictement interprété pouvait être dangereux, mais un correctif important stipulait que la femme n'encourrait de peine qu'en cas d'infractions nouvelles ; à la première arrestation la prévenue devait être simplement conduite à la préfecture et admonestée. En réalité, il s'agit moins ici du fait de prostitution que du délit de racolage, et la distinction dans la matière est capitale au point de vue juridique. De plus, pour couper court aux bas chantages auxquels des individus avaient trop souvent recours

---

(1) Le texte primitif portait « toute femme » ; à la requête d'un groupe nombreux de femmes du canton fut faite la substitution de « *toute personne* ». Il est intéressant dans cette question de connaître par le détail les motifs qui ont amené les jurisconsultes de la commission législative neufchâteloise à consentir cette importante modification. Dans le *Rapport* de cette commission, M. Jean-henry, ancien procureur général, mettant en présence les opinions contradictoires, concluait ainsi :

« Les uns disaient : « Nous n'admettons pas qu'il soit possible de confondre, dans ce domaine, l'homme et la femme et d'arriver à cette autonomie des deux sexes, basée sur leur égalité morale, que semble poursuivre la *Fédération...* » — Les autres répondaient : « La différence des sexes, au point de vue du droit pénal, est une notion surannée qui jure avec l'ensemble de l'œuvre si moderne et si progressive qui nous est présentée. La distinction entre l'homme et la femme est un vieux préjugé. L'homme qui accoste outrageusement une honnête femme dans la rue, mérite la même flétrissure et la même pénalité que la femme qui provoque l'homme à l'accomplissement de l'acte sexuel... » — La commission législative s'est rendue à ces dernières raisons, et elle a voté un texte se rapprochant sensiblement de la proposition présentée par le comité et la *Fédération*.

vis-à-vis les femmes seules et sans protecteurs, paren-
taux ou autres, il était également stipulé que la poursuite pour délit prostitutionnel n'aurait lieu que sur la
dénonciation de l'autorité de police. Mais ce qui devait
frapper au cœur la police des mœurs neufchâteloise,
c'était l'article 292 punissant l'excitation habituelle
à la débauche (sans distinction de majeurs ou de
mineurs) de la réclusion jusqu'à deux ans et de l'amende
jusqu'à cinq mille francs. La protection des mineurs
était d'ailleurs particulièrement assurée par des peines
atteignant les *correspondants* (selon l'expression
d'Outre-Manche) de la pénalité frappant le viol si les
victimes avaient moins de quatorze ans, et d'un emprisonnement de deux ans si elles avaient de quatorze à
seize ans. Le consentement de l'enfant n'était point une
circonstance atténuante. Cette double législation à l'endroit des proxénètes et d'une partie de leurs clients a
suffi à faire disparaître les maisons publiques du canton de Neufchâtel.

Dans le canton de Vaud, la réglementation n'a
jamais officiellement existé, ce qui a modifié le caractère des faits et du mouvement rapprochés de ceux de
Berne et de Neufchâtel. La *Fédération* a surtout
cherché à obtenir une modification dans le Code pénal
local qui présentait également des textes obscurs ou
insuffisants. Comme à Neufchâtel avant la réforme du
Code, un article 197 disait : « La femme prostituée est
punie par une réclusion qui ne peut excéder six mois. »
La prostitution ici était donc aussi le délit même.
L'outrage public aux mœurs par propos ou actions
obscènes n'était puni que de quinze jours d'emprisonnement. Les enfants n'étaient protégés contre les attentats spéciaux que jusqu'à douze ans. Certains proxénètes, comme le souteneur, étaient ignorés de la loi.
M. le député Naef dénonça ces lacunes, et obtint du
Conseil d'Etat la mise à l'étude des articles du Code
incomplets en même temps qu'une enquête sur la

prostitution dans tout le canton. Le 20 novembre 1896, le Grand Conseil, après double examen du projet de loi et des travaux de commission extra-parlementaire, vota la revision pénale. Comme à Neufchâtel après la réforme du Code, l'article 197, le plus important avec les articles 198 et 200, au lieu de punir les prostituées comme prostituées, ne prévoit plus que le délit de provocation publique et habituelle et le punit de la réclusion ou de l'internement dans une colonie agricole ou industrielle : ici le texte de loi vise uniquement « la femme qui... » (1). L'article 199 assimile au viol l'abus d'une femme en état d'inconscience (d'origine alcoolique ou autre). L'article 200 assimile à l'attentat à la pudeur commis avec violence l'attentat simple commis sur un enfant de moins de quatorze ans (disposition en contradiction avec le Code civil qui autorise le mariage de la fille à seize ans seulement). Enfin l'article 198 punit également tout individu qui « sciemment profite de la débauche d'autrui, facilite, favorise ou soutient la débauche d'autrui ». Ce dispositif formel enlève tout espoir aux spécialistes de l'hygiène et de la police qui avaient un instant rêvé ou tenté d'introduire officiellement la maison de tolérance parisienne non seulement dans la cité de Lausanne mais dans les principales communes des districts agricoles. Le département de la police à Lausanne notamment, comme dans toute ville suisse ou étrangère, jouit de privautés publiques, ou s'en arroge, qui sont peu compatibles avec le respect légal de la liberté individuelle ; ainsi, en mars 1896, une note à nous remise par un fonctionnaire vaudois nous signalait le traitement exceptionnel suivant *inventé de toutes pièces (sic)* par la police de

---

(1) En février 1897, les dames de Lausanne ont adressé une pétition au Grand Conseil pour réclamer, à l'expression « la femme » la substitution du mot « quiconque... », demandant ainsi l'égalité légale telle qu'elle est inscrite dans le Code pénal neufchâtelois depuis 1891.

Lausanne (1). Une liste secrètement dressée par les
agents comprend toutes les femmes de la ville dénoncées comme prostituées : ces femmes sont nominativement invitées à se présenter « *de suite et libre-*
ment » (*sic*) à l'inspection médicale, chaque semaine ou
quinzaine ; celles qui sont trouvées saines sont simplement renvoyées sans recevoir un certificat quelconque ; celles qui ne se présentent pas sont surveillées
de très près, et arrêtées et condamnées à la moindre
infraction aux règlements de police sur l'ordre dans
les rues, d'après l'article 197 du Code pénal.

Les femmes trouvées malades sont mises en demeure
d'entrer à l'hôpital cantonal ou de se faire traiter à
domicile ; elles ont le choix : à l'hôpital cantonal elles
sont, il est vrai, soignées comme les autres malades ;
elles en sortent « dès qu'elles sont suffisamment guéries
pour ne pas être immédiatement dangereuses » (*sic*).
Les femmes qui se font traiter à domicile sont officiellement prévenues qu'il leur est formellement interdit de
sortir tant qu'elles n'y sont point autorisées par le
médecin traitant ; en cas d'infraction à cette défense,
elles sont arrêtées, enfermées et soignées d'office. Cet
organisme de police sans être occulte n'a cependant pas
d'existence officielle, la clinique-dispensaire n'étant
signalée dans aucun document municipal imprimé, et
les femmes ne recevant aucune déclaration, sous forme
de carte, au sujet de la visite subie et de l'état de leur
santé. « L'absence de carte remise à la femme a pour
objet de ne créer — que la femme soit saine en réalité
ou en apparence — aucune sécurité trompeuse. » En
janvier 1895, la Société vaudoise de médecine s'étant
prononcée contre l'introduction des maisons publiques
dans et hors Lausanne, la police vaudoise peut répondre

---

(1) Cette note se trouve de point en point confirmée par une
publication, d'ailleurs remarquable à divers points de vue, de M. le
Dr A. Herzen, professeur de physiologie à l'Université de Lausanne (*Science et Moralité*, broch. Fayot, Lausanne, 1896, p. 39).

officiellement qu'il n'existe point dans le canton de prostitution patentée (1).

A Zurich, la solution de la question de la police des mœurs est toute récente et la physionomie de la lutte a été modifiée par l'attitude de la *Fédération* qui, très en relief au début, s'est atténuée vers la fin au point de laisser le champ libre aux Zurichois indépendants : cette tactique paraît avoir eu pour objet de ménager les susceptibilités de l'esprit cantonaliste. Quoi qu'il en soit, en 1880, en réponse aux critiques de la *Fédération*, le Grand Conseil de Zurich en proie, sur le sujet, à toute la masse des préjugés en cours, était sur le point de prononcer d'une manière définitive la légalisation de la prostitution en tant qu'industrie patentée (il avait même voté en deuxième lecture un projet de loi spécial), quand un publiciste de talent, officier de mérite, Fernand Kaiser (de Zoug), d'ailleurs membre de la *Fédération*, adressa aux autorités et au peuple zurichois quatre lettres publiques (*Vier Briefe an die Athener an der Limmat*) où il rétablissait au point de vue de l'hygiène, du droit et aussi du plus spirituel bon sens, les faits sous leur vrai jour. Le revirement fut subit « chez les Athéniens des bords de la Limmatte ». On trouve souvent dans tous ces pouvoirs helvétiques la souplesse politique alliée à un rare jugement, et peut-être n'est-il pas jusqu'aux partis qui n'aient moins qu'ailleurs d'obstinés entêtements. La commission parlementaire invita elle-même le Grand Conseil à ajourner tout vote définitif, se reconnaissant incompétente pour soutenir plus

---

(1) D'après M. le Dʳ Morax (de Morges), chef du service sanitaire du canton de Vaud, le chiffre des maladies vénériennes dans le canton de Vaud, tel qu'il résulterait des états fournis par les établissements hospitaliers de Lausanne (hôpital, maternité, hôpital ophtalmique, hospice de l'enfance, asile de Céry), oscillerait de 3 0/0 et 5 0/0 sur l'ensemble des malades traités (mars 1896). A l'hôpital cantonal notamment il aurait été pour toute l'année 1896 de 4,73 0/0 ; en 1897 il serait descendu à 2,97 0/0, c'est-à-dire de 110 sur un ensemble de 3.696 malades

longtemps une proposition de fonds. Bien que le Code pénal cantonal frappât le proxénétisme (*Kuppelei*), les maisons continuèrent à profiter soit de la faveur des pouvoirs publics, soit de leur hésitation ; il était de jurisprudence que, sauf les cas graves, l'initiative des poursuites contre leurs tenanciers comme l'octroi de la tolérance étaient abandonnés aux municipalités. Le conseil municipal de Zurich se refusa constamment toutefois à laisser créer des maisons de tolérance dans l'intérieur de la ville (1) ; il émit même à diverses reprises un vote comportant la fermeture des établissements localisés (au nombre variable de quatre, six et en dernier lieu de treize) (2) dans les faubourgs, mais finalement au milieu du conflit des pouvoirs et des opinions il se heurta aux oppositions combinées du Conseil d'Etat et des tribunaux qui répondaient que jusqu'à plus ample informé « l'existence d'un nombre limité de maisons calculé sur l'état de la population mâle fixe et flottante était nécessaire ». Plusieurs fois l'an, il est juste de le reconnaitre, les tribunaux usaient de l'article 122 du Code pénal qui, s'il existait des circonstances aggravantes, leur attribuait l'initiative des poursuites à l'exclusion des conseils municipaux. Le *statu quo* paraissait inébranlable quand surgit une manifestation capitale. En février 1895, le conseil municipal de la ville et une assemblée de seize médecins et professeurs de médecine zurichois des plus qualifiés invitaient de concert le Stadtrath de Zurich à élaborer des mesures définitives pour trancher ce long débat. L'adresse médicale faisait tout d'abord ressortir le caractère antisanitaire de l'agglomération des femmes en maisons centralisant l'affluence

---

(1) La ville de Zurich se composait de neuf communes ayant chacune leur administration indépendante; elles forment aujourd'hui un total de 105.000 habitants, dont un peu plus d'un quart pour la commune urbaine. En 1892 a eu lieu la fusion de ces communes.
(2) 13 en 1897, avec un personnel de 80 présentes.

des bestialités et des morbidités spécifiques, l'insuffisance des secours hygiéniques en présence des progrès
faits en matière syphilidologique, l'exemple des grandes
villes d'Allemagne d'une densité populaire égale à
Zurich garantissant leur hygiène intérieure sans maisons ; elle dénonçait l'insalubrité patentée doublement
dangereuse dans une ville de grandes écoles, la garantie
officielle attirant et trompant les jeunes gens, « l'Etat
(selon la spirituelle et forte expression des médecins
zurichois) mettant son poinçon sur de la fausse mon-
naie » ; elle montrait enfin — réalité d'une vérification
partout facile — que les maisons, loin de supprimer la
prostitution clandestine ambulante et isolée, loin de
supprimer les petits foyers privés de prostitution, cafés,
débits de vins, magasins de cigares, etc., avaient eu
pour résultat de les multiplier en répandant chez tous,
femmes, proxénètes et visiteurs, la notion que la prostitution officielle était une institution régulière ; il n'était
pas jusqu'au chiffre élevé des naissances illégitimes
pour l'agglomération zurichoise 12 pour 100 en 1893,
13 pour 100 en janvier 1894, qui ne vînt prouver que
les maisons manquaient aussi leur autre objet social —
lequel est d'organiser, au bénéfice des hommes, la stérilité des unions passagères et de servir de lit d'attente
jusqu'au jour plus ou moins tardif des unions légales (1).

Fort de ces textes et de ce concours, le *Comité zuri-*
chois « pour le relèvement de la moralité et de l'éducation publiques », à la tête duquel figurait le directeur
d'un grand établissement d'éducation supérieure pour
jeunes filles, l'honorable M. Ed. Boos-Jegher, prit déli-
bérément la tête du mouvement réformiste. Dans les
cantons que nous venons de passer en revue on a remarqué que les modifications introduites dans la régle-

---

(1) Les signataires de l'adresse étaient les Drs Ernst, M. Heim-
Vögtlin, Friedr. Brunner, A. Heer, Pr A. Forel, Ad. Frick, Pes-
tallozzi-Pfyffer, C. Rahn, A. Nüscheler, Hirzel-Schindler, Wilh.
von Muralt, Häberlin, Pr Goll, J. Oberholzer-Guber, J. Dubs.

mentation ou la législation ont été directement élaborées par les assemblées politiques ou municipales ; à Zurich il devait en être autrement. On sait le jeu des légiférations et constitutions cantonales qui constituent le droit public de la Confédération helvétique. Depuis 1830 et surtout depuis 1848, ce droit public a successivement conféré, dans les divers cantons, à tout citoyen suisse le pouvoir souverain de collaborer à la confection de la loi et à la modification de la constitution par son vote direct. C'est ce qui est appelé le *droit d'initiative* quand les citoyens rédigent eux-mêmes le projet de constitution ou de loi présenté à l'assemblée des députés, et *droit de sanction* ou *referendum* quand le peuple sanctionne par son vote le projet de loi primitivement élaboré ou simplement adopté par ces mêmes représentants. M. Ed. Boos-Jegher eut recours au droit d'initiative populaire. Il organisa un vaste pétitionnement pour réclamer une modification du Code pénal cantonal telle que le problème fût au moins en bonne partie tranché, et libella un projet d'articles revisés ; mais au lieu de recueillir les 5.000 signatures obligatoires pour la validité de l'exercice du droit d'initiative, il en recueillit 16.000. Le Grand Conseil, se piquant d'émulation, rédigea à son tour un projet à peu de chose près semblable à celui des pétitionnaires, et la discussion réduisit à un tel point les divergences que ces derniers se ralliaient au projet officiel.

Le 27 juin 1897, la nouvelle loi était soumise au *referendum*, et par 40.000 voix contre 14.000 elle était adoptée par le canton de Zurich.

Les principales réformes réalisées par la revision des articles du Code pénal sont, en l'espèce, d'une sérieuse portée : la protection des mineures est assurée par cinq ou six articles qui multiplient la sauvegarde à peu près contre tous les dangers susceptibles d'être imaginés par la débauche des majeurs ; le proxénétisme est traqué partout et frappé de peines effectives. « La réclusion en maison de travail et une amende de 5.000 francs, en cas de récidive la réclusion en maison de travail pendant cinq ans et une amende s'élevant jusqu'à 15.000 francs frappent désormais : « Quiconque engage des femmes pour tirer parti de leur prostitution; quiconque fait commerce de femmes pour la prostitution (traite des blanches); quiconque fait métier de fournir à des femmes l'occasion de se prostituer. » (Art. 121, 122.) Le racolage public pratiqué par une personne quelconque est frappé d'amende; si le racoleur est une femme, des arrêts de huit jours, et en cas de récidive le placement dans une maison d'arrêt, peuvent l'atteindre. L'autorité paternelle peut être retirée aux parents indignes (art. 123). Enfin une disposition singulière de l'article 123 *a* stipule : « Quiconque commet un acte contraire aux bonnes mœurs avec une personne qui s'est confiée à lui, en vue d'un traitement ou d'un examen médical, et cela contre le gré de cette personne, est puni d'emprisonnement, et, dans les cas graves, de maison de travail. » La disposition qui concédait aux seules municipalités l'initiative des poursuites judiciaires en cas de circonstances aggravantes dans certains cas de proxénétisme, disparait.

Ainsi les maisons se trouvaient tomber sous le texte de la loi.

Le vote du 27 juin 1897 les a fait du coup disparaître dans le canton de Zurich.

Nous devons observer à propos de l'esprit général de la réforme du code zurichois que le mouvement dans ce canton s'est inspiré de l'idée « de prostitution-délit », qui peut avoir pour conséquence antijuridique de confondre les deux domaines distincts de la morale et du droit; mais le fait légal de la fermeture des maisons tolérées et de la répression de tous les proxénétismes n'en reste pas moins du meilleur intérêt public (1).

---

(1) Cet épisode de l'histoire intérieure de Zurich a donné lieu à di-

Cet historique un peu général terminé, nous aborde-
rons plus facilement l'étude de la question à Genève, qui
fait l'objet plus particulier de ce chapitre.

---

verses publications semi-polémiques, semi-statistiques à consulter.
V. entre autres : *Die gefahren der Prostitution und ihre geselz-
liche Bekämpfung* (Avis du Conseil de santé zurichois), Zurich,
1891. — *Die Regelung der Prostitutions frage mit besonderer
Berücksichtigung zürcherischer Verhältnisse* (Zurich, 1892).
Réponse au précédent par l'Association cantonale pour la protection de la moralité publique. Il n'est pas jusqu'au *Consortium* des
tenanciers qui n'ait dit un mot sous forme de brochure tirée à de
nombreux exemplaires avec ce titre : « *Motifs pour lesquels il
faut rejeter la loi* », et sous cette signature : « *Union pour la
défense des intérêts du peuple.* » (Vereinigung sur Wahrung der
Volks interessen.)

I

*Genève et sa police des mœurs. — Les textes de lois
de 1817 et 1849. — Tolérance des maisons. — Le
règlement de 1863 calqué sur l'organisation française. — Scandales de rues; suppression des filles
isolées en 1875. — La loi du 27 octobre 1884
organise un service cantonal d'hygiène publique
ou Bureau de salubrité. — Les règlements du
Conseil d'Etat. — Création du dispensaire de la
rue Calvin (1885). — Loi pénale du 26 septembre
1888 contre les délits et contraventions concernant
la morale publique. — Interdiction réglementaire
des manifestations extérieures de la prostitution
dans les rues. — Maintien des maisons. — Résultats de la législation nouvelle. — Abus et scandales
des maisons. — Agitation populaire de 1888 à
1896. — Protestations de professeurs d'Universités,
de médecins et publicistes. — Procès de tenanciers.
— Nomination d'une commission officielle d'enquête. — Pétitionnement pour la suppression des
maisons. — Recours au REFERENDUM constitutionnel. — Projet de loi d'initiative populaire pour
la répression de toutes les formes du proxénétisme.*

Genève n'est pas seulement, grâce aux spectacles de
son site et à sa reconstruction monumentale, une des
belles villes cosmopolites d'Europe ; grâce à son puissant foyer intellectuel et au caractère d'une partie de
ses habitants, qui se ressent toujours du principat de
Calvin, une très intéressante ville suisse; c'est aussi
par le voisinage, la langue et les vicissitudes politiques, une ville un peu française : au point de vue par-

ticulier de la police des mœurs, nous y retrouverons jusqu'à la dernière crise, en 1896, presque les mêmes principes et les mêmes pratiques qu'à Paris.

« Je ne connais pas de loi qui ait institué notre réglementation ; c'est affaire d'arrêtés et d'administration du Conseil d'Etat », nous faisait en effet l'honneur de nous écrire M. le Dʳ A. Vincent(1) : la police des mœurs instaurée sous l'empire à la mode parisienne a subsisté ainsi avec quelques modifications insignifiantes depuis 1815 (2). Un texte de loi de 1817 paraissait cependant autoriser l'emprisonnement administratif des femmes, et un paragraphe de la loi constitutionnelle du 23 avril 1849 (art. 19) stipulait que « les lois ordinaires conti-

---

(1) Nous tenons à remercier publiquement M. le Dʳ A. Vincent de la libéralité courtoise avec laquelle il a voulu, malgré la dissemblance d'opinions sur le sujet, nous communiquer les documents statistiques et une partie des documents administratifs qui figurent dans cette étude sur Genève. M. le Dʳ A. Vincent, professeur d'hygiène à l'Université, directeur du Bureau de salubrité, membre du Grand Conseil, a publié un ensemble de savants travaux de démographie et de médecine publique qui occupent une place importante dans la littérature de l'hygiène médicale et sociale contemporaine ; nous citerons notamment ses magistraux mémoires sur l'utilisation des eaux d'égouts au point de vue de la santé publique et de l'industrie agricole, sur la tuberculose humaine et animale, sur plusieurs épidémies de fièvre typhoïde. Ajoutons qu'en 1897, M. le Dʳ Vincent a quitté la direction du Bureau de salubrité pour devenir membre du pouvoir exécutif cantonal, c'est-à-dire membre du Conseil d'Etat ; il le préside depuis 1899.

(2) Rappelons toutefois qu'il existait dans le vieux Genève des xvᵉ et xvıᵉ siècles des établissements tolérés concentrés rue Saint-Christophe ; leur groupement s'appelait le *Sérail* ; à leur tête était une « reine » qui servait d'intermédiaire dans les rapports administratifs avec le gouvernement. Ce système prit fin partiellement en 1535, puis totalement en 1555 avec la ruine du parti dit des *Libertins*. Au commencement du xıxᵉ siècle (mars 1801), des maisons quasi officielles sont également signalées dans plusieurs rues de Genève et notamment rue de la Pélisserie. Ces détails sont consignés dans divers ouvrages d'érudition ou d'histoire locale (voir entre autres *Supplément* au Dictionnaire de Moreri, Bâle, 1743, t. I, p. 902, verbo B... — *Description de Genève ancienne et moderne*, par Henri Mallet, genevois, 1 vol. in-12, Genève, 1807, p. 109, chez Manget et Cherbuliez. — *Fragments historiques sur Genève avant la Réformation* (Lador, 1823, 1 vol. in-8, p. 29, 55, 61, 74, 100, 117).

nuaient à régler ce qui est relatif aux femmes publiquement livrées à la prostitution ». Quant à l'existence des maisons, l'article 213 du Code pénal genevois ne frappant que l'excitation des mineurs à la débauche, la tolérance de ces établissements se trouvait strictement expliquée.

Telle était la situation de droit et de fait jusqu'au 12 août 1863, époque à laquelle un règlement de police rendu par le Conseil d'Etat concernant particulièrement les filles « dites isolées », vint assimiler d'une façon identique la situation de Genève à la situation de nos grandes villes de France : la police avait droit de mainmise sur les femmes, leur imposait la carte (coût 5 fr.), une visite par semaine à domicile (coût 2 fr.), l'amende, la prison et des visites supplémentaires en cas de refus de visite ou d'absence au moment de la visite, l'internement à l'hôpital en cas de maladie ; il leur était interdit d'aller au spectacle ailleurs qu'à des places déterminées (2es et 3es loges) et sans l'autorisation écrite du commissaire, de sortir après 9 heures du soir, etc.

Cette pratique française suscita des oppositions et des critiques violentes. Son premier effet avait été de légaliser le racolage, la remise de la carte à la femme isolée ne pouvant avoir d'autre résultat ni d'autre objet que d'autoriser la provocation publique des passants. Les abus avaient été tels qu'en 1875 le régime général de la police des mœurs était amputé du régime des filles en carte ; un arrêté nouveau supprimait l'octroi de la patente à la prostitution individuelle (1) ; seuls subsistaient désormais les établissements autorisés de

---

(1) Officiellement du moins, car dans des documents que nous adressait en 1883 l'Administration municipale genevoise, nous relevons l'existence d'un règlement du 12 août 1881 qui affirme les pénalités contre les femmes manquant à domicile les visites sanitaires, et nous constatons dans les statistiques de 1882 l'existence 38 femmes « éparses » inscrites au département de Justice et Police. Une note spéciale porte textuellement : « Les éparses sont placées chez une maîtresse responsable »

prostitution collective. Fidèle d'ailleurs à la pensée qui lui faisait admettre la nécessité d'une prostitution officiellement reconnue, le Conseil d'Etat, en supprimant ce premier mode, élargissait le second : il portait de douze à dix-huit le nombre des maisons publiques.

Deux ans après, la *Fédération* abolitioniste installait son siège à Genève même et le débat commençait dès lors à se serrer davantage.

Bien que la seule réglementation subsistante portât désormais sur les maisons, les partisans d'une action effective de l'autorité, qui figuraient surtout dans les conseils du gouvernement, suscitèrent deux mesures capitales. Une loi du 27 octobre 1884 avait organisé un grand service cantonal d'hygiène sous le nom de *Bureau de salubrité publique*, défini sa compétence, étendu sa surveillance aux écoles, casernes, fabriques, prisons, industries, épidémies ou épizooties ; s'autorisant de cette loi, un règlement rendu par le Conseil d'Etat, le 13 janvier 1885, complété par un arrêté du 26 février suivant, créait d'abord un dispensaire exclusivement affecté aux femmes soumises à la police par le fait de prostitution reconnue ou présumée, sans que d'ailleurs nul terme de la loi du 27 octobre 1884 désignât la prostitution : toutes les femmes en maison ou *éparses* étaient soumises à une double visite hebdomadaire obligatoire passée désormais dans le local spécial et non plus dans les maisons ou le domicile privé ; une finance de 2 fr. était perçue par visite ; toute femme malade était retenue et internée à l'hôpital cantonal. Enfin, le 26 septembre 1888, le Grand Conseil, sur la proposition du Conseil d'Etat, portait une loi pénale concernant les délits et contraventions contre la morale publique, en vertu de laquelle : toute provocation dans un lieu public, tout scandale d'ordre obscène étaient frappés des arrêts de police de quelques jours à un mois, d'une amende maximum de 50 fr. ; tout tenancier de locaux pour prostitution clandestine était frappé d'un emprisonnement maximum de 30 jours et d'une amende maximum de 500 fr.; tout proxénète était privé de tous ses droits politiques et partiellement de ses droits civils (art. 12 C. P.).

L'existence des maisons publiques se trouvait ainsi confirmée une fois de plus, bien qu'à cette date le législateur genevois, dans son commentaire de la loi, ajoutât, par l'organe du conseiller d'Etat Dunant, que la loi du 26 septembre ne donnait, en dépit de son silence, aucune sanction légale au genre de prostitution actuellement toléré, et que sous le régime suppressif de la maison, ce genre de prostitution deviendrait prostitution clandestine. Ce langage officiel n'était pas inutile en présence du mouvement d'opinion provoqué par cet ensemble de mesures et avivé par de sanglants scandales directement issus de la prépondérance définitive octroyée aux maisons.

Malgré les réserves que cette déclaration paraissait sous-entendre, le chiffre des maisons était porté dans la seule ville de Genève à dix-neuf, et dès 1888, le Conseil municipal de la ville ou mieux son Conseil administratif, achetait (pour opération de voirie) et conservait un temps assez long un certain nombre de maisons où continuait à s'exercer en toute sécurité le commerce *ad hoc*.

Les tenanciers, en possession du monopole, ne connaissaient désormais plus de mesure et leurs exactions diverses se multipliaient. En cette même année 1888, au mois de juin, à quelques jours d'intervalle, deux malheureuses internées se suicidaient en se jetant par la fenêtre pour échapper aux plus abominables traitements; des enfants de 15 ans, une petite Française du département de la Manche entre autres, échouée là après une série de ventes franco-suisses, étaient séquestrées. Un publiciste de cœur et de bonne audace, M. Charles Ochsenbein, ouvrait une enquête privée sur ces faits, en dénonçait les résultats dans une suite de brochures éloquentes et précises. En même temps que lui, un groupe d'hommes éminents, légistes, médecins, publicistes, professeurs d'Universités, des femmes d'élite : Charles Secrétan, correspondant de l'Institut de France ; Louis Bridel, professeur à l'Université de Genève ; H. Minod, Dr Ladame, Ed. Fatio, E. Picot, A. Audeoud, E. Poulin, A. de Meuron, L. Wuarin, F. Naef, H. Rochrich, etc., Mmes E. de Morsier, H. de Gingins, M. Goegg, E. Audeoud-Monod, E. Capt. Golay, multipliaient les meetings, les conférences, prenaient enfin l'initiative d'un pétitionnement constitutionnel qui, en quelques semaines, réunissait près de 22.000 signatures ; le Code pénal en main, ils réclamaient la fermeture des maisons.

Devant cette agitation, le gouvernement genevois dut s'émouvoir (juin-octobre 1888). Cette même année, fertile en événements, le Conseil d'Etat nommait une Commission d'enquête de 45 membres chargée de faire une étude complète de la réglementation. Cette commission avait été impartialement composée par M. Dunant, directeur du département de justice et police : ses membres appartenaient par partie égale aux deux groupes antagonistes. Le Conseil d'Etat s'engageait à statuer sur la requête des pétitionnaires quand la commission aurait elle-même donné une conclusion à ses travaux.

Le lecteur n'attend pas que nous donnions par le menu le récit des incidents de tout genre qui ont rempli cette longue période de 1888 à 1896, pendant laquelle le gouvernement genevois fit preuve de l'hostile volonté publique la plus indéniable qui fût. Nous rappellerons seulement le procès intenté à M. Ch. Ochsenbein, condamné à une amende de 3.000 francs par les tribunaux cantonaux et fédéral, pour avoir prouvé la séquestration de la petite Française, Marie L..., mineure de 15 ans, chez la tenancière genevoise D..., le chef du service des mœurs soutenant qu'il y avait bien eu inter-

nement coercitif plus ou moins autorisé, mais *non
inscription régulière!* Nous rappellerons encore
l'étrange tactique de M. le conseiller d'Etat Vautier,
successeur de M. Dunant au département de justice
et police, qui, voyant les travaux de la Commission,
après trois ans de recherches, emporter la conviction
d'un grand nombre de membres jusque-là favorables
à la prostitution officielle, et assurer ainsi en mars 1891,
au moment du vote final, une majorité en faveur des
conclusions de la pétition, prenait un très simple parti;
l'honorable membre du gouvernement, imitant les
princes... constitutionnels dans l'embarras et fabriquant
une fournée de pairs, changeait tout unim ent la majorité de la Commission d'enquête par l'adjonction de six
nouveaux membres systématiquement réglementaristes, appelés ainsi, bien qu'ils n'eussent pris aucune
part aux travaux, à prendre part aux conclusions. Cette
politique entraînait la protestation et la démission de
19 membres de la Commission qui, ainsi réduite, clô-
turait ses travaux et remettait tous les documents recueillis au gouvernement. Il est inutile d'ajouter que
les résultats de l'enquête n'ont point été publiés.

Pour compléter le court historique de cette période où
le *statu quo,* grâce à l'inertie du gouvernement genevois et à la ténacité des tenanciers, subsistait dans toute
sa rigueur, mentionnons le significatif procès imposé
par la *Fédération* à la justice genevoise contre la tenancière Z..., *faisant arrêter à Zurich* et ramener à Genève comme coupable d'escroquerie et d'abus de confiance une fille R. W..., partie de sa maison avec une
malle contenant des effets qu'elle n'avait soit-disant
point payés (1). Ce fait donne une idée du pouvoir des
·tenanciers et de la facilité avec laquelle la police les

---

(1) Aff. **Z.** et Rosa W., 9 août 1892. Jugement du 14 déc. 1892,
confirmé par la Cour d'appel genevoise le 25 février 1893, condamnant la tenancière à 500 fr. de dommages-intérêts.

tient partout pour des associés. Les trois dernières
années se passèrent ainsi en polémiques, en guerre
d'affiches, en réunions publiques, en vaines démarches
des associations abolitionistes auprès du Conseil d'Etat
pour lui demander de statuer. Il était devenu évident
que le gouvernement entendait éluder toute solution
nouvelle et opposerait une fin de non-recevoir systématique aux instances les mieux étayées de faits.

Il ne restait plus que le recours au droit d'initiative
conféré aux électeurs genevois par la loi constitutionnelle du 5 juillet 1891, au *Referendum.* C'est à quoi
s'arrêtaient les 22.000 pétitionnaires genevois et genevoises, dès les derniers mois de 1895 ; ils demandaient
le plébiscite sur un projet de loi réprimant à la fois le
proxénétisme et garantissant la liberté individuelle. Le
chiffre des signatures étant atteint et au delà (1),
le Grand Conseil n'avait plus que le devoir constitutionnel de sanctionner l'appel au peuple en lui deman-

---

(1) La loi constitutionnelle du 5 juillet 1891 (art. 2) porte que
tout projet de loi qui aura réuni 2.500 signatures d'électeurs sera
soumis à l'approbation du peuple par voie de plébiscite : près de
5.000 électeurs figuraient parmi les pétitionnaires. Le projet fut
présenté au commencement d'octobre par M. de Meuron au Grand
Conseil dont les pouvoirs allaient expirer : les débats furent
ajournés à la première session de la nouvelle assemblée. Un avant-
projet de réglementation avait été également préparé par le Conseil d'Etat ; il fut retiré en présence du dépôt et de l'ajournement
du projet d'initiative. Cet avant-projet était accompagné d'un rapport de M. le conseiller d'Etat Didier, chef du département de Justice et Police, qui avait fait de nombreux et partiaux emprunts aux
mémoires publiés par l'honorable M. Commenge, alors médecin
en chef du Dispensaire de Paris.

En ce qui concerne le *Referendum* même, rappelons ici que
c'est un terme fort ancien de la langue politique suisse. Dans la
première Confédération et notamment dans les cantons à *lands-
gemeinder* comme les Grisons et le Valais, les députés ou mieux
les délégués à l'assemblée n'exerçaient pas le pouvoir législatif ;
ils se bornaient à discuter et à rapporter toute proposition législative ; il venaient donc *ad audiendum et referendum,* c'est-à-
dire pour écouter puis *en référer* au peuple qui exerçait ainsi le
gouvernement direct. Plus tard, dans sa forme simpliste, le langage populaire appela *referendum* le vote même du peuple.

dant de rejeter ou… d'approuver le projet soumis à son vote.

Mais, auparavant, il convient de donner quelques indications sur le fonctionnement de la réglementation genevoise, sur ses rapports démographiques avec la population cantonale, et d'étudier les statistiques médicales du dispensaire.

II

Rapports numériques de la population mâle et de la population féminine à Genève. — Travaux démographiques du professeur A. Vincent. — Organisation du Dispensaire. — Nombre des maisons à Genève; leur réglementation intérieure; leur population. — État statistique des femmes en maison. — Proportion des suissesses et des étrangères. — Statistique des Françaises.—Pas de Genevoises. — Rareté des femmes inscrites au delà de trente ans d'âge.

Genève est, après Zurich, la ville la plus peuplée de la Suisse : le dernier recensement décennal (1888-1890) y a compté plus de 80.000 habitants en comprenant 53.000 pour les faubourgs, communes et agglomérations avoisinantes des rives droite et gauche. La population totale du canton s'est élevée successivement de 64.146 en 1850, à 88.791 en 1870, 99.712 en 1880 et 105.509 en 1888. La ville même ne comptait que 31.238 habitants en 1850 (1) ; c'est une des cités les plus rapidement transformées et agrandies de l'Europe en ce dernier demi-siècle.

L'étude démographique, que dans la question de la prostitution on ne devrait jamais oublier car elle en est le substratum vivant, montre également un fait des plus intéressants. Nulle part, dans aucun pays de l'Eu-

---

(1) V. l'*Hygiène publique à Genève de 1885 à 1894*, par le Dr A. Vincent, professeur à l'Université, directeur du Bureau de salubrité (gr. in-4 de 260 p., avec planches et appendice contenant l'ensemble de la législation d'hygiène à Genève. Genève, R. Burckhart, 1896), p. 77.

rope, il n'existe un écart numérique aussi grand qu'à
Genève entre la population féminine et la masculine :
à tous les âges, le chiffre des femmes l'emporte tantôt
d'un tiers, tantôt d'un quart sur celui des hommes ; les
adultes mâles de 15 à 59 ans étaient en 1888 au nombre
de 32.492 ; les adultes femmes au nombre de 38.315 ; à
60 ans et plus les hommes étaient au nombre de 3.987 ; les
femmes de 5.650; soit 873 hommes pour 1 000 femmes(1)

Le service des mœurs, comme nous l'avons indiqué
brièvement, dépend à Genève du *Bureau de salubrité*
qui relève lui-même du département de Justice et Police,
sans que d'ailleurs nul terme de la loi sur l'organisation et la compétence du *Bureau* vise particulièrement
la prostitution ; les maisons sont donc soumises au contrôle de la police et de la médecine publique au même
titre que les écoles, casernes, fabriques, prisons, industries diverses, épidémies et épizooties seules mention-
nées (2). Le directeur du *Bureau de Salubrité* étant
un médecin, M. le Dᴿ A. Vincent, c'est le même qui
avec l'assistance d'un médecin adjoint dirige le Dispensaire spécial. Inauguré le 2 mars 1885, 11, rue Calvin,
le Dispensaire est le lieu de la visite des femmes qui
jusqu'en 1888 devaient s'y rendre tous les cinq jours;
la taxe de la visite fixée d'abord à 2 francs, n'est plus
depuis 1888 que de 1 fr. 50 : mais la visite a lieu deux

---

(1) A. Vincent, *op. cit.*, p. 9 et 10. La proportion se maintient
à l'avantage des femmes genevoises à toutes les périodes décen-
nales de la vie :

AGE	HOMMES	FEMMES
De 15 à 19 ans	4516	5014
20 — 29	8871	11120
30 — 39	7573	8539
40 — 49	6554	7546
50 — 59	4978	6096
60 — 69	2796	3808
70 — 79	997	1495
80 et au-dessus	194	347

(2) Art. 3 et 4, *op. cit.* (Annexe. Lois et règlem.) Loi relative au
Bureau de salubrité.

fois par semaine : ces sommes, versées à la caisse du département de Justice et Police, entrent aux recettes du budget particulier du Dispensaire.

Le chiffre des maisons de tolérance, qui seules sont officiellement l'expression publique de la réglementation, est relativement élevé ; il a varié de 12 à 17 dans la période 1879-1885 ; porté successivement à 18 et 19 par la municipalité et le Département de Police sous l'influence des idées en cours dans le gouvernement genevois, il a été ramené en 1895 à 16 : deux des maisons disparues fermèrent spontanément ; l'autre fut fermée par ordre ; le Département dut convenir que cette dernière ne pouvait pas être considérée comme une annexe au préau de récréation pour les grands élèves du Collège Supérieur.

La situation topographique des maisons diffère de celle des maisons parisiennes. Tandis que dans notre capitale, tant dans les rues du centre que sur les boulevards extérieurs où elles forment comme une sorte de couronne, elles sont situées dans des immeubles en bordure même des trottoirs, à Genève les tolérances (*öffentlichen Freudenhäuser*) sont comme cachées dans quelque bâtiment de ces vastes pâtés d'immeubles constitués par une suite de corps de bâtiments agglomérés en profondeur et contigus les uns aux autres où l'on accède par de longues allées s'ouvrant sur deux rues : les maisons n'ont donc pas l'individualité indicatrice de nos maisons françaises ; elles sont ainsi perdues au milieu d'une multitude d'habitations et de logements occupés par la population bourgeoise et ouvrière ; elles sont presque toutes centralisées dans les rues Croix-d'Or, du Rhône, Neuve, du Grand-Perron, de la Tour-de-Boel, c'est-à-dire dans les quartiers « passants », commerçants et populeux du vieux Genève. Une lanterne rouge de forme et dimension banales (la couleur seule ayant une signification), est extérieurement placée aux entrées de l'allée.

La réglementation intérieure est la même que celle de nos maisons, avec cette différence que, depuis les suicides de 1888, le service des mœurs fait des efforts pour qu'aucun cas de séquestration ne se produise avec son concours et ne fasse scandale. Un avis officiel imprimé en trois langues, française, allemande et italienne, signé du directeur de la police, prévient les femmes « qu'elles sont libres de partir à toute époque et sans avoir rien à payer. Elles peuvent s'adresser directement à la direction même de la police ». Une boîte aux lettres est placée dans la pièce d'attente qui précède le cabinet du dispensaire où la visite est effectuée ; la tenancière n'assiste pas à la visite ; la femme est seule avec le personnel médical. Cette sorte de tête-à-tête est considéré comme une mesure favorable à la liberté puisque la femme y peut parler sans un contrôle systématiquement hostile. La réglementation est stricte. Il faut une autorisation pour établir une maison ; les infractions aux statuts sanitaires sont punies de fermeture ou d'amendes. M. le Dr A. Vincent nous signalait le cas récent d'une tenancière qui, pour colorer d'un prétexte son intention de ne point laisser visiter une femme qu'elle croyait gravement malade et qui avait seulement un catarrhe utérin, simulait sur cette femme une persistante ménorrhagie ; la femme elle-même redoutait l'internement coercitif à l'hôpital : M. le Dr A. Vincent réclama la fermeture de la maison ; le département se contenta d'infliger à la tenancière une amende de 2.000 fr. En dehors de l'exactitude aux visites de la rue Calvin, la réglementation de l'existence des femmes pensionnaires est sévère ; la formule d'inscription met sans doute en relief leur volonté de s'adonner à la prostitution et d'entrer en maison ; mais, quels que soient la terminologie et les euphémismes à employer, le département de Justice et Police genevois conviendra qu'une femme qui ne peut sortir sans PERMIS DE CIRCULER *avec indication du but de la sortie, de l'itinéraire, de*

*l'heure de départ et de l'heure de rentrée, avec date
et signature de la direction de police*, ressemble fort
à une femme sinon séquestrée, du moins... internée,
et tel est le cas réglementaire à Genève (1).

La population de ces maisons est restreinte ; totale,
elle atteint en moyenne le chiffre de 100 femmes ;
105, le 1er janvier 1897. D'après les chiffres de M. le Dr
A. Vincent, ces femmes sont réparties comme suit :

Maisons			Nombre des femmes présentes (31 décembre 1896)	par maison
1	contient.	9		9
4	contiennent	8		32
3	—	7		21
4	—	6		24
3	—	5		15
1	—	4		4
Totaux ... 16	contiennent.			105

En 1882, pour 12 maisons de tolérance, il y avait
108 pensionnaires ; en 1889, 19 maisons avaient 89 pensionnaires ; en 1885, dans une statistique également due
à l'obligeante communication de M. le Dr A. Vincent,
il est signalé pour 17 maisons une moyenne de 85 pensionnaires présentes avec un mouvement annuel de 253
inscrites (2). La diminution ou le *statu quo* numérique
de la population des tolérances ressort nettement du
rapprochement de ces chiffres et de ces dates, les 19
maisons de 1889 ayant un nombre d'habitantes inférieur à celui des 12 maisons de 1882 et égal à celui
des 17 maisons de 1885 ; les 16 maisons de 1897 ayant
enfin un nombre de pensionnaires inférieur aux 12 maisons de 1882.

Plusieurs observations se greffent sur cette première
statistique.

---

(1) V. aux *Pièces et documents*, quelques spécimens d'imprimés
réglementaires.
(2) *La Prostitution*, par le Dr Reuss. J.-B. Baillière, 1887
(p. 621-622).

Il ne paraît d'abord pas de ce chef que la protection
à la fois attentionnée et rigoureuse accordée par le département aux femmes internées soit suffisamment appréciée dans le monde spécial pour provoquer l'affluence des inscrites. La police des mœurs ici comme
partout agit contre son objet ; ses sévérités arbitraires
n'aboutissent qu'à faire le vide dans l'organisme administratif même qu'elle dirige, sans d'ailleurs empêcher
la prostitution en dehors des maisons même. Le recrutement ne devrait cependant pas être difficile puisqu'en
étudiant le détail de la population genevoise nous
avons vu que la population féminine l'emportait sur la
population masculine au point de donner une proportion de 1.000 femmes pour 873 hommes.

Ce petit nombre de femmes internées montre ensuite
combien est grande l'erreur des théoriciens policiers
de la prostitution réglementée, d'après lesquels les municipalités doivent, surtout dans les grandes villes, tenir
à la disposition des non-mariés (célibataires, veufs,
divorcés) des maisons et des femmes en carte, sous
peine de voir se produire publiquement de graves désordres de nature sexuelle. Si cette thèse de biologie
citadine reposait sur la réalité, il faudrait conclure en
présence de l'insuffisance numérique du service des
mœurs que, à Genève plus que dans toute autre ville
de l'Europe, les attentats contre la moralité sont nombreux et le tableau des gestes de rues est choquant.
Or c'est ce qu'infirment les faits. Il est beaucoup plus
conforme à une judicieuse appréciation des mœurs ou
plus précisément des rapports des hommes et des
femmes, de dire que la proportion numérique élevée
de la population féminine à Genève rend facile le grand
nombre d'unions plus ou moins passagères, en même
temps qu'une législation éclairée et rationnelle sur le
mariage et le divorce multiplie de son côté les unions
légales précoces et facilite les remariages. De part et
d'autre la banale prostitution insoumise ou réglementée

perd ses droits, et la police des mœurs avec les
105 femmes présentes dans ses 16 maisons joue le rôle
de mouche du coche : les services qu'elle offre sont
fort inutiles ; la masse de la population s'en passe et n'a
pas besoin de son intermédiaire.

Le chiffre de 105 est d'ailleurs celui que le département indique comme moyenne de femmes constamment
présentes et en activité fonctionnelle dans les tolérances,
mais il ne donne pas une idée du mouvement statistique de la prostitution inscrite dans le canton pendant
l'année. Le chiffre complet communiqué par le Dr A. Vincent est de 251 ; il ne comprend pas seulement les
105 présentes, mais il indique l'inscription des mêmes
sujets changeant de maisons (chaque passage d'une
maison dans une autre nécessitant une nouvelle inscription) ; il indique également la réinscription des mêmes
sujets s'étant fait radier au cours de l'année puis réins-
crire de nouveau, quittant ainsi la prostitution officielle
pour y rentrer. Une fois de plus cette méthode peu
rigoureuse nous sera l'occasion de rappeler que dans
cette question de la prostitution, il ne peut y avoir de
statistique scientifique en dehors de la statistique individuelle, chaque femme ayant ainsi son histoire civile
et sanitaire séparée.

Quoi qu'il en soit, nous avons dressé, sur les chiffres
réunis en bloc rue Calvin, les trois tableaux suivants
qui nous paraissent sous cet aspect donner aux documents numériques une forme plus claire et une valeur
plus rapidement intelligible. Ces tableaux donnent le
nombre, l'âge et la nationalité des femmes qui ont passé
par les 16 tolérances de Genève au cours de l'année
1896 entière :

FEMMES DE NATIONALITÉ SUISSE.

CANTONS D'ORIGINE.	Nombre des femmes de 20 à 25 ans.	Nombre des femmes de 25 à 30 ans.	Nombre des femmes de 30 à 35 ans.	TOTAUX.
Berne.	7	7	2	16
Vaud	3	2	1	6
Zurich.	3	1	1	5
Argovie.	3	»	»	3
Valais.	1	2	»	3
Saint-Gall.	1	1	»	2
Glaris.	1	»	»	1
Appenzell.	1	»	»	1
Schaffouse..	»	1	»	1
Turgovie..	»	»	1	1
Lucerne.	1	1	1	3
TOTAUX.	21	15	6	42

On remarquera que parmi les 42 suissesses inscrites
par la police des mœurs genevoise, il n'existe pas une
femme genevoise : il serait naïf de chercher à cette
absence un autre motif qu'un parti pris systématique
du département genevois, animé du compréhensible
désir de supprimer de ce chef du même coup une occasion de scandale et un argument utilisable par ses
adversaires. En 1857, le Dr d'Erlach (de Berne) ne manquait pas, dans le même ordre d'idées, de faire remarquer que plus des trois quarts des habitantes des
maisons de passes étaient étrangères au canton et
même à la Suisse : celles qui parlaient allemand, venaient de Strasbourg, de Bade, de Wurtemberg, et
celles qui parlaient français, n'étaient après tout que des
suissesses de cantons romans, et encore en dernière
analyse, presque toutes celles qui parlaient français
étaient-elles françaises ! En allemand, comme en français, l'honneur national était sauf.

Il est exact que nos compatriotes figurent en quantité
non négligeable dans le personnel agréé par la police
spéciale de Genève.

FEMMES DE NATIONALITÉ FRANÇAISE.

RÉGIONS (1).	Nombre des femmes de 20 à 25 ans.	Nombre des femmes de 25 à 30 ans.	Nombre des femmes de 30 à 35 ans.	TOTAUX.
Paris..........	7	7	»	14
Région périphérique..	6	1	»	7
Nord..........	1	1	»	2
Centre.........	14	10	»	24
Ouest.........	5	2	5	12
Est..........	8	6	2	16
Sud-Est.......	7	6	1	14
Midi..........	9	2	»	11
Région indéterminée .	5	7	»	12
Colonies.......	»	2	»	2
TOTAUX.....	62	44	8	114

Sauf pour Paris, ces 114 femmes se répartissent par groupe de 2 à 4 pour un même département; souvent elles viennent de la même localité. Les deux femmes venant de nos colonies sont nées l'une à Alger, l'autre à Saint-Pierre de la Martinique ; toutes deux ont 28 ans.

Les pays de l'Europe centrale où l'on parle allemand, et les autres pays occidentaux fournissent également un contingent d'ailleurs inégal.

FEMMES DE NATIONALITÉ AUTRE QUE LA SUISSE
ET LA FRANCE.

PAYS.	Nombre des femmes de 20 à 25 ans.	Nombre des femmes de 25 à 30 ans.	Nombre des femmes de 30 à 35 ans.	TOTAUX.
Alsace.........	9	11	7	27
Lorraine allemande. .	1	»	1	2
Luxembourg.....	4	1	»	5
Bade..........	3	5	3	11
Bavière........	10	5	1	16
Wurtemberg.....	3	3	1	7
Autriche.......	»	3	»	3
Prusse.........	1	3	»	4
Hollande.......	»	1	»	1
Belgique.......	1	»	2	3
Hongrie........	3	2	»	5
Italie.........	4	3	1	8
Espagne.......	2	»	»	2
Portugal.......	1	»	»	1
TOTAUX......	42	37	16	95

(1) Les régions comprenant les départements originaires sui-

En résumé nous voyons par ces trois tableaux que, sur 251 femmes qui ont passé par les tolérances genevoises, 125 de nationalités diverses, c'est-à-dire la moitié, avaient de 20 à 25 ans; en réalité presque toutes les femmes de cette catégorie ont 20 à 23 ans et se trouvent donc dans l'âge de l'inexpérience sociale et de l'activité sexuelle; après 25 ans le chiffre des femmes adonnées à la prostitution fléchit sensiblement, il tombe à 96; après 30 ans, il devient très inférieur, 6 pour la Suisse, 8 pour la France, 16 pour les autres pays. Cette progression en décroissance confirme une fois de plus l'observation que nous avons faite dans des études antérieures, par laquelle nous montrions que les femmes ne font que passer par la prostitution ou mieux s'adonnent à la recherche des amours irrégulières et renouvelées absolument dans les conditions psychiques et physiologiques des jeunes gens : elles aussi traversent une crise passionnelle qui s'atténue bien avant la trentième année pour des raisons diverses, mariage, enfants (1), respectabilité sociale, travail professionnel avec responsabilité, etc. Les deux situations sont les mêmes ; qui contestera qu'à 30 ans, à 35 ans l'extérieur général et l'activité fonctionnelle des femmes de nos climats tempérés d'Europe soient encore tels que l'on devrait rencontrer dans les cadres de la prostitution réglementée (isolées en carte, ou internées en maison) un chiffre de sujets appartenant à ces catégo-

---

vants : *Paris* avec 2 localités d'origine, Boulogne-sur-Seine et Clamart; *région périphérique*: Oise, Seine-et-Oise, Eure ; *Nord*: Nord ; *Centre* : Loiret, Allier, Corrèze, Haute-Vienne, Indre-et-Loire, Loire, Cantal, Avignon, Puy-de-Dôme ; *Ouest* : Calvados, Côtes-du-Nord, Vendée, Finistère, Manche, Mayenne, Loire-Inférieure; *Est*: Vosges, Marne, Haute-Marne, Côte-d'Or ; *Sud-Est* : Jura, Ain, Doubs, Belfort, Savoie, Haute-Savoie; *Midi* : Bouches-du-Rhône, Var, Isère, Drôme, Saône, Haute-Garonne, Ardèche.

(1) Voir *Sur la prétendue stérilité involontaire des femmes ayant exercé la prostitution. Op. cit.*, p. 7, 10, et notamment les statistiques de Lasègue.

ries proportionnellement égal à celui de l'unique catégorie des jeunes femmes de 20 à 25 ans : mais il n'en
est rien, tant il est vrai que la prostituée professionnelle, sur l'existence de laquelle se base surtout la
police des mœurs pour justifier sa propre existence,
est une exception dans le groupement total des femmes
inscrites ! La police des mœurs soumet avant tout les
misérables, les besogneuses, les désespérées, les imprudentes, les passionnelles : après 25 ans, après 28 ans,
l'expérience de la vie, la possession plus grande de son
moi, la fermeté intellectuelle, les arrangements personnels, la compréhension de ses droits civils plus nette
vis-à-vis l'arbitraire administratif, font singulièrement
plus rares les femmes qui de leur plein gré ou à leur
corps défendant sont capturées par cet organisme administratif suranné appelé la police des mœurs. A Genève,
les plus âgées de ces femmes sont une alsacienne de
36 ans, une vaudoise et deux badoises de 35 ans. Une
italienne a 30 ans ; les deux espagnoles ont 22 et
23 ans ; la portugaise 22 ans.

III

Statistiques médicales du dispensaire et de l'hôpital
de 1885 à 1896. — Nombre des femmes inscrites
présentes; des visites; des internements pour ma-
ladies spécifiques. — Nombre proportionnel des
syphilis. — Observations sur la réinscription qui
suit les récidives dans les cas de syphilis. — Ré-
ponse à une thèse du Dr Félix Regnault. — Paral-
lèle de l'état sanitaire des femmes en maison à
Genève et à Paris, en Belgique et en Russie. —
Statistiques relatives aux autres affections spéci-
fiques. — Existe-t-il une corrélation de fréquence
numérique entre la syphilis et ces autres affec-
tions spécifiques? — Un mot sur les progrès de
la bactériologie et les limites de la juridiction
médicale des dispensaires.

La méthode statistique employée à Genève est donc,
nous l'avons dit, la vieille méthode employée par l'immense majorité des polices de mœurs européennes : la
scientifique méthode de statistique individuelle inaugu-
rée par l'éminent E.-L. Sperk, médecin de l'hôpital
Kalinkinsky à Saint-Pétersbourg (1), dont le nom doit
occuper dans l'histoire de la sociologie médicale contemporaine une place analogue à celle de Parent-Duchatelet, n'y est pas plus appliquée pour l'état des maladies que pour celui des inscriptions.

_____

(1) Né à Mgline (gouvernement de Tchernigoff) le 14 janvier 1837,
Sperk est mort le 3 mai 1894. Ses principaux mémoires ont été, à
diverses reprises, traduits en français. Ses œuvres complètes ont
été réunies et traduites dans notre langue par les D^{rs} Œlsnitz et
de Kervilly (2 vol. in-8, Paris, O. Doin, 1896), avec une préface
de Lancereaux.

Ce premier tableau vise de 1885 à 1896 le nombre annuel des visites faites à chaque femme, la moyenne des femmes présentes par visite, enfin le nombre total des femmes envoyées dans l'année à l'hôpital sans spécialisation de diagnostic : rappelons que jusqu'en 1888 la visite avait lieu tous les cinq jours et que depuis elle a lieu deux fois par semaine. L'internement se fait à l'hôpital cantonal : il n'existe pas de prison sanitaire comme notre Saint-Lazare à Genève.

ANNÉES.	Nombre des visites.	Moyenne des femmes par visite.	Nombre des femmes envoyées à l'hôpital.
1885 (1er mars)	73	85	45
1886	73	88	21
1887	73	104	35
1888	73	84	24
1889	104	78	21
1890	104	84	50
1891	104	76	101
1892	105	78	62
1893	104	80	71
1894	104	85	105
1895	104	90	88
1896 (1er décembre)	100	105	106

De l'examen de ce premier tableau on serait amené, en rapprochant le nombre des femmes présentes et le nombre des femmes envoyées à l'hôpital durant l'année, à opter entre l'une ou l'autre des interprétations suivantes : 1° ou la totalité des femmes en maison a été intégralement contagionnée certaines années (en 1891, 1894, 1895) et a dû passer par l'hôpital, conclusion certainement exagérée ; 2° ou le nombre des maladies syphilitiques et vénériennes et de leurs récidives a été tel qu'en fin de compte le chiffre des femmes en état de morbidité et de rechute égale tantôt la moitié, tantôt le tiers ou au moins le quart du nombre constant des femmes en activité dans les maisons. En tout cas, quelle que soit l'interprétation, sans même qu'il soit nécessaire de spécifier comment est obtenu ce chiffre total élevé de maladies, et de montrer qu'il est exclusivement fourni soit par des femmes inscrites pour la première fois, soit par des femmes malades et soignées, radiées et réinscrites après cure des récidives, ou bien par une proportion déterminée de ces deux catégories mélangées, on est en droit de tenir en général, dès ce premier tableau, l'état sanitaire des femmes de maison comme fort inquiétant.

Les tableaux suivants n'infirment pas cette conclusion au moins pour nombre d'années. Nous reviendrons tout à l'heure du reste sur cette question si mal éclaircie du jugement à porter sur l'état sanitaire d'un personnel global où les récidivistes peuvent être statistiquement et cliniquement toujours assez constamment présentes et nombreuses pour faire de ce personnel sans discontinuité aucune, un groupement prostitutionnel dangereux.

Le second tableau vise pendant la même période décennale le nombre annuel des femmes de maison atteintes de syphilis rapporté au nombre moyen des présentes à chaque visite, ou mieux des présentes en maisons au moment de chaque visite ; la distinction des trois périodes cliniques de la syphilis est établie.

ANNÉES	Moyenne des femmes par visite.	Nombre des femmes atteintes de syphilis primaire.	Nombre des femmes atteintes de syphilis secondaire	Nombre des femmes atteintes de syphilis tertiaire.	TOTAUX
1885 (1er mars).	85	—	6	1	7
1886	88	—	11	—	11
1887	104	—	7	—	7
1888	84	—	5	—	5
1889	78	—	7	—	7
1890	84	1	16	—	17
1891	76	1	25	—	26
1892	78	—	14	—	14
1893	80	2	10	—	12
1894	85	1	7	—	8
1895	90	—	8	—	8
1896 (1er déc.).	105	1	4	—	5

Le diagnostic inscrit ici n'est pas le diagnostic toujours un peu hâtivement fait au dispensaire, mais celui

FIAUX. 17

qui a été définitivement formulé à l'hôpital cantonal où l'observation prend son temps. A Paris, le diagnostic du dispensaire est de même assez souvent modifié dans les salles de Saint-Lazare et dans un sens favorable, telle manifestation locale d'ordre herpétique, scrofuleux ou même parasitaire ayant d'abord été prise pour un accident secondaire spécifique, erreur d'ailleurs plus qu'excusable, un diagnostic instantané certain étant parfois impossible.

Ce tableau, exclusivement consacré aux femmes syphilitiques, devenues vraisemblablement syphilitiques en maison, nous permettra de résumer quelques observations à nos yeux importantes : plus qu'avec le tableau suivant, consacré aux maladies vénériennes autres que la syphilis, nous sommes ici au cœur du sujet dans le mécanisme théorique et pratique de la police des mœurs ; la partie est liée entre la maladie prostitutionnelle par excellence, la syphilis, et l'instrument le plus protecteur de la prostitution réglementée, la maison. Que voyons-nous ?

Pour une série de douze années, un personnel variant de 75 à 100 femmes constamment présentes donne les phases et les groupements suivants : 2 années *une* syphilitique sur 20 pensionnaires (1888, 1896) ; 3 années *près d'une* syphilitique sur 10 pensionnaires (1885, 1887, 1889) ; 2 années *une* syphilitique sur 10 pensionnaires (1894, 1895 ; 2 années *plus d'une* syphilitique sur 10 pensionnaires (1886, 1893) ; 1 année *près de deux* syphilitiques sur 10 pensionnaires (en 1890, 17 syphilitiques pour 84 pensionnaires) ; enfin 1 année *plus de trois* syphilitiques sur 10 pensionnaires (1891, 26 syphilitiques pour un personnel total de 76 présentes).

Le personnel des tolérances étant numériquement fort réduit, soit 4 à 9 pensionnaires par maison, on voit que malgré la facilité de la surveillance et la fréquence relative des visites bihebdomadaires, l'insalubrité des concentrations de femmes en établissements autorisés et par là même désignés à l'attention de toute une partie de la population masculine, peut devenir un véritable danger public. Comment qualifier, en effet, au point de vue de l'hygiène sexuelle, des années comme 1890 et 1891 où le nombre des femmes de maison trouvées syphilitiques est de 20 et de 30 0/0 ? La maison n'est-elle pas ces années-là le conservatoire infectieux où la syphilis, qu'elle vienne des visiteurs déjà malades ou des pensionnaires contagionnées antérieurement à leur entrée, crée un foyer intense qui de là, grâce aux attractives garanties d'une sécurité mensongère, rayonne désastreusement au dehors ? Toutes les théories sur lesquelles les polices ont prétendu construire puis justifier l'existence des maisons de tolérance ne tiennent pas en présence de faits d'une telle brutalité pathologique.

Sans doute, nous le répétons encore, les statistiques de Genève ne sont pas établies par la méthode uninominale, de sorte que, comme le soulignait le Dr A. Vincent à propos du tableau général des inscrites, une même fille grâce au va-et-vient entre la maison et l'hôpital, grâce au jeu de l'inscription et de la réinscription, peut figurer plus d'une fois au tableau global des inscriptions ; mais, outre qu'il était possible au dispensaire de supprimer cette cause d'amplification, on ne distingue pas bien en quoi l'état sanitaire d'un personnel sera représenté comme supérieur parce que le chiffre élevé des syphilis constatées et distribuées proviendra, non exclusivement de femmes entrées saines et infectées dans la maison, mais pour partie notable des pseudo-guéries ou des convalescentes qui sortent de l'hôpital pour venir rechuter dans la tolérance. Pour figurer exactement notre pensée, nous renonçons à comprendre, au point de vue de la sécurité offerte par la maison, l'intérêt qu'il y a à distinguer, par exemple, entre *trois femmes syphilitiques différentes* inscrites comme telles dans l'année à l'actif d'une maison donnée où elles ne reparaissent point, et *une seule et même femme également syphilitique* qui, après le va-et-vient de l'hôpital, aura présenté *trois récidives* au cours de son séjour annuel dans cette même maison : ces deux groupes auront vraisemblablement, dans ces conditions, fait chacun de leur côté une œuvre également dommageable. Cette réflexion ne s'attache pas précisément du reste à la statistique ci-dessus puisque nous ne sommes pas rigoureusement informé que la même malade y figure plus d'une fois.

Nous ajouterons en thèse générale, à propos de la catégorie des syphilitiques récidivistes avec lesquelles les polices des mœurs de tous pays composent une bonne partie de leur personnel actif d'inscrites, qu'il y a là une conception singulière de la protection de la santé publique, étant donnés d'une part l'évolution connue de la maladie, de l'autre l'objet avoué d'utilité physiologique poursuivi par les fondateurs de la prostitution réglementée. Il semble qu'une police des mœurs logique et rationnelle devrait écarter systématiquement et durant un laps de temps complètement protecteur — la coercition arbitraire lui en donne les moyens — tout sujet qui, restitué au troupeau des prostituées actives, ne figure plus pour un temps indéterminé qu'une brebis galeuse ou plus exactement virulente. Aucune administration ne paraît s'être avisée de cette prévoyance : bien au contraire la malheureuse syphilitique se voit, par le fait même de sa longue maladie, rivée à l'engrenage de la machine prostitutionnelle ; elle a été inscrite saine comme contrevenante, par exemple, à des règlements de promenade ; elle est contagionnée ; eh bien, elle est réinscrite en puissance de syphilis, après séjour hospitalier provisoire, malgré l'existence constitutionnelle d'une affection qui devrait l'écarter pour longtemps de la prostitution recommandée. Il y a là une odyssée fâcheuse pour les droits civils de la femme (ce qui dans la thèse n'a aucun intérêt), mais très fâcheuse aussi pour l'intégrité sanitaire des visiteurs dont la confiance ignóre les motifs pathologiques de l'intermède hospitalier et la hardiesse hygiénique d'une telle réinscription.

Sur l'état sanitaire du personnel des maisons, nous voudrions encore répondre à une observation faite par un distingué médecin, le Dr Félix Regnault, qui a publié une intéressante étude sur la *Prostitution à Marseille* (1). Tout en reconnaissant avec statistiques à l'appui que les femmes des tolérances sont dans le système de la réglementation la catégorie la plus malsaine des inscrites et que la disparition progressive des maisons dans les grandes villes, à Marseille comme à Paris, n'a eu aucun retentissement mauvais sur l'état vénérien de leur population, M. F. Regnault soutient que le problème est mal posé : pour prononcer exactement sur l'état sanitaire des femmes de maison dans ses rapports avec les visiteurs, il ne faut pas, d'après lui, prendre le nombre des femmes syphilisées *pour l'année entière*, mais le nombre des syphilisées à *un moment donné*. Or, comme en raison du régime coercitif plus étroit, les syphilitiques des maisons peuvent être extraites de la masse avec plus de rigueur, il s'ensuit que le nombre des femmes de cette catégorie qui demeurent à la disposition du public fournit toujours, à *un moment donné*, une proportion de sujets sains plus nombreux qu'ailleurs. Nous tenons qu'il existe là une argumentation moins réelle que spécieuse, en enlevant à l'expression toute intention désagréablement critique.

L'argument de M. F. Regnault, pour avoir une apparence de raison, doit d'abord distinguer entre la santé des hommes et celle des femmes.

Voyons d'abord la santé des femmes. La sécurité

(1) *La France médicale*, dirigée par A. Chevallereau, n^{os} du 26 août au 16 septembre 1892 (v. n° du 9 sept., p. 583).

offerte par le personnel des tolérances n'étant assurée
que par l'extraction continue et intégrale des syphilitiques, et ces syphilitiques étant les plus nombreuses
des deux catégories d'inscrites, un premier point est
établi, c'est que la santé des femmes en maison est dé-
testable, et que s'il n'était pas alimenté par des inscriptions nouvelles et des réinscriptions, ce personnel, du
fait seul de l'extraction des femmes malades, tarirait.
En d'autres termes, comme Sperk et M. le Dr Ladame
(de Genève) l'ont établi, le personnel des maisons
étant fatalement voué à la syphilis dans un laps de temps
maximum variable de trois à quatre ans (1), il n'y
aurait plus, au bout de ce temps, de maisons faute d'habitantes saines. C'eût été le cas à Genève, par exemple,
avec une suite d'années comme 1891 : à 25 pour 100 de
femmes annuellement syphilitiques, toutes les maisons
de Genève disparaissaient en quatre ans. Le savant
Mœller (de Bruxelles) avait bien décrit cet état et d'une
image tristement pittoresque, quand il disait à l'Académie de médecine voisine : « Les nouvelles venues sont
jetées dans la maison plus ou moins expurgée, comme
un fagot de bois nouveau dans un brasier qui s'éteint ;
les femmes nouvelles servent d'aliment à la syphilis
comme le bois rallume et entretient le feu. » Ce premier
point, M. F. Regnault le confesse lui-même : il est acquis pour tous que les femmes inscrites trouvent dans
la maison une source certaine, abondante et constante
de syphilis.

Venons à la santé des hommes, à la santé générale
de la population au demeurant, puisque ces individus y
figurent au titre d'époux, de futurs pères, ou de célibataires susceptibles d'unions plus ou moins vulgivagues
ailleurs qu'en maison. M. F. Regnault entend que nul

---

(1) *Le Signal* de Genève, 22 février 1896. Le Dr Ladame en 1877
réduisait même à deux ans la période de séjour pendant laquelle
la contagion est inévitable et inévitée pour la femme de maison.

groupement de femmes ne présente un état sanitaire
aussi parfait et des garanties plus complètes que les
femmes de tolérances à *un moment donné*, c'est-à-
dire que les femmes qui réintègrent la maison après la
visite. Nous croyons qu'il se met là dans la théorie
pure. En admettant que la visite de ces femmes soit
faite avec un succès de science et même de prescience
tel que pas une syphilitique ne soit laissée en exercice,
le *moment donné* d'intégrité parfaite n'existe que dans
l'instant où la femme quitte le fauteuil d'examen et reçoit un premier visiteur. Sur la garantie même de cette
visite, bien des médecins, même des spécialistes, ont
du reste élevé des doutes ; M. Diday, le savant syphili-
graphe de Lyon, entre autres, dans un livre non de
mots, mais de faits, est revenu jadis, à diverses reprises, sur les fréquentes déconvenues qui surprennent
les prudents ayant choisi, *securitatis causâ*, pour *Ve-
neris dies* le jour même de la visite (1). D'ailleurs,
quelques heures plus tard, l'affluence du pêle-mêle,
l'absence d'examen spécifique sur la personne masculine, la promiscuité souvent vicieuse des femmes entre
elles, l'exigeante cupidité des tenancières auront recréé
toute la possibilité des accidents divers contre les hommes. Que dire encore de ces syphilis primaires et secondaires, saisies au vol, à telle visite du dispensaire ?
Quel était l'état... sanitaire de la femme malade (si ces
mots contradictoires peuvent être unis à propos du
même sujet) la veille, l'avant-veille ? Pourquoi cette
syphilis secondaire récidivante est-elle reconnue à telle
visite et non point quelques jours plus tôt ? Quelles garanties pour les visiteurs cette femme malade a-t-elle
présentées dans le ou les septenaires antérieurs à la
constatation de la rechute ? En ce qui touche la santé
même des hommes, l'état sanitaire idéal des femmes

---

(1) *Exposition critique et pratique des nouvelles doctrines
sur la syphilis* (p. 543).

de maisons, *à un moment donné*, n'est guère qu'un instantané.

M. le Dr F. Regnault s'est-il en outre préoccupé de cet autre point de vue que nous faisions pressentir plus haut? Quel médecin hygiéniste, susceptible de quelques vues d'ensemble, ne se posera pas cette question : « Que deviennent les femmes retirées syphilitiques des maisons? » Si elles disparaissaient à jamais de la vie sexuelle, le problème serait fort simple ; mais elles ne disparaissent pas, et c'est une idée à prétention de la police des mœurs de croire qu'en l'espèce elle a rempli sa mission en ne laissant dans les maisons que des femmes visitées, comme si la syphilis des femmes de maison, momentanément immobilisées (1), n'importait pas à la santé générale de la population virile ! Mais ces syphilitiques, vous allez les retrouver partout : soit parmi les isolées qui n'ont même point, elles, selon votre propre aveu, de *moment donné* d'intégrité parfaite ; soit parmi les insoumises, à vos yeux les plus malsaines ; soit enfin, ne l'oubliez pas, dans les maisons mêmes où l'administration les réinstalle au sortir de l'hôpital ou de la prison. Gardez-vous donc de croire que vous avez, nulle part, fût-ce un jour marqué d'un caillou blanc, grâce surtout à ce personnel élu de maisons, sauvegardé la santé masculine. Toutes les parties du système de la police des mœurs sont liées, et l'argument involontairement fallacieux d'un esprit distingué, hostile cependant au principe de la maison de tolérance, ne sert qu'une fois de plus à mettre en lumière le rôle pernicieux des maisons maintenues dans l'organisme sexuel des municipalités.

Le régime genevois n'admettant point d'inscrites isolées, nous ne pouvons établir de statistiques compara-

_____

(1) En 1885, la durée moyenne du séjour de 45 femmes inscrites internées à l'hôpital cantonal avait été de 26 jours ; la durée moyenne du séjour de 8 femmes non inscrites internées à l'hôpital du 1er janvier au 1er juillet 1886, avait été de 58 jours.

tives de cette classe avec le tableau des syphilitiques en maison ; nous ferons seulement un bref rapprochement des chiffres genevois avec les chiffres des pensionnaires des maisons publiques étrangères.

La littérature de l'hygiène publique est déjà riche sur ce chapitre. En France de 1812 à 1832, Parent-Duchatelet avait trouvé des chiffres de syphilitiques qui reproduisent avec des oscillations sans ordre les chiffres donnés par le Dr A. Vincent : soit *une* pensionnaire syphilitique tantôt sur 7 présentes, tantôt sur 20 présentes [1]. Après l'historien de la *Prostitution dans la ville de Paris*, Jeannel, Mireur, Béraud, Potton dans des ouvrages suffisamment connus, plus récemment Carlier, Lecour, Macé, Reuss, Commenge, Butte, Mauriac, Lutaud et au premier rang Yves Guyot, tous sans distinction d'opinions sur la question de fond, ont conclu, chiffres authentiques comparés, à une morbidité syphilitique supérieure chez les femmes de maison.

A Paris, la Préfecture de police depuis 1880 a constamment opposé une fin de non recevoir à toute demande de communication de documents; nous avons cependant pu nous procurer les chiffres ci-joints pris à bonne source et fort intéressants puisqu'ils sont ceux de la période parisienne contemporaine :

---

[1] T. I, p. 678-682 (édit. de 1857). — Nous avons nous-même, avec et après Yves Guyot, recherché, non sans difficultés, toutes les statistiques sur les morbidités spéciales diverses, et donné une bibliographie abondante de la question *in* : *La Police des mœurs en France, etc.*, et *Les maisons de tolérance, leur fermeture* (in-12, chez Carré, 1896). Pour le détail on pourra consulter Yves Guyot (*La Prostitution*, p. 149, 335), Lecour (*Prostitution à Paris et à Londres*, 1873-1877, p. 131), Mauriac (*Leçons*, t. I, p. 177), Carlier (*Annales d'hygiène*, t. XXXVI, p. 305), et *Les deux Prostitutions*, ch. VII, p. 127), Reuss (*op. cit.*, p. 316), Macé (*Le service de la sûreté* et *Gibier de Saint-Lazare*), Butte (*Prostitution et syphilis*, statistique à partir de 1859. Broch. Masson, 1890), L. Fiaux (*Maisons...*, p. 190-199 et 361-363).

ANNÉES	Personnel parisien présent réparti en ⟶	Nombre de maisons.		Pensionnaires syphilitiques.	
1880	1107	—	—	285 (1)	199
1881	1057	125 (à Paris)	14 (banlieue)	227	174
1882	1116	—	—	220	160
1883	1039	—	—	120	75
1884	961	—	—	121	70
1885	913	—	—	129	55
1886	914	84 (à Paris)	—	111	54
1887	926	—	—	—	55
1888	772	72 (à Paris)	9 (banlieue)	—	28
1889	691	60 (à Paris)	—	—	50
1890	—	—	—	—	59
1891	597	60 (à Paris)	8 (banlieue)	—	34
1892	—	—	—	—	35
1893	525	53 (à Paris)	3 (banlieue)	—	34
1894	—	—	—	—	32
1895 (oct.)	480	50 (à Paris)	3 (banlieue)	—	—
1896	490	41	—	—	28

En prenant les chiffres les moins élevés, c'est-à-dire les plus favorables au système des maisons, nous avons, en rapportant le nombre des syphilitiques au nombre des pensionnaires présentes, une proportion de malades qui varie de plus de 2 femmes syphilitiques sur 10 présentes, à une syphilitique sur 12 présentes. En prenant les chiffres les plus élevés on constate que certaines années (1880, 81, 82, 85), il y aurait eu jusqu'à une femme

---

(1) Comme on voit, nous avons dû établir à la rubrique des syphilitiques deux colonnes de chiffres qui diffèrent : les plus élevés sont empruntés aux statistiques publiées par Lecour et Reuss, au Rapport municipal d'Emile Richard (mars 1890), à un livre de A. Coffignon, plus sérieux que son titre (La corruption à Paris, 1888), aux travaux inédits que M. Passant, l'honorable prédécesseur de M. le Dr Commenge, nous avait fait communiquer par le Dr Rouillard, médecin du dispensaire ; les moins forts au mémoire cité du Dr Butte. Nous n'avons pu déterminer si ces différences, *qui ne diminuent en rien la supériorité morbide des femmes de maison comparées aux autres classes de femmes isolées, etc.*, tiennent à ce que tels chiffres représentent le diagnostic du dispensaire, tels autres celui de Saint-Lazare (ces médecins étant souvent en désaccord), ou à ce que, conformément aux procédés statistiques innovés par M. Commenge, on a cessé au dispensaire de faire figurer parmi les inscrites malades, *toute inscrite malade en état de contravention.* M. Commenge fait de ces femmes un sous-genre d'insoumises dites *filles du Dépôt.*

syphilitique sur 7, 5 et 4 pensionnaires présentes. Ces chiffres divers peuvent être assimilés aux chiffres genevois.

En Belgique, les travaux du Dr Mœller et de M. Jules Pagny, rapprochés des conclusions statistiques de l'Enquête officielle de 1887, établissent qu'à cette date les filles en maison à Bruxelles ont fourni une moyenne annuelle de 28 0/0 de maladies vénériennes, dont 13 0/0 de syphilitiques, ce qui donne un peu plus d'une syphilitique sur 10 pensionnaires. De 1884 à 1890 les chiffres publiés dans la statistique de Bruxelles par le Collège des Echevins (*Rapport* de 1895) donnent une moyenne de 6 à 10 syphilitiques sur 100 pensionnaires présentes, soit tantôt une syphilitique sur 15, tantôt une syphilitique sur 10 pensionnaires présentes.

En Russie les chiffres absolus sont plus élevés; les maladies vénériennes et la syphilis atteignent chez les filles de maison des chiffres considérables. Qu'il s'agisse de l'Europe ou de l'Asie centrale, des provinces de la Vistule, du Caucase ou de la Sibérie, le fait est constant. Nous rappelons brièvement ces chiffres : sur 100 prostituées atteintes de syphilis, de 16,3 à 27,1 proviennent des maisons publiques. Rapportée au chiffre des présentes, Sperk relève pour 1871-1876 la proportion suivante : sur 1.000 pensionnaires de Pétersbourg 360 étaient syphilitiques, soit 35 0/0. A Kieff, Nikolsky a vu plusieurs maisons publiques se fonder et fournir, au bout de quatre mois de fonctionnement, des syphilitiques dans la proportion de 27 0/0 (1).

Nous avons laissé de côté systématiquement le débat si intéressant basé sur le rapprochement du nombre des syphilitiques en maison et des syphilitiques inscrites isolées parce que cette dernière catégorie n'existe pas à

---

(1) *Mémoire sur la statistique de la syphilis et du chancre mou chez les prostituées inscrites à Kieff* (mai 1889). — Cf. les précédents chapitres, *La prostitution en Belgique*, § 6. p. 17, et en Russie, § 8, p. 125.

Genève, mais il ne faut pas oublier que partout (moins une exception, relevée sur une période postérieure à la période étudiée par Sperk, c'est-à-dire à Pétersbourg en 1889), le nombre des syphilitiques en maison a dépassé proportionnellement d'une manière parfois considérable le nombre des isolées atteintes de cette même maladie. Si le mot n'était pas un peu ambitieux dans une matière parfois encore aussi peu élucidée que le problème de la prostitution, nous dirions qu'il y a là une loi de sociologie pathologique.

Le tableau suivant a trait aux maladies locales inflammatoires ou virulentes, autres que la syphilis, observées dans les maisons de Genève :

ANNÉES	Moyenne des femmes par visite.	Affections du col.	Vaginite, vulvite, urétrite.	Bartho-linite.	Condy-lômes.	Chancres mous.	TOTAUX des maladies.
1885 (1 mars)	85	28	14	3	5	3	23
1886. . . .	88	6	2	2	2	1	13
1887. . . .	104	4	5	2	2	5	28
1888. . . .	84	8	2	5	1	5	21
1889. . . .	78	9	4	7	1	—	21
1890. . . .	84	17	7	9	1	1	35
1891. . . .	76	32	16	21	3	6	78
1892. . . .	78	26	7	15	1	1	50
1893. . . .	80	28	7	24	3	—	62
1894. . . .	85	63	7	25	3	1	99
1895. . . .	90	43	15	18	1	7	84
1896 (15 déc.)	105	71	15	16	—	2	104

Ce dernier tableau a pour objet de rapprocher : 1° le total des cas de syphilis du total des autres maladies ; 2° le chiffre total des maladies constatées au dispensaire du chiffre des entrées à l'hôpital cantonal :

ANNÉES.	Moyenne des femmes par visite.	Total des cas de syphilis.	Total des autres maladies vénériennes.	Total de toutes les maladies observées au dispensaire.	Total des entrées à l'hôpital.
1885 (1er mars) .	85	7	23	30	45
1886.	88	11	13	24	21
1887.	104	7	28	35	35
1888.	84	5	21	26	24
1889.	78	7	21	28	21
1890.	84	17	35	52	50
1891.	76	26	78	104	101
1892.	78	14	50	64	62
1893.	80	12	62	74	71
1894.	85	8	99	107	105
1895.	90	8	84	92	88
1896 (15 déc.). .	105	5	104	109	106

Ces deux tableaux conduisent aux déductions suivantes par lesquelles nous terminerons ce paragraphe de
statistique.

Relativement au chancre mou, il appert que cette
maladie n'a aucune corrélation numérique avec le chiffre annuel des syphilis et même des autres maladies vénériennes. M. Mauriac, dans ses *Leçons* (t. I, p. 118), avait
déjà à propos du chancre mou, à Paris, après le siège
de 1870, fait cette observation. Il est exact que l'année
1891, qui a compté le chiffre le plus élevé de syphilis,
a compté aussi le chiffre presque le plus élevé (après
l'année 1895) d'ulcères simples; mais toutes les autres
années présentent des chiffres de chancres mous infé-
rieurs et qui prennent toute leur signification si on les
rapproche du chiffre des syphilis et des autres maladies : ainsi en 1886, 1 chancre mou, 11 syphilis, 13 maladies vénériennes; en 1890, 1 chancre mou, 17 syphilis, 34 maladies vénériennes; en 1894, 1 chancre mou,
8 syphilis, 98 maladies vénériennes; en 1893, 0 chancre
mou, 12 syphilis, 61 maladies vénériennes. Parfaitement indépendant dans ses séries propres de la syphilis, l'ulcère simple devrait théoriquement avoir plus de
corrélation avec les autres maladies vénériennes qui
sont peut-être plus souvent que la syphilis des mala-

dies en rapport avec une extrême polyandrie et une absence totale d'hygiène personnelle ; cependant, il n'en est rien, comme le prouvent précisément l'année 1890 qui compte 1 chancre mou avec 98 maladies vénériennes concomitantes, et l'année 1891 qui compte 7 chancres mous avec un chiffre décroissant de maladies vénériennes, soit 83. Le chancre mou vit de sa vie propre, autonome : il tend du reste à disparaître, comme l'a observé M. Mauriac, et théoriquement et cliniquement on conçoit sans peine sa suppression d'une pathologie vénérienne moins dégradée.

Malgré les chiffres simultanément élevés des deux groupes de maladies vénériennes pour l'année 1891, 26 syphilis et 78 autres maladies, on ne peut pas non plus conclure qu'il existe une corrélation constante entre la progression ou la diminution de l'une et de l'autre catégorie. Si cette proposition était présentée comme fixe et absolue, elle serait infirmée par les états comparatifs des années 1893, 1894, 1895, 1896, où l'on voit le nombre des maladies vénériennes augmenter dans des proportions considérables et le nombre des syphilis rester stationnaire ou diminuer. Cette absence de corrélation était récemment encore signalée par Josef Schrank qui a publié un livre intéressant sur la prostitution à Vienne (Autriche) : ce médecin portait à un tiers le nombre des femmes inscrites atteintes de blennorrhagie virulente, et jamais il n'avait trouvé une proportion de syphilitiques aussi élevée dans cette même classe de femmes (juin 1897).

On a également remarqué la différence qui existe entre le total des maladies relevées au dispensaire, et le total des entrées à l'hôpital. Tantôt le chiffre annuel des maladies constatées rue Calvin est supérieur, tantôt inférieur à l'autre : l'écart en moins (1885) ne s'explique que par la rentrée à l'hôpital de quelques femmes en état de rechute non notées comme telles au dispensaire ; l'écart en plus provient de ce que telles mêmes femmes ont été notées comme atteintes de lésions multiples rue Calvin, et cependant ne comptent que comme unités à leur entrée à l'hôpital (D' A. Vincent); cet écart peut s'expliquer aussi plus logiquement par ce fait que la lésion locale chez plusieurs pensionnaires a été suscep·tible d'être traitée avec succès sans que ces malheu-reuses fussent distraites de leur emploi, le risque pour les visiteurs étant nul de ce chef.

Ce dernier point soulève, en ce qui concerne les ma·ladies de l'appareil sexuel autres que la syphilis, une question d'un intérêt sérieux.

Il est évident tout d'abord que le chiffre de ces mala-dies vénériennes est très élevé. Que l'on prenne le total de ces maladies relevées rue Calvin ou le total des en-trées hospitalières, si on le rapproche du nombre des femmes présentes, on peut dire que le chiffre des mala-dies autres que la syphilis est énorme puisqu'il apparaît tantôt égal, tantôt supérieur au nombre des présentes et qu'il n'est jamais moindre de la moitié ou du quart. L'extrême morbidité — non plus ici syphilitique — mais vénérienne des femmes en maison, résultat de leur innommable vie sexuelle, éclate là, à Genève, comme dans toutes les statistiques dressées ailleurs depuis plus de cinquante ans, et cela malgré une méthode statisti-que trop souvent imprécise.

Et cependant la lecture des rubriques de l'avant-der·nier tableau n'invite-t-elle pas à redouter l'imminence des excès d'une majoration faite un peu à l'aveugle ?

Le chiffre annuel fort élevé des affections du col uté-rin notamment n'entraîne-t-il pas la question de savoir si tous les cas de cette affection, bien que présentés par des prostituées, doivent figurer comme maladies, sinon d'origine surfonctionnelle, du moins de caractère vénérien ? La même réserve ne peut-elle pas être faite pour la rubrique des uréthrites ? En un mot, ces diverses maladies sont-elles toutes virulentes et à ce titre justi-ciables, même dans l'état actuel, d'un traitement coer-

citif, ou simplement inflammatoires et non contagieuses ? Il semble que les progrès de la médecine contemporaine nés des travaux de Davaine et de Pasteur ont
déjà dégagé sur ce point des données positives. De
même que la police des mœurs ne doit plus avoir de
nos jours les prétentions administratives d'une époque
où la syphilis était aussi mal connue dans son étiologie
clinique et les conditions anatomo-pathologiques de sa
transmissibilité que dans son évolution générale, de
même il faut savoir accepter que la bactériologie a renouvelé cette autre partie de la vénéréologie. La découverte du gonocoque par Neisser (Breslau, 1879) avec
l'attribution à cet agent spécifique de toutes les manifestations infectieuses locales et générales issues soit du
microcoque lui-même, soit de ses toxi-albumines, n'a pas
seulement donné l'explication révélatrice des récidives
lointaines, des propagations de voisinage, des accidents chroniques plus ou moins trophiques de l'appareil ovarien, enfin de ces manifestations écloses sur des
organes étrangers, encore désignées par certains du
nom ancien de métastases, prenant ici la forme du
rhumatisme articulaire, là de la phlébite, ailleurs de
l'endocardite ou de l'ophtalmie et autres processus
septicémiques ; mais cette découverte ne permet-elle
pas de faire le départ d'un côté entre les maladies vénériennes virulentes que, en vertu de son organisation
même, la police des mœurs peut retenir comme siennes au même titre que la syphilis, et de l'autre côté les
manifestations purement inflammatoires ne lui donnant
aucun droit sur les personnes qui en sont atteintes ? La
médecine légale, par exemple, a tiré des conséquences
capitales de l'étude des vulvo-vaginites chez les petites
filles (Comby, Verchère, 1891-1897) : son étiologie
très souvent innocente et non vénérienne, bien établie,
ne permet plus de transformer systématiquement tous
les cas de cette affection en cas générateurs de procès
déshonorants et met désormais hors de cause des mal-

heureux condamnés hier encore comme convaincus de
prétendus attentats aux mœurs : pourquoi dans un autre
ordre de conséquences également sorties de la même
révolution médicale, des femmes atteintes de simples
métrites, d'affections du col, seraient-elles assimilées
aux femmes atteintes de contagions gonococciques et
implacablement traitées comme celles-ci ? Quand l'exercice de la médecine publique a un retentissement si
immédiat sur la vie des membres du corps social, ne doit-
elle pas être influencée par les progrès de la médecine
même et organiser ses services de façon à réduire ses
rigueurs à un intelligent minimum (1) ?

(1) On objectera peut-être que nous ne faisons pas ici la part assez
large aux côtés sinon hypothétiques, du moins encore insuffisamment élucidés de ce chapitre des maladies spécifiques autres
que la syphilis. Nous n'ignorons pas ce qui a été écrit sur les
blennorrhagies purement inflammatoires et sur les blennorrhagies non gonococciques consécutives à l'uréthrite contagieuse
d'emblée gonococcique et lui constituant une période secondaire ;
nous n'ignorons pas non plus le cas de MM. Hiller et L. Jullien,
et celui du Pr Strauss, trouvant le gonocoque dans la sécrétion
uréthrale certainement engendrée chez un adolescent *sine feminâ*
et par la seule *manustupratio* paroxystique, mais ces deux faits
trop isolés que la facilité de l'observation eût dû multiplier n'infirment en rien le fait capital et constant reconnu par tous les
médecins d'hôpitaux spéciaux et de dispensaires et les observa-
teurs de laboratoires — que la blennorrhagie de la police des
mœurs est la blennorrhagie à gonocoques. Cette blennorrhagie
spécifique constitue avec la syphilis et l'ulcère simple une triplice
où chaque maladie garde son autonomie, et dans l'hypothèse
d'une police de mœurs logique, l'extension du droit d'emprisonnement à des affections comme la métrite purement inflammatoire ou
l'acarus ne s'explique non plus qu'elle ne se justifie.

IV.

*Le plébiscite genevois sur le maintien ou la sup-
pression des maisons de tolérance. — A PARTE au
lecteur. — Ignorance du corps électoral de Genève
sur tous les arguments scientifiques relatifs à cette
question d'hygiène municipale. — La proposition de suppression des maisons devient un
débat purement politique. — Groupement et
attitude des partis politiques à Genève. — Le parti
démocratique et le parti radical. — La discussion
au Grand Conseil; le huis clos. — Opinion et discours de MM. L. Bridel, Wuarin, de Meuron, G.
Ador, Patru. — Un leader radical, M. Favon. —
Le Grand Conseil vote un contre-projet plébiscitaire destiné à maintenir les maisons. — La discussion dans la presse et les réunions publiques. — Arguments singuliers donnés au peuple
genevois pour défendre l'existence des maisons. —
Tableau de Genève pendant la période plébiscitaire. — Troubles et tumultes. — Le vote du 22
mars. — Le peuple genevois par 8.502 voix contre
4.053 repousse le projet de loi de suppression des
maisons de tolérance.*

Pour l'intelligence de l'épisode plébiscitaire même sur
le maintien ou la suppression des maisons de tolérance
dans la Répoublique de Genève, auquel nous arrivons,
nous devons adresser ici au lecteur une observation
préalable singulière : dans une sorte *d'a parte* en effet,
nous lui demandons d'oublier tout ce que nous venons
d'écrire sur la partie médicale et statistique de la

question. Toute cette documentation positive, pour mieux comprendre les discussions parlementaire et extra-parlementaire, il doit la tenir pour non avenue ; pour se jeter *in medias res*, il doit se trouver dans une situation d'esprit identique à celle des électeurs genevois eux-mêmes, qui, dans le moment, ignorent absolument le bilan sanitaire de la prostitution réglementée et vont jusqu'à perdre le souvenir des délits périodiques qu'entraîne en soi l'existence des maisons.

La population sait très bien quelle est en gros l'institution municipale que les pétitionnaires veulent faire disparaître, mais tous les arguments ou faits d'ordre scientifique qui pourraient fournir un élément concret à la discussion, elle ne les connaît pas, le dispensaire, nous le répétons, ne publiant aucun compte rendu statistique annuel, et les statistiques démographiques et sanitaires générales gardant le même silence sur ce chapitre.

Cette situation de l'esprit public devait avoir pour résultat presque inévitable de faire verser la question — non politique s'il en fut, tout le monde en conviendra — dans la politique pure. C'est ce qui ne manqua pas. Certains partis, très éveillés à Genève comme ailleurs sur tout ce qui peut servir leurs intérêts d'opposition ou de gouvernement, virent dans le sujet une excellente occasion d'emporter une victoire personnelle en faisant échouer une solution de caractère exclusivement juridique et hygiénique présentée par leurs vieux adversaires politiques. Cette préoccupation fut manifeste dès le début dans la fraction parlementaire plus particulièrement avancée qui porte à Genève comme en France le nom de radicaux. La réforme abolitionniste en effet était née, il faut le dire, sans aucune arrière-pensée étrangère au sujet, dans les rangs du parti conservateur loin d'ailleurs d'être unanime. Mais ici, il est nécessaire de donner pour les lecteurs français un léger aperçu de la situation politique et numérique des partis qui allaient disputer.

On a remarqué dans la première partie de cette étude les hésitations, les oppositions sourdes, les quelques concessions gouvernementales qui alternativement accueillirent la demande de réforme de 1888 à 1895 et se traduisirent par des actes contradictoires comme la nomination d'une commission d'enquête impartialement composée, puis comme le procédé de M. le conseiller d'État Vautier modifiant, au moment où elle allait conclure, la majorité de cette commission favorable à la suppression de la réglementation par l'adjonction de membres nouveaux systématiquement favorables à son maintien. Cet état d'esprit, indice de tiraillements intérieurs, subsiste au moment où aux termes de la Constitution la proposition d'appel au peuple par voie de plébiscite est soumise au Corps législatif genevois.

Les élections générales viennent de renouveler ce Corps législatif ou Grand Conseil, mais n'ont amené aucun changement dans le gouvernement. Le pouvoir exécutif, le Conseil d'Etat, est ainsi depuis plus de sept années aux mains du parti conservateur qui porte le nom de parti démocratique depuis 1848 : une modification évidente dans le caractère des luttes politiques et les programmes, l'évolution générale des partis ont emporté de ces changements de noms. Sur cent députés au Grand Conseil ce parti conservateur compte un groupe compact de quarante-quatre membres, composé des démocrates proprement dits ou anciens conservateurs et des indépendants ou représentants des catholiques romains qui, autrefois rattachés à la gauche, font depuis nombre d'années corps avec la droite. Le leader du parti démocratique est M. Gustave Ador, favorable à la solution abolitionniste.

Quarante-sept députés composent la gauche du Grand Conseil formée elle aussi de deux groupes, les radicaux-libéraux au nombre de quarante-deux et les socialistes-ouvriers au nombre de cinq. Le leader de la gauche est

M. Favon que ses tendances socialistes mettent parfois en désaccord avec nombre de ses collègues de gauche ; M. Favon dirige l'important quotidien *le Genevois* qui, avec *le Peuple*, prendra une part passionnée à la campagne anti-abolitionniste. Entre ces deux partis, ne se rattachant ni à l'un ni à l'autre, un groupe dit national, fondé précisément pour s'occuper plus particulièrement des questions morales et sociales et en premier lieu de celle-ci, et votant en dehors de toute préoccupation de parti, tantôt avec les démocrates, tantôt avec les radicaux.

A peine le projet de réforme est-il soumis au Grand Conseil (1) que le classement se fait, les positions sont prises. Le projet ayant pour auteurs les démocrates, les radicaux se lèvent comme un seul homme pour le combattre, et — on le dirait — pour ce seul motif. Ce spectacle, nous le confessons, était nouveau pour notre

---

(1) PROJET DE LOI. — « *Article unique.* L'exploitation de la débauche est interdite. En conséquence : 1º L'art. 213 du Code pénal de 1874 est modifié comme suit : « Quiconque aura attenté aux mœurs en excitant, en favorisant, habituellement ou dans un but intéressé, la débauche ou la corruption d'autrui, sera puni d'un emprisonnement d'un mois à un an. Si les personnes débauchées ou corrompues sont mineures, la peine sera un emprisonnement de trois mois à deux ans. S'il s'agit de mineurs âgés de moins de quinze ans, la peine sera un emprisonnement de deux à cinq ans. Dans tous les cas ci-dessus, le coupable sera condamné en outre à une amende de 500 fr. à 5.000 fr. (1). » 2º Est abrogé le § 4 de l'art. 19 de la loi constitutionnelle du 23 avril 1849 sur la liberté individuelle et sur l'inviolabilité du domicile (2).

« *Dispositions transitoires.* — Il est accordé au Conseil d'Etat un délai de dix-huit mois pour procéder à la fermeture graduelle des maisons de tolérance existant dans le canton. »

---

(1) *Rédaction actuelle de l'art.* 213 : « Quiconque aura attenté aux mœurs en excitant habituellement la débauche ou la corruption d'un ou de plusieurs mineurs de l'un ou de l'autre sexe, sera puni d'un emprisonnement de trois mois à deux ans et d'une amende de 50 à 1.000 fr. Si les mineurs sont âgés de moins de quatorze ans, la peine sera un emprisonnement de deux à cinq ans. »

(2) *Art.* 19 *de la loi du* 23 *avril* 1849 : « Les lois ordinaires (restrictives du droit commun) continuent à régler ce qui est relatif. ... 4º Aux femmes publiquement livrées à la prostitution. »

observation française habituée au contraire, depuis que la question a été imposée par la courageuse initiative d'Yves Guyot à l'attention de notre Troisième République, à voir le parti radical à peu près seul appuyer la réforme. Nous reviendrons plus loin d'ailleurs sur ce renversement des rôles. Toute la physionomie et l'économie du débat ne vont pas se trouver médiocrement altérées au point de vue de l'échange des contradictions rationnelles que l'on était en droit d'attendre sur un tel sujet, par ce changement de front joint à la si regrettable absence des arguments scientifiques. Non seulement les partis se battent dans la nuit, mais ils échangent les coups en dehors du vrai champ de bataille : dans cette confusion il n'y a profit réel pour personne, pas même pour les spectateurs.

La politique seule mise en jeu, la question qui se pose est celle-ci : par quel ordre d'arguments un parti habituellement classé comme progressiste va-t-il justifier l'existence des maisons de tolérance et, pour en empêcher la fermeture, soulever un véritable mouvement populaire contre ceux qui les attaquent non pas seulement comme le foyer de la plus insalubre immoralité, mais comme l'antre toléré d'illégalités, de criminalités monstrueuses dont le prolétariat féminin est la seule victime ?

Le Grand Conseil ouvre donc à peine sa première session en janvier 1896 qu'on se mesure sur la constitution du bureau. La première escarmouche porte sur l'élection du président ; le parti radical par un choix significatif désigne pour la présidence un de ses membres les plus éminents, M. le Dr A. Vincent, précisément le directeur du bureau de salubrité publique ; les démocrates et les nationaux présentent M. Chauffat qui l'emporte. Ce premier incident ne préjuge rien. L'entête de l'ordre du jour porte le projet émanant de l'initiative populaire, concernant la répression du proxénétisme et la garantie de la liberté individuelle : avant

que personne ait ouvert la bouche, M. Favon, au nom
du parti radical, demande la suppression de tout débat
public; il réclame le huis-clos : « Le projet, s'écric-t-il,
provoque des curiosités malsaines auxquelles nous ne
devons pas donner satisfaction... Au nom de la liberté
de discussion, que les débats aient lieu dans cette salle
— mais fermez les portes ! » M. Louis Bridel répond
que ce système est digne du moyen âge, que le huis-
clos n'a été voté qu'une fois depuis l'établissement de
la Constitution de 1847. M. Favon clot le débat par ce
mot dans le journal *le Genevois* : « Le huis-clos empê-
chera le *Mémorial* (les procès-verbaux) du Grand
Conseil de descendre au rang des ouvrages obscènes. »
(8 et 10 janvier). Le Conseil d'Etat et le Grand Conseil lui-
même sont vertement réprimandés pour avoir laissé
venir en discussion parlementaire et devant le corps
électoral un débat susceptible d'altérer l'imagination
publique. Le Parlement anglais lui-même n'avait eu de
telles pudibonderies. Le huis-clos est voté ; il ne sera
cependant pas si rigoureusement observé, malgré la
gauche et ses obstructions, que les débats ne transpirent
au dehors.

Les orateurs favorables au projet, MM. de Meuron
qui l'a présenté, Ador, L. Bridel, Wuarin, Patru qui le
soutiennent, ont en effet très grand mal à se faire entendre : quand M. de Meuron parlait, les députés de la
gauche faisaient un vacarme digne de notre Palais-
Bourbon, et, *rubesco referens !* le bruit ne couvrant pas
assez la voix de l'orateur, un membre du gouvernement, un conseiller d'Etat, donne à plein gosier le signal
d'une clameur plus assourdissante et lance le refrain...
international, paraît il — *des lampions* !

M. Louis Bridel, le savant professeur de droit à
l'Université, doit lutter avec ténacité pour se faire
écouter, et cependant il faut rendre hommage à sa
science progressiste, à sa haute raison d'humanité, à
son habileté tactique : « Tout se tient dans l'œuvre que

nous poursuivons ici, dit en substance l'éminent jurisconsulte ; nous vous présentons simplement aujour-
d'hui une nouvelle loi de protection féminine. Notre
action dans le Parlement genevois est liée au dehors
à celle de l'Association pour la réforme de la condition légale des femmes : déjà cette Association a provoqué par des votes réformateurs les modifications
les plus heureuses dans notre législation. Je vous
rappelle : 1° la loi du 22 juin 1892 qui élève l'âge de
protection des jeunes filles de quatorze à quinze ans
en modifiant les articles 278 et 280 du Code pénal ;
2° la loi du 7 novembre 1894 relative au droit matri-
monial quant aux biens, loi qui garantit à la femme
mariée la libre disposition du produit de son travail
personnel (1). Le projet d'initiative populaire qui nous
est soumis procède de cet esprit démocratique et
réformateur... » Dans une autre séance, M. Louis
Bridel prend la parole pour lire une noble et éloquente
lettre du député allemand Bebel condamnant au nom
de la démocratie socialiste d'Allemagne la police des
mœurs et les maisons de débauche cloîtrée. La lecture
de la lettre de Bebel est hachée d'interruptions par la
gauche, finalement huée, et M. L. Bridel est lui-même,
malgré l'appui et l'à-propos d'une telle autorité, accueilli
de cris ironiques et injurieux.

La majorité de la commission parlementaire d'examen s'était déjà prononcée par un rapport et un vote
hostiles contre le projet d'initiative (2). La majorité du

---

(1) Une loi analogue a été votée en France le 27 février 1896. —
Dans le même ordre d'idées une loi conférant la capacité aux
femmes en matière de témoignage dans les actes publics et privés
a été votée à Genève, le 25 juin 1897, et à Paris le 7 décembre de
la même année On lira avec intérêt une étude de M. le Pr Eug.
Huber (de Berne), savant légiste, sur la *Condition de la femme
dans le futur Code civil suisse*, dans la *Revue de Morale sociale*
(Paris-Genève, mars 1899).

(2) La minorité de la commission, dans un contre-rapport ré-
digé en son nom par M. Odin, demandait que le régime de Genève

Grand Conseil y était évidemment opposée. En séance plénière la gauche, moins deux voix, se prononce unanimement contre le projet; les démocrates se partagent : 22 voix sur 44 se joignent aux radicaux pour le rejet ; 22 voix de droite unies aux 9 voix du groupe national et aux 2 voix radicales dissidentes, un total de 33 voix seulement, se prononcent pour l'acceptation.

Le 22 février 1896 le Grand Conseil vote le contre-projet destiné à être soumis au vote plébiscitaire en face et à l'encontre du projet d'initiative (1).

Tandis que le Parlement faisait aux « initiants » cet accueil, au dehors dans la presse radicale, dans les réunions publiques, dans la rue, c'était une hostilité d'un ton plus haussé encore : ici les personnalités, les clameurs, les vociférations perdent toute mesure, et « les lampions » du membre du gouvernement pâlissent à côté des injures qu'il faut subir.

Le *Genevois* ouvre le feu : le jour même où le huis-clos est prononcé sur les débats, il déclare que les dames venues dans les tribunes du Grand Conseil, toutes friandes d'une telle discussion, « sont parties la mine déconfite ! » On juge par là des mœurs des « gens purs », du genre d'esprit des diaconesses et du parti qui a pris l'initiative d'une soi-disant réforme de moralité !

« Et d'ailleurs, clame-t-on au *Genevois*, qu'est-ce que ce parti réformateur dans Genève ? » Nous arrivons ici au grand grief du parti radical contre les promoteurs du projet... « Ces réformateurs ? mais ce sont des doc-

---

fût celui qui règne dans 16 cantons sur 22, celui qui interdit l'organisation et la manifestation de la prostitution.

(1) « Le Grand Conseil, vu les articles constitutionnels, le rapport de la commission; considérant que l'Etat a le droit et le devoir de prendre en ce qui concerne la prostitution les mesures prescrites par l'ordre public et l'hygiène,

« Arrête ce qui suit pour être soumis à la volonté populaire :

« *Article unique.* — Le projet de loi émané de l'initiative populaire, présenté au Grand Conseil dans les séances des 11 septembre et 5 octobre 1895, est rejeté. »

trinaires, des conservateurs, des extra-droitiers, des
sectaires, des méthodistes, des jésuites protestants, des
mômiers! Au demeurant le mouvement a son origine
dans le piétisme, et nommer les piétistes c'est tout dire :
ils sont aussi dangereux que les catholiques romains et
plus étroits! On connaît les tendances de l'Église pro-
testante nationale et de MM. les pasteurs : la *Semaine
religieuse* laisse transparaître ses sympathies. Tout ce
monde ne tend à rien moins qu'à ressusciter Calvin et
ses lois somptuaires! » Peu s'en faut que les radicaux
n'imputent aux initiants les méfaits du pape de Genève
qui défendait aux hommes de porter les cheveux longs,
aux femmes de les porter frisés! Peu s'en faut qu'on
évoque les flammes du bûcher du malheureux Servet
et l'aventure de notre Clément Marot cité devant le
Consistoire, obligé de décamper prestement pour avoir
hasardé une partie de tric-trac en vidant un carafon de
vin d'Yvorne avec son ami François Bonivard !

« Mais, il y a plus, poursuit-on au *Genevois!* Ce parti
qui veut moraliser Genève, n'est même pas Genevois !
il nous vient d'un autre canton ! Sait-on bien ce que
sont tous ces promoteurs de la campagne ? Personne
ne s'en est avisé. Eh bien ! tout députés qu'ils soient au
Grand Conseil de Genève, ce sont des... Vaudois ! » —
Comment, des Vaudois ? — A cette révélation, le vieil
esprit cantonaliste tressaille au Molard, à Plain-Palais.
« Quoi, des Vaudois viennent s'occuper des affaires intérieures de Genève ! » Aussitôt un cri furieux éclate contre
les initiants : « A Lausanne ! Retournez à Lausanne !
A la porte les Vaudois ! » « Tout le monde sait à Genève que Lausanne est la Babylone de l'Helvétie... »
(Réunions publiques de Troinex.) Nous voici loin des
journées hospitalières où l'on se reçoit en fête de
canton à canton : on se croirait reporté aux querelles
légendaires des lilliputiennes cités grecques ou italiennes, d'Argos et de Mycènes, de Lucques et de Pise !
Cependant on enquête : les extraits de naissance des

trois initiants prévenus d'extranéité sont victorieusement tirés de leurs casiers poudreux : vérification faite, des trois prétendus vaudois, l'un est de Carouge, l'autre de Genève, le troisième seul est bien d'origine vaudoise, mais enfin l'octroi du droit de bourgeoisie n'est pas lettre morte, et l'on désigne, en revanche, parmi les députés radicaux genevois, ceux qui sont originaires de... Neufchatel, de... Schaffouse, etc. !

Décidément l'argument de « l'étranger vaudois » ne valait rien. Au *Genevois* on se retourne prestement : « Que parle-t-on de Vaudois? Ce ne sont pas même des Vaudois, ces initiants. Ce sont des agents anglais, des sectaires anglais, des piétistes anglais, des méthodistes anglaises ! Que vient faire chez nous cette nuée de femmes d'outre-Manche qui provoquent des réunions mixtes, disputent la tribune aux hommes, parlent de prostitution et de prostituées, dérangent, entraînent nos ménagères! « A Londres les Anglais et les Anglaises! » On crie, on hurle ferme, on renvoie ces grands puritains et puritaines, ces faux prophètes de pureté au pays des brouillards !

Si nos compatriotes n'avaient pas dit leur mot dans l'aventure, le commentaire eut été incomplet. Des Gaulois transrhodaniens, vieux habitants de Genève, des Parisiens en affaires ou villégiature affirment en gens les mieux informés du monde que la campagne genevoise est tout simplement un prolongement de la campagne de moralité du sénateur français Bérenger : « Vos neuf mômiers du parti national sont autant de petits Bérengers qui rêvent d'évangéliser à leur manière toutes les nations ; on commence par Genève ; on fera le tour de l'Europe ! » Il y a là une autre idée qui porte. Le nom et les exagérations de notre éminent compatriote fournissent un argument hostile de plus. Une variété de cri conspue les initiants : « A bas les Bérengers suisses ! »

Que si cependant, presse et réunions publiques, se

souvenant enfin un peu de la question en elle-même (la question des maisons au demeurant), abordent le sujet, voici ce qu'elles trouvent comme justification de l'institution, pas autre chose. Un abolitionniste qui par jeu aurait voulu se faire l'avocat du système, aurait trouvé mieux !

« D'abord nos maisons n'ont rien de commun avec celles des autres pays : elles sont tenues par des femmes. Ce n'est pas comme en France où elles sont gérées en réalité par des hommes qui y commettent toutes espèces de tyrannies, d'infamies spéciales!... Vous dites qu'on boit dans nos maisons comme dans les maisons de France? C'est vrai, mais notre police, elle, veille à ce qu'on y boive sobrement! »

Et ceci : « Vous dites qu'il faut supprimer les maisons à Genève? Avouez qu'elles y sont comme si elles n'y étaient pas. Parmi les pensionnaires, il n'y a pas une seule genevoise! Ce sont des françaises ou des étrangères qui sont toutes expédiées par les maisons de l'étranger! »

Et encore : « Des maisons à Genève, mais il en faut, non pas certes pour notre morale population indigène! il en faut pour l'étranger. L'étranger est notre industrie nationale ; il doit trouver chez nous ce qu'il trouve chez lui. Sans maisons, qu'offririons-nous à ces milliers d'étrangers généreux et sympathiques qui viennent se délasser à Genève des fatigues de leurs excursions alpestres ou de la monotonie de leur villégiature savoisienne ou vaudoise et que les bateaux débarquent sur nos quais chaque jour de Vevey, de Montreux, de Lausanne ou d'Evian? Nous allons avoir une Exposition d'ailleurs (1) : que ferions-nous sans maisons quand la jeunesse des villages nègres, un des clous de cette belle fête internationale, descendra de nuit en longue théorie et en burnous blanc, cherchant aventure?... Les mai-

---

(1) Ouverte en juillet de la même année.

sons ainsi comprises, loin de la compromettre, font ressortir notre moralité cantonale. »

« Pourquoi se payer plus longtemps de mots, clament quelques voix assombries? Disons toute la vérité : l'homme riche a ses filles; pourquoi l'homme du peuple n'aurait-il pas les siennes? Sur ce chapitre, MM. les piétistes bien posés, on pourrait en conter de belles à votre sujet! Contentons-nous, observe le *Genevois*, de dire que les mômiers sont des Saint-Jean-Baptiste qui voudraient mettre la foule au régime des sauterelles quand ils ont, pour la plupart, leur petit buffet réservé! — Ce n'est point assez de disputer son pain au peuple, on voudrait lui retirer ses rares joies! Non pas. » Pour un peu on lancerait le nouveau cri de ralliement : « *Panem et lupanar!* »

« D'ailleurs, poursuit-on sans se lasser, ô peuple de Genève-ville et de Genève-campagne, ces misérables filles de maison sur lesquelles on veut t'apitoyer, elles sont plus heureuses que tes filles ouvrières de fabrique et filles de ferme devenues servantes-bourgeoises! La police les traite en mère; elle les habille, elle les nourrit mieux que ne sont habillées et nourries tes filles, à toi! Bien plus, la police les rapatrie, quand elles veulent revoir leur pays! »

« Que parle-t-on de police des mœurs à propos de nos maisons, écrit un paradoxal plus osé que les autres! Les maisons ont précisément pour résultat de supprimer la police des mœurs (*sic*). Fermez les maisons, il vous faudra créer une police qui poursuivra la prostitution jusque dans le privé des gens; il faudra à Genève une police des mœurs qui nous tiendra à sa merci et mettra à mal les femmes honnêtes, par ses erreurs et ses brutalités. »

Le dernier mot appartient au *Manifeste d'un groupe de citoyens de tous les partis* s'adressant *aux électeurs des campagnes* : « Vous dites que la maîtresse de maison est un véritable agent de la police des mœurs :

tant mieux. C'est au moins un agent tutélaire, protecteur. Sans elle apparaîtrait le brigand, le souteneur
français que nous voyons à l'œuvre à Paris et ailleurs ! »

Ainsi, trois mois durant, c'est de ce genre de raisons
qu'on paie et repaît le peuple souverain de Genève ;
c'est de ce ton qu'on amorce les bulletins de vote ; c'est
sur ce mode que la presse, qu'on est habitué à voir
s'occuper, particulièrement à Genève, des intérêts populaires, surchauffe l'opinion !

Le résultat, du reste, est superlativement atteint. A
cette heure le spectacle offert par la ville est vraiment
étrange. On croirait, à voir cet aspect fiévreux, cour-
roucé, que des intérêts nationaux sont en jeu. Il s'agit
tout uniment de savoir si Genève conservera ou non sa
quinzaine de maisons publiques ! Et cependant la ville
gronde, les cafés, les cabarets sont plus que bruyants,
tumultueux ; le soir, dans les rues de réunions publiques la foule est criarde et mauvaise ; le peuple s'est
fâché tout rouge. Sur la fin de la campagne plébiscitaire, le crescendo de colère est monté à un tel diapason
que tout orateur de réunion qui veut appuyer le projet
est insulté, enlevé, frappé, poursuivi. On expulse et on
traque positivement dans la rue tout manifestant abolitionniste. Ce n'est plus la bataille de personnalités du
début, c'est une petite guerre civile, et quand le jour du
vote se lève enfin, le 22 mars, Genève présente une
vraie physionomie d'émeute. Le cri « A bas les piétistes !
Au lac les piétistes ! » est le cri de la journée ; Genève
en résonne. Dans le temple de la Fusterie prêté pour
le scrutin, les opérations électorales sont terminées aux
chants de la *Marseillaise* et de la *Carmagnole*, alter-
nant avec des refrains obscènes. On sent que les bas-
fonds du proxénétisme des tolérances attisent le feu
sous main.

Le résultat était inévitable.

Les initiants sont battus : 8.502 voix contre 4.053 repoussent la loi de suppression (1).

Genève conserve ses maisons publiques !

La victoire est proclamée au milieu d'un grand enthousiasme. Aux portes des salles de scrutin la foule s'organise spontanément en cortège ; on improvise partout des retraites aux flambeaux, mais au lieu des torches c'est la *lanterne rouge* symbolique qui est hissée au bout des bâtons et portée en tête des cortèges. Une même pensée, un mouvement unanime réunissent les groupes ; on fusionne, et la masse, procession houleuse et hurlante, va saluer le héros de la campagne, M. Favon, qui balconne suivant l'usage, et triomphant lui-même avec les triomphateurs, s'écrie : « Amis, montrons-nous grands dans la victoire ! »

---

(1) Les voix se sont ainsi réparties dans plusieurs localités importantes de l'agglomération genevoise.

	NON.		OUI.	
A Genève	3351		1602	
Paquis	1099	—	544	—
Carouge . . ·	500	—	110	—
Chêne-Bougeries. . . .	100	—	73	—
Eaux-Vives	560	—	245	—
Plain-Palais	1006	—	389	—
Petit-Saconnex	278	—	179	—

Sur les 12.765 bulletins valables, on retrouvait à peu près la même proportion que dans le vote du Grand Conseil. Le nombre des votants dans les communes protestantes a été plus élevé (61 0/0) que dans les communes catholiques (54 0/0). Sur 100 électeurs dans les communes catholiques, la proportion des *oui* a été de 34 0/0, et dans les communes protestantes de 40 0/0.

V

Conclusion. — Causes de l'échec électoral. — Aspect de Genève depuis 1875 et la suppression des isolées autorisées. — Difficultés en général inhérentes à un débat public sur la question de la prostitution. — Complexité de la question étudiée dans le prolétariat féminin. — Attitude des partis en Europe. — Coup d'œil sur les critiques adressées à la police des mœurs en France avant 1870. — Les maisons sont le dernier mot de la police des mœurs. — Un exemple français des abus de cette police dans les maisons. — Révocation d'agents des mœurs à Toulon en 1896.—Tentative d'assassinat sur le maire de Toulon en 1897.—Une lettre inédite du maire sur les vraies causes de ce crime.—Conséquences intérieures et extérieures du plébiscite du 22 mars. — Coup d'œil sur la situation en Alsace-Lorraine. — Le gouvernement direct et les questions techniques. — La liberté individuelle et les Etatistes en Suisse. — Abrogation des législations cantonales. — L'avant-projet du Code pénal national supprime en Suisse toutes les formes officielles du proxénétisme. — Inutilité du plébiscite genevois.

Le peuple de Genève, il nous en coûte de le dire, a commis (une fois n'est pas coutume) une erreur regrettable en confirmant par un vote public une des formes administratives les plus malsaines et les plus arbitraires de la police des mœurs. Sans grossir les mots ni parler comme tels l'ont fait au soir de la défaite, de civilisa-

tion méconnue, il y a eu là un événement très complètement fâcheux eu égard aux acteurs, aux circonstances
et au lieu. Cette erreur est directement imputable au
parti radical genevois, nous regrettons également d'y
revenir : inspirateurs et conducteurs de ce parti, instruits cependant par le spectacle des manifestations
multiples produites dans l'Europe continentale et à
Genève depuis 1875, n'ont vu dans le débat qu'une occasion d'attaquer des adversaires politiques et de les
mettre à mal en faisant appel à toutes les suppositions,
allégations et passions susceptibles de trouver créance
et donner la victoire. La manœuvre en principe est
banale et n'a rien qui étonne à Genève plus qu'ailleurs,
mais il faudrait faire abstraction des. idées mêmes en
jeu pour ne rien dire de plus. Le parti démocratique au
sein duquel était née la réforme n'est peut-être pas
lui-même exempt de toute responsabilité : il ne paraît
pas dans sa totalité avoir compris l'importance de la
question pour l'affirmation de sa propre doctrine politique, le respect de l'individu : il s'est scindé quand
il lui eût fallu rester uni. Son abstention, son efface-
ment, son silence du début, l'hostilité déclarée d'une
fraction importante de ses membres fournissaient
évidemment à ses rivaux, des arguments et des alliés
inespérés.

Sans doute, il y a eu de la part des hommes publics
mêmes qui ont pris l'initiative de la réforme des erreurs
diverses : ils avaient trop compté sur la compréhension
populaire d'une matière en soi fort simple, mais que
les préjugés séculaires obscurcissent. En dehors de
M. Louis Bridel qui a judicieusement rattaché la réforme à un dessein suivi d'améliorations générales dans
la condition des femmes, ces hommes publics n'avaient
en général point suffisamment arrêté de plan d'ensemble. Sans doute aussi il y a eu des erreurs de tactique : des orateurs non suisses ont un peu trop paru
dans les réunions ; les réunions mixtes ont déplu,

et la chose est singulière dans un pays où les femmes, si réputées qu'elles soient comme épouses d'intérieur, ne le sont pas moins comme esprits éclairés et instruits ; un certain nombre d'abolitionistes ont également, avec un peu moins du tact toujours nécessaire, mis en avant et comme l'*ultima ratio* l'argument religieux, etc. Les initiants se sont depuis rendu compte de ces quelques faux pas, et M. le Pr L. Wuarin, dans un rapport remarquable n'a pas hésité à en faire mention (1).

Sans doute encore, il y a eu dans l'échec de la réforme une cause sur laquelle on n'a pas suffisamment ouvert les yeux. Cette cause est originale ; elle tient précisément à l'action puissante de la *Fédération abolitionniste* dans Genève avant le plébiscite de 1896. Dès 1875, date de son installation au cœur de la ville, la Fédération continentale avait créé dans Genève un foyer européen de surveillance et d'informations qui commençait naturellement ses opérations par Genève même. Sous l'œil du Bureau central, sous la plume courageuse des publicistes Henri Minod et Charles Ochsenbein, par des procès utilement imposés contre d'abominables délits de tenanciers, par des prises à partie répétées avec le département cantonal de Justice et Police, Genève se sentait épié de près dans sa police des mœurs, et toute sa tenue extérieure en avait été heureusement modifiée. Un des premiers résultats de cette sorte d'administration officieuse avait été une véritable réforme : la carte policière qui autorise le racolage patenté en pleins carrefours, presque *more canum*, avait été abolie, et du coup la suppression de cette catégorie de filles de police avait créé l'ordre de rues, ordre extérieur, il est vrai. Tous les Genevois qui évoquaient devant nous le Genève d'il y a vingt-cinq ans, n'hésitaient pas à con-

---

(1) V. également un excellent article d'Auguste de Morsier dans la *Revue Fém.* Année 1896, p. 689-699.

fesser que le Genève d'aujourd'hui ne lui ressemblait guère ; et de fait, quand on parcourt, à quelque heure si avancée que ce soit de la soirée, les promenades de Plain-Palais ou les rues du Marché et de la Croix-d'Or, quelque exercé que soit l'œil de l'observateur, fût-ce celui d'un vieux conseiller municipal parisien, on ne distingue pas facilement la personnalité ou l'arrière-pensée des passantes isolées et attardées qui déambulent, silencieuses et pressées, sans coup d'œil ni sourire, et l'on comprend bien, avec ces allures, que telle législation pénale cantonale frappe le don Juan de rues, qui, non plus racolé mais racolant, doit faire des avances trop cavalières, et, le flair malheureux, s'est trompé. L'erreur doit être aisée tant la décence est générale, même la nuit ! Ce résultat de valeur, la Fédération l'a obtenu en forçant pour ainsi dire la police à l'ordre : ce qui prouve une fois de plus que l'ordre n'a rien à voir avec une réglementation telle que notre réglementation française ; qu'on peut, comme l'a dit avec un tour spirituel M. H. Minod, avoir beaucoup de désordre avec la réglementation et qu'on pourrait avoir beaucoup d'ordre sans réglementation. Ce résultat, intéressant dans une grande ville, à population nomade, cosmopolite, égayée de cafés, de concerts, de théâtres, la Fédération l'a obtenu sans inspecteurs occultes, avec des gardiens de la paix en uniforme, sans Saint-Lazare genevois, par la seule application des simples règlements municipaux. Ainsi, et c'est par là que le fait est original, plus cette situation de moralité apparente avait porté ses fruits, moins l'urgence d'une réforme complémentaire radicale s'imposait à ceux qui s'en tiennent aux apparences.

Mais toutes ces explications sont accessoires et ces motifs d'ordre secondaire. Ce sont comme toujours aux raisons de fonds qu'il faut atteindre pour se rendre un compte rationnel de la défaite électorale.

Il faut bien l'avouer, cette question de la police des

mœurs est une de ces matières qui ne sont pas facilement abordées publiquement comme une question cou-
rante de législation, d'économie sociale ou d'hygiène
publique commune. C'est un sujet délicat sur lequel
on peut déraisonner sans difficulté. Il y a quelques
notions techniques préliminaires et deux ou trois idées-
mères en droit et en médecine publique qui sont indis-
pensables ; une fois qu'on est préparé ou simplement
averti, la conviction se fait vite ou du moins une attention intelligente peut être prêtée : nous n'en voulons
pour preuve que la conversion de ces médecins français
hier encore réglementaristes presque systématiques,
aujourd'hui les uns abolitionistes convaincus, les autres réformistes décidés. Dès lors, la discussion est
possible car les esprits ouverts ne s'en détournent plus
avec dégoût, et les esprits moins habitués au ma-
niement des idées ne la font plus verser dans ce facile
rabelaisianisme où tout se trouve, moins la philosophie
de Rabelais. Tout ce qui a trait aux questions sexuelles
est d'ailleurs mal connu ou ne l'est qu'à travers de nombreux préjugés : mariage, divorce, séparation, secondes
noces, filles-mères, enfants naturels, enfants adulté-
rins, sont autant de sujets sur lesquels ces préjugés se
retrouvent dans les lois, les morales et les mœurs. La
prostitution, la médecine administrative des maladies
vénériennes ne pouvaient faire exception dans une trop
commune ignorance publique (1). Le parti radical avait

(1) Des publications remarquables, en dehors de celles de H. Minod et de Charles Ochsenbein, avaient cependant paru à Genève de
1875 à 1896 : presque toutes émanaient de professeurs de philosophie
et de droit des Universités de Genève et de Lausanne. A côté des
livres du regretté Charles Secrétan de Lausanne, correspondant
de l'Institut, on avait pu lire notamment *La police des mœurs et
le droit commun*, de Joseph Hornung, de Genève (Neufchâtel,
1877), les *Limites de l'intervention de l'Etat en matière de
prostitution*, par Félix de Bovet, de Genève (Genève, 1889), enfin la
série des livres du Pr Louis Bridel, sans omettre les mémoires
du Pr Louis Wuarin. M. L. Bridel, notamment depuis 1884, n'a-
vait pas cessé de s'appliquer à l'amélioration de la condition des

donc beau jeu et aussi le champ largement libre pour
exploiter un tel état d'esprit ; alors qu'il lui eût fallu
repétrir sur ce point la cervelle populaire, on l'a vu
risquer, au milieu des bravos de ses suivants et sans
trouver parmi les siens de contradicteurs, des énormités
et des banalités qui eussent provoqué la révolte ou la
raillerie chez des auditeurs plus éclairés ou mieux informés. Il faut bien rappeler toutefois que, au milieu
de cette tragi-comédie plébiscitaire, quelques-uns,
dans le parti radical, tout en se rangeant aux exigences
coutumières de la discipline et en votant selon le mot
d'ordre, ont apprécié à sa juste valeur le vote de la majorité genevoise. Dans ce Genève où plus d'une fois par
jour et par figure on a le sourire aussi fin qu'à Paris,
tel membre notable du parti victorieux observant froidement de la fenêtre de son hôtel, de sa chaire universitaire, de son fauteuil de député, l'effervescence et
l'allégresse de ses covotants, confessait que l'on eût
fort embarrassé nombre d'entre eux si l'on se fût avisé
de leur demander le pourquoi de leur vote.

Le parti radical n'avait pas seulement pour devoir
supérieur d'instruction et d'éducation publiques d'éclairer la démocratie genevoise ; nous tenons qu'il aurait
pu faire sienne une question qui a été mise en avant
dans tous les pays d'Europe par les représentants les
plus progressistes des démocraties d'avant-garde. Ainsi

---

femmes dans ses ouvrages : *La femme et le droit* (Paris, Pichon,
1884), *Le droit des femmes et le mariage* (Paris, Alcan, 1893),
Mesures légales propres à restreindre la prostitution (Genève,
1896), *La question des mœurs et l'État* (Genève, 1896), *Mélanges
féministes*, questions de droit et de sociologie (Paris, Giard,
1897). De son côté, le Dr P. Ladame faisait ressortir au point de
vue de l'hygiène publique les fausses sécurités de la prostitution
patentée, l'incurie administrative du traitement, dans une série
de publications très remarquées, parues de 1882 à 1895 à Genève, à Neufchâtel et à Lyon : *L'institution de la police des
mœurs au point de vue médical; Les maisons de tolérance au
point de vue de l'hygiène; La prostitution dans ses rapports
avec le crime, l'alcoolisme et la folie.*

en France, c'est le parti radical qui, par la voix d'Yves Guyot, a soulevé le problème. Si même, comme il est équitable de le faire, nous remontons plus loin, aux dernières années du second Empire, nous voyons que M. Ranc s'était plus d'une fois, dans le *Réveil* de Delescluze, élevé contre les illégalités de la police des mœurs. En 1870, la mairie de Jules Ferry, et en 1871, l'Assemblée du 18 mars, avaient été également d'accord pour condamner les diverses formes de la prostitution policière : 19 maisons avaient été fermées pendant le siège et la Commune ; les municipalités d'arrondissement étaient maîtresses d'agir (1). Depuis, il est vrai, dans notre pays, les rangs se sont élargis, et au Conseil municipal de Paris on a vu des républicains modérés, comme M. Gaufrès, confondre leurs votes avec celui de Charles Longuet, d'Alphonse Humbert, du Dr Levraud, lesquels opinaient en cela comme avaient fait à la même assemblée leurs contemporains ou devanciers de gauche, le Dr Bourneville, Sigismond Lacroix, Henri Michelin, le très regretté Hovelacque et beaucoup d'autres, étrangers aux événements de 1871. En Angleterre, si la réforme n'est pas précisément partie d'un milieu politique, elle a été de suite appuyée par les libéraux et les radicaux : faut-il rappeler les discours parlementaires de John Bright, de Chamberlain, de Stansfeld, de John Morley, de James Stuart, de Gladstone ? les livres de Stuart Mill, d'Herbert Spencer ? Faut-il enfin rappeler l'attitude des représentants parlementaires du socialisme ouvrier anglais (2) ? En Allemagne, la démo-

(1) V. *La prostitution à Paris et à Londres*, par Lecour, *op. cit.*, p. 305. — V. notamment les considérants de l'arrêté de la municipalité du XIe arrondissement, fermant toutes les maisons sises dans sa circonscription, en date du 17 mai 1871. (*Appendice*).

(2) Nous prenons au hasard parmi les manifestations de ces derniers. Récemment, en juillet 1898, au dernier Congrès de la Fédération à Londres, voici le langage que tenait publiquement M. Maddison, membre du Parlement et du parti socialiste ouvrier : « A mon point de vue (qui est aussi celui d'une grande partie de la classe ouvrière), je considère que cette réglementa-

cratie socialiste, Bebel en tête, n'a pas hésité un instant à prendre en main au Reichstag et au dehors la défense d'une réforme qui intéresse si visiblement la condition légale de la femme (1). En Italie, il en a été de même : ce sont les survivants des générations vigoureuses de 1849, de 1860, de 1870 qui ont accueilli le programme social de la Fédération, les Aurelio Saffi, les les Agostino Bertani, les Crispi, et autres assez connus. Bien mieux, en Belgique, ce sont les chefs mêmes du parti socialiste, les de Paepe, les Jean Volders qui ont mis leur main dans la main des abolitionnistes internationaux ; c'est Jean Volders qui, en 1891, au Congrès de Bruxelles, ouvrit à la Fédération en même temps qu'aux Sociétés de moralité de son pays la Maison du Peuple pour conclure contre la police des mœurs sans en excepter l'institution sauvée à Genève par les radicaux genevois.

En un mot, nulle part en Europe les partis qui prennent rang dans la terminologie et l'action politiques à côté du parti radical de Genève, n'ont adopté cette attitude hostile en face des solutions libérales du problème de la prostitution réglementée. Rarement même on les a trouvés indifférents ; rarement on leur a entendu déclarer ce que nous avons entendu à Genève non loin des bureaux du journal de l'honorable M. Favon : « Pour les réalités du progrès social même, toute cette

---

tion est un acte blâmable de législation de classe. Comme homme politique, je me suis fait une loi de me préserver de l'esprit de parti, mais si l'on veut rester dans la vérité, il faut convenir que lorsque la réglementation atteint une femme des classes moyennes, elle en atteint des centaines et des milliers de la classe ouvrière. C'est une mesure que nous, travailleurs, avons le droit de dénoncer hautement comme un acte blâmable de législation de caste. Je suis persuadé qu'il n'y a pas un groupe d'ouvriers intelligents qui ne blâmeront avec nous ce système de répression, et quant à moi, je serai toujours à côté des leaders parlementaires pour appuyer leurs efforts abolitionnistes. »

(1) Outre la lettre de Bebel, citée plus haut, v. son livre : *La Femme dans le passé, le présent et l'avenir*. (Traduct. d'Henri Ravé. Paris, Carré, 1891).

agitation est inutile. La prostitution ne peut être supprimée que de deux manières : 1° Ou les pauvres suivront le système de Malthus et ne procréeront pas d'enfants, et le recrutement des filles prostituées sera tari dans sa source même ; or les faits montrent que l'application de la doctrine malthusienne est pour le prolétariat une utopie : prolétariat ne vient pas impunément au point de vue étymologique de *prolem agere !* Ce sont les classes populaires qui se reproduisent le plus ; 2° ou l'organisation de l'Etat sera révolutionnée de fond en comble par la communauté des biens et l'impossibilité de la misère, seule cause, comme les abolitionistes le soutiennent en majorité eux-mêmes, de la prostitution. »

Quels que soient l'évolution organique et le moule social qui s'apprêtent pour les démocraties de l'avenir ou plus réellement de demain, nous trouvons le procédé d'ajournement trop commode pour se désintéresser de débats qui intéressent les intérêts les plus vitaux des classes ouvrières, la liberté et l'honneur des femmes du prolétariat : c'est en faire trop bon marché et pour un trop long intervalle. Quant à nous, nous le dirons sans nous lasser et comme ces sourds qui ne craignent de lasser personne, la police des mœurs, dans quelque pays qu'elle soit constituée, sous quelque forme qu'elle fonctionne, plénière ou réduite, française ou suisse, est un organisme d'Etat ou de municipalité des plus dangereux : partout où elle a été appliquée même dans un pays jaloux de la liberté individuelle, comme en Angleterre, elle a produit les mêmes abus, les mêmes monstruosités arbitraires ; elle octroie des pouvoirs considérables à des agents subalternes, anonymes, irresponsables, trop souvent entrés dans ce fonctionnarisme spécial pour des motifs qui se devinent. Plongés dans cette atmosphère vénérienne, ces sortes d'agents s'y étourdissent, même s'ils y entrent avec de droites intentions ; mais, le plus souvent ils pensent comme ce petit inspecteur que M. Ranc interrogeait un jour d'arrestation au Dépôt, à la fin de l'Empire ; comme le journaliste républicain s'étonnait de voir figurer ce jeune homme d'éducation apparente dans un tel service : « Ah ! monsieur, répondit en souriant l'employé, c'est si commode pour avoir des femmes ! »

Au lieu d'exploiter l'ignorance et les préjugés publics au profit de ses affaires électorales particulières, le parti radical voisin eût pu du moins se souvenir que pour des politiques populaires c'est un devoir de prudence minimum de ne point exalter un service public qui de son essence a plus besoin d'être surveillé et contenu que loué. C'est par la police et surtout par la police des rues que les pouvoirs publics manifestent leur existence aux petites classes des citoyens ; c'est à travers les agents subalternes que le peuple des ateliers voit le gouvernement ; c'est là surtout que le contrôle politique doit s'exercer puisque l'absence de contrôle légal est une règle de service. Le parti radical genevois ne s'est pas arrêté un instant à cette considération : loin de là, il a fait très publiquement l'apologie du « système de la sage réglementation en vigueur ». (*Le Genevois*, n° du 20 mars 1896.)

Encore le parti radical eût-il pu chercher des arguments qui eussent élevé la discussion plébiscitaire et eussent été susceptibles de faire jaillir dans la contradiction quelque lueur. On l'a vu au contraire faire appel aux plus pauvres allégations et les plus propres à tout brouiller. Que le lecteur se rassure : nous n'allons ni les rappeler ni les commenter, pas même celle qui a consisté dans ce parallèle entre la destinée des ouvrières des villes et des domestiques de campagne et l'enviable fortune des filles de maisons, nourries, vêtues, voyageant aux frais de la police, comme si les malheureuses qui finissent dans cette abjection n'étaient pas elles-mêmes de misérables ouvrières, broyées par les détresses de la vie et le plus souvent acculées aux derniers abois. Nous ne retiendrons que celle-ci qui, nous assure-t-on, a beaucoup influencé le corps électoral : « Les maisons ont précisément pour objectif et résultat de supprimer la police des mœurs. » Nous ne croyons pas qu'il soit possible de jouer davantage avec les mots et de mieux justifier l'accusation souvent dirigée par les partis de *statu quo* contre les partis... très réformistes, de jeter de la poudre aux yeux des gens dont on prétend aiguiser l'acuité visuelle. Eh quoi, pas de police de mœurs, — parce que l'hypocrite maison cache derrière ses volets tirés les pratiques de cette police ? Eh quoi, la liberté plénière de l'individu assurée — quand hier encore des séquestrations de mineures étaient prouvées devant vos tribunaux de première instance, d'appel et de cassation ! Quand des suicides d'internées éclaboussaient le pavé des cours intérieures de cervelle et de sang ! Tous ces faits se passaient cependant, non pas en 1875, au temps où notre système français fonctionnait encore à Genève dans son intégralité, mais à l'heure actuelle, avec la police des mœurs atténuée, à peine existante, dont on vante « la sage réglementation ». La vérité est que la maison est au contraire le dernier mot de la police des mœurs, le couronnement de l'édifice ; tous les médecins favorables au système, tous les administrateurs français attachés d'une façon spéciale ou générale à notre préfecture de police, depuis Parent-Duchatelet, jusqu'à M. Lecour, jusqu'à M. Andrieux, l'ont dit et répété dogmatiquement : « Il n'y a pas de réglementation possible sans maisons. » La maison ne facilite donc qu'un ordre menteur, une décence factice : la plainte s'y étouffe sous une sorte de terreur ; des exactions incroyables s'y perpétrent dans le silence ; le vol, le rançonnement, le chantage s'y exercent couramment sur les femmes ; les tenanciers se liguent avec les agents. Que si quelque chef de police intègre, quelque magistrat municipal prenant au sérieux leur fonction,

veulent mettre le holà, au cœur même des services ils
se heurtent à des traditions délictueuses, invétérées
qui ne tolèrent point la correction et qui, devant une
fermeté persistante, peuvent s'exaspérer jusqu'aux
accès de la plus basse criminalité (1).

Veut-on une preuve du caractère que peut affecter la
police de mœurs des maisons, non pas une preuve d'argumentation, mais une preuve de faits ? Que MM. les
administrateurs genevois consentent à jeter une fois de
plus les yeux sur le fonctionnement intime de cette
partie de notre administration française ; aussi bien la
France est ici encore un laboratoire d'expériences trop
souvent mauvaises qui peuvent servir au delà des frontières, et les annales contemporaines de notre police
spéciale sont assez riches pour fournir tous les genres
d'exemples instructifs.

L'épisode est d'hier ; il s'est passé il y a peu, dans
une des villes de notre Midi français, à Toulon.

Le 1er septembre 1897, à sept heures du soir, après
avoir présidé la séance du conseil municipal, le maire
de Toulon, M. Henri Pastoureau, chef de bataillon en
retraite, officier de la Légion d'honneur, sortait de
l'Hôtel de Ville, accompagné de quelques collègues :
à peine ceux-ci avaient-ils pris congé de lui qu'un individu, stationnant sur le trottoir opposé et franchissant
rapidement la chaussée, se précipitait sur M. Pastoureau, et, tirant un long couteau-poignard, l'en frappait
à coups redoublés au ventre. M. Pastoureau, en voulant
se défendre, était encore blessé à la main et dans les
régions dangereuses des aines.

L'historique du crime fut rapidement reconstitué.
L'assassin, Sinibaldi, était le beau-frère d'un agent de

---

(1) Nous ne relèverons pas les délits de droit commun sans
importance caractéristique (vols) qui frappent exclusivement le
public : nous mentionnerons seulement, commis dans les maisons
de Genève du 12 avril 1896 au 2 janvier 1899, en moins donc de
trois ans, trois meurtres et quatre tentatives de meurtre, lesquelles
ont mis les victimes en danger de mort.

la police des mœurs, Pettorelli, révoqué en janvier 1896 par M. Ferrero alors maire de la ville, et que le nouveau maire, M. Pastoureau, malgré un assaut de démarches, d'obsessions et finalement de menaces, avait refusé de réintégrer dans son emploi. Les méfaits de l'inspecteur Pettorelli étaient tels que le maire n'avait point jugé cette réintégration possible. Après être resté deux mois entre la vie et la mort, M. Pastoureau reprenait ses fonctions si courageusement remplies, et le 28 octobre la cour d'assises du Var condamnait Sinibaldi aux travaux forcés à perpétuité.

Le procès nous ayant paru trahir de certaine part une insuffisante curiosité des agissements de Pettorelli, ou tout au moins le compte rendu du procès nous ayant paru taire les faits vraiment caractéristiques de la cause, nous avons pensé que la meilleure information nous viendrait de M. Pastoureau lui-même. A notre demande de renseignements, M. le maire de Toulon nous a fait l'honneur de répondre par la lettre suivante :

MAIRIE DE TOULON (Var)

RÉPUBLIQUE FRANÇAISE
LIBERTÉ, ÉGALITÉ, FRATERNITÉ.

Toulon, le 7 décembre 1897.

Monsieur,

. . . .
Je m'empresse de vous fournir quelques renseignements sur les motifs qui ont amené la révocation de l'inspecteur Pettorelli, beau-frère de Sinibaldi, et de trois de ses collègues, agents des mœurs comme lui.

A la fin de l'année 1895, le Commissaire central fut saisi de différentes lettres anonymes visant des faits délictueux dont se seraient rendus coupables des agents du service des mœurs et des irrégularités qui se passaient dans ce service.

L'enquête faite par un commissaire de police amena la découverte de ces irrégularités qui consistaient surtout à épargner la visite à des filles pensionnaires dans des maisons de tolérance dont les tenancières avaient su s'attirer les bonnes grâces des agents de mœurs mis en cause par les dénonciations anonymes. Ces faveurs faites par des agents aux tenancières des maisons de tolérance étaient reconnues par celles-ci et rendues en petits cadeaux, boîtes de cigares, liqueurs, bagues, aux agents.

En tenant compte des exagérations qui se sont forcément produites au cours de cette enquête et des dénégations des agents, il n'en reste pas moins acquis que ceux-ci avaient des accointances fâcheuses avec les filles, les tenancières et leurs amants, tout un monde qu'ils avaient mission de surveiller et à qui ils devaient imposer l'exécution des règlements spéciaux.

L'enquête a révélé à ce sujet des faits caractéristiques : Pettorelli, entre autres, était l'amant d'une fille vivant de la prostitution clandestine ; un autre agent invitait à dîner chez lui le beau-frère d'une tenancière de maison de tolérance et la maîtresse de celui-ci ; le même agent recevait de l'argent de la patronne d'un café borgne afin de ne pas inquiéter les filles qui se livraient chez elle à la prostitution.

Je n'ai eu à m'occuper que de la partie de l'enquête qui concerne Pettorelli, à la suite des démarches qui, dès notre arrivée à la mairie, en mai 1896, furent faites en faveur de sa réintégration. Après avoir consulté le dossier, j'acquis la conviction que cette réintégration était impossible et mon refus aboutit à l'attentat dont j'ai été victime.

Veuillez agréer, etc.

Le Maire de Toulon,
Signé : H. Pastoureau.

Le lecteur jugera, comme nous, qu'il est inutile de rien ajouter pour l'édification de ceux qui *ad libitum* nient à Genève l'existence de la police des mœurs ou la défendent ; comme nous, il saura lire entre les lignes (1).

Les conséquences du vote plébiscitaire confirmatif des maisons n'ont point tardé à se faire sentir : elles ont été tout d'abord politiques ainsi que l'avait voulu le parti radical. Comme il ne s'agissait pas pour lui d'une question d'hygiène et de droit publics, mais de la conquête du pouvoir, tout avait été sacrifié à cet objectif. L'année suivante le pouvoir en effet était conquis. Le 7 novembre 1897, conformément à la Constitution can-

---

(1) Quand nous consacrions cette page au récit de ce triste événement, nous espérions encore que le vaillant maire de Toulon triompherait des suites de ses blessures quasi-mortelles : en réalité, malgré la reprise de son poste municipal, le commandant Pastoureau ne s'était jamais rétabli ; deux ans après avoir été frappé, il a fini par succomber, le 22 février 1900. Il était né à Nontron (Dordogne) en 1840.

tonale qui confère au peuple l'élection directe des membres du Pouvoir exécutif, le corps électoral genevois renouvelait son Conseil d'État, et la liste radicale passait haut la main. A la vérité depuis le plébiscite, l'opinion à Genève était préparée à l'événement et l'attendait un peu; parmi les causes de cette autre défaite presque prévue, chacun nommait l'échec du 22 mars. Personne ne s'avisait d'incriminer la politique même suivie par le parti démocratique pendant les huit années qu'il avait exercé le pouvoir; ses services à la République étaient incontestables : il avait rétabli l'ordre et l'équilibre dans les finances, et à une série continue de déficits budgétaires avait fait succéder une série régulière d'excédents; il avait mené à bien l'Exposition nationale et mérité par la probité de son administration le témoignage public. Mais le parti radical avait triomphé sur une question à laquelle la moitié des membres du parti démocratique avaient accordé leur patronage, et c'était assez. Un enthousiasme du même acabit que celui du 22 mars 1896 saluait le 7 novembre 1897 le second triomphe du parti radical. L'année suivante enfin, le 6 novembre 1898, les nationaux indépendants et démocrates étaient encore battus : une troisième victoire mettait définitivement le parti radical en possession des affaires par l'élection au Grand Conseil d'une majorité sinon écrasante, du moins très suffisante de cinquante-trois députés sur les cent membres de l'Assemblée.

Ces conséquences qu'on pourrait appeler intérieures regardent en dernière analyse le peuple genevois seul, mais le plébiscite du 22 mars en a eu d'autres d'un ordre plus général et intéressant, celles-ci, sans distinction de nationalités, les esprits qui suivent en Europe le mouvement des idées et s'inquiètent de leur influence sur les institutions. C'est à cet autre point de vue que l'attitude du parti radical genevois nous a paru fâcheuse et, au demeurant, puisque la politique a tenu tant de place en tout ceci, complètement impolitique. Le retentissement de la campagne policière des radicaux et son succès ont été sinon désastreux, du moins déplorables au dehors. Ce n'est pas seulement sur ses vieux antagonistes que le parti radical a frappé; ses coups, ses mauvais arguments ont porté plus loin : il a atteint tous les progressistes plus ou moins groupés en Europe sous la même étiquette que lui, tous ceux qui, dans leurs pays respectifs, défendent la liberté individuelle, les droits de la personne civile dans sa plénitude humaine, sans distinction de sexe. C'est par là que le parti radical genevois a fait une œuvre mauvaise. Les partis n'ont pas seulement à manœuvrer en vue de victoires éphémères, d'une occupation temporaire du pouvoir; ils ont à rendre compte au tribunal supérieur de la raison et de la civilisation qui, elles, ne sont ni suisses, ni françaises, de la manière dont ils ont servi le progrès général sur le carré de terre dont ils ont possédé le gouvernement. Le parti radical a oublié le haut rang que Genève tenait depuis des siècles dans la culture générale : la révolution de ce Calvin que les radicaux ont un peu honni y est bien pour quelque chose! Les nations qui ont servi d'éducatrices doivent peu faillir, car les fautes d'une démocratie comme la démocratie genevoise sont aussitôt exploitées contre les autres démocraties luttant dans des milieux héréditaires nationaux moins favorisés.

Le vote dicté par le parti radical genevois a rendu aujourd'hui la situation plus difficile pour les partis réformistes dans les pays peu éloignés; ils se heurtent déjà à l'argument, à l'exemple de la République de Genève! Situation peu favorable pour ceux qui luttent depuis trente-cinq ans en Angleterre et depuis vingt-cinq ans dans l'Europe continentale contre les attributions oppressives des pouvoirs de police et pour le progrès moral, juridique et hygiénique, car il ne faut point oublier que la question capitale du traitement public des maladies spécifiques (traitement que la police s'obstine à

conserver dans ses attributions) est intimement liée à
la question de progrès juridique et moral ! Certes la
conquête du pouvoir n'est pas indifférente et l'enjeu
mérite qu'un parti emploie pour y atteindre toutes ses
ressources, mais à une condition sans laquelle cette
conquête ne vaut plus qu'au titre d'intérêt particulier,
c'est que pour l'emporter ce parti demeure dans sa raison d'être propre, ne déserte pas son rôle de principe
et puisse ainsi appliquer sa doctrine, exercer son action
désormais officielle avec une honnêteté logique. Si ces
conditions font défaut, la politique descend à un très
bas degré ; elle n'est plus qu'une lutte pour les places,
un conflit d'appétits ou de glorioles, et le spectacle ne
mérite même pas la curiosité du badaud.

Dans l'espèce le rayonnement fâcheux du plébiscite
policier s'est fait rapidement sentir aux environs de la
Suisse romande. La même année, le contre-coup était
évident à Bâle, dans les pays Rhénans, en Alsace-Lorraine et tous ces territoires de langue française et allemande où les deux races, les deux civilisations ont
accoutumé de se frotter l'une à l'autre et de se laisser orienter par les influences avoisinantes. Dès 1896,
la Société de médecine et d'hygiène d'Alsace-Lorraine,
réunie à Colmar, s'inspirant de la solution genevoise,
se déclarait en principe pour le maintien ou l'introduction des maisons de tolérance dans toutes les villes du
Reichsland. Vainement quelques médecins rappelaient
que les maisons patentées n'empêchaient point la prostitution clandestine ; qu'elles créaient de permanents
foyers contagieux ; qu'à Hambourg, à Francfort, à Kiel,
à Colmar la suppression n'avait entraîné au point de
vue de la santé et de l'ordre publics aucun des inconvénients redoutés ; qu'en France même, les maisons
avaient été supprimées sans plus de dommages à
Amiens, à Courbevoie (Seine), à Salins (Jura) (1) ; le

_____

(1) A Amiens, par arrêtés, successifs et spéciaux à chaque mai-

vœu de la Société de médecine était maintenu. Jusqu'en
1896, le Statthalter, le prince de Hohenlohe, s'était
montré très accessible aux vœux de la Fédération en
harmonie eux-mêmes avec la législation pénale de
l'Empire modelée sur l'ancienne législation prussienne
qui interdit les maisons (1) ; après le plébiscite genevois,
il se montra au contraire fort réservé dans ses rapports
officiels avec les sociétés abolitionnistes alsaciennes ; il
refusa même de recevoir les délégués de l'Association
des femmes d'Alsace venues pour s'enquérir de l'accueil
qu'il continuerait de faire à leur œuvre. Le prince dé-
clara que le gouvernement maintiendrait les maisons
partout où elles existaient, à Strasbourg, à Metz et notamment dans les villes de garnison, mais qu'il ne les ou-
vrirait pas dans les villes où elles avaient été supprimées
comme à Mulhouse (2), à Colmar (3) ; toutefois il ne

---

son de M. Frédéric Petit, maire et sénateur, de 1884 à 1890 ; à
Courbevoie, par délibération du Conseil municipal du 28 juillet
1893, approuvée par arrêté préfectoral du 10 janvier 1894 ; à Salins, par arrêté du 28 février 1897, de M. le maire C. Champon.

(1) Les paragraphes 180 et 181 du Code pénal de la Confédération de l'Allemague du Nord du 31 mai 1870, devenu Code pénal
de l'Empire d'Allemagne par la loi du 15 mai 1871, proscrivent
toutes les formes de proxénétisme (*Kuppelei*), maisons comprises.
Il convient toutefois d'ajouter que l'administration de la police ne
tient aucun compte de l'art. 180 dans les villes de Hambourg, de
Dresde et de Leipzig : elle y a édicté des règlements contraires à
une législation qui, de l'aveu de tous, vise les tenanciers des maisons de prostitution. M. O. Q. Van Swinderen, vice-président du
tribunal de Groningue (Pays-Bas) a récemment publié une savante
étude sur l'art. 180 du Code pénal allemand. (*Revue de morale sociale*, sept. 1900).

(2) Supprimées, en effet, à Mulhouse par la municipalité, il y a
sept années, dans la rue des Champs où elles étaient groupées,
les maisons n'en ont pas moins été réouvertes, reportées toutefois
hors la ville : l'inscription et la visite avaient été conservées.

(3) La réglementation a été supprimée à Colmar et les maisons
interdites, il y a dix-huit ans, par le maire, M. Camille Schlumberger, ancien conseiller à la Cour d'appel. M. Schlumberger est
mort le 17 juillet 1897. Le maire suivant, M. Fleurent, a maintenu
l'œuvre de son prédécesseur. En cas de prostitution-métier, les
femmes sont toutefois poursuivies s'il y a contamination de sol-

s'opposerait pas aux décisions des municipalités qui voudraient les rétablir. Le prince de Hohenlohe ajouta que bien que ces dispositions fussent en contradiction avec la loi d'Empire, le gouvernement jusqu'à plus ample informé n'envisageait pas les maisons en Alsace-Lorraine comme lieux de proxénétisme, mais comme localisation partielle de la prostitution. En terminant, le prince renvoya l'Association à un décret ministériel antérieur qui invitait la population civile et les sous-officiers à pourchasser les femmes clandestines, et assura qu'en fin de compte son gouvernement conserverait la réglementation dans toute sa rigueur.

Ce vote plébiscitaire malheureux susciterait beaucoup d'autres observations qui ne seraient point hors de propos dans un chapitre de sociologie biologique comme celui-ci. On pourrait notamment remarquer qu'il y a bien quelque inconvénient à faire trancher par les foules des questions aussi techniques qu'une question d'hygiène et de médecine spéciales. Certes le gouvernement direct est une organisation politique supérieure à la démocratie représentative, et comme le dernier mot du gouvernement démocratique, puisqu'il suppose le peuple assez éclairé en toutes choses pour se passer de représentants et trouver lui-même pour toutes questions la solution par excellence.

Dans l'état de culture actuelle des esprits, que le gouvernement direct s'applique aux lois constitutionnelles, aux questions d'orientation politique générale, de paix et de guerre, et surtout de finances, nous y acquiesçons d'une conviction ancienne ; mais tels autres

---

dats et s'il y a flagrant délit de racolage *vénal* ; le *correspondant* est cité comme témoin à charge. Les citations devant le tribunal sont en nombre décroissant depuis 6 ans : en 1894, 66 ; en 1895, 57 ; en 1896, 34 ; en 1897, 30 ; en 1898 (juillet), 16. (*Rapport* de M. Hoffet, de Colmar, au Congrès de la Fédération à Londres, en septembre 1898). V. également l'excellent mémoire du Dr Louis Deck, *Syphilis et réglementation de la prostitution*, (Carré, Paris, 1898, p. 71. Prix de l'Académie de médecine, 1901).

sujets sont peut-être d'une compréhension et d'un détail
un peu techniques pour figurer à son ordre du jour. Encore faudrait-il que ceux qui se chargent de la préparation populaire au vote tinssent à honneur de le faire
précéder de leçons sur la matière, en sorte que l'électeur
fût sinon plus convaincu, du moins plus compétent à
la fin de la campagne qu'au début (1).

---

(1) Il a paru dans la *Tribune de Genève* (nos des 17 et 18 avril
1896) une remarquable étude de M. Louis Wuarin, professeur à
l'Université, précisément sur cette question du gouvernement direct
se combinant — et non se substituant — au gouvernement repré-
sentatif. M. Wuarin ne s'est pas placé au même point de vue
que nous touchant la qualité des arguments à employer dans la
pratique du gouvernement direct pour entraîner le peuple électoral, mais il a simplement demandé que l'exercice de ce gouvernement, qui permet au souverain par le referendum et le droit
d'initiative de soumettre à sa propre juridiction les décisions du
Parlement et de se constituer lui-même législateur en passant par
dessus la tête de ses mandataires, que cet exercice, disons-nous,
fût rendu possible par la liberté de discussion. Or, dans la campagne trimestrielle qui a précédé le plébiscite du 22 mars, non
seulement la liberté de tribune et de réunion a été étouffée par les
bandes anonymes soudoyées par le syndicat des tenanciers, par la
foule impatiente des imberbes candidats à l'électorat du surlen-
demain, toujours en quête de gros tapages et de coups à échanger
ou mieux à donner : mais l'on a vu la police, la police officielle,
prêter presque main-forte à tous ces agents d'un désordre bestial,
les encourager, les défendre au besoin dans leur œuvre de violence et de brutalités : l'expulsion des députés du Grand Conseil,
notamment, hors les salles des réunions publiques, avait le plus
grand succès de rire dans le corps des gardiens de la paix, rue
Calvin, et au département de police. La police, juge et partie dans
l'affaire, avait naturellement pris parti ostensible contre ceux qui
demandaient la limitation de ses pouvoirs, contredisant un peu
l'argument du *Genevois*, « que les maisons avaient pour premier
résultat à Genève de supprimer la police des mœurs ». M. Wuarin
rappelait, en terminant sa courte étude de droit public et de
politique, que la police est la gardienne des droits de tous sans
distinction, que sa mission consiste, non pas à détruire les libertés
publiques ou à en garantir le monopole à tel parti, mais à en assurer à tous le commun exercice ; le gouvernement direct n'était
possible qu'à ce prix : il citait le mot de Gambetta aux magistrats
du second Empire dans la plaidoirie de Baudin : « Quand nous venons devant vous, magistrats, et que nous disons ces choses,
vous nous devez aide et protection. » A Genève même, cette aide
et cette protection, un grand gouvernant radical, James Fazy, ne

On pourrait encore faire remarquer au parti radical
genevois qu'il est d'une politique et même d'une philosophie historique bien dangereuses de rechercher d'abord
si les hommes ou même les partis qui appuient une
réforme ont ou n'ont pas une mentalité religieuse,
pratiquent ou non telle religion avec telle nuance dans
le dogme spéculatif, dans le cérémonial ou dans la morale. C'est un point qu'il a fallu traiter en France, quand
l'illustre Mme Joséphine Butler y a parlé pour la première fois (1). Nous défions qui que ce soit (qu'on

les avait jamais refusées à ses adversaires politiques. En 1860, ces
mêmes piétistes étaient comme aujourd'hui fort impopulaires ; le
peuple ne voulait pas cette année-là les jeter au lac, mais — par
une variante indifférente — les brûler dans et avec l'Oratoire...
Fazy, sans attendre le cri : « Au feu ! » mena lui-même dans le
temple un peloton de gendarmes et dit à ces zélateurs ; « Priez en
paix ! » Voilà les mœurs gouvernementales d'un pays de liberté !

Plus récemment, MM. Wuarin et A. Guillot ont donné chacun un
historique moral et politique du plébiscite du 22 mars 1896 en y
mettant tous deux cette saveur locale qu'un écrivain français ne
peut prétendre infuser avec le même naturel qu'un écrivain genevois, dans le récit d'un fait genevois. V. de M. A. Guillot, *La lutte contre l'exploitation et la réglementation du vice à Genève
jusqu'au 22 mars* 1896. (Histoire et documents) in-12, Ch. Eggi-
mann, Genève 1899 ; de M. Louis Wuarin, *Histoire d'un plébiscite* (Revue de morale sociale, mars 1900).

(1) V. *La police des mœurs en France et dans les principaux
pays de l'Europe* (op. cit.), p. 449-450. A Genève, les allégations
du *Genevois* à l'endroit de cette fraction du protestantisme et à
l'endroit du catholicisme ont été accusées, non pas seulement
d'intolérance religieuse, mais d'erreur systématique. « Ce n'est pas
assez, ont répondu les protestants attaqués, de relever en Suisse
les barrières vaudoises, neufchâteloises, genevoises ! vous relevez
les « barrières ecclésiastiques ». C'est vous, prétendu parti de
la tolérance et de la liberté de penser, qui soufflez la guerre religieuse ! » Les catholiques genevois ont protesté plus chaudement
encore contre l'accusation d'ultramontanisme. Nous avons sous
les yeux une protestation du 11 janvier 1896 où nous lisons :
« Nous, catholiques suisses, nous avons plus d'un point de ressemblance avec nos frères de la religion réformée et nous recher-
chons les occasions de déclarer et de prouver que cette austère
et noble confession a toutes nos sympathies. » « Le *Genevois*
antidate ses polémiques, avouait un publiciste radical indépendant ; nous ne sommes plus au temps du Sonderbund ! ». On voit
tout ce que cette question de la police des mœurs a pu soulever

excuse pour une fois cette défectueuse formule) de comprendre un mot et d'expliquer une année de l'histoire
d'un peuple qui passe à bon droit pour avoir joué un
rôle dans la civilisation du monde, du peuple anglais,
si on ne fait pas large place à l'esprit religieux dans
tous ses mouvements de grandes réformes particulières
ou générales. Dans l'espèce notamment, la cause de
l'abolition de la police des mœurs a groupé autour d'elle
des esprits libéraux sans doute, mais très religieux,
comme Gladstone, et jamais il n'est venu à la pensée de
J. Stuart Mill ou d'Herbert Spencer de déserter cette
cause parce qu'ils tenaient pour inférieure ou absente
la mentalité philosophique de cet homme d'Etat. Ceci
dit, sans faire plus ample allusion au bien ou mal
fondé, dans les annales passées et présentes de Genève,
du cri « : Au lac les piétistes ! ». Ceci dit également, sans
que cette observation d'ordre général et conforme aux
méthodes les plus élémentaires de la science historique
nous fasse imputer d'autres opinions politiques ou religieuses que celles par nous affirmées dans les quelques moments de notre courte vie publique.

Le dernier mot de cette affaire ne laisse pas d'être
singulier comme le plébiscite lui-même. En effet, ce
triomphe de votation populaire menace d'être finalement inutile. Non seulement il reste que le gouvernement genevois, illogique ou craignant de dépasser la
limite, n'a pas comme apothéose de sa victoire présenté le projet de réglementation qui devait, tout en
améliorant la situation reconnue défectueuse, consolider
le système, mais l'existence de la prostitution patentée
se trouve radicalement menacée, maisons en tête,
d'une fin prochaine.

---

de tempêtes dans un verre d'eau... du lac de Genève. Le détail
de la vie publique intérieure des républiques suisses est plein d'intérêt, car il est gros d'enseignements.

Jusqu'ici la législation en Suisse est restée cantonale, et cette multiplicité a abouti à des inégalités juridiques choquantes, tel acte étant considéré comme
illégal dans tel canton, légal ou tout au moins indifférent dans tel autre. La codification civile et pénale que
la France, l'Autriche, l'Italie, l'Allemagne ont réalisée
à diverses dates à la fin du XVIIIe et au cours du XIXe
siècles, la Suisse veut également la faire : elle veut de
plus, par l'unification, avoir un droit national à la hauteur des idées modernes (1). Or, le droit pénal genevois,
par ses incertitudes, a contribué à créer l'imbroglio
dans lequel la République s'est débattue au cours de
ces dernières années dans « toutes les questions de
mœurs », et le nouveau Code pénal suisse, applicable à
toute la Confédération, aura précisément pour objet de
fixer le droit et d'en faire disparaître tout ce que les
interprétations intéressées des pouvoirs publics y veulent
distinguer ou mettre.

Déjà l'avant-projet de Code pénal élaboré par le savant légiste bernois, M. le Pr Stoos, laisse clairement
voir les dispositions que la nouvelle législation nationale, sans distinction cantonaliste, édictera en matière
sexuelle. Les articles (2) qui visent les provocations
publiques, les délits contre la liberté individuelle et

---

(1) La rédaction de l'avant-projet du Code civil a été confiée
à M. le Pr Huber, de Berne. Feu M. Ruchonnet, du canton de
Vaud, a joué un rôle honorable dans le mouvement préparatoire
de l'unification des codes (1891) : il convient de rappeler son nom.
D'ailleurs, il y a 50 ans, cette unification était déjà demandée
pour la Suisse orientale : le 28 mars 1848, Alf. Escher la proposait
au Grand Conseil de Zurich. A diverses reprises, des projets de
revision constitutionnelle prévoyant l'unification du droit, notamment en 1872, avaient été proposés, mais ils furent repoussés
comme animés d'un esprit de centralisation qui portait atteinte aux
traditions confédératives.

(2) Art. 103 à 107, 108 à 125, 232 à 233. — V. aussi les art. 26,
55 à 57 et 248. — V. *Revue de Morale sociale* citée (année 1899,
tome I) une étude du Pr Zurcher (de Zurich) sur *l'Avant-projet du
Code pénal suisse.*

l'intégrité sexuelle, embrassent nettement la prostitution, le proxénétisme sous toutes ses formes (les atteintes aux enfants, la contrainte), et la trame des textes
est cette fois assez serrée pour que l'organisation de la
prostitution par la police et la réglementation du trafic
de la débauche d'autrui ne puissent plus filtrer à travers les mailles des mots ou des interlignes. Sans doute,
comme l'ont fait remarquer les jurisconsultes genevois
Louis Bridel et Alfred Gautier, le système de la réglementation étant écarté, le nouveau Code devra se garer d'un
autre danger ; il ne devra pas instituer le système de la
prostitution-délit : ce serait commettre cette erreur de
principe familière aux vieilles législations canoniques
qui leur faisait confondre les deux domaines non pas
opposés, mais distincts de la morale et du droit. Si la
prostitution était un délit, la loi — pour rester la loi —
devrait frapper sans distinction de sexe celui et celle qui
y prennent part (1). Le seul point de vue de droit est
que la prostitution peut donner lieu à des actes délic-

---

(1) Le délit de racolage pour être unilatéral n'est pas nécessairement féminin, et si la prostitution est envisagée comme un
délit, le délit est bilatéral. Si donc la loi visait le racolage et la
prostitution comme délits, elle ne devrait pas dire, en parlant du
délinquant, *eine Dirne* (une fille), mais *quiconque*. C'est ce que
la Fédération a réclamé toutes les fois qu'il y a eu remaniement
dans une législation pénale cantonale ; c'est ce qu'elle demande à la
législation pénale nationale. Nous avons énuméré ci-devant les travaux si remarquables du Pr Louis Bridel ; un travail capital de son
éminent collègue à la Faculté de droit de Genève, le Pr A. Gautier, doit être également cité ici comme un de ces documents à
consulter auxquels on doit se référer dans l'étude d'une question :
Essai sur la limite de la répression dans le domaine des mœurs
et notamment p. 49-53 (sur la liberté sexuelle et ses limites) ;
p. 60-65 (sur le concubinat) ; p. 66-74 (sur la prostitution proprement dite et le proxénétisme) : in *Rev. de mor. soc.*, mars 1900.
Un mémoire très complet du Pr W. Mittermaïer de l'Université
de Berne sur *La loi pénale et les attentats à la pudeur des mineurs* inséré dans le même recueil (No de déc. 1901) complète les
documents qui permettent au lecteur une étude intégrale de la
question de la prostitution envisagée au point de vue juridique le
plus récent.

tueux : ce sont ces manifestations extérieures, quand elles sont de nature à porter atteinte à l'ordre public et aux droits d'autrui, que la loi doit réprimer. Nous n'ignorons pas qu'il existe en Suisse, dans d'autres partis que le radical genevois et notamment dans les partis dits étatistes, une résolution parfois dominante qui relègue au second et même au troisième plan la liberté individuelle, mais ces partis feront bien de se garder de cette thèse absolue et des suites absorbantes qu'elle emporte. La libre disposition de la personne humaine va de front avec la libre disposition de la conscience, et il n'est pas de loi positive qui puisse plus imposer une morale sexuelle qu'une foi religieuse : la morale, comme la foi, sont choses d'enseignement, d'éducation, de dispositions individuelles.

Reste, il est vrai, la grave question médicale, l'hygiène préventive et curative avec ses corollaires, la visite coercitive, l'arrestation et l'internement actuels. « La base de toute prophylaxie rationnelle, dit le Pr A. Vincent, repose sur la déclaration obligatoire de la maladie, aussitôt que celle-ci est reconnue ; si cette formalité n'est pas imposée, l'administration sanitaire la mieux outillée est impuissante (1)... » et par extension, selon l'argumentation coutumière, la législation engloberait dans les maladies qu'il faut déclarer au bureau de salubrité (2) les maladies spécifiques. Pour nous, tout en approuvant fort le plan d'une législation et d'une administration supérieures d'hygiène qui feraient observer les lois de salubrité, de la même manière qu'un ministère poli-

---

(1) *L'Hygiène publique à Genève.* (*Op. cit.*, ch. III, p. 125.)

(2) La législation cantonale genevoise, par arrêté du 13 janvier 1891, vise la rougeole, la scarlatine, la diphtérie, la coqueluche, le choléra infantile, la dysenterie, la fièvre typhoïde, l'érysipèle, la fièvre puerpérale, la morve, et force à la déclaration au Bureau de salubrité les médecins, sages-femmes, directeurs d'hospices, de maisons de santé, d'asiles publics et privés, les aubergistes et les chefs de famille.

tique fait observer la législation de fabriques sur le travail, nous continuons à refuser d'assimiler, dans cet ordre d'idées, les maladies spécifiques aux autres maladies transmissibles, si l'intervention des pouvoirs publics emporte avec elle, pour sanction, des peines afflictives et à leur manière infamantes, telles que l'incarcération dans des prisons honteuses et des hôpitaux diffamés, pendant une durée qui n'a d'autre limite que la décision d'un fonctionnaire de police et le pronostic d'un médecin.

Quoi qu'il en soit, le peuple genevois, d'accord avec le peuple des autres cantons et se déjugeant peut-être de son vote, a par *referendum*, le 13 novembre 1898, donné à la Confédération le droit de légiférer non pas seulement un Code civil, mais un Code pénal national, et celui-ci aura pour premier effet de supprimer la police des mœurs dans ses formes vulgivague et cloîtrée. Dans la plupart des cantons, les divers partis démocrates et radicaux, nationaux et indépendants, conservateurs et socialistes ont émis le même vote favorable à l'unification. D'autre part, l'attitude rétrograde du parti radical genevois a attiré l'attention des partis congénères des autres nations de l'Europe. Récemment M. E. Vandervelde, dont l'action publique est d'un caractère suffisamment connu en Belgique et hors frontières, s'est fait l'interprète de remontrances rationnelles exprimées, non pas seulement à Bruxelles, mais à Londres, à Paris, à Lyon et ailleurs (1). Il semble que la défaite de la Fédération ait eu d'autres et indirectes suites auxquelles les vainqueurs ne s'attendaient pas.

Les baux des maisons de Genève, malgré le plébiscite désormais fameux du 22 mars 1896, n'ont donc peut-être plus un très long temps à courir.

---

(1) V. *Appendice*.

APPENDICE

PIÈCES ET DOCUMENTS

ABOLITION DE LA POLICE DES MŒURS

Nouvelle organisation sanitaire relative aux maladies spécifiques à Paris.

Projet de délibération

Présenté au Conseil municipal le 16 avril 1883, au nom de la Commission spéciale de la police des mœurs.

Le Conseil,

Considérant que l'institution actuelle de la police des mœurs ne repose sur aucune base légale ;

Considérant que, malgré les innombrables attentats annuels contre la liberté individuelle, elle n'a pu produire les résultats qu'elle visait au double point de vue de la diminution des maladies vénériennes et syphilitiques et de la surveillance des délits de droit commun, attentats aux mœurs, etc. ;

Considérant que la prostitution n'est, ni un crime, ni un délit, non plus que la syphilis ;

Délibère :

ARTICLE PREMIER.

Sont supprimés, à partir du 1ᵉʳ janvier 1884 :

1° Le 2ᵉ bureau de la 1ʳᵉ division de la Préfecture de police, dit bureau de la Police des mœurs ;

2° La brigade de la Police des mœurs, incorporée le 9 mars 1881 au service de sûreté ;

3° Le dispensaire dit de salubrité de la Préfecture de police ;

4° La 2ᵉ section de la prison de Saint-Lazare et l'infirmerie spéciale de la dite prison.

Art. 2.

Le Préfet de police est invité :

1° A étudier un système d'organisation qui substitue les gardiens de la paix et les commissaires de police de quartier aux agents actuels de la Police des mœurs, pour ce qui concerne la police d'ordre public à l'égard des femmes qui se livrent à la prostitution ;

2° Libeller des arrêtés nouveaux touchant la prostitution, en prenant pour base exclusive les indications données dans le présent rapport, les contraventions à ces arrêtés étant désormais déférées aux Tribunaux compétents ;

3° Reviser les statuts de toutes les Sociétés de secours mutuels, des grandes Compagnies, etc., de sorte que les médicaments et soins réclamés par les maladies vénériennes seront accordés comme pour toute autre maladie.

Art. 3.

L'Administration de l'Assistance publique est invitée à procéder dans le plus bref délai :

1° A la transformation des hôpitaux du Midi et de Lourcine en hôpitaux généraux ;

2° A l'élaboration de règlements qui autorisent formellement l'admission des malades vénériens dans les hôpitaux généraux ;

3° A l'établissement, dans les hôpitaux généraux, de consultations externes avec délivrance gratuite de bains et médicaments ;

4° A l'extension du service des enfants et filles mineures moralement abandonnées, en vue de prévenir le recrutement de la prostitution.

Art. 4.

Les crédits affectés au Budget spécial de la Préfec-

ture pour le service de la police des mœurs (bureau, brigade et dispensaire) sont et demeurent reportés au Budget de l'Assistance publique dans le but de faciliter l'organisation nouvelle à partir du 1er janvier 1884.

> (*Rapport* présenté par L. FIAUX, au nom de
> la Commission spéciale de la police des
> mœurs le 16 avril 1883, p. 122-123).

RÉORGANISATION DE LA POLICE DES MŒURS

et des services sanitaires relatifs aux maladies des prostituées (1).

Projet de délibération

Présenté au nom de la *Commission sanitaire*, le 18 mars 1890 au Conseil municipal.

Projet de délibération.

Voté par articles et repoussé dans son ensemble par le Conseil municipal.

(Séances des 9, 11, 16 et 19 juillet 1890.)

I. — DES FILLES INSCRITES.

ARTICLE PREMIER.-- Il y a lieu de placer sous la direction d'un Office sanitaire spécial. dépendant de la préfecture de la Seine, tout ce qui concerne la prostitution, considérée exclusivement au point de vue des dangers qu'elle fait courir à la santé publique.

ARTICLE PREMIER. — *Réservé* sur la demande du préfet de police.

---

(1) Le projet de 1883, qui abolissait la police des mœurs, ne vint pas en délibération devant le Conseil pour des motifs qui n'ont rien de doctrinal, mais il suscita deux propositions, l'une de MM. Levraud et Strauss, l'autre de M. Després, dans lesquelles, si l'inscription était maintenue, l'organisation sanitaire existante était formellement condamnée et remplacée par une organisation réellement hospitalière. Ces deux propositions, renvoyées à une Commission sanitaire chargée d'organiser l'Hygiène générale de la Ville, furent l'objet d'une discussion qui aboutit d'une part au rapport de M. Emile Richard et aux conclusions présentées le 18 mars 1890, d'autre part au projet de délibération voté par articles, les 9, 11, 16 et 19 juillet 1890 et repoussé dans son ensemble. Ce sont ces deux documents que nous donnons ci-dessus.

Art. 2. — L'inscription est maintenue pour les filles majeures seulement, et à la condition expresse qu'elle soit volontairement acceptée par elles. En aucun cas, elle ne saurait être prononcée d'office.

Art. 3. — Les seules conditions auxquelles seront soumises les filles inscrites sont : 1° l'acceptation de se soumettre à une visite médicale bi-hebdomadaire, et 2° l'engagement de se rendre, en cas de maladies vénériennes constatées, à l'Asile sanitaire, pour y recevoir les soins qu'exige leur état.

Les contraventions à ces obligations seront punies de peines de simple police, qui seront fixées par un règlement ultérieur et que seul pourra prononcer un tribunal compétent.

Art. 4. — Pour toutes les autres infractions aux lois, décrets ou ordonnance relatives à la police de la rue, les filles inscrites rentreront dans le droit commun et seront seulement justiciables des tribunaux ordinaires.

Art. 2. — L'inscription est maintenue pour les filles majeures seulement. (Amendement de MM. Pierre Baudin et Dr Levraud).

Art. 3. — Les seules conditions auxquelles seront soumises les filles inscrites sont : 1° L'acceptation de se soumettre à une visite médicale bi-hebdomadaire, et 2° l'engagement de se rendre, en cas de maladies vénériennes constatées, à l'Asile sanitaire, pour y recevoir les soins qu'exige leur état.

Art. 4. — Les filles habitant des maisons de tolérance (1) seront visitées deux fois par semaine. Mention sera faite, sur une carte qui sera remise aux filles, de ces visites sanitaires par le médecin du dispensaire.

---

(1) Le préfet insista pour l'introduction de ce texte qui maintenait le principe de l'existence des maisons de tolérance, dont MM. Gaufrès, Charles Longuet, Vaillant et Chauvière avaient, le 16 juillet, demandé la suppression par un amendement, d'ailleurs repoussé par la majorité du Conseil.

FIAUX.   30

En aucun cas, elles ne pourront être frappées de peines particulières prononcées administrativement.

(*Supprimé* ainsi que le dernier paragraphe de l'art. 3, sur la demande du préfet de police et *remplacé* par le texte ci-dessus de l'art. 4 emprunté au projet du préfet et voté.

Art. 5.—Les visites sanitaires auront lieu dans des dispensaires spéciaux placés sur les points de Paris autour desquels seront domiciliées le plus grand nombre de filles inscrites. Les visites auront lieu deux fois par semaine.

Le personnel de chaque dispensaire se composera de médecins et d'élèves en nombre suffisant pour assurer le bien du service et d'une infirmière. Au médecin seul appartiendra le droit d'apposer sur le livret de visites de chaque fille le timbre qui constate qu'elle a subi la visite et qu'elle n'est atteinte d'aucune maladie contagieuse.

Tout le personnel du dispensaire sera placé sous la direction d'un médecin-inspecteur, chef du service et chargé de veiller à son bon fonctionnement.

Les médecins et les élèves du dispensaire seront nommés au concours.

Art. 5.

Adopté.

Un règlement ultérieur fixera le nombre des dispensaires et la rétribution à attribuer au personnel de ces institutions.

Art. 6. — Les filles inscrites reconnues atteintes d'une affection vénérienne devront être dirigées sur l'Asile sanitaire spécial, où elles seront internées jusqu'à ce que le médecin traitant reconnaisse qu'elles peuvent être sans danger rendues libres de leurs actions.

(*Supprimé* et *remplacé* par le texte ci-contre emprunté au projet du préfet.)

Art.6.—Toute fille soumise reconnue malade recevra au dispensaire un bulletin lui prescrivant de se rendre dans les vingt-quatre heures à l'Asile sanitaire (1). Le directeur de l'Asile devra immédiatement informer la préfecture de police de l'entrée de cette fille. Toute sortie de l'asile sera formellement interdite.

Quand la fille sera reconnue guérie, la direction de l'Asile transmettra à la préfecture de police l'exeat signé par le médecin traitant. Récépissé de cet exeat sera délivré par la préfecture et envoyé au directeur de l'Asile qui ne devra autoriser la sortie définitive qu'après l'accomplissement de cette formalité.

Dès sa sortie, la femme devra se présenter au dispensaire.

Le régime de cet Asile devra être celui d'un hôpital. Aucune punition disciplinaire ne devra être imposée aux malades. Au cas où les filles

Art. 7. — Dans les cas où une fille contaminée et ayant reçu au dispensaire un bulletin d'asile ne se sera pas rendue dans les vingt-quatre

(1) Cet établissement devait dépendre de l'Assistance publique. (V. Projet du préfet. V. p. 316 de l'Append.)

internées se rendraient coupables de délits qualifiés, elles devraient être remises à la justice ordinaire qui seule aura qualité pour statuer sur leur cas.

La direction et l'administration de l'Asile devront dépendre de l'Assistance publique. Les médecins, élèves internes et externes appartiendront au personnel hospitalier.

(*Supprimé* et *remplacé* par le texte ci-contre emprunté *en partie* au projet du préfet.)

heures à cet établissement, elle sera recherchée par le service sanitaire et conduite d'urgence à l'Asile sanitaire où elle sera internée jusqu'à sa guérison dans un quartier spécial (1).

ART. 8. — Il est créé une brigade dite sanitaire, composée de soixante agents sous les ordres d'un inspecteur principal qui recevra du médecin en chef du dispensaire la liste des filles inscrites qui ne se seront pas présentées à la visite. Ces agents devront s'informer du motif du retard, s'enquérir, s'il y a lieu, de leur nouvelle adresse, et amener ces filles au dispensaire.

II. — ORGANISATION DU SERVICE SANITAIRE GÉNÉRAL.

ART. 7. — 1° Les hôpitaux spéciaux seront supprimés,

ART. 9. — 1° Les hôpitaux spéciaux seront transformés.

(1) Cet article fut vivement discuté, parce qu'il entraînait la suppression virtuelle de Saint-Lazare, en tant du moins que prison sanitaire où le préfet de police avait dans le débat persisté à interner les femmes malades réfractaires (V. le projet du préfet). A la lecture du nouvel article 7, le préfet dit textuellement : « Je puis accepter cela. » *Bulletin mun.* du 19 juillet, p. 1776. Col. 2.)

Ils seront remplacés par des services spéciaux établis dans les hôpitaux généraux.

(*Supprimé* et *remplacé* par le texte ci-contre à la demande du Directeur de l'Assistance publique.)

2° Le régime auquel seront soumis les malades traités dans ces services devra être exactement le même que celui des autres hospitalisés. Ils devront bénéficier des secours distribués à la sortie comme les autres malades.

Art. 8. — Des consultations pour les cas de maladies vénériennes, avec distribution gratuite de médicaments, devront être organisées dans le plus grand nombre possible d'hôpitaux généraux.

Art. 9. — L'administration de l'Assistance publique est invitée à étudier immédiatement et à apporter au Conseil municipal, dans le plus bref délai possible, un projet d'organisation de dispensaires spéciaux, avec distribution de médicaments.

Ces dispensaires devraient être établis dans les quartiers les plus peuplés. Les consultations devraient avoir lieu le soir de 9 à 11 heures, au moins trois fois par semaine.

2° *Adopté.*

Art. 10.

Adopté.

Art. 11.

Adopté.

III. — PROTECTION DES FILLES MINEURES.

Art. 10. — Les filles mineures se livrant d'habitude à la prostitution, reconnues atteintes de maladies vénériennes, pourront être internées dans un établissement hospitalier, autre que l'Asile sanitaire prévu par l'article 6, et y être retenues jusqu'à complète guérison.

Art. 11. — Il y a lieu de fonder pour les filles mineures en état de vagabondage immoral, originaires du département de la Seine, un établissement spécial où elles pourront être retenues jusqu'à leur majorité.

Le régime de cet établissement qui devra être rattaché au service des Moralement abandonnés, sera celui d'une institution d'éducation professionnelle.

La réforme morale et physique des jeunes filles qui y seront internées devra être le but constant à poursuivre. Cet établissement ne devra avoir aucun caractère pénitentiaire.

Une infirmerie spéciale pourra y être annexée et devra recevoir les filles mineures dont la situation a été prévue par l'article 10.

Rapport de M. Emile Richard,
p. 111-113).

Art. 12.

Adopté.

Art. 13.

Adopté.

.... un établissement spécial qui devra être rattaché au service des Moralement abandonnés et dont le régime sera celui d'une institution d'éducation professionnelle.

La réforme morale et physique des jeunes filles.......

Adopté.

.... a été prévue à l'article 12.

(*Bull. mun.*, 9-19 juillet 1890).

Projet présenté par M. Lozé, préfet de police

dans la séance du Conseil municipal de Paris du 9 juillet 1890 (1)

Sur la réglementation de la prostitution et la réorganisation des services sanitaires

---

INSCRIPTION DES FEMMES.

Les filles et femmes majeures qui voudront se livrer à la prostitution devront se faire inscrire à la préfecture de police.

Seront inscrites d'office les filles trouvées à plusieurs reprises racolant sur la voie publique, lorsqu'à la visite sanitaire elles auront été reconnues atteintes d'une maladie vénérienne.

Si elles sont saines, l'inscription d'office ne pourra être prononcée qu'après enquête, et sur décision de la Commission spéciale instituée par l'arrêté du 15 octobre 1878.

Les filles ou femmes mineures ne pourront être inscrites, soit d'office, soit sur demande, que par décision de la même Commission spéciale.

VISITES SANITAIRES, HOSPITALISATION, ASILE SPÉCIAL A CRÉER PAR L'ASSISTANCE PUBLIQUE.

Les mineures reconnues malades avant l'inscription

---

(1) Rappelons ici que le Préfet de police présenta ce projet au Conseil dès le début de la discussion générale du rapport de M. Richard, afin de marquer publiquement son désir d'arriver à une entente et de collaborer, si possible, à une rédaction commune. En effet, de nombreux emprunts furent spontanément faits au projet préfectoral ou, sur la demande même du préfet, introduits dans les articles votés par le Conseil. (Cf. le présent projet et le projet discuté les 9, 11 et 16 juillet 1890 dont nous venons de donner le texte ci-dessus article par article.

seront envoyées d'urgence dans un service d'hôpital distinct de celui affecté aux prostituées.

Les filles inscrites seront tenues de se présenter au dispensaire de salubrité une fois par semaine à jour fixe.

Les filles habitant les maisons de tolérance seront visitées deux fois par semaine.

Mention sera faite, sur une carte qui sera remise aux filles, de ces visites sanitaires par le médecin du dispensaire.

Les lits de l'Asile sanitaire qui sera ultérieurement créé seront mis à la disposition du Préfet de police par l'Assistance publique.

Toute fille soumise reconnue malade recevra au dispensaire un bulletin lui prescrivant de *se rendre dans les vingt-quatre heures à l'Asile sanitaire. Le directeur de l'asile devra immédiatement informer la préfecture de police de l'entrée de cette fille.* Toute sortie de l'Asile sera formellement interdite.

Quand la fille sera reconnue guérie, le directeur de l'Asile transmettra à la préfecture de police l'exeat signé par le médecin. Récipissé de cet exeat sera délivré par la Préfecture et envoyé au directeur de l'Asile, qui ne devra autoriser la sortie définitive qu'après l'accomplissement de cette formalité.

Dès sa sortie, la fille devra se présenter au dispensaire.

INTERNEMENT A SAINT-LAZARE.

Dans le cas où la fille contaminée et ayant reçu au dispensaire un bulletin d'Asile ne se sera pas rendue dans les vingt-quatre heures à cet établissement, elle sera recherchée par le service de surveillance sanitaire et conduite à l'infirmerie de Saint-Lazare.

PERSONNEL MÉDICAL.

Le personnel du dispensaire est placé sous les ordres d'un médecin-inspecteur, chef de service, et composé de : médecins titulaires au traitement de...., médecins-adjoints ..., infirmières ...

S'il est utile de créer plusieurs dispensaires sur différents points de Paris, chacun de ces dispensaires sera dirigé par un médecin sous-chef de service, aidé d'un certain nombre de médecins et d'infirmières détachés du dispensaire central.

Les médecins sont nommés au concours.

CRÉATION D'UNE BRIGADE DE SURVEILLANCE ET DE RECHERCHE.

Il est créé une brigade, dite sanitaire, composée de soixante agents sous les ordres d'un inspecteur principal qui recevra du médecin en chef du dispensaire la liste des filles inscrites qui ne se seraient pas présentées à la visite. Ces agents devront s'informer du motif du retard, s'enquérir, s'il y a lieu, de leur nouvelle adresse, et amener ces filles au dispensaire.

MINEURES MORALEMENT ABANDONNÉES.

Dans les cas où, en vertu des dispositions protectrices de la loi du 25 juillet 1889, il sera possible de faire prononcer la déchéance paternelle, la fille mineure, originaire du département de la Seine et qui se trouvera en état de vagabondage immoral, sera placée sous la tutelle de l'Assistance publique, et, à ce titre, internée dans un établissement spécial dont le régime sera celui d'une institution d'éducation professionnelle.

RADIATION DES FILLES INSCRITES.

La radiation des filles inscrites est opérée dans les cas suivants :

1° Le mariage de la fille soumise ;

2° Une infirmité constatée, rendant impossible l'exercice de la prostitution « vaginale » (*sic*).

3° La réclamation des parents, lorsque leur honorabilité est établie.

Une radiation provisoire peut être prononcée sur la
demande d'une personne honorable, offrant des garanties sérieuses et qui se charge de la prostituée.

Elle est accordée également sur la demande de la
prostituée elle-même, lorsque l'enquête démontre qu'elle
a des moyens d'existence et qu'elle a cessé, depuis un
certain temps, de se livrer à la prostitution.

Résolutions votées par l'Académie de Médecine de
France le 3 avril 1888 touchant la prophylaxie publique
de la syphilis.

I. — L'Académie appelle l'attention de l'autorité sur les
développements qu'a pris la provocation sur la
voie publique, dans ces dernières années notamment, et en réclame une répression énergique.

II. — Elle estime qu'il y a nécessité manifeste d'assimiler à cette provocation de la rue divers modes non
moins dangereux qu'a revêtus, surtout de nos
jours, la provocation publique, à savoir : celle des
boutiques ; — celle des brasseries dites « à femmes » ; — et plus particulièrement encore, celle
des débits de vins.

III. — Elle signale à l'autorité d'une façon non moins
spéciale la provocation qui rayonne autour des
lycées, des collèges et qui a pour résultat l'excitation des mineurs à la débauche.

IV. — Ces divers ordres de provocation ayant pour conséquence la dissémination des maladies syphilitiques, l'Académie réclame des pouvoirs publics
une loi de police sanitaire réglant et fortifiant l'intervention administrative, en particulier à l'égard
des mineures, et permettant d'atteindre la provocation partout où elle se produit (1).

V. — La sauvegarde de la santé publique exige que les
*filles se livrant à la prostitution soient soumises à
l'inscription et aux visites sanitaires.*

(1) Cet article IV, l'article culminant des *Résolutions académi-
ques* est le résultat du compromis, dont nous avons parlé au cours
de ce livre, compromis issu des débats contradictoires surgis entre
MM. les professeurs Fournier et Brouardel, puis des concessions
réciproques que se sont faites les deux maitres.

VI. — Si *l'inscription* n'est pas consentie par la fille à qui l'Administration l'impose, elle *ne pourra être prononcée que par l'autorité judiciaire.*

VII. — Toute fille qui sera reconnue, après examen médical, affectée d'une maladie vénérienne, sera internée *dans un Asile sanitaire spécial.*

VIII. — Les filles inscrites seront soumises à une visite hebdomadaire, visite complète et de date fixe.

HOSPITALISATION, TRAITEMENT.

IX. — Le nombre de lits affectés au traitement des maladies vénériennes est actuellement d'une insuffisance notoire. Il sera augmenté dans la proportion reconnue nécessaire par une enquête ouverte à ce sujet.

X. — Cette augmentation du nombre des lits affectés aux vénériens et aux vénériennes se fera, non par la création de services spéciaux dans les hôpitaux généraux, mais bien par la création de nouveaux hôpitaux spéciaux.

XI. — Les médicaments propres au traitement des maladies vénériennes seront délivrés gratuitement dans tous les hôpitaux, hôpitaux spéciaux ou hôpitaux généraux.

XII. — Un service de consultations gratuites, avec délivrance gratuite de médicaments, sera annexé à l'asile sanitaire spécial destiné au traitement des prostituées vénériennes.

XIII. — Dans toute ville de province, tout au moins dans chaque chef-lieu de département, il sera créé un service spécial pour le traitement des affections vénériennes ; et les locaux affectés à ce dit service seront aménagés suivant toutes les règles de l'hygiène.

XIV. — Ouvrir librement tous les services de vénériens ou de vénériennes (y compris ceux de Saint-Lazare) à tout étudiant en médecine justifiant de seize inscriptions.

XV. — Il est désirable qu'on exige de tout aspirant au doctorat, avant le dépôt de sa thèse, un certificat de stage dans un service de vénériens ou de vénériennes.

XVI. — Attribuer au concours, et au concours exclusivement, le recrutement de tout le personnel médical chargé du traitement des vénériennes à Saint-Lazare (ou dans l'*asile hospitalier* qui sera substitué à Saint-Lazare).

XVII. — Attribuer au concours, et au concours exclusivement, le recrutement du personnel médical chargé de la surveillance des filles inscrites au dispensaire de salubrité publique.

XVIII. — Les membres des jurys des divers concours dont il vient d'être question seront choisis parmi les membres des corps scientifiques suivants : les membres de l'Académie de médecine, les professeurs et agrégés de la Faculté de médecine, les médecins, chirurgiens et accoucheurs des hôpitaux, les médecins titulaires de Saint-Lazare. Le jury sera nommé par le Préfet de police sur la présentation du doyen de la Faculté de médecine.

Syphilis dans l'armée et dans la marine.

XIX. — Assurer la rigoureuse exécution des règlements militaires, notamment en ce qui concerne les visites de santé, la recherche des foyers de contagion, l'abandon de toute mesure disciplinaire à l'égard des soldats affectés de maladies vénériennes.

XX. — S'efforcer de combattre les progrès incessants de la prostitution clandestine, d'une part, en éclairant les soldats sur les dangers de cette prostitution spéciale, et, d'autre part, en réclamant le concours des autorités civiles pour l'assainissement de certains foyers de contamination, soit dans les villes (débits de vin), soit aux alentours des camps.

XXI. — Assurer aux soldats syphilitiques, dont le traitement a été commencé à l'hôpital, la possibilité de continuer à leur corps, et sous la direction des médecins de leur régiment, le traitement ultérieur nécessaire à leur guérison.

XXII. — En ce qui concerne la marine, il est à désirer qu'à bord des bâtiments de guerre une visite médicale de l'équipage soit faite avant l'arrivée dans chaque port, afin d'interdire la communication avec la terre des hommes qui seraient contaminés, toutes les fois que la durée de la traversée rendra cette mesure nécessaire.

XXIII. — Il est absolument essentiel que, dans toutes les villes du littoral, notamment dans les grands ports de guerre ou de commerce, un service régulier et rigoureux soit institué pour la surveillance et la visite médicale des prostituées, en vue de prévenir les contaminations que contractent si fréquemment les marins dans les ports de relâche ou de débarquement, et que les filles reconnues malades soient traitées à l'hôpital jusqu'à guérison complète des accidents transmissibles.

LES LOIS DE M. BÉRENGER

I

Répression de la prostitution et réforme de sa réglementation

Proposition de loi sur la prostitution et les outrages aux bonnes mœurs (PREMIÈRE RÉDACTION)

déposée sur le bureau du Sénat le 27 avril 1894 (1).

ARTICLE PREMIER.

Quiconque se livre au racolage sur la voie publique ou dans les lieux publics sera puni des peines édictées par l'art. 330 du Code pénal (qui punit de trois mois à deux ans de prison l'outrage public à la pudeur).

Seront considérés comme complices et punis comme tels ceux qui auront aidé ou soutenu l'auteur principal dans l'accomplissement du délit ou qui en auront partagé les profits.

Les condamnations prononcées en vertu du présent article seront assimilées au vagabondage en ce qui touche l'application de la loi du 29 mai 1885 sur les récidivistes.

---

(1) Dans cette première rédaction, purement embryonnaire, on remarquera l'absence des articles caractéristiques de la loi Bérenger, nous entendons de la « vraie loi Bérenger, » qui substituent à l'arbitraire de la préfecture de police l'action publique devant un tribunal de droit commun, à la prison de Saint-Lazare un hôpital d'Assistance publique, à la mise en carte des filles mineures l'éducation moralisatrice.

Art. 2.

Tout logeur tenant maison meublée où il y aura des garnis, qui aura sciemment favorisé ou facilité la débauche, en recevant chez lui des femmes ou filles qui s'y livrent à la prostitution, sera puni d'un emprisonnement de trois mois à deux ans de prison et d'une amende de 100 à 1000 fr.

Art. 3.

Seront punis de la même peine tous cafetiers, cabaretiers et autres débitants de boissons à consommer sur place, qui fourniront à des femmes ou filles de débauche, employées ou non dans leurs établissements, le moyen de s'y livrer à la prostitution.

Art. 4.

Dans les deux cas qui précèdent, la fermeture des établissements pourra être ordonnée par le jugement de condamnation.

Art. 5.

Le débitant condamné à un emprisonnement d'un mois au moins pour le délit ci-dessus prévu, ne pourra pendant cinq ans, à dater de l'expiration de sa peine, exploiter, soit par lui-même, soit par un gérant, un débit de boissons.

L'incapacité sera perpétuelle si, pendant les cinq ans, le condamné a encore subi une nouvelle condamnation à l'emprisonnement.

Le débitant interdit ne pourra être employé, à quelque titre que ce soit, dans l'établissement qu'il exploitait, ni dans l'établissement exploité par son conjoint, même séparé.

Toute infraction aux interdictions qui précèdent sera punie d'un emprisonnement de six jours à un mois et d'une amende de 50 à 500 fr.

Art. 6.

L'embauchage par violence ou par fraude dans une maison de débauche sera puni d'un emprisonnement de six mois à deux ans.

Art. 7.

Sera puni d'un emprisonnement d'un à deux mois et d'une amende de 16 à 3000 fr. quiconque aura commis le délit d'outrage aux bonnes mœurs par l'un, des moyens énoncés en l'art. 23 de la loi (sur la presse) du 29 juillet 1881, autre toutefois que le livre.

Les mêmes peines seront applicables à la vente, la mise en vente, l'annonce par envoi de prospectus à domicile, ou autrement, d'écrits ou d'imprimés, dessins, gravures, peintures, emblèmes ou images obscènes ou propres à exciter à la débauche ou à la corruption de la jeunesse, à leur offre, exposition, affichage ou distribution gratuite sur la voie publique ou dans les lieux publics.

Art. 8.

Les auteurs et complices des délits spécifiés par la présente loi seront poursuivis devant les tribunaux correctionnels, conformément aux règles édictées par le Code d'instruction criminelle.

Les écrits, dessins, affiches, etc., incriminés, et les objets ayant servi à commettre le délit, seront saisis ou arrachés. La destruction en sera ordonnée par le jugement de condamnation.

Art. 9.

Les peines pourront être portées au double si le délit a été commis à l'égard de mineurs de l'un ou de l'autre sexe.

Art. 10.

L'art. 463 (sur les circonstances atténuantes) est applicable aux infractions prévues par les articles ci-dessus.

Art. 11 et dernier.

Sont abrogés l'art. 28 de la loi du 29 juillet 1881 en ce qu'il a de contraire à la présente loi, les articles 287, 288 et 289 du Code pénal et la loi du 2 août 1882.

Même proposition

(*Rédaction* RECTIFIÉE *par M. Bérenger et soumise à la Commission*)

I. — PROSTITUTION

ARTICLE PREMIER.

Quiconque, après un avertissement notifié après enquête par un officier de police judiciaire et non suivi d'effet, se livre de nouveau au racolage sur la voie publique, ou dans les lieux gratuitement accessibles au public, sera puni d'un emprisonnement d'un mois à un an et d'une amende de 16 à 200 francs.

Seront considérés comme complices, et punis comme tels, ceux qui auront aidé, assisté ou soutenu l'auteur principal dans l'accomplissement du délit, ou qui en auront partagé les profits.

En cas de récidive dans un délai de cinq ans, et si la dernière peine est supérieure à six mois d'emprisonnement, les tribunaux pourront en outre prononcer la relégation.

ART. 2.

Les contraventions aux arrêtés et règlements de police concernant la prostitution seront déférées au tribunal de simple police, qui prononcera les peines édictées par les articles 479 et suivants du Code pénal (1).

---

(1) Cet article 2 constitue avec l'avertissement après enquête du paragraphe Ier de l'art. 1 la partie neuve et originale du projet de loi — ce que nous appelions dans une note précédente «la vraie loi Bérenger » — toutefois, si nous le comprenons suffisamment ; l'article nous paraît respecter une partie de l'ancienne organisation de la police des mœurs et la superposer en quelque sorte à l'organisation nouvelle.

Art. 3.

Toute prostituée reconnue atteinte de maladie spéciale dangereuse pour la santé publique sera conduite dans un hôpital où elle sera retenue jusqu'à sa guérison (1).

Art. 4.

Toute mineure de dix-huit ans, saisie en état de prostitution, sera conduite devant le tribunal correctionnel, réuni en chambre du Conseil, qui ordonnera, suivant les circonstances, sa remise à ses parents ou son envoi jusqu'à sa majorité, dans les conditions prévues par la loi du 5 août 1850, dans tel établissement de correction, d'éducation ou de réforme, ou telle famille honorable qu'il désignera (2).

Art. 5.

Tout logeur tenant maison meublée ou chambres garnies qui, après avertissement notifié dans les conditions de l'art. 1er et non suivi d'effet, aura sciemment favorisé ou facilité la débauche, en recevant chez lui des femmes ou filles qui s'y livrent à la prostitution, sera puni d'un emprisonnement de trois mois à deux ans et d'une amende de 100 francs à 1000 francs.

---

(1) L'art. 3 que l'importance de l'art. 2 ne doit point effacer, nous paraît avoir dans l'esprit de l'auteur pour objet honorable de supprimer la prison Saint-Lazare en tant que prétendu asile sanitaire pour la remplacer par l'hôpital de l'Assistance publique.

(2) L'auteur omet ici de viser la loi du 24 juillet 1889 non moins importante que la loi du 5 août 1850 et en comblant en tout cas les nombreuses lacunes. Dans le premier projet, M. Bérenger ne s'occupait des mineurs (art. 9) que pour doubler les peines dans les cas où les délits étaient commis sur leur personne : c'était passer toute la question d'éducation ou mieux de rééducation.

Art. 6.

Seront punis de la même peine tous cafetiers, cabaretiers et autres débitants de boissons à consommer sur place qui fourniront à des femmes ou filles de débauche, employées ou non dans leurs établissements, le moyen de s'y livrer à la prostitution.

Art. 7.

Dans les deux cas qui précèdent, s'il y a récidive dans les conditions prévues par l'art. 2, la fermeture des établissements et l'interdiction temporaire ou perpétuelle d'exploiter, même par gérant, un établissement de même nature, pourront être ordonnées par le jugement de condamnation.

L'infraction aux interdictions prononcées sera punie d'un emprisonnement de six jours à un mois et d'une amende de 50 à 500 francs, avec fermeture des établissements indûment exploités.

Art. 8.

L'embauchage par violence ou par fraude pour la prostitution, l'emploi des mêmes moyens pour contraindre une personne même majeure à se livrer à la prostitution, seront punis d'un emprisonnement de six mois à deux ans et d'une amende de 50 à 2000 francs (1).

En cas de récidive dans les conditions prévues par l'art. 1er, la relégation pourra être prononcée.

II. — OUTRAGES AUX BONNES MŒURS

Art. 9.

Sera puni d'un emprisonnement de un mois à deux

---

(1) L'art 8 permet-il d'atteindre les tenanciers des maisons publiques ?

ans et d'une amende de 16 à 3000 francs, quiconque aura commis le délit d'outrage aux bonnes mœurs par l'un des moyens énoncés en l'art. 23 de la loi du 29 juillet 1881, autre toutefois que le livre.

Les mêmes peines seront applicables à la vente faite à des mineurs, à la mise en vente, à l'annonce par envoi de prospectus, insertion dans les journaux ou autrement, d'écrits ou imprimés, dessins, gravures, peintures, emblèmes, images ou objets obscènes ou propres à exciter à la débauche ou à la corruption de la jeunesse ; à leur offre, exposition, affichage ou distribution gratuite sur la voie publique ou dans les lieux publics ; aux correspondances ou annonces publiées dans un but de débauche.

Art. 10.

Les auteurs et complices des délits spécifiés par la présente loi seront poursuivis devant les tribunaux correctionnels, conformément aux règles édictées par le Code d'instruction criminelle.

Art. 11.

Les peines pourront être portées au double si le délit a été commis à l'égard de mineurs de l'un ou de l'autre sexe.

Art. 12.

L'article 463 du Code pénal est applicable aux infractions prévues par les articles ci-dessus.

Art. 13.

Sont abrogés l'article 28 de la loi du 29 juillet 1881, en ce qu'il a de contraire à la présente loi, les articles 287, 288 et 289 du Code pénal et de la loi du 2 août 1892.

Même proposition

ADOPTÉE *après examen par la Commission* et SOUTENUE *par M. Bérenger devant le Sénat.*

I. — PROSTITUTION

ARTICLE PREMIER.

Quiconque, après un avertissement notifié depuis moins d'un an par un officier de police judiciaire après enquête, et l'inculpé entendu ou dûment appelé, se livre de nouveau au racolage sur la voie publique ou dans les locaux gratuitement accessibles au public, sera puni d'un emprisonnement de six jours à un mois (1).

ART. 2.

Ceux qui auront aidé, assisté ou soutenu la prostitution d'autrui sur la voie publique ou dans les lieux gratuitement accessibles au public, ou qui en auront partagé les profits, seront condamnés à un emprisonnement de trois mois à deux ans et à une amende de 100 à 1000 fr.

Ils seront en outre soumis, après l'expiration de leur peine, pendant cinq ans au moins et dix ans au plus, à l'interdiction de séjour édicté par l'art. 29 de la loi du 27 mai 1885.

En cas de récidive dans un délai de cinq ans, et si la dernière peine est supérieure à six mois d'emprisonne-

---

(1) Cet article diffère de l'art. 1 du projet rectifié, par la suppression de la menace de relégation à l'adresse des femmes, par l'abaissement considérable de la durée de la peine d'emprisonnement, enfin en exigeant que la récidive de racolage ait lieu *dans l'année* qui suivra l'avertissement, pour être punissable.

ment, les tribunaux pourront en outre prononcer la relégation.

Art. 3.

Les contraventions aux arrêtés et règlements de police concernant la prostitution seront déférées au tribunal de simple police, qui prononcera les peines édictées par les art. 479, 480 et suivants du Code pénal (1).

Art. 4.

Tout mineur de dix-huit ans, saisi en état habituel de prostitution sera conduit, après instruction ou enquête, devant le tribunal correctionnel, qui ordonnera, suivant les circonstances, sa remise à ses parents, son envoi jusqu'à sa vingtième année dans les conditions prévues par la loi du 5 août 1850, dans tel établissement de correction, d'éducation ou de réforme, ou telle famille honorable qu'il désignera, ou sa remise à l'assistance publique dans les termes de la loi du 24 juillet 1889.

Art. 5.

Tout logeur tenant maison meublée ou chambres garnies, qui, après un avertissement notifié dans les conditions de l'art. 1er, aura sciemment favorisé ou facilité la débauche en recevant chez lui des femmes ou filles qu'il savait s'y livrer à la prostitution, sera puni d'un emprisonnement de trois mois à deux ans et d'une amende de 100 fr. à 1000 fr.

---

(1) L'art. 3 est l'ancien art. 2 du projet *rectifié* de M. Bérenger intégralement maintenu. L'art. 3 du projet rectifié visant le remplacement de Saint-Lazare par l'hôpital a été supprimé par la Commission.

ART. 6.

Seront, dans les mêmes conditions, punis des mêmes peines tous cafetiers, cabaretiers et autres débitants de boissons à consommer sur place qui fourniront sciemment à des femmes ou filles de débauche, employées ou non dans leurs établissements, le moyen de s'y livrer à la prostitution.

ART. 7.

Dans les deux cas qui précèdent, si la peine prononcée est supérieure à un mois d'emprisonnement, la fermeture des établissements et l'interdiction temporaire ou perpétuelle d'exploiter, même par un gérant, un établissement de même nature ou d'y être employé, pourra être ordonnée par le jugement de condamnation.

L'infraction aux interdictions prononcées sera punie d'un emprisonnement de six jours à un mois et d'une amende de 50 à 500 fr., avec fermeture des établissements indûment exploités.

ART. 8.

L'embauchage par violence ou par fraude pour la prostitution, l'emploi des mêmes moyens pour contraindre une personne, même majeure, à se livrer à la prostitution, seront punis d'un emprisonnement de six mois à deux ans et d'une amende de 100 à 2000 fr.

En cas de récidive dans les conditions prévues par l'art. 2, la relégation pourra être prononcée.

II. — OUTRAGES AUX BONNES MOEURS

ART. 9.

Sera puni d'un emprisonnement de un mois à deux

ans et d'une amende de 16 à 3000 francs, quiconque aura
commis le délit d'outrage aux bonnes mœurs :

Par la vente, la mise en vente, l'annonce par envoi de
prospectus, insertion dans les journaux ou autrement,
d'écrits ou imprimés autres que le livre, de dessins, gravures, emblèmes, images ou objets obscènes ou propres
à exciter à la débauche ou à la corruption de la jeunesse ;

Par leur offre, exposition, affichage ou distribution
gratuite sur la voie publique ou dans les lieux publics ;

Par des discours, chants ou cris de même nature proférés publiquement ;

Par des correspondances ou annonces publiées dans
un but de débauche.

Les écrits, dessins, affiches, etc., incriminés, et les
objets ayant servi à commettre le délit, seront saisis ou
arrachés. La destruction en sera ordonnée par le jugement de condamnation (1).

III.— DISPOSITIONS GÉNÉRALES

Art. 10.

Les auteurs et complices des délits spécifiés par la

---

(1) Loi du 2 août 1882. — Art. 1er. — Est puni d'un emprisonnement de un mois à deux ans et d'une amende de 16 à 3000 fr.
quiconque aura commis le délit d'outrage aux bonnes mœurs par
la vente, l'offre, l'exposition, l'affichage ou la distribution gratuite
sur la voie publique ou dans les lieux publics, d'écrits, d'imprimés autres que le livre, d'affiches, dessins, gravures, peintures,
emblèmes ou images obscènes.

Art. 2. — Les complices de ces délits, dans les conditions prévues et déterminées par l'article 60 du Code pénal, seront poursuivis de la même peine et la poursuite aura lieu devant le tribunal correctionnel conformément au droit commun et suivant les
règles édictées par le Code d'instruction criminelle :

Art. 3. — L'art. 463 peut s'appliquer aux délits prévus par la
présente loi.

Art. 4. — Sont abrogées toutes les dispositions contraires à la
présente loi.

présente loi seront poursuivis devant les tribunaux correctionnels conformément aux règles édictées par le
Code d'instruction criminelle.

Art. 11.

Les peines pourront être portées au double si le délit
a été commis à l'égard de mineurs de l'un ou de l'autre
sexe.

Art. 12.

L'article 463 du Code pénal (réduction de peine en cas
de circonstances atténuantes) est applicable aux délits
prévus par la loi ci-dessus.

Art. 13.

Sont abrogés l'art. 28 de la loi du 29 juillet 1881, l'art.
4, dernier paragraphe, de la loi du 27 mai 1885, les art.
288, 289 du Code pénal, la loi du 2 août 1882, et tous
arrêtés, ordonnances ou règlements de police, en ce
qu'ils ont de contraire à la présente loi.

Proposition de loi de M. Bérenger

votée par le Sénat le 27 juin 1895.

I. — PROSTITUTION.

Article premier.

Ceux qui auront aidé, assisté ou soutenu la prostitution d'autrui sur la voie publique ou dans les lieux gratuitement accessibles au public, ou qui en auront sciemment partagé les profits, seront condamnés à un emprisonnement de trois mois à deux ans et à une amende de 100 fr. à 1000 fr.

Ils seront en outre soumis, après l'expiration de leur peine, pendant cinq ans au moins et dix ans au plus, à l'interdiction de séjour édictée par l'article 29 de la loi du 27 mai 1885.

En cas de récidive dans un délai de cinq ans, et si la dernière peine est supérieure à six mois d'emprisonnement, les tribunaux pourront en outre prononcer la relégation (1).

Art. 2.

Tout mineur de l'un ou de l'autre sexe, âgé de moins de dix-huit ans (2), saisi en état habituel de prostitution,

---

(1) Il est inutile de faire ressortir à nouveau les mutilations subies par le projet de loi ; nous les avons signalées dans le texte même du livre : toute la réforme juridique protectrice de la liberté individuelle par la limitation de l'action et des pouvoirs de la police des mœurs (art. 1 et 2 du projet *rectifié*, art. 1 et 3 du projet adopté par la Commission et soutenu M. Bérenger lui-même) a disparu.

(2) La prostitution officielle et l'inscription de la mineure de 21 ans se trouvent ainsi légalisées par le projet de loi, mais l'ar-

sera conduit, après instruction ou enquête, devant le tribunal correctionnel statuant en chambre du conseil, qui ordonnera, suivant les circonstances, sa remise à ses parents, son envoi jusqu'à sa vingtième année, dans les conditions prévues par la loi du 5 août 1850, dans tel établissement de correction, d'éducation ou de réforme, ou telle famille honorable qu'il désignera, ou sa remise à l'assistance publique dans les termes de la loi du 24 juillet 1889.

Art. 3.

Tous cafetiers, cabaretiers et autres débitants de boissons à consommer sur place, qui, après un avertissement notifié depuis moins d'un an par un officier de police judiciaire, l'inculpé entendu ou dûment appelé, continueront à fournir sciemment à des femmes ou filles de débauche, employées ou non dans les établissements, le moyen de s'y livrer à la prostitution, seront punis d'un emprisonnement de trois mois à deux ans et d'une amende de 100 fr. à 1000 fr.

Art. 4.

Si la peine prononcée est d'un mois au moins d'emprisonnement ou s'il y a récidive, l'interdiction pour le condamné d'exploiter, soit par lui-même, soit par un gérant, un café, cabaret ou débit de boissons pendant cinq ans, sera prononcée par le jugement de condamnation.

Le débitant interdit ne pourra être employé à quelque titre que ce soit dans l'établissement qu'il exploitait, ni

ticle demeure à nos yeux contradictoire puisque la mineure de 16 ans par exemple, saisie en état habituel de prostitution, va être mise dans l'impossibilité de continuer sa vie d'immoralité, grâce à son internement rééducatif *jusqu'à l'âge de 20 ans révolus.*

dans l'établissement exploité par son conjoint, même séparé.

Toute infraction aux interdictions qui précèdent sera punie d'un emprisonnement de six jours à un mois et d'une amende de 50 à 500 fr.

La fermeture de l'établissement indûment exploité pourra en outre être ordonnée si le condamné s'y est de nouveau rendu coupable du délit prévu par l'article 3.

Art. 5.

L'embauchage par violence ou par fraude pour la prostitution, l'emploi des mêmes moyens pour contraindre une personne, même majeure, à se livrer à la prostitution, seront punis d'un emprisonnement de six mois à deux ans et d'une amende de 100 fr. à 200 fr.

En cas de récidive dans les conditions prévues par l'article 1er, la relégation pourra être prononcée.

II. — OUTRAGES AUX BONNES MŒURS.

Art. 6.

Sera puni d'un emprisonnement de un mois à deux ans et d'une amende de 16 à 3000 fr., quiconque aura commis le délit d'outrage aux bonnes mœurs :

Par la vente, la mise en vente, l'offre ou la distribution d'écrits ou imprimés autres que le livre, de prospectus, dessins, gravures, peintures, emblèmes, images ou objets obscènes ou de nature à exciter à la débauche ;

Par leur exposition ou affichage sur la voie publique ou dans les lieux publics ;

Par des discours, chants ou cris de même nature proférés publiquement ;

Par des correspondances ou annonces publiques de nature à exciter à la débauche.

Les écrits, dessins, affiches, etc., incriminés et les objets ayant servi à commettre le délit, seront saisis ou arrachés. La destruction en sera ordonnée par le jugement de condamnation.

III. — DISPOSITIONS GÉNÉRALES.

Art. 7.

Les auteurs et complices des délits spécifiés par la présente loi seront poursuivis devant les tribunaux correctionnels conformément aux règles édictées par le code d'instruction criminelle.

Art. 8.

Les peines pourront être portées au double si le délit a été commis envers des mineurs de l'un ou de l'autre sexe.

Art. 9.

L'art. 463 du Code pénal est applicable aux délits prévus par les articles ci-dessus.

Art. 10.

Sont abrogés l'art. 28, § 2, de la loi du 29 juillet 1881, l'art. 4, dernier paragraphe, de la loi du 27 mai 1885, les articles 288 et 289 du Code pénal, la loi du 2 août 1882, et tous arrêtés, ordonnances ou règlements de police, en ce qu'ils ont de contraire à la présente loi.

---

(1) Cette loi votée uniquement par le Sénat n'est jamais venue en discussion devant la Chambre des députés.

M. le Sénateur Bérenger en a détaché toute la seconde partie *relative seulement aux outrages aux bonnes mœurs* par voie d'écrits ou d'images, et a obtenu pour ce fragment de son œuvre de moralisation publique — devenu la loi du 16-18 mars 1898 — le vote intégral du Parlement.

LES LOIS DE M. BÉRENGER

II

Répression de la licence des publications et du théâtre.

LOI MODIFIANT LA LOI DU 2 AOUT 1882 SUR LA RÉPRESSION
DES OUTRAGES AUX BONNES MŒURS.

Le Sénat et la Chambre des députés ont adopté ;
Le Président de la République promulgue la loi dont la teneur suit :

ARTICLE PREMIER.

L'article 1er de la loi du 2 août 1882 est modifié ainsi qu'il suit :

« Sera puni d'un emprisonnement d'un mois à deux ans et d'une amende de cent à cinq mille francs (100 à 5,000 fr.) quiconque aura commis le délit d'outrage aux bonnes mœurs :

« Par la vente ou la mise en vente, l'offre, l'exposition, l'affichage ou la distribution, sur la voie publique ou dans les lieux publics, d'écrits, d'imprimés autres que le livre ; d'affiches, dessins, gravures, peintures, emblèmes, objets ou images obscènes ou contraires aux bonnes mœurs ;

« Par la vente ou l'offre, même non publique, à un mineur, des mêmes écrits, imprimés, affiches, dessins, gravures, peintures, emblèmes, objets ou images ;

« Par leur distribution à domicile, par leur remise sous bande ou sous enveloppe non fermée à la poste ou à tout autre agent de distribution ou de transport ;

« Par des chants non autorisés proférés publiquement par des annonces ou correspondances publiques contraires aux bonnes mœurs.

« Les écrits, dessins, affiches, etc., incriminés et les objets ayant servi à commettre le délit seront saisis ou arrachés. La destruction en sera ordonnée par le jugement de condamnation.

« Les peines pourront être portées au double, si le délit a été commis envers des mineurs. »

ART. 2.

L'art. 2 de la loi du 2 août 1882 est remplacé par les dispositions suivantes :

« La prescription en matière d'outrage aux bonnes mœurs, commis par la voie du livre, est d'un an à partir de la publication ou de l'introduction sur le territoire français.

« La vente, la mise en vente ou l'annonce de livres condamnés sera punie des peines portées par l'art. 1er de la présente loi. »

ART. 3.

Il n'est en rien dérogé aux dispositions des art. 2, 3 et 4 de la loi du 2 août 1882, qui prendront les nos 3, 4 et 5.

La présente loi, délibérée et adoptée par le Sénat et par la Chambre des députés, sera exécutée comme loi de l'Etat.

Fait à Paris, le 16 mars 1898.

LES MAISONS DE TOLÉRANCE A GENÈVE

(INTERNEMENT DES FEMMES EN MAISON)

Inscription N°

DÉPARTEMENT DE JUSTICE ET POLICE

FILLES PUBLIQUES

L'an mil huit cent _____ et le _____

par-devant-nous, Directeur de la Police centrale, s'est présentée la nommée

née le _____ à _____

originaire de _____ fille de _____

et de _____

Indiquer si elle a encore des parents et leur domicile.

Laquelle nous a déclaré ne vouloir chercher que dans la prostitution ses moyens d'existence, et, de plus, vouloir de son plein gré entrer dans la maison de tolérance tenue par ___

Indiquer si elle a déjà été dans des maisons publiques et les noms de ces établissements.

Pour le Département de Justice et Police,

Le Directeur de la Police centrale,

Signature :

(Partie à détacher)

Inscription N° ___

Nous l'avons vivement exhortée en lui représentant ce que sa situation avait d'immoral, et l'état de dégradation dans lequel elle allait tomber à jamais, la honte qui rejaillirait sur elle, etc., etc. ; mais elle a persisté dans son intention, malgré toutes les offres qui lui ont été faites pour l'aider à rentrer dans la bonne voie et à la rapatrier.

Ensuite de son refus réitéré, nous lui avons fait signer la présente déclaration, après lecture faite et lui avoir donné connaissance des règlements sévères qui régissent les maisons de prostitution.

Elle a été prévenue que, dans le cas où elle viendrait à éprouver des remords et voudrait renoncer à sa vile profession, elle aurait toujours et en tout temps le droit de quitter cette maison, sans avoir rien à payer, vu qu'aucun engagement ni obligation quelconque ne peuvent la priver de sa liberté. Dans ce but, elle peut s'adresser au docteur chargé de la visite sanitaire, ou, si elle désire le faire directement par écrit au Président du Département de Justice et Police ou au Directeur de la Police centrale, déposer sa demande ainsi que ses plaintes ou réclamations dans une boîte aux lettres placée dans le salon du Dispensaire.

Le Directeur de la Police centrale,

Signature :

LES MAISONS DE TOLÉRANCE A GENÈVE

PERMIS DE SORTIE

Département de Justice et Police.

N°

PERMIS DE CIRCULER délivré à

M

maison

Le

pour se rendre

heure de départ

heure de rentrée

Signature de l'Autorisation,

N°   CANTON DE GENÈVE

DÉPARTEMENT DE JUSTICE ET POLICE

M

est autorisée ce jour à sortir pour *se rendre au théâtre,
etc.* (a), elle devra sortir de chez elle rue –

N° à heure pour se rendre **DIRECTEMENT**
à l'endroit désigné et rentrer par le même chemin à
heure sans aucun arrêt.

Elle est tenue de présenter cette autorisation à toute
réquisition faite par les Agents de l'Autorité.

Genève, le - 188

Direction de Police.

(a) *Manuscrit dans la pièce communiquée.*

LA COMMUNE DE PARIS (1871)

et les maisons de tolérance.

La délégation communale du XIe arrondissement,

Considérant que, même avant la guerre gigantesque entreprise par l'Amérique du Nord pour l'abolition de l'esclavage, la traite des noirs était interdite et les négriers sévèrement punis ;

Que la suppression des armées permanentes mise à l'ordre du jour de la Révolution communale doit entraîner la suppression du trafic odieux des marchands d'hommes ;

Qu'en principe, on ne peut admettre l'exploitation commerciale de créatures humaines par d'autres créatures humaines ;

Que les maisons dites de tolérance ont essentiellement ce dernier caractère :

Arrête :

ARTICLE PREMIER.

Les maisons dites de tolérance seront immédiatement fermées dans toute l'étendue du XIe arrondissement, et les scellés apposés sur les portes de ces établissements.

ART. 2.

La garde nationale est chargée de l'exécution du présent arrêté.

Signé : E. POTTIER, A. SÉRAILLER,
Jacques DURAND, J. JOHANNARD.

17 mai 1871.

LA DÉMOCRATIE GENEVOISE

et la police des mœurs.

L'attitude des chefs de la démocratie genevoise n'a pas suscité qu'en France des observations du même ordre que celles de l'auteur du présent livre. Sur la même matière qui avait été l'objet du plébiciste genevois du 22 mars 1896, l'hon. député Vandervelde récemment n'opinait pas avec moins d'énergie que ses prédécesseurs à la tête du parti socialiste belge, les de Paepe, les Volders et autres.

Voici la lettre adressée par M. Vandervelde à M. J. Sigg, député radical de Genève, et publiée par ce dernier dans le *Peuple de Genève*, journal qui avait fait campagne avec le *Genevois* contre la réforme abolitionniste :

Roc'h-ar-C'had en Ploubazlanec (Côtes-du-Nord).

La rédaction du *Signal de Genève* me demande mon sentiment sur la question, si controversée chez vous, des maisons de tolérance et de la réglementation officielle de la prostitution.

Comme je ne veux ni celer mon opinion, ni polémiquer éventuellement avec des amis, dans les colonnes d'un journal qui n'est pas nôtre, je vous serais très obligé de vouloir publier dans le *Peuple* les quelques lignes que Mme G... m'a fait l'honneur de me demander.

J'ai fait partie, pendant plusieurs années, de la Société de la moralité publique de Bruxelles, qui poursuit l'abolition de la police des mœurs et réclame l'interdiction des maisons de débauche.

Il y a quelques mois, j'ai dû démissionner, en même temps que mon collègue du Parlement belge, M. Paul Janson, parce que, sous prétexte d'abolitionnisme, le président de notre Société, mêlant, comme il arrive trop souvent, des préoccupations cléricales aux préoccupations qui nous étaient communes, avait cru devoir se livrer à des attaques contre le socialisme et la libre-pensée.

Mais si je ne fais plus partie de la Société de moralité publique, je n'en reste pas moins un adversaire énergique de la *réglementation officielle*, c'est-à-dire de la *reconnaissance officielle* des maisons de prostitution.

Au point de vue de la prophylaxie des maladies vénériennes — principal motif que l'on invoque pour les maintenir — leur inefficacité, pour ne pas dire leur nocuité, apparaît, de jour en jour, plus évidente. Vous pourriez, à ce point de vue, vous renseigner utilement auprès de notre ami Augagneur, qui en sa triple qualité de socialiste, de maire de Lyon et de professeur à la Faculté de médecine, pour l'étude des maladies vénériennes, est infiniment mieux qualifié que moi pour vous donner à cet égard un témoignage difficilement récusable.

D'autre part, au point de vue moral, je n'ai pas besoin d'insister, après tant d'autres, pour établir que de toutes les formes d'exploitation de la misère, il n'en est pas de plus odieuse que l'exploitation de malheureuses prostituées par les tenanciers de maisons de débauche.

Je sais bien qu'interdire ces maisons, ce n'est pas supprimer la prostitution même, qui persistera aussi longtemps que le régime capitaliste dont elle dérive, aussi longtemps que persisteront, du côté des hommes, les préoccupations d'argent qui empêchent ou retardent les mariages, du côté des femmes, les salaires de famine qui les obligent à « faire un cinquième de la journée ».

Si les conservateurs qui poursuivent l'abolition des maisons de tolérance voulaient être logiques, ils devraient être avec nous lorsque nous poursuivons l'abolition d'un régime de propriété qui engendre fatalement la prostitution ; mais, si nous avons le devoir de dénoncer les réformes qu'ils proposent comme insuffisantes et superficielles, ce n'est pas une raison pour ne pas réclamer avec eux l'abolition d'un régime légal, qui constitue un attentat permanent contre la liberté individuelle et contre lequel les socialistes protestent, dans tous les pays.

J'espère me trouver d'accord sur ce point avec mes amis de Genève, et suis fraternellement votre

E. Vandervelde.

M. J. Sigg en publiant cette lettre, l'accompagnait des citations bien connues de Bebel contre la police des mœurs, et le député socialiste génevois joignait à ce double témoignage ce commentaire personnel qui fait heureusement pressentir un retour possible du parti radical dans le très éclairé canton de Genève sur cette question vraiment sociale à laquelle la réponse plébiscitaire du 22 mars n'a donné aucune solution.

« Posé ainsi, le problème s'éclaire d'un jour éclatant, dit M. J. Sigg. Il n'est pas un socialiste digne de ce nom qui n'adhère aux fortes déductions de Bebel.

« En ce qui me concerne, c'est chose faite. Il est bien entendu que je n'engage que moi-même et nullement le parti socialiste genevois auquel j'appartiens.

« J'espère que le moment ne tardera pas où la question sera reprise par lui et résolue affirmativement.

« Un parti comme le nôtre, qui se désintéresserait des grands problèmes moraux contemporains, serait tout au plus une fraction d'avant-garde d'un parti bourgeois.

« Il ne serait pas le parti révolutionnaire que nous devons être. Et j'entends le mot révolutionnaire au sens le plus large et le plus étendu, le plus compréhensif.

« Si, disait Lessing, un dieu prenait dans une main toutes les vérités, dans l'autre toutes les vertus nécessaires pour les découvrir, et demandait à l'homme laquelle des deux il voudrait voir s'ouvrir, l'homme devrait choisir la seconde, car les efforts nécessaires pour atteindre à la vérité sont plus féconds et bienfaisants que la vérité elle-même.

« Pensée profonde et digne de nos méditations. »

TABLE MÉTHODIQUE DES MATIÈRES

TABLE ANALYTIQUE DES MATIÈRES

Clermont (Oise). — Imprimerie Daix frères.

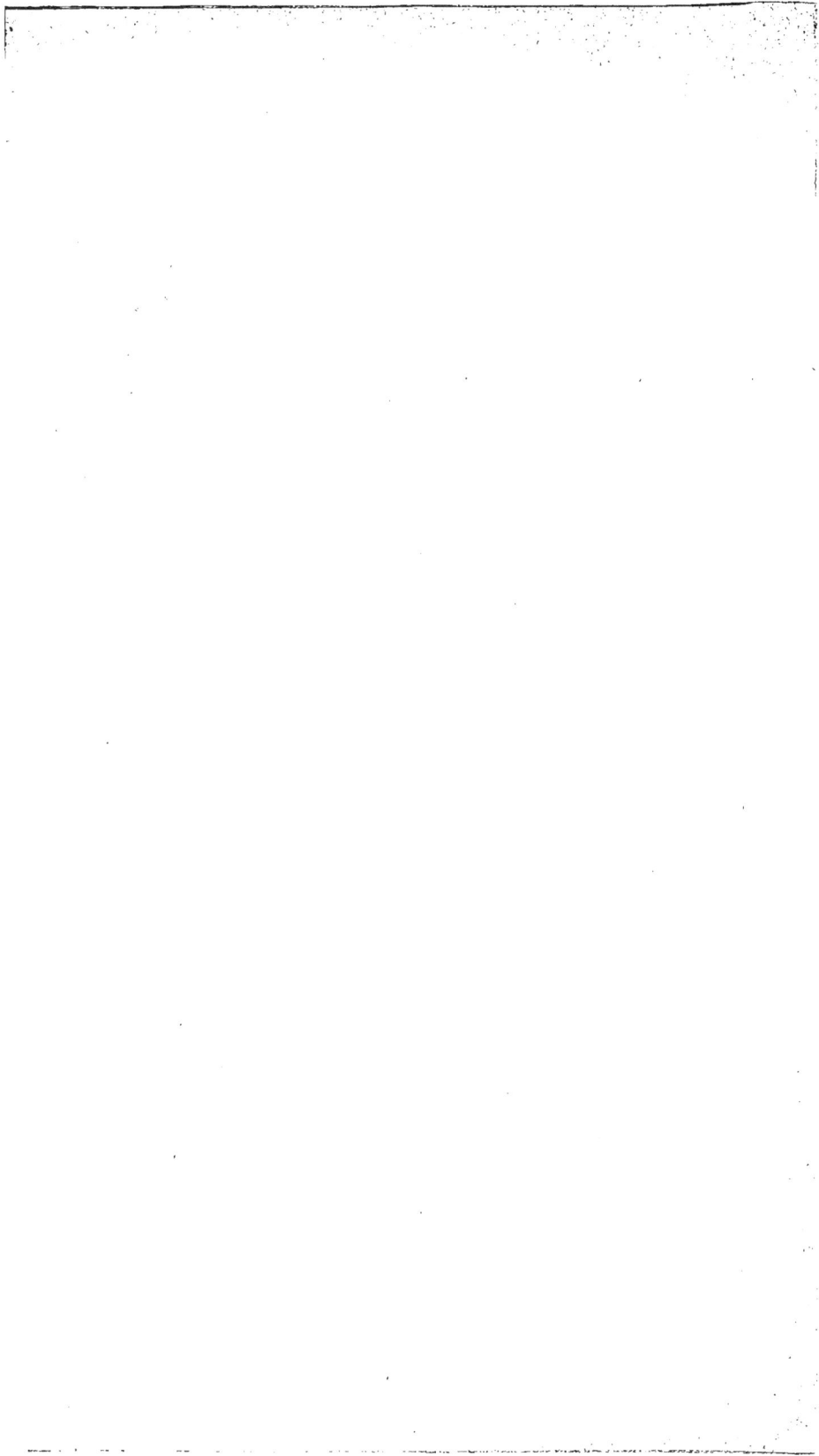

www.ingramcontent.com/pod-product-compliance
Lightning Source LLC
Chambersburg PA
CBHW072009270326

41928CB00009B/1598